통나무

삼국통일 과 한국통일

上卷

한국사상사연구소

내 용

統一論大綱 　　　　　　　　　　　　　· 김용옥

通論章

分 論 章

Ⅰ. 역사의 문제

元曉의 통일학   · 고 영 섭

I. 원효의 인간이해

II. 통일 전후 사상가들의 삶

한국의 통일에너지는 동아시아의 희망 : 쿠로즈미 마코토 지음
: 도올 김용옥 옮김

朝鮮文明と日本文明　　　　　　　・黑住眞

엮 으 면 서 · 김 용 옥

근대사상의 해체와 통일한국의 정치이상 · 함 재 봉

Ⅲ. 좌익사상의 존재론적 · 인식론적 근거

고대국가의 통일과 질서　477　　　　　· 한 형 조

Ⅰ. 국가의 기원과 구조에 대한 일반론적 고찰

수렵에서 농경으로 ─ 교역과 화폐 ─ 전쟁과 권력 ─ 법과 질서 ─ 도덕과 교육

세계사적 차원에서 본 분단과 통일　　　　· 배 병 삼

Ⅰ. 서론

Ⅵ. 결론 : 통일을 바라보는 눈의 재조정

식민지시대사의 의미 - "분단"과 "통일"의 맥락에서 · 김 석 근

Ⅰ. 머리말

Ⅱ. 식민지와 근대성

Ⅲ. 식민지와 사회주의

Ⅳ. 개항에서 식민지로

통일시대 역사인식을 찾아서 · 오 항 녕

統一論大綱

檮杌 金 容 沃

通 論 章

통일을 말하기 전에 "통일"이라는 말의 의미부터

統一이란 무엇인가? 그것은 統하여 一한다 함이다. 그것은 栗谷이
말하는 바 一而二도 아니요 二而一도 아니다. 統한다 함은 統攝한다
함이니 통섭은 반드시 異를 전제로 하는 것이요 異는 二를 뜻하는 것
이다. 二는 異하기 때문에 둘일 수 있는 것이다. 栗谷이 一而二를 말한
것은 理와 氣가 不相挾雜함을 일컬은 것이요, 二而一을 말한 것은 動
靜無端한 實存의 妙合속에서는 理와 氣가 相離不得함을 말한 것이다.
허나 내가 말하는 統一은 一而二의 분별성을 가리키는 것도 아니요 二
而一의 무차별성을 지칭하는 것도 아니다.

統하여 一한다 했을 때 "一함" 즉 "하나로 함"이란 統의 전제로서
설정된 二를 一로 하는 것을 의미하지 않는다. 하나로 함이란 있는 二
를 하나로 융합시키자(to merge)는 것이 아니다. 二란 존재의 다양성
(variety)을 상징하는 말일 뿐이요, 一이란 그러한 다양성을 통섭하는
어떤 유기적 실체로서의 하나(＝전체)일 뿐이니, 이 一은 1＋1＝2의

2로서의 하나됨을 말하는 것이 아니다. 一은 수없는 1을 통섭하는 新으로서의 一이요, 그 一은 『大學』이 말하는 바 "日新, 日日新, 又日新"하는 바의 一이다. 그 一은 반드시 "作新民"(백성을 새롭게 함)해야 하는 것이며, 그 命이 維新(항상 새로와짐)하는 것이래야 하는 것이다. 統一의 一은 新이요, 新이란 역동적인 새로움(creative advance)이다.

이러한 나의 언사가 매우 고리타분하고 까다롭게 들릴지는 모르겠으나 統一을 마치 갈라진 두개가 있어, 그 두쪽을 하나로 합치는 것처럼 생각하는 모든 통일논의의 어리석음을 우선 지적하고자 하는 것이다. 그리고 이념적으로도 체제적으로도 그 두개가 마치 전혀 다른 두개의 실체(공산주의 대 민주주의, 사회주의 대 자본주의 등등)를 전제로 하고 있어 그 전제들을 어떻게 융합시키냐든가, 혹은 제1(正)도 아니고 제2(反)도 아닌 제3(合)의 그 무엇을 어떻게 창출할 것이냐는 등등의 논변이 모두 몽매한 학인들의 단견에서 비롯되는 고민임을 설파하고자 하는 것이다. 제3을 말하기 전에 제2도 모르고 제1이 과연 무엇인지조차 모르는 자들이 무슨 제3을 운운할 것이냐? 우리나라 역사는 거시적으로 볼 때 지금 반드시 분단되어 있다고만 볼 필요도 없는 것이요, 또 합쳐져 있다고 볼 수도 없는 것이다. 통일과 분열은 순환적 리듬의 굴레로서 수없는 錯綜(『周易』學의 전문술어로 爻·卦의 얽힘을 말함)을 거듭해 왔다. 때론 통일은 분열을 위해 존속하고 때론 분열은 통일을 위해 존속한다. 분열과 통일이라는 사회체제를 규정하는 제도적 장치의 외관을 말할 것이 아니라 우리는 그러한 외관의 내면속에서 참으로 어떠한 역사가 이루어지고 있는가? 그 시대에 참여하고 있는 인간들은 어떠한 사회를 만들기 위해서 노력하고 있는가? 그 인간들은 과연 어떠한 삶의 형태를 가장 바람직한 인간의 모습으로 규정하고 있는가? 하는 등등의 참역사를 논구해야 하는 것이다. 인식론이 결여된 모든 정치행태나 형태의 논의는 참으로 무의미하고 잠정적(ephemera1)인 것이다. 우리나라가 지금 남·북으로 분열되어 있다고 말한다면 그러한 분열은 하나의 눈에 보이는 국가체제상의 분열상일뿐이요, 더 많은 분열의 상의 층차가 존재하고 있을 것이다. 전라도공화국과 경상도공화국이라는 동서의 분열, 무관과 문관의 분열, 좌·우의 분열, 진보와 보수의 분열, 有汗黨(유한당, 땀흘려 낑낑매고 사는 사람)과 不汗黨(불한당, 땀한방울 안흘리고 잘사는 사람)의 분열, 노·사의 분열, 학생·교수간의 분열, 깡패집단간의 분열 등등 하여튼 수많은 분열의 층차를 논해야 할 것이요 이러한 분열의 층차는 당장 남·북의 분열이 해소된다 하더래도 다 해소될 길이 막연할 것이다. 그렇다고 분열만을 얘기할 것이 아니라 동시에 우리는 통합의 수없는 층차를 말해야 할 것이니 지금 이 순간에도 남한사람들과 북한사람들은 같은 언어를 쓰고 있고 같은 치마·저고리를 입고 있으며 같은 김치를 먹고 있고 같은 공기를 들여마시고 있다. 어찌하여 분열되었다고만 말할 것이냐 보냐?

공산주의와 민주주의가 크게 다른 것 같지만 공산주의 또한 민주주의요, 민주주의 또한 공산주의를 일컬음이니 이것은 모두 근세 서구라파 이성주의·계몽주의 이념의 소산일 뿐이요, 자유에 대한 해석의 차이를 일컫는 것이다. 결국 알고보면 그게 그것이요 별로 대차가 없는 것이다. 釋氏의 용어를 빌리면 공산주의니 민주주의니 하는 것들이 모두 名言種子의 다른 굴레에 지나지 않는 것이다. 그렇다고 이러한 大綱의 논의를 論點이 없이 마구 뭉뚱그려 원용하게 만들기만 해서도 안될 것이니 그 논의의 세심한 논리적 맥락을 세분하여 거론함이 마땅할 것이다.

金大中統一論의 虛實

최근 통일논의로서 가장 많이 알려져 있고 또 일반대중에게 아필되는 힘을 가진 論說로서 金大中씨의 것을 들 수 있다. 金大中氏는 본인이 정치적 리더로서의 기나긴 경험의 축적과 현실정치에 대한 깊은 통찰을 소유하고 있는 만큼 그 논의는 우선 역사적 함의(historical significance)를 지닌다 할 것이다. 허나 그것은 통일의 과정을 이루는 정치행태의 방법론을 말한 것일 뿐이요 엄밀한 의미에서의 통일론 즉 통일담론(Discourse on Unification)이라고 말할 수 없는 것이다. 통일담론이라 하는 것은 그 시대의 통일을 말하는 所以然, 즉 그시대의 사람들이 통일을 통하여 갈구하고자 하는 비젼을 제시해야 할 것이요, 그것은 통일철학이 없이는 불가능한 것이다. 통하여 일한다했을 때의 一이 단지 둘의 합으로서의 一이 아니라 둘이라는 모든 요소가 지향하는 새로운 비젼(New Vision)으로서의 一이라면 그 비젼은 반드시 二의 모든 욕구를 통섭시키고 회통시키는 어떤 미래적 가치가 되어야만 할 것이다.

金大中氏는 20여년전부터 3원칙과 3단계 통일방안을 제시했으며, 그 3원칙이란 평화공존, 평화교류, 평화통일이며, 3단계란 제1단계 공화국연합제에 의한 국가연합단계, 제2단계 연방제단계, 제3단계 완전통일의 단계를 말하는 것이다. 김영삼대통령도 최근 민족통일, 국가통일, 체제통일의 3단계 통일론을 말하였는데 그 내용인즉 김대중氏의 논의의 틀을 크게 벗어나지 않는다. 그리고 제1단계 국가연합방식에는 구체적으로 일치하고 있다. 김대중씨가 제시하는 것은 통일의 방법론으로 말하자면 가장 무리없는 최선의 방도일 것이며 비록 그것이 간결한 내용이라 할지라도 기나긴 이념적 투쟁과 실존적 체험의 굴레에서 다져진 성과로 간주되어야 함으로 통일방법론에 관하여서는 김대중씨의 공적을 크게 평가하지 않을 수 없다. 1971년 4월 27일에 실시된 제7대 대통령선거전에서 박정희후보와 맞서 싸웠던 김대중후보가 당시 이미 "4대국 안전보장론"과 "3단계 통일론"을 제시하여 정치철학이 근원적으로 부재했던 박정희를 압도하고 지적 대중의 열렬한 호응을 얻었던 사태를 우리는 생생하게 기억하고 있다. 다시 말해서 그의 정치이념의 대중적 기반의 출발점이 통일론이었던 것이다. 1963년 11월 26일 제6대 국회의원 총선에 목포에서 출마하여 압승하여 국회의 사당 문턱을 처음 밟은 이래로 그는 통일문제를 잇슈화했던 장본인이었으며 그의 정치투쟁의 기나긴 受苦의 사슬이 바로 그의 통일론과 연결되어 있었던 것도 부인할 수 없다. 따라서 통일의 방법론에 대한 정치적 구상에 있어서 김대중의 논의는 그 역사적 가치를 인정받고도 남음이 있는 것이다.

나는 개인적으로 김대중씨의 통일논의는 부인할 수 없는 최선의 공약수를 담고 있는 것으로서 우리민족이 취해야만 할 正道라고 생각한다. 단지 이견이 있다면 실천의 시기나 구체적·제도적 방안에 있어서의 조정이 있을 뿐일 것이다. 그 3원칙과 3단계를 구태여 다른 말로 바꾸거나 그 이니시어티브를 부정하는 그런 졸렬한 짓을 할 필요는 없을 것이다. 그러나 김대중씨의 통일논의에 묵과되고 있는 가장 중요한 문제는 과연 우리민족이 왜 통일을 해야하는가? 하는 매우 단순한 질문에 대한 대답이다.

도대체 왜 통일을 하자는 겁니까?

많은 독자들에게 이러한 나의 질문 자체가 매우 반민족적인 반역자의 소리로 들릴지는 모르겠으나, 우리민족이 원래 하나였었다든가, 원래 한 민족이기 때문에 하나가 될 수밖에 없다는 식의 막연한 당위성 정도로는 통일의 정당성이 확보될 길이 없는 것이다. 그것이 유일한 통일의 정당근거라면 왜 오늘의 분열상이 초래되었겠는가? 그러한 막연한 당위성은 항상 파우어폴리틱스의 역학앞에 무릎을 꿇을 뿐이요, 하등의 민족의 하나됨을 보장할 사회적 유대(social glue)를 제공하지 못하는 것이다. 현실적으로 우리역사가 오늘의 분단의 국면을 맞게된 것을 日帝植民地역사의 종료와 더불어 시작된 미·소 냉전체제의 거시적 역학속에서 태동된 외재적 필연성으로써 논구하는 것이 상례이기는 하지만 그보다 앞서 日帝 그자체의 성격을 논해야 할 것이요 日帝앞에 굴복할 수밖에 없었던 우리자신의 모습을 반성해야 할 것이다. 그것은 구한말의 열강의 야욕이라는 외환과, 괴질과 동학민중봉기의 내우 사이에서 자신을 가늠질하지도 못하고 분열상만 조장하고 있었던 우리자신의 모습에서부터 반성해 들어가야 할 것이다. 기아와 왕조관료체제의 극심한 부패로 시달려야만 했던 19세기 역사의 全觀的 흐름의 파악이 없이 20세기 역사를 논한다는 것은 참으로 어리석은 일이다. 불란서의 사가가 그들의 19세기를 전혀 논치않고 20세기를 논하는 것을 과연 본 일이 있는가?

우리민족이 하나의 단군을 조상으로 모시는 배달민족이라고는 하나 그러한 단군신앙도 결국은 민족의 단일성을 강조하고자 하는 통일의 이념적 기반으로 고려말에 등장한 이데올로기일 뿐이며 사실적 근거로서 힘을 가지고 있는 것은 아니다. 혈통적으로 본다면 북방으로 올라갈수록 여진족계의 북방민족피도 많이 섞여 있을 것이요, 남방으로 내려올수록 중국남방이나 폴리네시안계의 어떤 혈통도 간과할 수는 없을 것이다.

결국 우리민족의 하나됨의 가장 현실적이고도 실제적으로 구속력을 갖는 근거를 나는 언어에서 찾을 수밖에 없다고 생각한다. 언어학적으로 무엇을 까다롭게 분석해 들어가자는 것이 아니라 아주 지극히 단순한 사실, 우리의 우리됨이 결국 같은 말을 하고 있다는 사실에서 보장받을 수밖에 없다고 하는 매우 구극적인 사실을 재확인할 수밖에 없다는 것이다. 한국말을 쓰는 사람이외의 사람을 우리는 "외국사람"이라고 부르며 그들과는 "소통장애"를 일으킨다. 존재의 표현은 언어라는 수단밖에 없다. 언어는 존재의 집이다. 소통장애란 존재의 차단이다.

존재가 존재로서 존재하기위해서는 어떠한 방식으로든지 우리는 그 언어채널을 소통하지 않으면 안된다. 그래서 우리는 외국어를 배우는 매우 곤욕스러운 작업을 수행하게 되는 것이다.

한국사람이라는 규정자체가 사실 알고보면 한국말로서 소통이되는 존재(몸)의 사회(Society of Moms)를 의미하는 것이며, 그 한국말의 소통체계는 "자연적으로"(effortlessly) 주어져 있다. 인간이라는 동물에 있어서 언어의 습득은 이미 4·5세 때 완수되며, 그때 이미 평생 존재소통의 기반으로서 가지고 살 모국어(mother tongue)의 대부분의 어휘와 統語的 구조를 획득하는 것이다. 우리가 수십년 외국어를 배워도 마스타하기 어려운 그 고통을 생각할 때, 그 험난한 소리체계(sound system)와 의미체계(meaning system)의 결합이 돌이 지나면서 이미 지능의 고하를 막론하고 거의 "예외없이" 성공적으로 수행되는 경이로운 사태를 목격하면서 우리는 모국어의 습득이라는 문화적 현상이 단지 어떤 슈퍼스트럭쳐(상부구조)로서 孤存하는 것이아니라 대뇌피질의 뉴론의 後成說的 발전(epigenetic development) 그 자체에 프로그램되어 있는 진화론적 사태로 간주되어야 한다고 생각하는 것이다. 그렇다면 민족과 언어와 진화와 신체라는 어떤 생물학적－문화론적 고리가 구체적 물질적 근거를 확보한다고도 말할 수 있을 것이다.

한국말과 한국인

언어를 통하여 우리가 소통하는 것은 단지 논리나 의사전달 수단으로서의 의미체계를 말하는 것이 아니다. 언어를 통하여 소통하는 것은 느낌(Feeling)이다. 여기서 말하는 느낌이란 존재의 모든 양식(all Forms of Life)이다. 다시 말하여 우리 인간들은 언어를 통하여 인간의 인간다움의 총체, 즉 우리가 일반적으로 "문화"라고 부르는 존재양식의 총화를 확인하는 것이다. 한국어가 없이는 한국문화의 느낌도 없고, 한국사람의 느낌도 없고, 따라서 한국사회도 없고, 한국정부도 있을 수 없게 되는 것이다.

그러나 우리가 우리의 통일성의 근거로서 생각하는 언어의 역사를 살펴보면 언어 그자체가 통일이 되어 있었던 것도 아니었다. 최근에 열띤 논쟁의 대상이 되기도 했지만, 삼국시대의 언어가 서로 소통가능한 언어체계였느냐? 하는 문제를 한번 허심하게 생각해 볼 필요가 있다. 고구려언어와 신라언어, 그리고 백제언어에 대한 논란은 매우 무의미하다. 궁극적으로 어떠한 논의도 그 실제적 논쟁의 기준을 제공할 만한 자료가 부재하기 때문이다. 그리고 그것은 현재 어휘의 연구나 음운학적 재구(phonological reconstruction)에 의존하는 것일뿐 통사론(syntax)적 자료는 거의 없다고 보아야 할 것이다. 이러한 문제는 실제로 진흥왕이나 광개토왕이 얘기한 것을 녹음한 녹음테프가 보존되어 있고 그것이 오늘 재생가능하다면 깨끗이 풀릴 수 있는 문제이지만 그렇지 않은 바에야 거기에 어떠한 이념적 가설을 덮어씌워 운운한다는 것은 수으로써 古를 왜곡하는 일일 뿐이다.

『배비장전』이라는 타령이나 소설 혹은 판소리의 무대로서 우리에게 결코 멀리 떨어져 있지 않았던 제주(탐라)의 사람들의 토속적 언어와 우리가 일상적으로 생각하는 한국말이 지금 이 시점에도 의미의 소통이 어렵다. 아마도 구한말에만 하더라도 함북의 나진사람하고 전남의 목포사람이 한자리에 앉아 의사를 소통하기가 어려웠을 것이다. 그렇게 본다면 三國時代의 언어가 그 통사적 구조(syntactic structure)의 여하를 막론하고 의사소통이 어려웠던 다양한 언어체계로 그 언어지도의 토폴로지를 형성하고 있었던 것은 너무도 당연한 일이라고 보아야 할 것이다.

나라의 통일과 분열, 언어의 통일과 분열

인간이라는 동물에게서 도대체 "언어"라는 현상이 오늘의 사운드 시스템으로 자리잡은 것이 일만년이상을 소급하기 어렵다. 그리고 그 포네틱 시스템이 가시적인 문자로 형상화되는 것이 기껏 소급해봐야 3·4천년전의 사건이다. 현금의 서구 언어학이 가장 무시하고 있는 것이 이러한 언어의 역사(diachronic vicissitude)라 할 것인데, 인간이라는 동물에 있어서 언어현상은 기나긴 천문학적 혹은 지질학적 시간에 비한다면 극히 짧은 시간에 이루어진 극히 최신의 진화현상이라는 사실을 상기할 필요가 있다. 우리가 三國時代의 언어를 논하는데 이러한 인류(human species)의 언어의 진화의 급격한 사태를 생각할 때 삼국시대의 언어는 바로 그렇게 급격히 형성되어가는 언어의 진화선상에서 유동적으로 고찰되어야 할 것이다. 그렇다고 본다면 푸코가 말하는 디스꾸르(담론)나 쿤이 말하는 패러다임도 이러한 언어의 진화와 관련지어 생각해볼 필요가 있을 것이다. 나는 한국인의 한국인됨을 규정하는 한국어라는 언어현상에 있어서도 다음과 같은 가설을 세우고자 한다:**한국어의 언어의 역사 그 자체가 한민족의 통일과 분열의 역사의 굴레와 일치한다.** 다시 말해서 우리민족이 분열되어 있을 때는 언어도 분열되어 있으며 통일되어 있을 때는 언어도 통일되어 있는 것이다. 언어의 분열과 통일의 정도는 그 언어를 사용하고 있는 사람들의 삶의 양태의 분열과 통일의 정도를 정확히 반영한다.

디스꾸르(담론)는 에피스팀(인식)을 반영한다. 에피스팀은 시대의 知(앎)를 지배하는 전체적 系統이며 동시에 제도적 틀이다. 그것은 담론적 실천을 결합하는 제관계의 총체며 그것은 연속과 불연속의 무한한 유동성의 총체이다.

20세기 담론의 연속과 불연속

20세기처럼 한국어의 담론이 복잡해지고 연속과 불연속이 錯綜하며 또 분열과 통일의 매카니즘이 극단적으로 노출되는 시대는 없었다. 담론의 통일로 말하자면 우리 민족사의 어떠한 시기에 있어서도 최근 한 30년간의 동질성을 발견할 수는 없을 것이다. 그것을 가능케 한 결정적 계기는 과학기술의 급격한 진보와 도입으로 인한 텔레컴뮤니케이션의 하부구조의 보편화현상이다. 그러나 이러한 보편화와 역비례하여 이념과 정체(政體, political body)의 분열로 인하여 남론의 균실싱이 이원화된 구조속에서 심화되어 갔다는 사실, 그리고 그러한 심화는 민족사에 유례를 보기 힘든 담론의 균열을 형성시켰다는 것이다. 그리고 그러한 담론의 균열은 결국 느낌의 양태의 총체적 독자성을 의미하는 것으로 소통키 어려운 삶의 양태를 노정시키고 있는 것이다. 허나 이러한 소통의 어려움도 일단 20세기 담론의 형성에 결정적 토대를 이룬 식민지시대의 종교·문학·예술의 제반활동을 공통분모로 하고 있다는 점에서 우리는 안위의 실마리를 발견하는 것이다.

그러나 이러한 "언어의 하나됨"조차도 "나라의 하나됨"을 보장하는 당위성이 될 수는 없다. 실제적으로 언어가 같음에도 불구하고 다른 나라를 형성하고 사는 인간세의 집단은 도처에 쉽게 발견되기 때문이다. 허나 일단 통일논의에 있어서 언어의 문제는 당위성의 한 축으로 설정하여 놓는 것도 전체적 논의를 위하여 무익한 일은 아닐 것이다.

북한의 핵문제

최근 북한의 핵문제와 관련하여, 金大中씨의 논의도 그 핵심적 통찰에 있어서 나는 찬동할만한 것이라고 생각하는 것이다. 많은 남한의 동포들이 북한 핵문제를 생각할 때, 강대국의 압력에 시달리는 북한의 모습을 보고 착잡한 이중적 생각을 가지고 있다고도 생각되어진다. 강대국놈들은 제멋대로 핵을 소유하면서 왜 하필 북한이라고 핵을 소유

못할 것이 무엇이냐? 북한도 우리동포인데 같은 값이면 북한이 핵보유 국이 되는 것이 더 낫지 않느냐? 그래서 그 핑계로 우리도 핵을 갖고, 그러면 남·북한이 다 같이 핵보유국이되면 아무나 까불지 못하는 강대국이 될 것이 아닌가? 김일성수령님 빨리 후딱 해치워버리소이? 사찰이고 뭐이고 지랄할 때 후딱 끝내버리소이?

김대중씨의 지적대로 북한이 핵을 보유케된다는 사실은 일본이 핵을 보유케되는 사태를 유발시킨다. 다시 말해서 일본이 명실공한 무력대제국으로서 탈바꿈하는 결정적 계기를 제공하게 되는 것이다.

미·소의 축에서 미·일의 축으로

지금 세계는 크게 바뀌고 있다. 바뀌고 있다는 것은 누구든지 실감하고 있다. 그런데 과연 뭐가 어떻게 바뀌는 것이냐? 제일 먼저 이 세계가 달라졌다는 것을 느끼게 된 계기는 소비에트연방의 붕괴였고 러시아의 참혹한 현실이었다. 공산혁명이 인류를 파라다이스로 끌고가고 있다는 이성주의적 신념에 대한 파토스를 불태웠던 모든 휴매니스트·아이디알리스트들에게도 뚜껑을 열고보니 개판이더라는 현실은 그들의 입을 다물게 하기에 충분한 것이었다.

교황 바오로 Ⅱ 세와 레이건이 협잡을 한 결과든 아니든 그런것이 중요한 것이 아니다. 구극적인 사실은 미·소냉전체제라는 2차세계대전 이후 인류사회질서를 지배했던 글로우발 픽션이 붕괴되었다는 사실이다. 미·소냉전체제의 붕괴이후에 가장 중요한 변화는 미·소라는 이념적 픽션의 대립의 축을 대신하는 어떤 새로운 질서패러다임의 등장일 것이다. 미국이라는 막강한 자원, 막강한 첨단기술, 막강한 맨 파우어! 레바이아탄은 아직 건재하다. 앞으로도 줄곧 건재할 것이다. 미국이라는 실체는 근세 서구라파 이성주의의 모든 강점이 집결된 형태로서 만개된 인류사의 꽃이며, 그 꽃을 피우기 위하여 근세 인류의 역사가 총동원된 것이다. 그런데 비한다면 소련이라는 허체는 근세 서구라파 이성주의의 한 지류의 실험(a minor experimentation)에 불과했던 것이다. 그러면 미국이라는 실체에 대항할 수 있는데 또 하나의 실체는 무엇인가? 그것이 바로 미국이라는 문명과 전혀 뿌리를 달리하는 아세아문화권의 토양분을 집결시켜 개화한 일본이라는 꽃이다. 이 꽃의 생명은 우리가 생각하는 것보다는 강하고 질긴 것이다. 일본의 오늘의 모습은 결코 "개화"라는 서구문물의 흡수메카니즘에 의하여 외래적으로(exogenously) 설명될 수 없는 것이다. 미국문명이 근세 서구라파 이성주의・자유주의 문화의 총화라고 한다면 일본문명이야말로 개화라는 매카니즘을 성공적으로 수행케 만든 에도(江戶)문명과 에도문명을 가능케 만든 동아시아 역사의 전체토양의 총체적 가능성을 유감없이 발휘시킨 아시아문화권의 정화(精華)로 간주해야만 하는 것이다. 儒・佛・神(Shintoism)이라는 내재적 맥락(endogenous context)을 떠나서 일본의 파우어는 분석되지 않는다.

소련은 세계사의 무대에서 사라졌다. 표트르대제의 영화이래 피어오른 소비에뜨연방의 세계제패의 춘몽은 당분간 다시 재연될 길이 없을 것이다. 그렇다면 세계사의 주축은 어디로 가고 있는 것인가? 혹자는 유럽공동체(EC)를 생각할른지 모른다. 허나 유럽공동체의 공동체성의 결속을 가능케한 가장 직접적인 계기가 바로 日本이라는 에코노믹 애니멀이었다는 사실을 상기할 필요가 있다.

소련이 붕괴한 향후 세계사의 새로운 질서는 결국 미국과 일본의 관계의 축으로 개편되지 않을 수 없다. 이제 미・소의 관계의 중요성이 미・일의 관계의 중요성으로 대치된 것이다. 이제 일본문명은 명실공히 세계사성(world-historical character)의 장으로 옮겨간 것이다. 이제 세계문명의 모습은 향후 적어도 30년 이상은 미국과 일본이 어떠한 관계의 축을 형성하느냐에 의존한다고 보아야 한다. 우리는 이제

일본이 우리 정신대를 보상해주어야 할 도덕적 의무를 지닌 채무국이나, 아마테라스 오오미카미보다 단군이 더 위대하다고 외치는 우익들의 규탄이나 멸시의 대상이 되고 있는 왜소한 인간들의 나라라는 관념에서 하루속히 벗어나서 그 세계사적 실체성을 정확히 파악해야 한다. 일본은 명실공히 유럽공동체전체나 미국과 맞서는 세계최강국이다. 그리고 그 최강국의 강국됨은 결코 하루아침에 이루어진 것이 아니기 때문에 하루아침에 무너질 수도 없는 것이다. 소련의 허세와는 그 질감이 전혀 다른 종류의 것이다.

한반도의 운명: 대소블럭에서 대일블럭으로

결국 미국이 북한의 핵에 대해 저다지도 관심을 갖는 所以는 북한이 핵을 보유한다는 사실에 있는 것이 아니라, 궁극적으로 日本이라는 슈퍼파우어를 어떻게 견제하느냐는 관심에 수반된 문제로서의 중요성에 있는 것이다. 그러나 한반도의 운명은 바로 이러한 역학을 역으로 이용하는데서만 그 힘을 발휘할 수 있는 것이다. 즉 한국(남＋북한)이라는 나라의 지정학적 의미가 대소블럭의 전열에서 대일블럭의 전열로 전환되었다는 사실의 중요성을 새롭게 인식하여야 한다는 뜻이다. 그리고 대소블럭의 의미보다 대일블럭의 의미가 우리 한반도의 힘의 지렛대로서는 훨씬 더 큰 폭으로 작용한다고 보아야 한다. 이것은 우리에게는 세계사적 챈스다.

허나 이러한 세계사적 챈스를 활용하는 방식이 **핵을 보유한다**는 식이 된다면 그것은 그 챈스를 가장 우매한 방식으로 활용케되는, 아니, 우매함을 말하기전에 自滅의 운명을 자초하는 꼴이 되고 말 것은 명약관화한 것이다. 김일성어버이수령님께서 과연 어떠한 생각을 가지고 계신줄은 내가 알 수 없으나, 핵보유운운이 이러한 세계사적 기류의 역학을 자신에게 유리한 방향으로 이끌기위한 하나의 방편적 카드로서의 술수라면 쉽사리 수궁이 가는 것이나 그것을 만약 강을 강으로 맞서기 위한 강자의 제스츄어로서 실제적 보유의 움직임이라면 그는 한반도의 역사를 크게 잘못 파악하고 있다고 밖에는 말할 수 없는 것이다. 한반도의 역사를 되돌이킬 수 없는 오류의 길로 휘몰고 있다고 말할 수밖에 없다!

맹수농네의 외로운 토끼

호랑이나 사자와 같은 맹수가 우글거리는 동네에서 외롭게 사는 토끼는 생존을 위하여 맹수와 맹수들의 힘의 역학을 이용하는 어떤 지혜를 발휘해야지, 거기서 맹수흉내내는 헛폼을 잡다가는 끽소리도 못하고 잡혀먹히기 마련일 것이다.

지정학적으로 만약 한국이 버마나 타이처럼 동남아 한구석에 박혀있는 나라라고 한다면 문제상황이 다르다. 그곳은 토끼와 비슷한 사슴이나 노루나 다람쥐같은 놈들이 같이 서식하고 있고, 호랑이가 으왕하고 나타날 때는 같이 토끼기만 하면 되니깐 그렇게 주변의 맹수정세에 민감치 않아도 생존의 가능성이 있다. 싸인이 올적에 공동보조만 취하면 되고, 뛰어도 같이 뛰기때문에 결코 외롭지 않기 때문이다. 허나 제잠 (鯷岑) 조선이라는 토끼는 맹수들이 우글거리는 속에서 살고 있는 단 한마리의 외로운 존재다.

토끼와 호랑이라는 표현이 너무 자신을 비하시킨 표현이며 상황적 현실에 정확히 걸맞지 않는 비유일 수도 있다. 허나 우리는 다음과 같은 라오쯔(老子) 노선생의 말씀을 귀담아 들을 필요가 있다 : 인간세는 결코 무력으로 강해질 수는 없다(不以兵强天下)! 건강한 자는 죽음의 무리요, 유약한 자는 삶의 무리다(堅强者死之徒, 柔弱者生之徒). 유약한 것은 항상 강강한 것을 이긴다(柔弱勝剛强).

그렇다고 토끼신세에 老선생의 柔弱의 형이상학만을 신봉하면서 자위할 수도 없는 노릇이다. 그러면 어떻게 해야 하는가?

호랑이는 배고플때는 토끼를 닥치는 대로 잡아 먹는다. 허나 배부를 때는 토끼가 호랑이에게 와서 수염을 건드리며 장난을 놀아도 내버려 둔다. 그동안 인류사에 끼친 미국 CIA의 만행만 열거해보아도 미국은 분명 피에 굶주린 호랑이같은 놈이요, 미국에 걸리는 놈치고 안잡혀먹힌 놈이 없다. 미국앞에 선 한국이라는 小國은 어찌되었든 토끼신세 이상을 논할 여백이 없는 존재다. 역사적으로 본다면 日本은 악독한 맹수요(임진왜란이나 일제식민지시대의 만행을 생각하면), 中國은 日本보다는 좀 점잖고 지긋한 맹수다(중국이라는 거대한 덩치 한귀팅이에서 조선이라는 아이덴티티를 유지할 수 있었다는 사태만으로도). 러시아는 우리역사에 아직 그 모습을 충분히 드러내지 않은 맹수다. 하여튼 미·일·중·러 라는 지구상의 최강국들의 이해관계가 지정학적으로 직접 맞닿은 나라는 이 블루마블(blue marble)위에 오로지 조선 한 땅인 것이다.

그렇다면 이 토끼는 맹수들의 으르렁거림속에서 어떻게 생존해야 하는가? 그것은 두말할 나위도 없이 이 야수들의 야욕을 도발시키거나 이 맹수들의 비위를 건드리지 않는 것이 상책인 것이다(비위란 한의학적으로 비장[脾臟]과 위장[胃臟]을 가리킨다). 이것은 지극히 비주체적인 발상같지만 사실 지극히 현실적인 지극히 당위적인 그래서 지극히 주체적인 발상인 것이다. 쎈놈들 비위안건드리고도 잘 살길이 있다면 그 길을 우리는 선택하지 않을 수 없는 것이다. 친구가 총기를 하나를 집에 맡겨놓고 가도 그날 저녁부터 집지키기가 불안한 것이다. 공연히 항상 그놈의 총기를 의식하고 살게될 것이다. 마누라하고 다투다가도 권총생각이 날 것이요, 밤중에 도독놈이 들어온다 할지라도 그 권총생각이 날 것이요, 세상이 갑자기 비관이 되어도 그 권총생각이 날 것이다. 왜 그렇게 우매한 부담을 떠안을 필요가 있겠는가?

토끼가 맹수촌에서 사는 제1의 요건은 맹수들의 동태를 항상 정확히 파악하고 살아야 한다는 것이다. 아프리카의 어느 나라나 남태평양의 어느 나라를 가면 그렇게 마음편하게 느낄 수가 없다. 허나 조선땅은 불행하게도 그런 여유를 가질 수 없는 편안한 운세를 타고나질 못했다. 그래서 우리는 세계정세에 대한 민감한 파악을 할 수밖에 없고, 해야하고, 또 그러한 동태파악의 기초위에서 생존전략(survival tactics)을 수립해야 하는 것이다.

한국이 통일을 지향하는 한에 있어서는 우리는 끝끝내 패시피즘 (pacifism)을 고수해야만 할 것이다. 나는 김일성어버이수령님을 존경하는 사람이다. 그래서 어버이수령님께 간곡히 말씀드리고 싶다. 핵보유에 대한 망상만은 버리시는게 좋으실 꺼라고. 그리고 참으로 민족을 위한 구원한 길이 무엇인가를 잘 판단하셔서 호랑이들한테 고양이 폼잡는 동안 따낼것이나 많이 따잡수시라고 권고해 드리고 싶은 것이다.

한국의 통일은 남·북한 당사자들간의 합의만으로 이루어지지 않는다. 주변 강대국들의 동의, 아니 축복이 있어야만 가능한 것이다. 다시 말해서 우리의 통일은 주변강대국의 축복을 얻어내는 방식으로 꾸며지고 연출되어야 한다는 것이다. 즉 우리조선의 통일은 **맹수촌에서 거행되는 토끼의 재혼혼례**가 되어야 하는 것이다.

신생미국의 비젼, 신생한국의 비젼

미국이 지금 세계최강대국임에는 의심의 여지가 없지만 미국이 애초로부터 강대국이었던 것은 아니다. 독립초기만 하더래도 그것은 유럽의 대국들에 비한다면 참으로 왜소하게 보일 수도 있었던 식민지에 불과했다. 그리고 미국이라는 나라도 오늘의 합중국이라는 대국의 형태가 아닌 유럽식으로 쪼개진 분할의 형태로 발전되었을 가능성도 물론 배제할 수 없었다. 그러나 미국이 오늘의 미국으로 성장한데에는 그 막대한 자원과 천연혜택은 두말할 나위도 없겠지만(이 지구상의 좋은 땅은 다 독식해먹은 듯한 느낌) 미국이 오늘의 대국으로 성장한 배경은 그러한 물리적 여건에 있는 것이 아니라 유럽의 역사가 지향하고자 했던 이념, 그 갈망과 염원을 비젼으로 제시하고 또 구현해나간 과정에 있는 것이다. 다시 말해서 미국이라는 나라의 성장은 유럽대제국들의 축복속에서 성장했던 것이다. 제퍼소니안 철학과 그 철학정신의 구현으로서의 미국의 헌법은 미국이라는 강국의 탄생을 유도하는 연역적 전제를 제시했으며 그 연역적 전제는 **자유**(Liberty)를 갈망하는 모든 사람들에게 비쳐진 보편의 빛이었던 것이다.

다시 말해서 우리가 지금 통일학의 가장 시급하고 가장 긴요한 전제로서 물어야할 과제는 김대중선생께서 말씀하시는 통일방안단계론이 아닌 것이다. 물론 그러한 문제도 현실적 과제로서 중요성을 지니는 것이지만, 그런 얘기는 한번 해버리면 끝나는 얘기요 더이상의 재미가 없는 빤할 빤자의 얘기가 되어버리고 만다. 삼단계로 통일하자는 것을 누가 뭐라 시비하겠는가? 그러한 청사진의 실현은 어디까지나 현실적 상황속에서 귀납적으로 결정되는 함수에 의하여 구현되어지는 역사의 현실일 뿐이며, 조작으로만 이루어질 수 없는 필연적 다자인(Da-Sein)이다. 문제는 그러한 삼단계통일을 왜 해야하는 것인가 하는 왜에 있는 것이며, 그러한 "왜"에 대한 대답이 삼단계통일의 과정에 참여하는 보편적 인간들의 에너지를 결집시킬 수 있는 어떤 구심점을 창출해내야만 하는 것이다. 김대중씨의 논의는 아직 그러한 구심점을 창출해내는데는 미치지 못하고 있다고 여겨진다. 현재 김대중씨의 행보를 놓고 이러쿵 저러쿵 말이 많지만 나는 앞으로 그가 연구소를 세워 통일연구를 진행시킨다면 바로 이러한 핵심적인 문제에 대하여 보다 깊은 성찰을 가져주기를 원하는 것이다. 그리고 우리 한국사상사연구소와 같이 통일문제에 관심을 가지고 있는 제연구기관과 협업과 분업의 묘를 잘 살려나가는 구심점의 역할을 수행해주기를 바라는 것이다. (우리 연구소는 조직도 빈약하고 재정도 빈곤하기 이를데 없으나 확고하게 결속된 맨 파우어 하나만은 확실하게 보유하고 있다.)

김대중씨의 통일에 대한 논의를 살펴보면, 내가 묻고 있는 "왜"에 대한 대답으로서 제시되고 있는 그의 언설은 지극히 초보적이고 빈약한 것이다. 그것은 특히 최근에 이루어진 독일통일과의 대비속에서, 제1단계의 국가연합방식의 실현이 급격하지 않고 점진적이래서 제일 무리수가 없다는 식의 설득논리적인데, 그 "무리수가 없다"라는 내용 중에 가장 두드러진 것은 역시 경제적인 측면인 것 같다. 이것은 물론 그가 현실정치인으로서 통일을 성취하기 위해서는 우선 경제를 장악하고 있는 사람들에게 공포감을 주어서는 아무일도 되지않는다는 우려가 계산되어있을 터이지만, 통일이 우리에게 경제적 이득을 가져올 수 있다는 얘기는 내가 대학교 다녔던 60년대부터 좌익지식분자의 주체적 발상의 저변을 끈질기게 지배해온 매우 흔한 클리쉐(cliche)였다.

돈 잘벌기 위해 통일하자는 것인가?

독일의 흡수통일방식의 예를 들어 통일의 코스트가 너무 많이 들어가고 그 부작용이 엄청나다, 그래서 그 부작용을 줄이고 서로간의 통일코스트를 없애는 방향에서의 협동체계로 나아가자! 북한의 값싼 인프라와 지대 그리고 저렴한 노동력에 남한의 기술과 시설투자 그리고 판로확보 등등을 짬뽕하면 형님좋고 동생좋고, 알먹고 꿩먹고, …… 이러한 얘기들은 우리의 판타지와 현실적 계산에 너무도 잘들어맞는 얘기일 뿐 아니라 민족적 정서와도 잘 부합되는 얘기일 것이다. 좌익이든 우익이든 별로 크게 문구를 달 이유가 없는 것이다.

허나 통일을 하면 경제적인 이득을 가져올 수 있다는 얘기는 물론 그럴싸한 현실적 얘기이긴 하지만 역사의 진행은 반드시 경제적 부를 증가시키는 방향으로만 가주는 것도 아닐 것이요, 얼마든지 기대와는 달리 통일을 해보니, 남·북한이 합작을 해보니, 경제적으로 별 재미 볼 것이 없다라는 역풍도 가능할 것이요, 그러한 현실적 개연성을 역사적 우연으로만 치지도외 해버리고 경제적 이득이라는 것을 통일의 당위근거적 이념(ldee)으로서 제시하기에는 너무도 비속한 것이요, 과거 박정희시절의 "잘살아보세"라는 새마을구호 하나에 온국민이 놀아날 수 있었던 때와 같은 어떤 사회적 추진력으로서의 역할도 감당하기 어려울 것이다. 경제적 발전을 해야한다면 그것은 왜 해야하는 것이며, 과연 경제적 발전이 우리에게 가져오는 것이 무엇인가? 과연 경제발전은 해야만 하는 것인가? 최종적으로 우리는 물어야 할 것이다. 경제적으로 잘살기 위해서 우리는 과연 통일을 해야만 하는 것인가? 통일의 목표가 고작 돈 잘벌기 위한 것인가? 그것은 결국 자기실력이 모자라고 그릇 구조지워진 자본주의의 빵꾸를 때우기 위해서 순진한 이북사람들의 노동력을 값싼 공돌이·공순이로 타락시켜 한탕 해먹고 끝내자는 얘기는 아닐 것인가? 부패한 자본주의의 병폐를 연장시키고 지속시키기위한 수단으로 통일이라는 미명아래 북한사회를 잠식하려는 것은 아닐까? 조선인민공화국에 수없는 울산을 또다시 만들어 놓은들 그것이 과연 인류사에 어떠한 의미를 지니는 것이며 그것이 과연 우리 민족의 삶에 어떠한 가치를 제공하는 것일까? 끊임없이 일어나는 노사분규, 브레이크나 빽기어가 결여된 자동차에 앉아 돼지목따는 소리로 외쳐대는 노·사협상, 늘어나는 범죄, 더럽혀져 가기만 하는 삶의 환경, 늘어가기만 하는 인간들의 불친절과 무관심, 그리고 무책임, 썩어가는 자연, 재미없기만 한 정치, 전국민을 개그화시키며 우롱하는 테레비……

전통적 통일의 당위성: 부국강병

김대중씨의 통일논의의 당위성을 파고들어가면, 물론 그것은 씨개인의 논의에 국한되는 것이 아니라 현재의 통일론의 전반적 수준을 대표하는 것이겠지만, 결국 그것은 매우 전통적인 주제, 춘추전국시대로부터 오늘에 이르기까지 조금도 변화를 일으키지 않았던 단 하나의 主題, 즉 "富國強兵"(the Wealth of Nation and the Strengthening of Military Power)이라는 네글자로 귀결되는 것이다. 통일을 하면 나라가 부자나라(Wealthy Nation)가 될수 있고 또 동시에 외교적으로나 군사적으로나 강국(Strong Nation)이 될 수 있다는 결론인 것이다.

힘에 대한 집념, 그것이 이다지도 중요한 인간의 덕목으로서 오랜시간 역사를 지배한다는 사실로 유추해 보아도 힘(Power)은 인간이라는 동물 그자체를 규정하는 가장 강력한 모티브일지도 모른다. 더구나 마키아벨리의 힘의 예찬으로부터 니이체의 힘으로의 의지(*Wille zur Macht*)에 이르기까지 우리가 흔히 역사에서 규정하는 바 근대적 인간(Modern Man)의 근대성(Modernity)의 실체는 다름아닌 힘으로써 규정되는 인간의 행태를 그 일차적인 대상으로 삼고 있는 것이다. 그리고 근대적 의미에서의 정치(politics)라는 것의 실내용도 바로 이 힘이라는 인간행태를 가장 기본적이고 리얼한 것으로 규정하는 어떤 콘트롤 매카니즘을 말하는 것이다. 오늘날 우리가 말하는 정치학이란 인간과 인간, 인간집단과 집단사이의 어떤 힘의 균형이나 대립이나 조작을 체계적으로 파악하는 배움으로 규정되고 있는 것이다. 허나 이것은 정치라는 행위에 대한 매우 협소한 규정일 뿐이며 그것은 근대적 인간을 특징지우는 특수한 문화론적—인식론적 담론내에서의 규정일 뿐이다.

정치와 경제

예를 들면 고대희랍에 있어서는 경제(economics)와 정치(politics)는 확연히 구분된 것이었으며 정치라는 것이 오늘 우리가 생각하는 바 힘의 역학적 현실을 말하는 것이 아니었다. 『大學』에서는 "修身・齊家・治國・平天下"를 말하였는데, 修身에서 平天下까지를 하나의 시공연속체(space-time continuum)로 보아야 마땅할 것이지만, 그 시간적 先・後를 가려 그것을 2단계로 이원화하여 본다면(이것은 희랍사상에 있어서의 이원론적 사고를 말하는 것이지 『大學』 원래의 이념을 지칭하는 것이 아니다) 修身과 齊家는 경제에 해당되는 것이며 治國과 平天下는 정치에 해당되는 것이었다. 경제, 에코노믹스의 어원은 오이코스($o\acute{i}\kappa os$)며 오이코스는 집(household)이며 집에서 일어나는 모든 일(domestic affairs)을 가리킨다. 에코노미 즉 오이코노모스($o\acute{i}\kappa ovó\mu os$)는 그러한 집안일을 관리하고 조절하고 질서지우는 행위를 가리키는 것이다. 따라서 경제란 수신・제가에 속하는 문제며 그 오이코스의 문제는 희랍사회에 있어서는 대부분 노예나 여자라는 하부구조가 있음으로 해서 해결되었던 문제였다. 정치란 그러한 오이코노모스를 해결한 자들이 모여서 행하는 행위며, 그 행위는 인간이 인간이기 때문에만 할 수 있는 어떤 덕목의 발현을 의미하는 것이었다. 정치의 주요내용이 오늘날과 같이 경제라는 부의 힘을 직접대상으로 삼는 것과는 달리 경제를 끝내버린 사람들끼리에서만 가능한 덕목의 발현, 기하학이나 형이상학이나 시와 같은 中國의 古禮의 六藝에 해당되는 七藝를 의미하는 것이었다.

인간을 상실한 소유의 인간이 어떻게 문명을 건설하는가?

이런 말을 하면 눈치가 빠른 독자들은 나의 통일논의가 현실성을 일탈하여 어떤 귀족적 냄새를 피우는 德藝論으로 비약하려나부다하고 잔뜩 긴장할지도 모르겠으나 내가 말하려고 하는 것은 인간이 참으로 인간다운 것이 무엇이냐? 하는 문제를 도외시하고서는 도무지 통일론이나 인간사회론이 성립할 수 없다는 歷史的演變과정을 일단 확인해 놓자는 것이다. 과거 우리전통사회(조선조 말기까지)가 광범한 노예제(奴婢)를 전제로 하고 있었던 사회라는 사실에 비추어 유교적 정치학과 희랍의 정치학에는 그 유사성이 발견되는 것이다. 聖아우구스티누스야말로 정치학을 제대로 알았던 최후의 인물이라고 한 한나 아렌트(Hannah Arendt, 1906∼1975)의 말대로 인류의 역사의 전개는 정치의 탈정치화라는 방향으로 치달으면서 근대적 인간관을 성립시켰던 것이다. 그리고 이러한 근대적 인간의 성립은 **힘**과 **소유**를 숭상하면서 인간과 인간의 관계라고 하는 정치학의 고유의 영역을 망각해간 것이다. 소유는 어디까지나 인간과 사물의 관계며 인간과 인간의 관계영역이 아니다. 근대적 인간관에 내재하는 가장 커다란 텐션은 바로 인간을 상실한 "소유의 인간" 즉 물화되어버린 소외된 인간이 어떻게 인간과 인간의 관계로서 이루어지는 문명사회질서를 건설할 수 있느냐하는 이율배반적 텐션이었던 것이다. 이러한 문제는 데카르트로부터 출발한 근세적 인간이 間(관계)이 단절된 절대적 개인(Absolute Individual)을 절대화하는 인간관으로부터 출발하고 있다는 사실로부터 유래되는 것이지만, 그것은 어찌보면 서구라파 근세의 출발이 초월적 신중심의 교권사회에 대한 극렬한 반동으로서의 휴매니즘에 기초하고 있었다는 사실과 그 휴매니즘의 주체로서의 인간(=개인)의 설정이 새로 대두되는 시민사회의 개체성을 너무 결벽하게 극대화시키는 방향에서 예비하고 있었다는 것을 의미한다. 근세적 인간은 間(관계)으로 구성되는 人(현존재)이 아니라 모든 관계가 단절된 絶人이요, 신앞에 단독자로서 홀로 선 獨人이요, 무리속에서도 고독하기만 한 孤人이었던 것이다.

힘과 돈의 증대와 평등이라는 아이러니

인류의 역사가 헤겔의 말대로 자유(Freiheit)의 증대라는 방향으로 진행한 것은 부정못할 사실일 것이다. 헤겔의 유심적 철학에 있어서는 그것은 엄밀하게 말하자면 자유의 **의식**의 증대였고, 그것은 현실적 사회의 모습속에서 말하자면 자유를 향유하는 계층의 양적 증대를 말한 것일 것이다. 그리고 이러한 자유계층의 양적 증대는 "개체"(Individual)의 존엄과 독존을 증대시키는 방향으로 나아갈 수밖에 없었던 것은 너무도 명확한 사실이다. 누구든지 타인의 자유를 위하여 자신의 삶의 가치를 희생하는 삶을 살고 싶지 않을 것이다.

앞서 언급한 경제와 정치의 문제만 하더라도 근세 정치의 핵심이 경제적 부로 인한 파우어의 역학으로 이동케된 사태, 즉 경제(오이코노모스)와 정치(폴리티카)가 분리되지 않고 경제가 정치의 거의 전부를 차지하게 되는 근대국가사회의 실상은 어찌보면 근대국가의 주체로서 자유와 평등을 구가하며 등장한 부르죠아 市民계급의 속성상 그것은 너무도 당연한 것이었다. 인간이 인간이 되고자하는 노력은, 노예계급과 주인계급의 양대진영의 다이내믹스로 인류보편사를 관망해 본다면, 주인계급의 확대와 노예계급의 감소로 구현되어나간 것이다. 문명세계 속에서의 인간의 삶의 질의 증진이라는 것은 그 질의 기준(ceiling)을 낮게 잡는 방향에서, 평준화가 이루어지는 것은 아니다. 그러한 방향의 평등개념을 구가한 춘추전국시대의 사상가로서 墨家(Mohists)와 같은 사람도 있지만 그것은 문명의 타락으로 간주될 뿐이었던 것이다. 문명은 결국 인성에 내재하는 욕망을 따라 진보할 뿐인 것이다. 따라서 인간의 삶의 질의 기준을 높게 잡는 방향에서의 인간세의 평등을 실현코자하는 열망이야말로 근대적 인간의 최대집념(the greatest obsession of the Modern Man)이었던 것이다. 문명적 삶의 질의 제고와 인간세의 평등이라는 이상은 현실역사에 있어서는 兩立키 어려운 것(incompatibility)으로 나타난다. 그런데 근세에 있어서의 최대의 혁명은 바로 이 兩立不可能性을 해결했다는데 있으니 그것이 바로 뉴톤이래의 과학혁명이며 산업혁명이며 기술혁명이었던 것이다. 특히 테크놀로지라는 도깨비의 요술방망이는 대중문화(mass culture)의 모든 하부구조를 탄생시키는데 성공했을 뿐 아니라, 근대적 인간의 모든 대중적 성격을 태동시켰다.

노예도덕에서 주인도덕으로

왕에서 귀족으로, 귀족에서 부르죠아로, 부르죠아에서 다시 프로레타리아로, 자유계급의 확대는 결국 노예를 없애는 방향으로 진행되었던 것이다. 우리나라 조선조 후반기의 역사의 진행과정에서 사회변동 (social mobility)과 관련하여 가장 두드러지는 문제도 결국 奴婢계층이나 常人계층의 감소와 양반계층의 확대라는 현상이다(물론 이러한 戶籍상의 변화가 얼마나 리얼한 사회변동을 반영하는가의 문제는 보다 엄밀한 역사학적 성찰을 거쳐야 할 문제에 속하는 것이다. 후술). 결국 근대적 인간이란 노예자신이 주인이 되어 버리는 인간상이었던 것이다. 따라서 니이체는 노예도덕(Slave Moral)에서 빨리 해방되어 주인도덕 (Master Moral)으로 복귀할 것을 근대적 인간에게 촉구했던 것이다. 니이체에게 있어서는 神의 存在도 노예도덕을 정당화하기위한 최면에 불과했던 것이다.

우리가 일상생활에서 쉽게 경험할 수 있듯이 식모가 없이는 귀족흉내내기가 어렵다. 다시 말해서 노예가 없어진 근대적 인간에게 삶의 퀄리티를 보장하는 길이란 참으로 막막한 것이다. 나는 과거 노예가 제공했던 높은 질의 휴맨레이버는 영원히 보상되기 어려운 것이라고 생각하지만 그러한 휴맨레이버를 대체시키는 방향에서의 사회구조의 전환을 담당한 것이 산업혁명이래 꾸준히 발전되어온 대중문화의 테크놀로지였던 것이다.

시민사회속의 귀족의 정체

지금 우리나라의 평준화된 가계에서 쓰고 있는 매우 흔한 기재, 냉장고, 세탁기, 자동차, 수도, 가스, 보일러, 레인지 등등의 문명의 혜택을 과거 조선조양반사회나 희랍귀족사회의 노예노동력에 비유한다면 최소한 4·50명 이상의 인간노동력에 해당되는 계산이 나온다고 한다. 오늘날의 근대사회는 모든 사람이 왕이되고 모든 사람이 귀족이 될려는 사회다. 4천만의 왕들이 군집하여 이루고 있는 사회, 그것이 바로 대한민국이 아니겠는가?

문제는 이러한 가설에서 끝나지 않는다. 과거의 정치는 분명 귀족중심의 정치였다. 경제를 끝낸 사람들끼리(人間의 間은 끼리間) 행하던 인간다운 어떠한 삶의 지향이었다. 그런데 근세로 오면서 그 귀족은 시민으로 전환하였고 시민은 노예의 부담을 자신의 경제로 떠안아야만 했으며, 그 시민은 다시 평등을 구가하는 귀족으로 비약했다. 그렇다면 근세적 귀족들은 또다시 경제가 아닌 정치를 말해야 할 것이 아닌가? 귀족이 되었으면 귀족다운 행세를 할 줄 알아야 할 것이고 왕이 되었으면 왕다운 풍도와 법도와 예도를 알아야 할 것이 아닌가? 고작 경제타령으로만 자신의 존재의 소이연을 낭비해 버려서야 어디 쓰겠는가?

이러한 논의는 인류사상사의 핵심을 관철할 줄 모르는 범용한 자들의 눈에는 비약이 심한 궤변(sophistry)같이 들릴지 모르겠으나 결국 근대적 인간의 제1주제는 "自由"(Freiheit)라는 문제였고, 인류사의 모든 근대적 문제는 이 자유라는 개념의 추상성과 애매함으로부터 출발한 것이라는 사실을 주지시키려는 것이다.

결국 자유란 여태까지 말한 자유계층의 확대로서의 인류사를 가지고 논한다면 과거의 압제로부터 인간이 벗어난다는 단순한 느낌을 말한 것이며, 그것은 "무엇무엇으로부터의 벗어남"(free from)을 의미하는 것이었으며, 아이사이아 베를린(Isaiah Berlin, 1909~)이 말하는 바 "소극적 자유"(negative freedom)의 기저를 이루는 것이었다. 인간은 무엇무엇으로부터 벗어날려고 애쓸수록 개인(Individual)이 되어가며 개인이 되어 갈수록 그 개인은 그 고독을 견디지 못하고 또다시 복속되어야 할 질서나 전체를 갈구한다. 이러한 개인과 전체의 아이러니칼한 순환의 굴레는 사실 인식론적으로 분석해 들어가면 인간의 설정, 그 자체의 오류에서 발생하는 것이며, 서구라파 근대적 인간이 추구해온 모든 전제가 허위의식에서 발생한 거짓명제늘일 뿐이라는 섯을 말해주는 것이다. 질문자체가 인식론적으로 그릇 설정된 허위질문(pseudo-question)인 것이다.

개체와 주체

토마스 홉스로부터 존 록크, 칸트, 헤겔에 이르는 모든 인간의 문제가 결국 정치사상사적으로 볼때는 **자유라는 개념을 개인으로 출발시키느냐? 사회로부터 출발시키느냐?** 하는 매우 단순한 명제로 귀결된다고도 말할 수 있는 것이나, 이러한 서구라파 근세사상의 가장 커다란 오류는 이러한 명제의 핵을 이루고 있는 명사들, 자유, 개인, 사회 등등의 문제를 연기적 현실로서 파악하지 않고 그것을 고립된 개념적 실체로서 관념적으로 파악하고 있다는데 있는 것이다. 아이사이아 베를린이 적극적 자유(positive freedom)를 소극적으로 파악하고 소극적 자유만으로 만족할 수밖에 없다는 비관적 결론을 내리고 있는 것도 결국 자유라는 개념에 대한 불충분한 이해와 그 자유를 향유하는 인간존재의 그릇된 관념적 규정에서 유래하는 이분적 대립에서 귀결되는 것이다. 그리고 이러한 관념적 오류는 현실정치사회의 비전을 너무 맹목적으로 단순화시켜버리는 오류를 낳는다. 자유를 개인으로부터 출발시키는 모든 사상경향을 우리는 우파라고 부른다. 그리고 자유를 사회로부터 출발시키는 모든 사상경향을 우리는 좌파라고 부르고 있는 것이다. 그리고 좌파계열의 관념속에서의 개인을 주체(Subjectivity)라고 부르는 것이다. 결국 서구근대사상사는 人間(Interject)을 개체(Individual)와 주체(Subject)로 인위적으로 분열시킨 대립의 역사였다. 개체는 자본주의라는 형태로 발전하여 갔고 주체는 공산주의라는 형태로 발전하여 간 것이다. 개체는 남한에서 극단적으로 발현된 듯이 보이고 주체는 북한에서 극단적으로 발현된 듯이 보인다. 허나 사실 이것은 서구라파 근대사상의 허위문제(pseudo-problem)를 마치 자신의 문제인 것처럼 떠안아 버린데서 발생한 거대한 우화(a grand fable)에 불과한 것이다.

자본주의와 공산주의: 자유라는 동전의 양면

자본주의와 공산주의는 인간존재속에서 대립되는 것이 아니라 단지 자유라는 동전의 양면(two sides of a coin called freedom)에 불과한 것이다. 마치 통일논의가 자본주의와 공산주의라는 대립되는 두 실체의 융합으로서 생각하는 사람들, 그리고 그 양자속에서 제3의 무엇을 창출해내지 않으면 안된다고 관념적 압박감을 느끼고 사는 사람들에게 나는 그들의 문제의식이 근원적으로 허위문제에서 출발하고 있다는 것을 상기시키려는 것이다. 우리는 얼마든지 그 동전 그자체를 파기해버릴 수도 있는 것이다. 正·反·合의 合의 신테시스로서의 통일논의를 구상할 것이 아니라 正·反·合을 모두 하나로 묶어 그것을 파기시켜버리는 의미에서 제2의 논의가 구성되어야 할 것이다. 제3의 논의가 아닌 제2의 논의라 함은, 正에 대한 反으로서의 제2가 아니요, 기존의 논리와는 완전히 다른 새로운 차원으로서의 제2를 말하는 것이니, 19세기 말부터 우리 민중들은 그러한 제2를 가리켜 "개벽"(開闢)이라고 불렀던 것이다. 나는 언젠가 이런 말을 한 적이 있다:『**신·구약**』만큼이 『**대장경**』한근에 **못미치고**, 『**대장경**』만큼이 『**중용**』한근에 **못미친다** (『醫山問答』 제87조). 통일논의에 대한 한 암시로서 깊이 그 뜻을 새겨봄직한 것이다.

孟子의 현실주의

우리의 통일논의가 반드시 "부국강병"이라는 테제만으로서는 그 당
위성의 설득력이 부족한 것은 사실이지만 지금 우리가 살고 있는 현실
세계는 부국강병이라는 주제를 외면할 수는 없는 세계의 그물속에 놓
여있다. 김대중씨나 김영삼대통령의 고민은 바로 이러한 현실적 문제
의 차원에 집착하지 않을 수 없다는 사실에 있을 것이나. 동일이다는
함수가 우리민족국가의 부국강병을 반드시 보장하는 것은 아니겠지만
통일을 함으로써 부국강병이 이루어질 수가 있다고만 한다면 그것도
통일의 당위적 설득근거로서 조금도 손색이 없는 테제일 것이다.

허나 문제는 현실이 제기하는 현실적 문제가 현실로써는 해결될 수
없다고 하는 현실적 고민에 있는 것이다. 부국강병이 단지 부국강병하
고자 하는 노력에 의하여 달성될 수만 있다고 한다면야 오죽이나 좋겠
는가? 허나 인류역사의 경험은 부국강병이 부국강병하고자 하는 노력
에 의하여 이루어진 적도 없고 그렇게 되어봤자 그것은 반드시 분열과
파탄을 초래하는 것으로 귀결되고 만다는 사실을 우리는 너무도 잘 알
고 있다. 만리장성을 쌓아올린 시황제 아방궁의 꿈도 불과 15년의 春
夢에 불과했던 것이다.

부국강병을 기대하는 梁나라 惠王의 면전에서 "왜 그대는 하필 利를
말하는가?"하고 仁義가 있을 뿐이라고 주장하는 멍쯔(孟子)의 교훈은
단지 시국의 현실을 파악못하는 모랄리스트로서의 옹고집이 아니요,
利를 앞세우고 義를 뒤로 하는 여하한 논의도 (後義而先利) 결국 그
소기하는 바의 성과를 창출해낼 수 없다고 하는 리알리스트로서의 통
찰 및 예지로서 이해해야 할 것이다.

막스 베버의 오류 : 보편적 상식을 특수화시킨 오류

우리가 흔히 에코노믹 애니멀로서의 일본의 경제력을 얘기하지만 그

경제력을 뒷받침하는 것은 말할나위도 없이 일본인들의 삶의 보편적 가치로서 깔려있는 "儉約"과 "奉仕"의 도덕이다. 실제로 일본에 가서 생활해보면 일본인들은 답답하고 째째하게 느껴질 정도로 돈계산이 치밀하고 검약이 몸에 배여있다. 과연 세계 제일의 부자나라 사람이라고 해도 과언이 아닌 그들의 부가 도대체 어디에 있으며, 도대체 그 돈을 어디다 놔두고 뭘위해 사는 사람들인지 참으로 이해가 가질 않을 정도이다. 허나 자본의 축적은 어떠한 경우에도 "검약"이 없이는 이루어질 수가 없다. 그래서 막스 베버(Max Weber, 1864~1920)가 서구라파의 자본주의를 말하는데 있어서도 그 검약의 정신가치의 기저로서 프로테스탄티즘(신의 소명으로서 직업윤리의식)을 말했던 것이다. 베버는 이러한 프로테스탄티즘의 특수성의 보편적 기저를 파악못했을 뿐아니라 자본주의라는 현상이 기독교문화권의 독점물인 것인냥 오해를 했다. 그의 오류는 특수적 문화현상을 보편화시킨데 있다기 보다는 오히려 보편적 상식을 특수화시킨데 있는 것이다. "君子不器"라 한 말도 "不器"의 주체로서의 君子의 특수성, 오규우 소라이(荻生徂徠, 1666~1728)가 잘 지적한대로 그것은 정치체제의 상위를 담당하는 영향력 있는 지도자의 덕목을 지칭한 것으로써 하나의 하위 포스트에 국한된 덕목(器)을 소유해서는 아니된다(不器)라는 지극히 상식적이고도 보편적인 君子의 논리를 설파한 것일 뿐이지, 그것이 자본주의의 전문성을 방해하는 보편적 문화로서의 가치관을 가리킨 것은 아니었다. 江戶 유학은 어느 철학보다도 職人(쇼쿠닌)이나 藝人(게이닌)의 전문적 덕성을 강조했던 것이다.

일본 경제파우어의 本源

일본의 오늘의 자본주의는 江戶의 町人(쵸오닌＝商人)문화가 유학을 일본적 정신가치(특히 天皇制와 관련하여)의 맥락속에서 흡수하여 발전시킨 문화의 소산이다. 오늘 일본인들의 검약한 삶의 모습은 에도를 통하여 수없는 町人출신의 유학자들이 꾸준한 캠페인을 벌린 결과로 이룩된 정신가치의 소산인 것이다. 검약을 통한 상업행위나 축재가 天地人의 은혜에 보답하는 길이며, 세상을 위해, 사람을 위해, 천지를 위해 "奉仕"하는 길이라고 그들은 외쳐댔던 것이다. 상인 도덕을 대변했다고 말할 수 있는 이시다 바이간(石田梅岩, 1685~1744)의 저작속에서 우리는 이러한 멧세지를 쉽게 읽어낼 수 있다. 萬物의 있고 없음을 유통시켜 검약한다면 그것은 간접적으로 인간과 전지의 財을 낭비하는 것이 아니라 증식시키는 것이다. 자기자신이 성실하게 일에 임하는 것은 하늘아래 자기에게 주어진 증식의 "分"을 다하는 것이라고 생각했던 것이다.(本卷에 실려있는 **黑住眞지음, 金容沃역, "韓國의 統一—에너지는 東아시아의 희망"**을 참조할 것. 이글은 『新東亞』, 1991년 9월호, 416~439에 실렸었음. 본서 352~354쪽을 참조할 것.)

내가 지금 강조하여 말하고자 하는 것은 어떠한 경우에도 우리 인간세의 문제는 경제의 문제만으로써 해결될 수 없는 것이며 반드시 경제를 초월하는 참다운 정치적 가치가 회복되어야 한다는 것이다. 일본이 오늘의 부를 축적할 수 있었던 결정적 계기는 패전이후의 미국의 일본전략과 한국전쟁(Korean War)으로부터 얻은 어부지리에 있다는 식의 얘기를 하지만, 일본이 군비에 국민적 에너지를 낭비하지 않고 오늘의 부를 축적할 수 있었다하는 것도, 단지 피동적으로 그렇게 몰릴 수밖에 없었던 전화위복의 결과로서 파악되어야 할 것이 아니라 전후 일본을 이끌고 간 사람들의 비젼속에 투명하게 오늘의 일본의 모습을 예상하는 어떠한 단호한 정신가치의 장기적 형성이 있었다는 사실에 힘입은 것이라고 보아야 한다는 것이다.

궁극적으로 통일(unification)이란 사회적 결속(social integration)의 문제며 어떠한 방식으로 사회적 결속을 이루어 낼 것이냐의 문제는 멍쯔의 신랄한 비판대로 利를 앞세워서는 이루어질 문제가 아니며, 利를 가능케하는 所以然으로서의 仁義라는 슈퍼스트럭쳐를 요구하는 것이다. 仁義라는 슈퍼스트럭쳐의 실내용이 무엇이냐 하는 문제는 궁극적으로 인간의 새로운 把知(a new apprehension of man)를 요청하는 것이다. 그것은 단순히 남·북한이라는 政體의 統合의 의미를 넘어서는 인간의 문제이며 인간의 제요소의 새로운 통합을 통한 새로운 인간상의 제시를 의미하는 것이다.

인류사의 판도라상자

한국의 통일은 분명 세계사적 사건(a world-historical event)이다. 한국의 문제는 한국인이라는 인류의 좁은 범주에 속하는 인종이나 국인의 문제가 아니다. 한국의 역사는 인류의 역사가 체험한 모든 가능성을 內涵하고 있는 역사며, 특히 한국의 통일이라는 문제는 인류사가 최근 두세기동안에 겪은 모든 역사진행의 다양한 제요소를 압축시키고 있다. 따라서 한국통일은 그러한 제요소의 모순적 대결을 융회시키는 의미를 내포하고 있다고도 할 수 있는 것이다. 동·서의 문제, 남·북의 문제, 좌·우의 문제, 모든 이념적·문화적 갈등과 역사진행에 있어서의 모든 다양한 시간의 가능성이 압축되어 있는 인류사의 판도라상자인 것이다.

따라서 우리는 인류사의 문제를 한국이라는 압축된 보편사(a compressed Universal History)를 통하여 파악할 줄 알아야 하며 역으로 우리역사문제의 해결을 통하여 인류사의 문제를 해결해나가는 知己와 知彼의 양면성을 지녀야 하는 것이다. 다시 말해서 우리의 통일은 단순히 인류사의 로칼 이벤트로서 처리되어 버리고마는 해프닝이 아니며, 우리의 통일이라는 세계사적 사건이 인류에게 새로운 가능성과 희망을 던지는 사건이 되어야 한다는 뜻이다. 이를 逆으로 부연하자면 인류에게 새로운 희망과 가능성을 제시하는 어떤 청사진이 마련되어 있지 않는 한에 있어서는 우리의 통일은 무의미한 것이며, 그러한 통일은 이루어지든 안이루어지든 별로 우리의 삶에 큰 가치를 지니는 것이 아니다. 그것은 참으로 아무래도 좋은 역사적 현실일 뿐이다.

분열이 통일보다 나을수도 있다

사실 인류사를 전관하여 보선대 농닐이 만느시 좋은 깃이고 분열은 나쁜것이라는 가치판단조차 성립하지 않는다. 분열이 되어 있음으로서 얻는 이득도 만만치 않는 것이다. 중국도 漢帝國이 三國으로 분열되면서 비로소 오늘의 변방문명이 개척되고 흡수될 수 있었고 동질성을 확보할 수 있었다. 중국의 지배계급은 통일되어 있을 때보다는 분열되어 있을 때 덜 타락했으며 문화적 성찰과 성취를 지닌 명군이 많이 등장하였다. 우리나라의 경우만 하더라도 남·북의 분열은 남·북한이 서로 자신의 역사를 진행시켜가는 자극이나 충동 그리고 의미체계 그리고 선·악에 대한 핑계, 경쟁의 모티브등, 그것이 네가티브하던 포지티브하던 수없는 계기를 제공하고 있는 것이며 이것을 일괄하여 "분단시대의 비극"이라는 말로써만은 쉽사리 처리될 성질의 것은 아닌 것이다. 그리고 남·북한에서 모두 실제로 이러한 분단시대의 정착된 구조속에서 이득을 보고 있는 자들은 분열의 고착을 원할 뿐, 통일이라는 사회질서재편(reshuffling)의 혼돈과 혼란을 원치 않는다. 그러나 이들을 반동분자로 간주해버리기에는 표리부동한 음흉한 가면이 바로 양쪽에서 통일을 외치는 자들의 내면속에 깊숙이 자리잡고 있어 그 진위란 참으로 분별해내기 어려운 것이다. 참으로 통일만을 생각한다면 나는 독일과 같은 값비싸고 벼락치기방식의 통일이 유일한 방편이 아닐까하고도 생각하며, 그 부작용이 아무리 크다할지라도 독일민족의 용단에 경의를 계속 보내야 할 것이라고 생각하는 것이다. 허나 독일의 벼락치기 흡수통일이 바람직한 형태의 통일로서 인식이 되지 않고 있는 현실속에서 우리는 또다시 독일의 경험을 되풀이 할 수는 없을 것이다. 반드시 독일의 체험을 능가하는 어떤 새로운 인류사의 비젼이 한국통일속에서 현현되어야만 한다고 나는 생각하는 것이다.

三國統一은 역사의 한 시점이 아니라 과정이다

우리에게 통일의 경험이 없는 것이 아니다. 신라의 三國統一은 이미 우리민족이 경험했던 統一의 역사적 사건이다. 허나 거칠게 표현하자면 삼국통일은, 독일통일이 경제력에 밑받침한 흡수통일이었다면, 군사력을 동원한 무력통일이었음은 분명한 일이다. 물론 신라의 三國統一만하더라도 그것이 단순한 무력적 쟁취의 역사가 아니라, 통일이라는 역사적 사건을 준비하기 위하여 二興年間부터 이미 불교를 통한 문화적 르네쌍스를 이룩하여갔고(二興年間의 르네쌍스에 관하여서는 나의 책『나는 불교를 이렇게 본다』의 신라불교에 관한 부분을 참고할 것) "화랑"등등의 제도적 이념적 강화를 통하여 통일의 사회적 기반을 다져나갔으며 통일이후에는 원효와 같은 거대한 사상가가 나와 통일이전에부터 준비해 왔던 불교이념의 연속성속에서 불교적 이데올로기의 창조적 해석을 통하여 분열된 중생심을 통합하는 生滅·眞如의 一心사상을 정립하고 새로운 사회의 인테그리티(integrity)를 형성할려고 노력도 하여보았지만, 김춘추의 무력통일이라는 테제는 결국 후삼국의 분열이라는 결론으로 발전하여 나갈 수밖에 없었던 것이다.(본권에 실린 **고영섭**의 논문, "**원효의 통일학**" 참조.) 후삼국의 분열이라는 역사적 사태는 김춘추의 무력통일이 주체적이었던 비주체적이었던을 불문하고 부족국가 시대로부터 제각기 다른 체험을 가지고 각기 다른 아이덴티티를 형성해온 三國文明의 융합을 성공적으로 수행해내기에는 역부족이었다는 사실을 입증하는 것이다. 따라서 三國統一의 역사적 경험은 왕건의 고려통일로 재현되어 나타나는 것이며(revival), 그러한 고려통일의 정신사적 재구현(the reincarnation of unification spirit)은 문화적 기반을 새롭게 형성해가면서 고려말에 이르러서 비로소 그 이념적 축을 완성하는 것이다. 『대장경』의 성립이나 『記』 『事』의 성립이 모두 그러한 정신사적 맥락에서 이해되어야 하는 것이다. "단군"이라는 통합이념체의 등장은 그렇게도 기나긴 시간을 거쳐서만 가능했던 순역사적 사건이었던 것이다. 다시 말해서 신라의 삼국통일은 그것이 제아무리 통일이라는 제도적 외관을 과시했다고는 할지라도 그 통일의 실제적 의미는 약 7세기라는 기나긴 세월을 거쳐서 비로소 한국민족을 하나로 묶는 정신사적 현실로서 구현되어나갔던 것이다. 오늘 우리가 동일을 운운할 수 있는 정신사적 기반도 바로 김춘추·원효를 거쳐 釋일연(一然)에 이르는 문화적 노력의 성과로서 이룩된 것일 뿐이다. 그러한 문화적 노력(cultural efforts)을 도외시하고 우리민족의 한민족됨을 논의할 수 있는 근거는 아무데도 없는 것이다. 다시 말해서 우리는 이러한 근거를 당연한 전제로서 무반성적으로 받아들일 것이 아니라, 그러한 문화적 노력을 분석하고 그것을 재연할 수 있는 능력을 과시해야할 시점에 이른 것이다.

통일은 다시분열의 계기가 될 수도 있다

김춘추의 무력통일이 후삼국으로 다시 분열된 사태를 관망할 때, 오늘 우리에게 현실적 통일의 기회가 주어진다 하더라도 그것은 再分裂의 악화된 상황으로 치달을 가능성은 얼마든지 있다. 그리고 어떠한 경우에도 우리는 통일이라는 역사적 과제가 한 "기하학적 시점"(a geometrical point of time)의 이벤트라는 매우 유치한 발상에서 빨리 벗어나야 한다. 역사를 정치적 사건으로만 바라보는 어리석은 자들의 히스토리오그라피에서 우리는 하루속히 탈피해야만 하는 것이다. 우리의 통일은 신라의 통일이 7세기의 과정을 거쳐 이룩된 것이듯이 앞으로 7세기의 과정을 거쳐야만 하는(좀 과장이 심한 어법일 수 있다) 기나긴 역사적 路程일 수도 있다. 다시 말해서 역사적 사건은 어떠한 경우에도 "시점"일 수 없으며 역사적 시점이란 華嚴哲學에서 말하는

緣起論처럼 重重無盡으로 중첩되어 있는 것이며 그 眞如는 一即一切요 一切即一인 것이다. 통일이전의 문화적 준비나 통일이후의 구심점으로 서의 비젼과 그 비젼을 구현해나가는 끊임없는 의식적 노력이 요청되는 것이다.

민중사관과 영웅사관

80년대에 우리나라 운동권에서 유행했던 비속한 어휘로서 "민중사관"이니 "영웅사관"이니 하는 것이 있다. 사실 인류역사의 진행이란 인간이 만들어가는 유위(有爲)적 문화 혹은 문명의 형태의 족적을 일 컫는 것인데, 민중사관이란 그 문명의 사회를 구성하는 대중의 일반의 식으로부터 역사를 귀납적으로 관찰해보자는 생각이며, 영웅사관이란 그 문명사회에 영향력(힘)을 장악하고 있는 소수의 의식으로부터 역 사를 연역해 간다는 생각인 것이다. 그런데 물론, 민중사관이니 영웅 사관이니를 운운하는 자들의 의식속에는 민중사관은 절대선이며 영웅 사관은 절대악이라고 하는 매우 무비판적이며 교조주의적이고 절대주 의적인 가치판단이 지배하고 있다. 허나 물론 이런 식의 역사관의 논 의라는 것은 인류사를 정확히 인식하는데 아무 도움도 주지 못하는, 너무도 유치하고 맹목적인 발상에 지나지 않는 것이다.

민중의식 그 자체가 영웅적 소수의 픽션일수도

역사의 주체로서 내세운 민중이라고 하는 것의 정의는 반드시 계급 투쟁이라고 하는 단순도식 내지는 인간세의 그루핑방식을 전제로 하여 이루어지는 것이다. 민중 그자체의 정의는 역사의 시공에 따라 유동적 이고 개방적일 수밖에 없는 것임에도 불구하고 그것을 고정불변의 어 떤 가치관에 의하여 실체화하는 것은 역사를 가장 비역사적으로 파악 하는 것이다. 그리고 그러한 민중의 가치우선을 완전히 수용한다 할지라도 역사의 이해자체가 민중들의 움직임만으로 귀납적으로 기술된다고 하는 것은 참으로 역사기술의 에이비씨도 망각한 방언이 아닐 수 없다. 민중 그자체의 개념으로부터 그들의 역사적 동향을 파악하는 모든 언어에 이르기까지 이미 그 민중을 말하는 사가들의 의식은 철저한 연역적 틀에 의하여 지배되어 있으며 철저하게 가치론적으로 무장되어 있을 뿐이다. 따라서 소수의 의식적 연역체계가 없는 민중역사라는 것은 어느곳에도 실존하지 않는다. 민중사관을 지배하는 민중의 의식 그 자체가 소수의 픽션인 것이다. 왜냐하면 민중은 참으로 역사를 말하지 않기때문이다. 그들은 침묵할 뿐이며, 주어지는 역사의 상황에 대하여 즉각적인 반응체계만을 구유하고 있기 때문이다. 民草는 부는 바람에 따라 누울 뿐이라고 한 콩쯔(孔子)의 말(草上之風必偃,『論語』「顏淵」)은 콩쯔자신의 계급성이나 콩쯔가 민중을 비능동적으로 파악한 것을 비판하기에 앞서 매우 정확한 현실을 기술하고 있다고 보아야 할 것이다. 허나 내가 이런 말을 한다고 해서 민중의 역사를 부정하려는, 그리고 소수의 영웅이 역사를 리드할 수밖에 없다고 하는 테제를 설득시키기 위한 술수로서 이런 말을 하고 있는 것으로 오해되어서는 안된다. 민중사관은 이미 우리시대의 정론으로서 깊게 뿌리 박은 것이며, 소수의 관점이 아닌 민중의 관점에서 보다 보편적으로 역사를 파악하려는 휴매니즘은 비판의 대상이 될 수가 없는 것이다. 허나 역사기술이나 역사이해, 그리고 실제적 역사의 진행방식은 결코 귀납이나 연역 어느 한 면만으로 극단화 될 수는 없는 것이다. 민중사관에 대립되는 개념으로서의 영웅사관은 좋지않은 뉴앙스를 지니고 있어 파기되어야 마땅하겠지만, 우리는 궁극적으로 역사기술과 이해는 반드시 兩觀의 변증법에 의하여 이룩될 수밖에 없다는 것을 재확인해야 하는 것이다. 다시 말해서 역사는 민중의 소망이나 동태만으로 진행되는 것이 아니며, 그러한 소망과 동태와 끊임없이 교섭하는 창조적 소수(creative minority)의 창조적 상상력(creative imagination)과 교호적으로 진행되어가는 것이다. 통일이 민중(대중)의 바램에 의하여 성취될 수도 있다. 허나 동시에 그것은 통일의 비젼을 갈구하는 영향력있는 소수의 창조적 행위로써 성취될 수도 있는 것이다. 따라서 통일논의에 있어서 는 민중의 흐름과 그 흐름을 파악하고 거시적 비젼을 제시하는 사상가 들의 역할이 모두 개방적으로 존중되어야만 할 것이다.

통일학대강의 3대원칙

통일학의 정립을 위하여 그 大綱은 다음의 三大원칙으로 나누어 생 각해 볼 수 있다.

제1은 세계사의 흐름을 대체(大體)적으로 파악하는 노력이다. 역사 의 사소한 디테일은 사가들의 흥미꺼리가 될 수도 있고 또 그것이 대 체를 파악하는 수단이 될 수도 있고 大體를 小體의 집적으로도 생각할 수도 있겠지만 孟子가 말한대로 우리는 먼저 그 大體를 파악하는 노력 을 게을리해서는 아니된다.(先立乎其大者, 則其小者不能奪也。此爲大 人而已矣。『孟子』「告子 上」).

세계사의 大體의 흐름을 파악하는데는 크게 두 측면이 있는데 그 하 나는 현실적 국제정치관계의 흐름을 수십년 단위로 거시적으로 파악하 는 것이요, 또 하나는 문화사적·사상사적 흐름을 수백년 단위로 거시 적으로 파악하는 것이다.

제2는 우리민족사의 아이덴티티를 규명하는 문제다. 세계사적 흐름 속에서 우리역사는 과연 어떠한 모습을 지니고 있는가? 그 보편적 성 격과 특수적 성격을 동시에 파악해야 할 것이다. 보편적 성격속에서 우리민족의 인류사적 가능성을 파악해야 하며 그 특수적 성격속에서 우리민족이 具有하고 있는 장점과 단점을 정확히 형량함으로써 그 잠 재능력(potentiality)의 실체를 파악해야 하는 것이다.

제3은 바로 제1·제2의 연구성과를 바탕으로 우리민족과 역사의 미래적 가능성을 점쳐나아가야 할 것이다. 그것은 우리민족의 국가적 아이덴티티와 관련되는 문제며 그것은 바로 우리가 지향하는 통일사회의 실내용이 될 것이다.

동학혁명 100주년: 싸움의 역사보단 생각의 역사가 더 중요

1994년으로서 우리는 동학혁명의 100주년을 맞는다. 허나 동학혁명 100주년이라는 단순한 숫자개념에 현혹되어 그 의의를 새삼 논의할 필요는 없을 것이다. 1세기의 역사를 지닌 오늘 우리가 考究해야할 것은 갑오 농민전쟁을 일으킨 그들이 왜 전쟁을 일으켜야만 했으며 무엇때문에 우금치의 포화속에서 수없는 생명을 잃어야만 했던가? 바로 전쟁이라는 우발적 계기로 전개된 힘의 역학을 기술하는데 그칠 것이 아니라, 그 전쟁을 발발시키는 결집력이 된 동학이라는 생각의 체계, 그 생각의 체계속에 반영되고 있는 역사의 의지를 읽어내야 할 것이다. 동학이 우리에게 중요성을 지니는 것은, 비록 서학이라는 세기적 조류에 자극을 받았다는 것 또한 무시할 수 없는 사실이지만, 그것은 우리민족자체로부터 자발적으로 솟은 사상체계이며, 그 사상체계로부터 우리는 우리민족의 근대적 각성의 결정적 계기를 발견할 수 있다는 사실때문인 것이다(여기서 말하고 있는 "근대적"이란 말은 단지 방편적 표현일 뿐 서양사상사적 맥락에서 규정될 필요는 없다).

동학이란 무엇인가? 우리는 여기서 동학의 사상내용, 최제우로부터 시작되어 최시형의 담론에서 꽃을 피운 사상내용, 우리민족의 바이블이라 할 『東經大全』에 담긴 사상내용을 모두 서술할 수는 없다.(『東經大全』은 가까운 장래에 나 도올 김용옥에 의하여 세밀한 주석과 함께 번역되어 일반에게 선을 보이게 될 것이다.) 허나 우리는 이들 동학을 형성해

간 사상가들이 지향했던 사회와 인간을 그리는 말로서 "개벽"이라는 상징적 언어를 기억하고 있다.

개벽이란 무엇인가?

"개벽"이란 무엇인가? 또다시 우리는 이 질문에 대한 어떠한 공식적 대답도 회피할 수밖에 없다. 그러나 개벽이라는 말은 원래 水雲에 의하여 "다시 개벽"이라는 말로서 『용담유사』에 발설되었던 것인데 후대에 내려오면서 "선천개벽 오만년"과 "후천개벽 오만년"이라는 말로서 정형화되었다는 사실로부터 그 의미를 추적해 들어가볼 수 있을 것이다. 일제시대하의 개벽정신의 한 전개로서 태동된 원불교의 창시자 박중빈(朴重彬, 1891~1943)은 이러한 선천개벽과 후천개벽을 가리켜 "음세계"와 "양세계"로 표현을 달리하고 있다. 허나 여기서 말하는 "오만년"이라는 세월이 실제적인 역사의 시간을 말한 것도 아닐 것이요, 선천개벽이니 후천개벽이니, 음세계니 양세계니 하는 것들이 모두 그들이 열망하는 이상향을 그리는 어떤 이데아티푸스로서 파악되어야 하는 개념적 장치에 지나지 않는다는 것을 확연히 인식할 필요가 있는 것이다.

漢代의 氣論으로서의 개벽의 원의

원래 개벽이라 함은 "천지개벽"을 말한 것이며, 天地開闢이라하는 말은 원래 中國漢代의 철학에서 형성된 氣論的(기철학적) 패러다임을 말한 것이며 그것은 자연의 코스몰로지(cosmology)와 관계된 것일뿐 문명세계를 지칭하는 것은 아니었다. 天地以前의 세계에서는 渾元之一氣가 있을 뿐이며 여기서 渾元이란 카오스(chaos) 즉, 混沌을 가리키는 것이다. 이 혼돈의 一氣중에서 輕淸한 氣는 올라가 天이되고, 重濁한 氣는 가라앉아 地가 된다고 하는 것이 결국 天地開闢의 실내용인데, 천지개벽이란 천기와 지기가 열려(開) 갈라진다(闢)는 뜻으로 이 개벽의 본 의미는 카오스로부터 코스모스로의 이행, 즉 우주론적 질서의 태동을 의미하는 것이었다. 천지개벽은 결국 천지코스몰로지에 있어서의 천지라는 질서의 태동을 의미하는 것이었다.

東學의 개벽은 자연사가 아닌 문명사의 시작

허나 東學을 형성한 사람들은 이 천지개벽의 의미를 자연사(natural history)적인 관점에서 규정했다기 보다는 문명의 시작이라는 역사의 모우멘트로 이행시켰던 것이다. 결국 선천개벽이라고 하는 것은 인간의 문명세계의 시작을 의미하는 것이었다. 동학사람들이 동학의 창시의 이념을 선천개벽 오만년에 대하여 후천개벽 오만년의 시작이라고 하는 어떤 믿음으로 그 축을 삼게된 것은 다름아닌 현실을 바라보는 민중의 열망을 극단적으로 표현한 것이다. 즉 "선천개벽오만년"이라고 하는 것은 인류가 이 지구상(天地속에)에 태어나서 문명을 건설한 모든 有爲的 歷史의 구조가 총체적으로 오류에 빠져있다는 자각과 개탄과 반성을 의미한다. 그리고 그러한 반성은 선천개벽오만년과는 완전히 다른 새로운 역사로서의 후천개벽에 대한 새로운 믿음으로 표출되고 있는 것이다.

개벽은 직선도, 단계도, 순환도, 종말도 아니다

여기서 재미있게 우리가 주목해야 할 것은 이들이 바라보고 있는 역사의 시간성(temporality)이다. 선천개벽－후천개벽의 패러다임은 우선 직선적 시간을 말하고 있지않다. 서구라파에서의 직선적 시간이란 연속적 가치의 증진(the linear progress of value)을 전제로 하는 것이며 그 표현은 어떤 단계론적 지양(止揚)이나 변증법적 리듬을 전제로 하는 것이지만 선천－후천은 어떤 그러한 직선적 단계론을 말하는 것이 아니다. 또 그 시간의 패러다임이 순환론적도 아니다. 다시 말해서 선천개벽오만년세(음세계)와 후천개벽오만년세(양세계)가 서로 빙글빙글 도는 역사를 말하고 있지도 않다. 다시 말해서 양세계의 도래가 또다시 음세계의 도래를 전제로 한다는 순환론적 믿음을 말하고 있는 것도 아닌 것이다. 그렇다고 기독교의 종말론처럼 묵시록적 어느 시점(eschatological moment)을 말하고 있는 것도 아니다. 서구의 모든 종말론은 이 문명과 천지의 멸절을 말하고 있는데 반하여 동학의 개벽론은 새로운 문명과 천지의 시작을 말하고 있는 것이다. 종말이 아닌 영속의 새로운 시작의 계기를 말하고 있을 뿐이다. 직선도 아니요 단계도 아니요 순환도 아니요 아포칼립스도 아니다! 동학이 말하는 개벽은 우리가 살면서 창조해온 문명의 구조가 근원적으로 잘못되었다는 래디칼한 반성이며, 그러한 래디칼한 반성위에서 세계사의 근원적 도약, 새로운 인류사의 시작이 도래하고 있다고 하는 천지기운의 한 진단인 것이다. 그리고 "오만년" 운운한 것은 이러한 기운은 과거의 어떠한 변혁의 전기와도 비교가 될 수 없는 근원적인 변혁의 기운임을 시사하고 있는 것이다. 이러한 동학의 진단은 우주론적이며, 세계사적인 거시이론이다. 우리민족의 20세기를 대다수의 사람들이 "개화"라는 매우 협애한 동·서 문명의 접촉의 틀속에서 진단하고 기술하고 있는 현실이지만, 나는 우리민족의 20세기야말로 19세기말에 개화한 개벽신앙의 전개로서 분석할때만이 그 역사적 에너지의 정맥을 찾을 수 있다고 생각하는 것이다. 물론 우리가 여기서 말하는 통일론의 주제도 이러한 개벽론의 전개내지는 완성으로서 그 자리매김을 해야하는 것이다.

향벽에서 향아로!

개벽과 통일은 미래지향적이며 우리가 살아왔던 선천개벽세의 모든 가치관을 부정하는 것으로부터 출발한다. 그런데 현재 우리가 20세기를 통하여 축적한 가치관의 현주소는 동학이 투쟁의 대상으로 삼았던 亡家之本으로서의 嫡庶之別과 亡國之本으로서의 班常之別이 지배하는 조선조사회의 억압구조(我國之內有兩大弊風, 一則嫡庶之別, 次則班常之別, 嫡庶之別亡家之本, 班常之別亡國之本, 此是吾國內痼疾也。『海月神師法說』) 가 아니라 그러한 억압구조의 해방을 부르짖으며 등장했던 서구라파 이성주의의 자유와 평등이 다시 부과해놓은 억압구조며, 그러한 억압 구조는 또다시 선천개벽세의 유물로서 후천개벽의 대상이 되고 있는 것이다. 東學(崔時亨)은 向壁設位에 대한 向我設位를 말하였는데 이 러한 向我의 긍정이야말로 데카르트의 코기탄스로 인하여 向壁化되어 버린 자아의 분열로 부터 참다운 人間(Interject)을 회복하는 길이며 이것은 좌·우, 동·서, 남·북의 참다운 통일을 의미하는 것이다. 向 我는 東學의 完成이며 近代的 自我의 완성을 의미한다. 向壁으로 소외 되어버린 모든 자아의 분열로부터 참다운 나의 현존을 회복하는 것이 다.

통일담론과 기철학

한국통일은 세계사적 사건이다. 그것은 인류의 새로운 비젼이다. 이 러한 새로운 비젼의 정립은 바로 세계사를 추동시켜왔던 모든 가치관 에 대한 래디칼 디파쳐(radical departure)를 의미한다. 그 래디칼 디파쳐란 바로 우리자신의 현존속에 압축되어 있는 모든 세계사적 가 치관의 정당성을 재검토(re-examination)하는 작업으로부터 출발하 여야 한다. 우리의 통일론은 바로 서구라파 근세사상이 제시한 근대적 인간관의 모든 픽션 그 자체의 모순구조를 파헤쳐 들어가는 작업으로 부터 출발해야 한다. 우리를 지배해온 모든 기존의 그릇된 개화사상의 질곡으로부터 우리를 해방시켜야 한다. 우리의 통일론은 모더니즘도 아니요 탈모더니즘도 아니요 포스트모더니즘도 아니다. 그것은 모더니 즘 그 자체의 인식론적 전제와는 전혀 다른 담론에서 출발하는 새로운 언어다. 나는 이러한 작업의 총체적 성격을 가리켜 "기철학"(The Philosophy of Ki [Ch'i])이라고 명명했던 것이다. 이러한 명명때문에 여태까지 받은 나의 수모나 오해, 질시와 저주, 곡해, 모방, 그리고 도용, 표절 …… 참으로 무지스러운 우리의 지성풍토를 나는 개탄치 않을 수 없다. 실력과 진실과 진리의 엄존에 대하여 그것을 인정치 않으려 애쓰며, 공포만을 느끼는 우리사회의 지적 풍토의 와중속에서 오로지 나는 나의 기철학의 완성을 위하여 매진하여 왔을 뿐이다. 이제 나는 기철학이라는 진리체계앞에서 아직 나의 생각이 못미치는 것을 부끄럽게 여길뿐 타인과 사회에 대하여 원한을 가지고 있지는 않다. 단지 앞으로 통일을 담당할 후학들만이라도 그 진리와 진실에 가슴을 열어주기를 애타게 염원하는 것이다. 따라서 진정한 통일논의는 나의 기철학의 구상의 전모를 밝히는 것으로써만 가능한 것이지만 지금 여기 제한된 시간과 제한된 지면에 그 작업의 불가능성을 고백할 수밖에 없는 것을 매우 부끄럽게 여긴다. 결국 나의 통일론은 나의 기철학이 지향하는 생물학적 세계관(Biological Weltanschauung)의 완성과 더불어 완성되는 것이며 그것은 내가 지금 탐구하고 있는 한의학적 세계관(요즈음 나는 東崇洞 檮杌書院에서 東武 李濟馬의 『格致藁』와 『東醫壽世保元』을 강의하고 있다)에 대한 나의 통찰이 구체화되어야 하는 어떤 작업의 결실을 기다리고 있다. 따라서 나의 통일논의도 이 시점에서는 제한성을 지니고 있음을 고백치 않을 수 없다. 허나 이 논문이 인문과학도를 대상으로 하기보다는 사회과학도나 통일문제에 관심을 지니고 있는 사회각계층의 현역들을 대상으로 하고 있음으로 그들의 사고에 도움을 줄 수 있는 나의 기철학적 구상을 단편적으로나마 밝히는 것으로 小論의 大綱的 성격을 완결지으려 한다.

分 論 章

I. 역사의 문제

역사와 시간의 인식

우리가 제일 먼저 고찰해야 할 것은 歷史라는 문제다! 사실 역사라
는 것은 시간의 흐름을 말하는 것이며 그것은 실존하는 것이지만, 그
자체는 언어를 가지고 있지 않은 것이다. 다시 말해서 역사는 말을 하
지 않는다. 역사를 말하는 것은 오직 인간일 뿐이다. 동물의 제왕이라
고 하는 호랑이도 집안에서 키우는 멍멍이도 역사를 설교하지는 않는
다. 역사는 오로지 인간의 인식체계일 뿐이다. 따라서 역사는 인간이
시간을 인식하는 방법이나 법칙에 따라 그 모습이 결정될 뿐인것이다.
역사는 인간의 인식을 닮는다. 인간이 시간을 인식하는 방법은 천갈래
만갈래의(각 문명의 코스몰로지를 검토하여 보아도 알 수 있듯이) 모

습을 지니고 있지만 그 디프 스트럭쳐(deep structure, 심층구조)는 단 두가지의 모습으로 압축될 수 있는 것이다. 그 하나가 원이요, 그 하나가 직선이라는 것이다. 다양한 시간의 모든 모습이 이 두가지의 심층구조의 복합태로서 현현되는 것이다. 그런데 원이라는 것은 일차적으로 나의 존재가 느끼는 나의 몸의 내재적 순환(circulation)에서부터 시작하여 밤낮의 교체, 계절의 순환, 천체에 나타나는 별들의 운행등 천지의 외재적 순환에 이르기까지의 모든 자연의 움직임에서 우리가 쉽사리 감지할 수 있는 것이다. 주기적으로 배가 고프다는 사실, 똥을 눗는다는 사실, 이런 것들은 나의 몸의 순환의 대표적인 사실이다. 이 순환은 "몸의 中庸"(Homeostasis of Mom)이라는 생체의 특수한 유기적 현상속에서 지속되는 것이다. 그런데 인간의 몸에서 직선적 시간으로 인지되는 가장 명백한 인식체계는 "죽음"(Death)이라는 사건이다. 인간이 죽는다는 엄연한 사실(이벤트)은 시간에는 시작과 끝이 있다는 생각을 가지게 만들었고, 그 시작과 끝을 연결하는 흐름의 모양새를 직선이라고 생각케 된 것이다.

직선과 순환

이 직선적 시간의 대표적인 것이 창조론과 종말론이다. 창조가 있으면 반드시 종말이 있게 마련이고 종말이 있으면 반드시 창조가 있게 마련이다. 이러한 직선적 시간관의 대표적인 것이 기독교사관이다. 재미있게도 『구약』의 첫장이 「창세기」로 시작하여 『신약』의 종장이 「요한계시록」으로 끝나고 있다는 것은 아마도 이러한 헤브라이즘의 전통을 단적으로 예시해주는 것이라 할 수 있을 것이다.

그런데 우리가 순환으로서 시간이나 역사를 파악할 때는 시작이나 끝이 생겨나지 않는다. 따라서 순환의 역사에는 창조론이나 종말론같은 것이 없다. 始終無端의 生生之道만이 있을 뿐인데 이러한 사관의 대표적인 것이 중국고문명에서 경전화된 『周易』이라는 것이다. 陰陽

消息의 64卦는 끊임없는 순환을 되풀이할 뿐이다.

직선적 시간은 역사 밖에 역사의 목표를 설정한다

따라서 이러한 자연관의 인식체계에 따라 인간의 역사를 바라보는
눈도 결정되는데 직선이나 순환이나 그것은 모두 인간의 진리인식체계
를 반영하는 것으로서 시비나 진위를 논할 수는 없는 것이다.

그런데 직선으로 인간세의 역사를 파악할 때는 대부분 종말을 향한
어떤 가치관의 직선체계가 성립하게 마련이다. 시간이 흐를수록 인간
세는 좋아진다든가, 문명은 진보한다든가, 더 살기좋은 세상이 된다든
가, 자유를 향유하는 계급이 더 많아진다든가, 자유의 의식의 점차적
증대가 이루어져서 좋다든가 하는 등등의 생각이 이루어진다. 헤겔이
말하는 변증법적 사관은 이러한 기독교의 묵시록적 직선사관의 대표적
인 例에 속하는 것이다. 그런데 이런 직선사관의 병폐는 역사의 목표
를 역사 밖에서 구해야 한다는 것이다. 역사가 직선으로 그 무엇을 향
해 돌진한다는 생각은 반드시 그 역사의 목표를 설정하는 주체가 역사
밖에 있게 마련이다. 그 역사 밖에 주체가 있어야 그 목표가 설정될
것이며 따라서 역사는 그 목표에 의하여 일사불란하게 지배되고 작동
될 것이기 때문이다. 역사 밖에 있는 역사의 주체는 더 말할 나위없이
기독교에서는 하나님(God)이라고 부르는 것이다.

직선적 역사의 장점과 단점

직선적 역사의 관념은 그 역사를 이루어가는 사람들에게 미래에 대
한 희망이나 기대를 불러일으키기가 용이하고, 따라서 그 사람들을 미
래를 위하여 동원하는 어떤 구심점(a vantage point for mobiliza-
tion)을 제시하기가 수월하다. 기독교적인 직선사관의 상식적 파우어
는 이와같이 현실을 동원하고 고무하여 미래로 향하게 하는데 있는 것

이다. 이러한 직선사관의 한 예로서 우리 동양문명에서는 太平이나 大同과 같은 천년왕국사상이나 미륵신앙같은 미래불사상을 들 수 있다.

허나 직선사관의 병폐는 역사 밖에 있는 역사의 허구적 목표를 향해 역사의 현실을 연역적으로 획일화시키며 너무 일률적으로 가치판단을 고정시킨다는 것이다. 그리고 매우 무서운 독단에 의해 역사의 현실적 다양성을 희생시킬 수도 있는 것이다. 히틀러나 스탈린이 만들어 가고자했던 사회모순의 배경에는 분명 그러한 직선사관의 오류가 숨어있을 것이다. 포퍼같은 사상가들은 이러한 직선사관의 병폐를 일컬어 히스토리시즘의 빈곤(the poverty of historicism)이라 불렀던 것이다. 여기서 말하는 히스토리시즘은 단순한 역사주의가 아니라 직선사관을 일컫는 것이다.

순환은 반복이 아니다

서양사람들(근대 계몽주의 사상가 전체)의 매우 단순한 사고방식으로는 역사의 가능한 유일한 형태가 직선이며, 직선이외의 역사는 있을 수 없다고 생각한다. 왜냐하면 그들은 어려서부터 기독교문명속에서 먹고 자고 싸고 생각했기 때문에 그 이외의 체험이 본질적으로 결여되어 있기 때문이다. 그들에게는 기독교 신구약 성경은 단지 바이블이라는 어떤 경전을 의미하는 것이 아니라, 그것에 찬성하든 반발하든 그들의 모든 사고의 기초적 틀을 형성하는 존재의 기반인 것이다. 그들은 순환은 역사가 될 수가 없다고 생각한다. 순환은 자연에서만 가능한 현상이며 인간의 역사는 그러한 자연의 순환의 고리를 끊음으로서 이루어지는 것이라고 생각한다. 그들은 순환을 반복과 동일시하는 오류를 일차적으로 범하고 있기 때문이다. 순환은 반복이 아니다. 순환은 『中庸』의 말을 빌리면 "時中"일 뿐이며 순환 그자체가 시간의 흐름속에서 이루어지는 비반복적인 것일 뿐이다.

그들은 순환의 역사에는 가치관의 서열이 생겨날 수 없으며 따라서 역사의 목표가 생겨날 수 없고 그렇게 되면 그것은 역사로서의 가치가 없는 것이라고 생각한다.

역사의 영원한 이상은 몸밖에 있을 수도 있지만 몸안에 있을 수도 있다

허나 순환의 역사는 중용의 역사며 중용의 역사는 역사의 목표를 역사 자내의 밸런스에서 구하는 역사다. 직선의 역사는 역사의 목표를 역사 밖에 두지만 순환의 역사는 역사의 목표를 역사 안에 둔다. 역사의 목표란 현실적 인간에게 삶의 기준이 되는 이상(Ideal)을 말하는 것인데, 이상이라는 것은 영원히 달성할 수 없는 영원한 이상일 수도 있지만 그 이상은 반드시 우리의 삶의 밖에 있어야 할 필요는 없다. 플라톤의 이데아처럼……. 우리의 삶에 내재하는 이상도 영원히 달성할 수 없는 것이 많다. 예를들면 내가 죽어서 천당을 간다고 하는 생각은 나의 이상이 분명 나의 삶의 밖에 있는 경우인 것이며 그것은 영원히 확인될 수 없는 이상이다. 그런데 내가 살아 있을 동안 나의 몸의 인푸트(밥)와 아웃푸트(똥)의 발란스를 취하여 완벽한 건강(Perfect Health)을 이룩한다는 것도 매우 일상적인 것 같지만 영원히 달성할 수 없는 이상의 자격으로 말하자면 동일한 것이다. 동양인들은 역사의 목표를 "천당"처럼 생각해본 적이 없으며 그것은 오히려 "건강"같은 것이었다. 역사와 사회와 인간의 건강! 그것은 영원한 인간의 이상이 되기에 충분한 중용적인 덕목인 것이다. 라오쯔(老子)가 역사를 말함에 無爲와 有爲의 순환을 얘기하고 멍쯔(孟子)가 역사를 논함에 一治와 一亂의 순환을 얘기한 것은 역사의 반복의 패턴을 얘기했다기 보다는 그러한 패턴속에서 추구되어야 할 영원한 내재적인 "時中"을 말하는데 그 所以然이 있었던 것이다. 이러한 중용의 역사는 서구인이 전혀 생각하지 못했던, 전혀 꿈에도 꾸어보지 못했던 역사인 것이다. 순환적 역사에 있어서는 역사의 목표가 상황적이며 자내적(自內

的)이며 역사자체의 함수에 따라 역동적이다. 그리고 묵시록적 종말을 향해 모든 가치관을 일률적으로 휘몰아갈 필요가 없기 때문에 다양한 현실을 포섭한다. 나의 기철학적 사관은 서양인들의 직선사관이 미처 볼 수 없었던 동양인들의 순환사관의 강점을 깊게 통찰하지만 결국 역사란 순환도 아니며 직선도 아니요 그 양면을 통섭하는 것이라고 생각하는 것이다. 나의 몸은 밤·낮을 따라 먹고 자고 순환하면서 건강을 유지하려고 애쓰지만 결국 죽음을 향해 가고 있는 것이다. 역사는 유기체론의 한계를 벗어날 수 있으나 유기체론적 리듬의 착종속에서만 그 영원성을 유지하는 것이다.

통일은 직선적 진보의 소산일 수 없다

내가 왜 새삼 이런 말을 통일론을 말하는 자리에서 말하고 있는가? 통일 그자체를 역사의 직선적 진보의 소산이라고 생각하는 많은 사람들에게 우리의 통일은 그러한 역사적 시각을 완전히 벗어나서 성취될 수도 있는 것이라는 것을 보여주기 위함이다. 그리고 우리의 역사적 상념으로부터의 근원적 떠남이 없이는 우리는 진정하게 새로운 통일의 역사를 창출할 수 없다는 것을 역설하려 함이다.(역사인식의 문제에 관하여서는 下卷에 실린 **오항녕의 논문, "통일시대 역사인식을 찾아서"**를 같이 참고해 주기 바란다.)

아우프헤벤과 진보

역사를 지배하는 시간인식구조로 본다면 우리나라 7·80년대 진보적 지식분자들의 뇌리를 지배한 가장 강력한 사관은 칼 맑스의 경제사관이라는 것이었다. 그리고 맑스의 경제사관의 시간관의 구조는 헤겔의 변증법과 조금도 다른 것이 없다. 헤겔은 아리스토텔레스의 에이도스(형상)와 휠레(질료)의 융합으로 이루어지는 현상세계의 가치서열의 하이어라키에 기독교의 묵시론적 세계관을 짬뽕시켜 절대정신 (absolute Geist)의 자기현현으로서의 변증법(Dialektik)을 만들었 는데 이것은 앞서말한 기독교세계관의 직선적 시간관의 전형인 것이 다. 正(an-sich)·反(für-sich)·合(an-und-für-sich)의 반복적 패턴자체는 순환적 시간이지만 그 반복적 패턴을 연결하는 것은 아우 프헤벤(aufheben, 止揚 혹은 揚棄로 번역)임으로 아우프헤벤은 직선적 시간을 대표하는 것이다. 아우프헤벤속에 절대정신의 자기현현의 소이 가 있는 것이므로 변증법의 핵은 正反合에 있는 것이 아니라 아우프헤 벤에 있는 것이다. 그리고 그것은 전체적으로는 어디까지나 직선에 속 하는 것이다. 그 아우프헤벤은 18세기 계몽주의 사조이래 서구라파사 상계 전역에 풍미했던 소위 "진보라는 생각"(The Idea of Progress) 을 철학적으로 표현한 것이며, 역으로 헤겔의 아우프헤벤사상은 19· 20세기의 모든 진보사관의 움직일 수 없는 틀을 제공한 것이다.

맑스의 변증법적 경제사관의 출발 : 독일의 역사학파 경제학

맑스는 이러한 변증법적 진보의 논리를 生産力(Produktivkräfte) 과 生産關係(Produktionsverhältnisse)의 모순으로서 생겨나는 운동 의 계기로서의 自己展開로서 유물화(土台化)시켜버린 것이다. 그런데 이러한 경제사관은 진보의 역사를 방편적으로 몇단계로 나누어 생각하 기 시작했는데 이것은 경제발전이 낙후했던 독일의 사상가들, 특히 영 국의 고전학파 경제학(아담 스미스로 대표)에 대하여 국민경제의 형 성에 쫓기는 현실의 요청을 흡수하여 발흥한 역사학파 경제학 (historische Schule)에서 시작된 것이다. 독일국민경제의 특수성과 자본주의의 보편성 사이의 상극관계를 해소하기위한 하나의 방편으로 서 諸國民의 경제발전을 단계적으로 분류하였던 것이다. 그 초기의 대 표로서 리스트(Friedrich List, 1780~1846)를 들 수 있으며 그는 "國民的 生産力의 이론"이라는 그의 특유의 논리에 따라 제국민의 경제발전을 1)야만상태 2)목축상태 3)농업상태 4)농공상태 5)농공상상태의 5단계로 분류했던 것이다.

리스트에서 맑스로 오는 과정

이러한 역사학파의 발전단계설은 후기에 올수록 類型개념으로 발전하여 그 실천적 의욕을 약화시켰는데 그 결함의 근거는 하나의 난세로부터 다음의 단계로, 하나의 구조연관으로부터 다음의 구조연관으로 이행하는데 있어서 그 兩者를 통일적으로 관철시킬 수 있는 전체적인 필연적 운동법칙의 인식이 결여되어 있다는데 있었다. 이러한 법칙을 생산력의 발전과 생산관계의 모순으로부터 발생하는 생산양식(Produktionsweise, mode of production)의 변증법적 발전원리에서 구하여 그것을 역사적 발전 전체의 기초로 삼은 자가 바로 예수와 함께 가장 영향력이 큰 두 유대인으로 꼽혔던 칼 맑스(Karl Marx, 1818~1883)였던 것이다.

1	*2*	*3*	*4*	*5*
원시공산제	노예제	봉건제	자본제	공산제

1에서 5로 나아가는 역사는 분명히 직선시간관을 전제로 하고 있다는 것은 국민학교 1학년생이라도 알아차릴 수 있을 것이다. 그리고 이 직선은 가치론적 의미가 1에서 5로 갈수록 분명 더 좋아진다(better)는 뉴앙스를 깔고 있다는 것도 쉽게 알아차릴 수 있을 것이다. 즉 원시공산제에서 노예제 봉건제 자본제 사회주의적 생산양식으로 갈수록, 헤겔이 말하는바 자유의 의식의 증대라는 아우프헤벤을 구현하고 있다는 것은 명약관화한 일이다. 그러므로 인류의 역사는 진보하는 것이며

그 진보는 필연적이래서 과학적이기까지 하다는 것이다. 인류의 모든 역사가 이러한 5단계의 필연적 과정을 거치지 않을 수 없다는 것이다. 그래서 중국에서도 꾸어 뭐르우어(郭沫若, 1892～1978)를 중심으로 "노예제사회"의 시비를 논하는 것으로부터 그 古代史논쟁을 시작해야만 했던 것이다.

맑스의 아이러니

그런데 내가 앞서 얘기했듯이 모든 직선적 시간은 시작(始)과 끝(終)을 갖는다. 창조론과 종말론이 있게 마련이다. 맑스가 말하는 역사의 아이러니는:

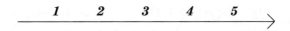

1에서 5까지의 과정에서 1은 시작이요 5는 끝이라는데 있다. 그런데 역사의 시작과 끝이라는 것은 픽션일 수밖에 없다. 역사가 끝나버린다면 끝나버린 역사 다음에 인류는 어디로 가야 하는가? 어떤 시간열차를 타고 다시 여행을 해야하는가? 모두 한시점에서 무존재로 화해야만 하는가? 역사에 시작이 있다면 시작전의 역사는 무엇인가? 역사는 무로부터 시작한 것일까? 따라서 1부터 5까지의 언어를 보면 1(시작)과 5(끝)에 해당되는 언어는 공산제라는 우토포스(utopos＝utopia, 어느 곳에도 존재하지 않는것, 유토피아, 이상향)적 어휘로 꾸며져 있다. 원시공산제는 「창세기」에 해당되는 픽션이요, 사회제·공산제는 「계시록」에 해당되는 픽션이다. 1단계에서 5단계까지의 다섯단계 중에서 1과 5는 역사(시간)의 알파와 오메가요, 그것은 픽션이요 비역사적인 것이다. 1과 5의 비역사를 빼놓고 난 2·3·4만이 현실적 인류사의 카테고리로서 의미를 갖는 것이다. 다시 말해서 맑스의 역사발전단계론의 현실적 역사학적 의미는 맑스가 인류의 역사를 노예제와 봉건제와 자본제라는 세 카테고리를 가지고 연역적으로 정리하고 있다는 의미이상의 무슨 대단한 의미를 지니고 있는 것이 아닌 것이다.

통사와 민족국가; 고대 · 중세 · 근대는 칼 맑스의 장난

우리는 현재 역사를 배울 때 대개 "통사"라는 장르를 통해 배운다. 그런데 이 "통사"라는 장르는 민족국가(nation state)를 단위로 해서 그 민족국가의 영토의 범위에서 일어난 모든 역사를 일괄적으로 기술하는 매우 특이한 장르를 말하는 것인데, 이러한 통사는 우리나라의 경우를 보아도 알수 있듯이 20세기에 이루어진 것이며 19세기까지만 해도 전혀 없었던 역사기술방식이었다. 허나 이것은 비단 우리나라에만 국한되는 현상이 아니라 범세계적인 현상이었다. 다시 말해서 "민족국가"라는 "통사"의 기본단위 자체가 범 세계적으로 19세기 현상으로서 시작되어 20세기초에나 정착되기 시작한 것이기 때문이다. 우리가 생각하는 "한국통사"니 "불란서역사"니 "독일사"니 "영국사"니 하는 것들이 19세기중엽까지만 하더래도 실제적으로 부재했던 말들이었다. 민족국가사의 단초는 그 이상으로 얼마든지 소급될 수 있겠지만 그 민족국가통사의 본격적 전범들은 19세기 후반으로부터 시작되어 20세기초에 걸친 세기적 학자들의 노력에 의한 것이며 우리나라 통사기술의 역사도 이러한 보편사의 기류와 같은 맥락속에서 우리손에 의해서가 아닌 이마니시 류우(今西龍, 1875~1932)와 같은 조선총독부 소속의 일제 관변학자들에 의하여 시작된 것이다. 그런데 이런 통사를 기술하는데 있어서도 반드시 어떤 史觀이 필요한 것이요, 사관이 없이는 역사기술자체가 불가능한 것이다(카아[E. H. Carr]의 『역사란 무엇인가』[*What is History?*] 한권을 훑어보면 대강 그 논지는 쉽게 파악이 될 것이다). 그런데 다양하고 복잡한 사관을 들먹거리지 않아도 그러한 모든 근대적 사관의 통사적 공통분모로서 우리가 너무도 지당한 것으로 받아들이고 있는 거대한 편견이 있는데 그것이 바로 "古代", "中世", "近代"라는 세 카테고리인 것이다. 아마도 모든 통사를 기술하는데 있어서 이 古·中·近의 세개념을 아니쓰는 히스토리오그라피는 부재할 것이다. 그런데 우리는 이 古·中·近을 단순한 "시간적 구분"으로 생각하기 쉽다. 허나 古·中·近이라는 시간적 구분은 실제로 무의미한 것이다. 왜냐하면 역사는 古·中·近이라는 시간적 구분이 없이도 얼마든지 기술가능한 것이기 때문이다. 王朝史는 王의 治世를 단위로 해도 되는 것이요, 편년사는 年을 단위로 해도 되는 것이다. 日記는 日을 단위로 해도 되는 것이다(『承政院日記』의 경우). 古·中·近이라는 시간적 구분은 바로 古·中·近이라는 시간적 구분을 의미짓고 있는 사회의 모습에 대한 규정이 없이는 그 자체의 구분이 불가능한 것이며 무의미한 것이다. 그런데 이 古·中·近의 통사적 장르가 모두 칼 맑스가 활약한 시대와 그 영향권하에서 생겨난 것이라는 너무도 명백한 사실을 우리는 망각하고 있다. 古·中·近이야말로 노예제·봉건제·자본제라는 삼단계 역사발전론의 배경하에서만 가능한 직선적 시간의 필연성을 가장한 픽션이었던 것이다.

1. 알파	2. 고대	3. 중세	4. 근대	5. 오메가
원시공산제	노예제	봉건제	자본제	공산제

다시 말해서 우리는 맑스의 계급투쟁설을 신봉해야만 맑시스트가 되는 것으로 생각하지만, 사실 고대·중세·근대를 논하는 모든 역사가들이 알고보면 맑시스트라는 사실을 망각하고 있는 것이다. 근대성 그 자체가 맑스의 것이다. 따라서 우리의 관념속에선 고대가 노예제가 되어야만 하며, 중세는 봉건제가 되어야만 하며, 근대는 자본제가 되어

야만 한다는 너무도 터무니없는 도식적 상식을 보편사의 지당한 카테고리로서 암암리에 신앙화하고 있는 것이다.

근대성 그 자체가 맑스의 것이다 ; 실학이라는 거짓말

나는 묻는다. 인류사에 도대체 왜 고대가 존재해야만 하는가? 도대체 왜 중세가 있어야만 하는가? 도대체 왜? 왜? 왜 근대적 인간은 자본제생산양식 속에서만 태어나야 하는가? 나의 기철학은 이러한 질문들을 완벽한 거짓명제들(pseudo-propositions)로 간주하는 것이다. 따라서 우리는 자본주의와 공산주의를 논하기에 앞서 소위 근대적 인간의 근대성이라는 것이 반드시 역사발전단계의 필연적 과정으로서 등장한 자본제 속에서만 파악되어야 한다고 하는 픽션 그자체를 검토해야만 하는 것이다. 바로 이 문제에 우리나라 사학계를 지배하고 있는 모든 역사기술의 비주체적 거짓이 폭로되는 것이다. 예를 들면 그 대표적인 허구가 "실학"(Practical Learning)이라는 거짓말인데 오늘날까지도 우리나라 학계는 이러한 거짓말을 꾸며대는데 아직도 혈안이 되어 에너지를 낭비하고 있는 실정이다. 참으로 부끄러운 현실이다. 확언하건대 "實學"은 朝鮮王朝史에는 不在한 虛名이다. 조선왕조의 사상가중에서 자신의 사상이나 철학이나 문학을 實學이라고 말한 사람은 한사람도 없으며, 더구나 자신의 지적 활동을 총괄하여 자신을 실학자라는 규합개념(organizing concept)으로서 그 아이덴티티를 규정한 사람은 아무도 없다. 우리가 소위 실학자로서 알고있는 丁茶山은 자신을 실학자로 생각해본 적은 그의 생애에 단 한순간도 없다. 그가 "實事求是"를 말하기는 하나 그는 어디까지나 그를 전통적 유학의 클라시시스트(고전학자)로서만 생각했을 따름이며 자신의 독창적 해석을 주석으로 구현했을 뿐이다. "實事求是"란 다급한 현실문제에 지식인들이 관심을 가져야 한다는 상식적 명제일 뿐 그것이 어떤 실학이라는 학문적 통일운동을 지칭해본 적은 없는 것이다.

실학은 20세기의 날조

그럼 정말 실학이 없었는가? 없었다! 그럼 왜 누구든지 있었던 것처럼 생각하고 있는가? 그것은 20세기 일제식민지 시대의 말기로부터 해방이후의 생각이 모자라는 학자들에 의하여 날조된 것이다. 왜 날조했는가? 그들의 날조는 그들 개인의 나쁜 동기에서 나온 것이 아니라 인류사를 파악하는 상식적 인식의 틀의 중압감에 휘몰린 결과로 태동된 것이며, 그들이 실학이라는 개념을 날조하고 그 개념속에서 조선조 후기사상사를 규정해야만 했던 이유는 바로 "근대성에 대한 압박감"이었던 것이다. 그들은(물론 그들도 다 훌륭한 애국자들이다) 그들의 인식체계속에서 어떻게 해서든지 보편사의 틀속에서 조선민족에게 근대성(modernity)을 선사해주어야만 했으며, 그 근대성의 확보는 실학이라는 사상운동의 담보로 이루어진다고 생각했다.(이러한 문제의 매우 자세한 학술적 논의가 나의 저서 『讀氣學說』에 기술되어 있음으로 그를 참조하면서 읽어주었으면 더 명료한 전체적 윤곽이 잡힐 것이다.)

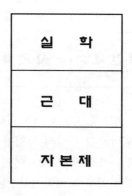

실학이라는 사관(interpretation)의 규합개념의 창출은 바로 한국 역사속에 근대를 확보할려는 노력이었으며, 그 근대의 확보는 대강 자

본제의 태동이라는 문제의식과 관련되어 있었으며 따라서 그들의 연구 방향은 이러한 문제의식의 정당화를 위한 사회변동(social mobility) 이론에 집착해 있었던 것이다. 사실 조선조 후기에 계층간의 변동이 많았던 것은 사실이지만 몇개의 불확실한 호적을 가지고 조선조사회전체의 논의를 진행한다는 것은 매우 위험한 일인 것이다. 보다 치밀한 족보의 광범위한 연구결과로 나타나는 것은 하향변동(downward mobility)은 정당화될 수 있으나 상향변농(upward mobility)은 정당화되기 어렵다는 결론인 것이다. 그런데 바로 이러한 실학개념을 중심으로 한 조선조역사의 규정이 얼마나 오류적인 것인가 하는 것은 바로 우리역사가 일본인들의 역사의식에서부터 통사로서 정립되었다는 사실, 그리고 실학이라는 개념의 시원이 우리자체의 요구에 의한 것이 아니라 일본인에 의하여 이미 다 발설된 논의를 도용한 결과로 탄생된 것이라는 사실에 있다. 그리고 이러한 논의는 인류보편사의 왜곡이라는 글로우발한 문제와 관련되는 것이다.

중 세	근 대
봉 건 제	자 본 제

이 칼 맑스, 아니, 이 지구상의 모든 19·20세기 사가들이 지당한 것으로 받아들인 이 공식은 사실 독일의 국민경제를 개발시키기 위한(마치 박정희가 몇개년 계획을 계속 세웠듯이) 어떤 로칼 프레임웤이 보편화된 오류로서 인류의 모든 역사를 왜곡시킨 거대한 오류에 속하는 것이다. 지금 우리들의 의식속에서 전 세계의 국민국가들이 자본제생산양식으로 치닫고 있고, 또 그속에서 근대적 인간상을 구원해보려고(의회민주주의 등) 발버둥치고있기 때문에 "근대=자본제"라는 공식은

일단 보편적 도식으로서 사람들을 기만시키기에 충분하다. 허나 "중세 =봉건제"라는 공식은 명백하게 보편성이 없는 것이다. 실학을 말하는 실학연구자들의 마음속에는 암암리 다음과 같은 도식이 자리잡고 있다.

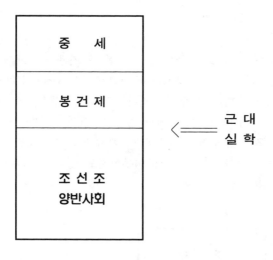

그런데 봉건제(Feudalism, Feudalismus, Féodalité)라는 것은 철저한 분권의 형태를 가리키는 것으로 인류역사상 지극히 제한된 지역에 한정되었던 특수 제도를 의미한다는 것을 생각할 때 상기의 도식은 매우 요상한 것이다. 사실 인류역사상 봉건제도는 1)중국 周나라의 天子와 列國의 諸王을 묶는 봉건제도, 2)서구라파역사에 있어서 로마제국의 강대한 중앙권력이 몰락하면서 바살리테에트(vasalität, 恩貸地制와 결합한 主從關係)와 임뮤니테에트(Immunität, 免除權)를 중심으로 등장한 봉건영주제도, 그리고 3)일본역사에 있어서 센코쿠지다이(戰國時代)를 거치면서 에도(江戶)에 들어와 정착케 된 바쿠한(幕藩)제도 이 세 케이스에 국한되는 것이다. 인도역사에서 서구라파 봉건제도와 비교하여 논의되는 사만타(sāmanta, feudatory)의 제도가 때로 이에

첨가되기도 하나 그것은 전형적인 봉건형태가 아니므로 본론에서 제외한다.

일제식민지의 최대비극: 담론의 지배

일본이 우리나라를 식민지化했다는 사실의 비극은 그들이 우리의 지배자로서 군림하면서 우리를 못살게 굴었나는 사실에 있는 것이 아니라, 그들의 지배가 바로 우리의 언어·담론 그 자체를 지배해버렸다는 데에 있는 것이다.(일본 총독부보다 더 나쁜 君主도 우리역사 자체內에 수없이 많을 것이다.) 다시 말해서 우리나라의 사학자들은, 식민지사관의 극복을 운운하면서 바로 부끄럽게도 식민지사관의 극복을 운운하는 모든 담론(디스꾸르, 푸코적 의미에서)이 이미 일본인의 담론 즉 일본인의 에피스테메(인식적 틀)속에서 이루어지고 있을 뿐이라는 중층적 사실을 반추해봐야 하는 것이다.

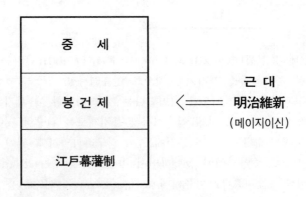

일본역사에 있어서 明治維新이라는 사건은 江戶의 幕府와 지방의 藩(封土, 封國)으로 분할되어 있던 지방분권의 봉건제도를 天皇制를 중심으로한 중앙집권관료체제로 변혁시킨, 尊皇攘夷의 幕末反幕정치운동

의 승리를 의미하는 것이다. 따라서 明治의 존황파사상가들은 자기들의 역사적 행위의 보편사적 정당성을 서구라파의 역사의 진행방식의 패턴에서 구하는 것을 서슴치 않았다. 특히 메이지시대는 카이카(開化)라는 서구문물의 흡입을 갈구하던 시대였다. 따라서 그들에게 있어서의 메이지 이전의 역사(pre-Meiji history)는 봉건의 역사(feudal history)였고, 때마침 우연하게도 서구라파의 중세로부터 불란서혁명의 국민국가태동에 걸쳐 존속하던 서구의 퓨달리즘(feudalism)이라는 것이 戰國時代 사무라이의 亂立으로부터 시작되어 江戶에 이르러 크게 문물이 정비된 幕藩制度와 매우 유사한 제도와 가치관을 가지고 있다는 사실을 발견하기에 이르렀다. 그래서 그들은 그들의 明治維新을 서구라파의 불란서혁명과도 같은 사건으로 이해하였고 明治維新을 일본(日本=니혼, 明治이전에는 실제로 없었던 말)이라는 새로운 國民國家(nation state)의 형성, 즉 쿠니즈쿠리(國造り, 나라만들기)의 새로운 역사적 사건으로 이해하기에 이른 것이다. 다시 말해서 幕藩體制로 분할되어있던 다양한 나라사람들을(江戶에서는 藩을 나라[쿠니]라고 불렀다) 하나로 묶는 새로운 생산양식으로서 자본제를 생각하고, 그 자본제의 가치관의 기초위에서 새로운 근대국민국가를 창출하기 위한 모든 노력을 그들은 "개화"라 부르고 "메이지維新"이라고 불렀던 것이다. 따라서 일본역사의 경우에는 "중세=봉건제=江戶幕藩制"와 "근세=자본제=明治維新"이라고 하는 패러다임이 서구라파의 특수한, 즉 인류사에서 매우 한정된 도식임에도 불구하고 멋있게 자기체험에 들어맞는 것이었고 따라서 그들의 "近代化=開化=國民國家化=中央集權化"의 역사적 소명은 순조롭게 달성될 수 있었고 또 서구라파 문명이 제시하는 독단적 보편사의 기류에도 멋있게 편승할 수 있었던 것이다. 그리고 그러한 近代國民國家의 "作爲"를 정당화하기 위하여 그 근거를 서구라파 부르조아혁명에서만 구하지 않고, 江戶儒學 자체 內에 기존하는 것으로 보아 그 근대성의 발아를 아주 명백하게 朱子學의 도덕적 리고리즘(moral rigorism)의 타도를 표방하고 古典解釋

(특히 六經의 해석)의 틀로서 聖人의 作爲가 개체의 도덕적완성(the moral perfection of an individual)이 아닌, 개인적 도덕을 초월하는 군집사회의 객관적 禮樂刑政이라는 정치제도의 완성에 있었다는 사상을 제시한 오규우 소라이(荻生徂徠, 1666~1728)의 이른바 코가쿠(古學)에서 구하게 된다. 이 反朱子學的 코가쿠는 일본 특유의 코구가쿠(國學)를 탄생시켰고 또 쵸오닌(町人, 상인)출신의 쥬샤(儒者)들의 실용적 유학으로 발전하는 계기가 되었다. 일본학자늘은 미토가쿠(水戸學)나 이러한 町人출신의 유학의 성격을 지쯔가쿠(實學)라고 불렀으며 이러한 지쯔가쿠의 사상은 尊王派철학과도 연결되고 있는 것이다.

조선조가 봉건제사회일 수가 없다

다시 말해서 우리나라의 "實學＝反朱子學＝資本主義의 맹아＝近代의 맹아"라는 도식은 완전히 일본의 역사를 베껴먹은 결과로 탄생된 엉터리 도식에 불과하다. 그리고 "중세＝봉건제＝조선조양반사회"라는 도식도 일본사람이 메이지 이전의 가치체제를 상식적으로 총괄하여 부른 "前近代(前明治)＝봉건"이라는 패러다임을 무분별하게 도입시킨 오류로 발생되는 것이다. 불행하게도 우리나라 국사학계의 거의 모든 교수들이 일상적 강의속에서 조선조사회를 말하는데 "조선 봉건사회"니 "조선의 봉건적 가치관"이니 하는 소리를 일말의 반성도 없이 뇌까리고 있다.

그러나 조선조사회는 봉건사회가 아니다. 일본역사의식으로 말한다면 오히려 일본이 幕藩制를 타도하고 수립하려 했던 尊皇의 明治維新의 中央集權的 관료체제에 해당되는 것이며 중세와 근세의 프레임웍을 가지고 얘기한다면 중세에 해당되는 것이 아니라 근대에 해당되는 것이다.

근   대
國 民 國 家
중앙집권적 관료체제
明治維新
朝鮮兩班관료체제?

우리나라 역사에는 봉건제가 없다. 그러므로 우리나라 사학계의 언어에서 "봉건제" "봉건적"이라는 담론은 삭제되어야 마땅하다. 이것은 참으로 대사건인 것이다. 왜냐하면 없는 것을 보태기는 쉬우나 있는 것을 빼버리기는 어렵기 때문이다. 더구나 있는 것을 전제로 해서 모든 담론을 구축해온 자들에게는 그러한 명백한 진리의 노출이 공포스럽기만 한 것이다. 그래서 김용옥의 기철학적 사관은 설 자리가 없다. 거짓이 권력이 되어있는 우리나라 학문풍토에서는 이다지도 명백한 1세기의 무의식적 오류의 광정은 기존의 모든 학자들의 권력의 본령을 파괴시키는 다이나마이트다. 그들은 그 뇌관에 불이 붙지 않기만을 빌고있을 뿐이다.

일본역사에는 과거제도가 없다 : 중앙집권 관료체제의 부재

조선조에는 과거(科擧, ko-chü)라는 것이 있다. 그래서 우리는 모든 동아시아역사에는 과거제가 있는 줄로 안다. 허나 江戸에는 과거가 없다. 이것으로만도 조선왕조와 江戸幕府가 얼마나 다른 사회인가 하는 것은 여실히 증명된다. 科擧란 반드시 중앙집권관료체제(central-ized bureaucracy)의 인재등용의 장치로서만 요구되는 것이며 그러한 체제자체가 없을 때는 그 체제에만 부합하는 제도가 있을리 만무한 것이다. 따라서 조선조의 "선비"의 의미와 에도의 "쥬샤"(儒者)의 의미는 전혀 다른 것이다. 사무라이(武士)도 쥬샤가 될 수 있으며, 쵸오닌(町人, 상인)도 쥬샤가 될 수 있다. 쥬샤는 신분이나 계급이나 제도에 구애를 받지 않는다. 따라서 조선조의 선비들의 유교논쟁과 에도의 쥬샤들의 유교논쟁을 동일한 차원에서 분석할 수 없는 것이다. 그 논쟁들이 놓여진 場이 근본적으로 다른 것이다.

우리나라 역사에는 반주자학이 없다 : 담론의 전환이 부재

따라서 朱子學을 일종의 중세적 보편주의로 간주하고 反朱子學으로서의 실학을 근대정신으로 구가하는 모든 실학연구는 완벽한 사관의 오류에서 비롯되는 사이비논의다. 우리나라 학자들이 흔히 규정하는 바 "실학자"라고 하는 사람들중에서 우리는 실제로 反朱子學者를 찾을 길이 없다. 소위 근대정신으로서의 "反朱子學"이란 朱子가 말하는 몇마디에 수정을 가한다든가 朱子의 부분적 생각에 좀 다른 아이디어로써 콤멘트를 한다든가 하는 따위로써는 反朱子學者가 될 수가 없는 것이다. 反朱子學이란 朱子가 정립한 디스꾸르 즉 담론의 패러다임 그 자체를 뛰어넘는, 다시 말해서 그 朱子의 사상적 패러다임 그자체와 명실공히 안티테제로서 대치될 수 있는 새로운 패러다임의 言說을 제시하지 않으면 아니되는 것이다. 그런데 우리는 그러한 언설을 조선조 유학자 그 어느 누구에게서도 발견할 수 없는 것이다. 우리가 소위 실학자라고 말하는 사상가들의 正脈이며 그 뿌리라 할 수 있는 栗谷이야말로 알고보면 退溪보다 훨씬 더 朱子學정통을 고수하는 사상가일 뿐이다. 그리고 소위 기론을 말하는 자들도 대부분이 栗谷—宋時烈의 주자학 정통주의에서 파생되고 있을 뿐이다. 人物性同異論에 있어서도 異論이 氣局을 강조하여 理를 제약하는 氣의 차별성을 강조하지만 오히려 理의 순수성을 고집하려는 결과의 논의며, 同論이 동물과 인간의 보편성을 말함으로 언뜻 보기에는 매우 자연주의적인 것처럼 보이지만 그와는 정반대로 理의 자발적 능동성을 보편성의 단계로 끌어올리려는 도덕주의의 소산인 것이다. 同論을 주장한 외암 이간(李柬, 1677~1727)에 동조한 농암 김창협(金昌協, 1651~1708)의 門下에서 나온 鹿門 任聖周(1711~1788)가 조선조철학사에서는 보기 드물게 가장 치밀한 氣一元論的 담론을 구사하고 있지만, 녹문의 담론의 내용도 그 궁극적 소이연은 理의 도덕적 자발성을 氣的인 세계관에 까지 보편화시키려는데 있는 것이다. 따라서 최근에 이인화(류철근)의 장편소설 『영원한 제국』이 노론의 主氣論과 남인의 主理論을 이념적 갈등으로 대립시켜 그 역사적 의미를 캐물어 들어간 것은 일반대중에게 역사를 보다 진지하게 보다 실천적으로 바라볼 수 있게 만드는 매우 훌륭한 역할을 수행했다고, 어린 후학의 기발한 착상과 집필의 노고, 그리고 표현력의 탁월함을 칭찬해주고 또 해주어도 남음이 있지만, 우선 노론과 남인의 갈등이 과연 主氣와 主理라는 철학적 안티테제로서 정형화될 수 있는가 하는 문제와, 설사 이인화의 픽션의 구도자체의 사실적 근거를 전혀 묻지 않는다 하더래도 그 主氣와 主理라는 설정이 흔히 實學이 말하고 있는 자들이 잘못 보고있는 歷史, 마치 남인의 주리론 계열이 정조를 서구라파 근세부르죠아혁명 이전 단계의 절대왕정의 계몽군주라도 되는 듯이 바라보고 있는 시각, 主氣·主理의 설정이 近代性을 둘러싼 반동보수와 진보개혁의 대립으로서 이원화되고 있는 구도, 그 역사 자체의 픽셔날리티를 지적해 주고 싶은 것이다.

조선조사회를 중세·근대로 규정하려는 물음자체가 거짓말

조선조사회는 과연 어떤 사회인가? 그것은 중세인가? 근대인가? 나의 기철학적 사관에 있어서는 이런 물음자체가 거짓물음일 뿐이다. 조선조사회는 분명 자본제생산양식을 가진 사회가 아니다. 그렇다고 봉건제도 아니다. 우리는 여기서 인류보편사의 사실로서 이와같은 질문을 던져야 할 것이다. 과연 근대라는 것은 봉건을 거쳐야만 가능한 것인가? 그래서 봉건을 거친 나라만이(서양이나 일본과 같이) 유독 자본주의에 성공할 수 있었던 것일까! 그러면 봉건의 경험을 가질 수 없었던 지구상의 수많은 역사시간에 있어선 근대라는 것은 불가능한 것이냐? 그렇다면 근대라는게 도대체 무엇이냐?

막스 베버와 퇴·율

조선조는 분명 자본제사회가 아니다. 물론 더더욱 봉건제사회도 아니다. 그러나 그것은 서양의 자본제사회가 달성할려고 했던 국민국가의 성격에 유사한 민족적 아이덴티티는 일찍 확보되었던 사회다. 그리고 서양에서는 19세기말에나 도달하는 관료제(bureaucracy) 즉 국민국가의 운영을 담당하는 중앙집권적 관료체제는 이미 조선조 초기로부터 확보되었던 것이다. 따라서 그 순 형식적 의미만을 얘기한다면, 조선조 朱子學에서 파생한 理·氣논쟁(그 스케일의 장대함과 장구함은 세계문명사상 어느곳에서도 그 유례를 찾아볼 수 없다)은 오히려 19세기말 막스 베버가 논의했던 관료제논의, 즉 근대사회의 권력의 실제적 담당 주체로서의 그 윤리적 성격을 규정하려고 했던 베버의 논의와 같은 차원에서 논구되어야 하는 것이다. 물론 베버가 대상으로했던 뷰로크라시가 전문적 자율성(autonomy)과 정치적 중립성(neutrality)을 표방하는 민주관료제였던데 반하여 退·栗이 논하는 뷰로크라시는 심성론적 책임과 성숙을 말하는 왕정관료제였던 것만이 다르다.

『朱子家禮』의 유입으로부터 시작하여 그 제도적 변화를 시도한 조선왕조, 그것은 고려의 불교이념에 기반한 개체중심적 이데올로기를 유교이념에 기반한 위계질서적 도덕주의로 바꾸려는 시도, 그 시도가 어느정도 제도적으로 무르익어감에 따라 그 제도의 배경을 이루는 인간들의 심성의 문제로 파고들어가지 않을 수 없었던 것이다. 다시 말해서 조선조의 四·七論爭은 어떤 특정한 세계관 대 세계관의 주장이라기 보다는 그 세계관을 이루는 인간들의 윤리의식에 관한 논쟁이며, 그것은 오늘의 언어로 표현한다면 公務를 담당하는 선비계급, 즉 **공무원의 교육철학의 구성원리에 관한 논쟁**이었던 것이다.

이제마의 리·기론

조선조의 마지막 儒者라고 말할 수 있는 東武 李濟馬(1837~1900)에게 있어서 조차, 그 담론이 범상한 유학자의 언어를 완전히 일탈한 것임에도 불구하고 浩然之氣와 浩然之理의 이원성, 肺脾肝腎이라고 하는 四端의 臟理와 中央之太極으로서의 心의 이원성은 끝내 극복이 되질 않고 있다. 다시 말해서 朱子學的 世界觀의 본질적 패러다임구조를 초극하려는 의식적 노력이 엿보이질 않는다. 이것은 결국 무엇을 뜻하는가? 아마도 우리가 우리역사 자내에서 近代性을 구해야한다고 생각한다면 그것은 反朱子學에서 희구되는 것이 아니라 오히려 朱子學的 패러다임 자체내에서 해석되고 획득되어지는 것일 것이다.

이러한 논의의 결론은 무엇인가? 왜 통일을 앞두고 나는 통일의 논의로서 이렇게 번쇄한 잡론을 일삼는가? 여태까지 인류를 지배해왔던 역사의 이해의 틀이 완전히 틀렸다는 것을 지적하려는 것이다. 왜 우리역사에 고대가 있어야 하며 중세가 있어야 하며 왜 근대가 있어야만 하는가? 왜 우리는 서양사람들이 자기들의 편협한 국소적 문제의식 속에서 규정해놓은 근대적 인간의 모습을 닮아야만 하는가?

20세기일랑 봉쇄하여 버리시요

우리가 통일논의로서 전제해야 할 것은 모든 보편사의 논의를 폭파시켜 버리는 것이다. 그것은 알고보면 보편사가 아닌 것이다. 우리가 통일논의로서 전제해야 할 것은 모든 근대성의 논의를 폭파시켜 버리는 것이다. 그것은 알고보면 근대성이 아닌 것이다. 근대적 인간을 폭파시켜라! 그것은 탈근대도 아니요, 포스트모더니슴도 아니다. 근대자체가 픽션인 것이다. 우리의 문학자 李箱은 말한다:"19세기일랑 봉쇄하여 버리시요!" 나 도올은 말한다:"20세기일랑 봉쇄하여 버리시요!"

통일과 개벽

분명히 말하건대 우리의 통일은 근대국가를 만들자는 것도 아니요, 근대자본제 민족을 만들자는 것도 아니요, 또 기성의 근대국가를 크게 확장하자는 것도 아니다. 바로 우리가 생각하는 통일의 비젼은 이러한 인류사의 모든 어거지를 파기해버리고 소탕해 버리는데서 부터 출발하는 것이며 그것은 바로 東學의 사람들이 말하는 선천개벽 오만년세의 역사를 지배한 모든 관념을 쓸어내버리는 것으로부터 출발하는 것이다. 이것은 통일논의에 앞서서 인류가 역사를 생각해온 그 관념 그 자체를 반추함으로써만 가능한 것이다.

역사를 모른다고 두려워 말라

역사란 무엇인가? 역사란 원래 말이 없는 것이다. 그런데 우리가 말하는 역사는 역사 그 자체가 아니요, 역사위에 덮어 씌워놓은 우리자신의 언설에 불과한 것이다. 역사란 무엇인가? 그것에 대답못한다고 아무런 공포감을 느낄 필요는 없다. 왜냐? 역사앞에는 오로지 나 인간의 몸이 있고 삶이 있을 뿐이기 때문이다. 역사가, 고대나 중세나 근대라고 하는 것이 나를 살려주지는 않는다. 오로지 나의 삶이 역사를 구성해나갈 뿐이다. 역사의 문제를 해결하기 위해서는 우리는 이제 역사의 주체인 인간! 인간을 말해야 하는 것이다.

Ⅱ. 인간의 문제

삼간학

인간이란 원래 삼간(三間)중의 하나다. 삼간이란 시간(時間), 공간(空間), 인간(人間)을 말하는 것이다. 따라서 인이라는 間은 時의 間과 空의 間과 착종되어 있다. 인이라는 존재자체가 시간과 공간의 間性 즉 관계성속에서만 존재가능하다. 동방인은 예로부터 天으로서 時間을 말하였고 地로서 空間을 말하였다. 天으로서 先·後를 말하였고 地로서 左·右를 말하였다. 天으로서 미래를 말하였고 地로서 과거를 말하였다. 天으로서 肺·脾를 말하였고, 地로서 肝·腎을 말하였다. 天으로서 魂을 말하였고 地로서 魄을 말하였다. 天으로서 衛를 말하였고 地로서 營을 말하였다. 天으로서 氣를 말하였고 地로서 血을 말하였다. 다시 말해서 人은 또다시 天과 地의 合의 間이니, 天·地·人 三才는 생명에 있어서 분리될 수가 없는 것이다. 人에 있어서 天과 地의 분리를 우리는 죽음이라고 부르는 것이다. 이 세계는 질서를 향하는 힘의 방향과 파괴를 향하는 힘의 방향 그 두 방향이 있으니 전자를 일컬어 생명이라 부르고 후자를 일컬어 죽음이라 부르는 것이다. 이러한 인간의 문제는 나의 기철학적 탐색에 있어서는 한의학에서 말하는 경락(Meridian System)의 문제가 올바르게 해석되고 실증되는 한에 있어서 완성되는 것으로 지금 이 자리에서 논할 계제가 아니다.

인간과 권력

우리의 통일논의와 관련하여 인간의 문제로서 확인해야 할 것은 우리전통, 주자학적 패러다임이나 혹은 동아시아문명사의 모든 문화적 사유의 전통속에서 규정되고 있는 이 인간이 서구라파 근대적 인간규정과 비교해볼 때 너무도 엄청난 출발점의 차이를 지니고 있다는 사실이다. 이러한 문제는 궁극적으로 "권력"의 문제와 관련되는 것이다. 우리가 통일사회를 만든다고 할때 권력의 형태를 어떠한 인간관의 기초위에서 규정해야 할 것인가 하는 문제는 필연적으로 대두될 수밖에 없는 것이다. 그리고 이러한 인간관의 기초위에서만 어떠한 사회질서를 구축할 것이며 또 그러한 질서를 위해서 우리는 어떠한 인간을 교육해야 하는가 하는 문제의 기준이 성립할 수 있는 것이다.

코기탄스와 절대적 개인

데카르트의 코기탄스로 부터 출발한 서구의 근대적 자아(Modern Ego)의 특징은 라이프닛츠의 "창없는 모나드"(windowless Monad)라는 표현이 그 唯理論的 성격의 종국적 귀결을 단적으로 나타내주고 있듯이 완전히 격절되고 밀폐된 인간의 모습이다. 창이 없는 창이 모두 닫혀버린 孤存의 스피리튜알 아톰(spiritual atom)인 인간존재의 규정은 그것이 **사회이전에** 이미 완성된 존재, 삐아제가 말하는 바 생성론적 인식론(genetic epistemology)을 거부하는 기하학적 형상으로서의 고정된 한 시점의 인간이다. 이러한 존재규정이 소기하는 바는, 마치 조선유학의 理의 作爲性(有爲)과 無作爲性(無爲)에 대한 논변이 대상으로 하고 있는 어떤 주제와도 상통한다 할 수 있듯이, 인간의 존엄성을 절대화하기 위한 장치였다고 볼 수 있으나, 이때 인간이라함은 철저히 "개인"을 말하는 것이다.

원래 이러한 **절대적 개인**, 교섭이 단절된, 완성된 선험적 주체로서의 인간의 설정은 서구라파 근대사상의 특질이 중세기의 종교적 권위에 대한 반발로서 형성된 것이라는 사실, 즉 神의 자기원인(causa sui)적 성격에 대하여 근세적 자아도 자기원인적 성격을 확보하지 않으면 아니되겠다고 하는 반동적 자각의 실체(substance)로서의 자기 이해로부터 출발한 것이었다.

이러한 창문이 없는 자기원인적 실체로서의 절대적 개인이 당면하는 제일의 문제는 결국 그 孤存을 둘러싼 세계(environment), 그 거부할 수 없는 환경(자연+문명)과 어떻게 교섭하느냐? 하는 교섭채널이 가장 큰 문제가 된다.

개인과 환경의 교섭채널: 인식론

이 교섭채널의 문제를 서양근세 계몽주의 사조에서는 "인식론"이라 부른 것이다. 록크에게 있어서 그러한 교섭채널로 나타난 것이 바로 센스데이타(sense data, 감각소여)며 그 센스데이타를 파악하는 나의 몸의 주체는 "오성"(Understanding, 이해력)이다. 이러한 교섭채널은 역사를 두고 그 표현을 달리해간다고 볼 수 있는데 룻소에게 있어서는 그것은 "언어"로 나타나고, 맑스에게 있어서는 그것은 "노동"으로 나타나고, 프로이드에게 있어서는 그것은 "성"으로 나타난다.(그 디테일에 관해서는 下卷의 **함재봉교수의 논문, "근대사상의 해체와 통일한국의**

정치이상"을 참조). 다시 말해서 인간이 인간으로서 자기존재를 확인하는 방식이 맑스에게 있어서는 "노동"이며 프로이드에게 있어서는 "성"이라는 것이다. 우리가 우리의 일상생활속에서 성행위를 통해서 나의 존재의 존재다움을 확인하는 한에 있어서는 나는 그 순간 프로이디안일 것이며, 그 확인 방식이 신체적 노동일때는 그 순간 나는 맑시안이라고 말할 수 있을 것이다. 이러한 나의 존재의 이해방식이 모두 "근대적 자아"의 정형적 인식론에 속하는 것이다.

좌익사상과 우익사상의 원류

이 절대적 개인의 설정은 국가·사회의 형성에 있어서 매우 심각한 대립의 결과를 초래하게 되는데, 그것은 국가가 절대적 개인의 본능과 권리를 보호하기 위하여 존재하는가? 혹은 국가라는 전체의 일반의지(General Will)를 위하여 절대적 개인은 철저히 복속되어야만 하는가? 하는 아이더 오아(either or)의 二元的 논리로 나타날 수밖에 없다는 것이다. 이러한 이원적 대립의 논리의 필연성은 바로 절대적 개인의 선험적 절대성이라는 형이상학적 허구에서부터 주어질 수밖에 없는 것이다. 개인을 교섭되는 間의 人으로 파악하지 않고 절대적 개인으로 설정했기 때문에 그 필연적 결론은 개인과 전체의 대결의 양상으로 치달을 수밖에 없는 것이다. 전체를 위하여 절대적 개인의 존엄성(소위 말하는 부정적 자유[negative freedom])을 양보할 수 없다는 생각이 곧 모든 우익사상의 원류이며, 인간이 인간다울 수 있다고 하는 바로 그 所以然은 개체의 욕망을 전체를 위하여 희생할 수 있다고 하는 도덕성, 보다 적극적으로 전체의 大義를 위하여 모든 小我的 이해를 희생시키는 것만이 나 절대적 개인의 존엄성을 발휘하는 유일한 길이라고 믿는 생각이 곧 모든 좌익사상의 원류라고 할 수 있는 것이다. 좌·우익의 극적인 표현을 우리 한반도에서 구한다면, 우익의 대표는 아마도 한밤중에 나몰라라하고 굉음을 내면서 오토바이를 질주시키고 있는 폭주족을 들 수 있을 것이요, 좌익의 대표는 전당대회에서 어버이 김일성수령님의 등단에 우뢰와 같은 박수를 치면서 가슴속 깊은 존경에서 우러나오고 있는 눈물을 흘리고 있는 북한의 한 동포의 모습을 연상하는 것으로 족할 것이다. 남한에서의 우리가 흔히 목격하는 개인적 삶의 모든 권익을 누려가면서 노동쟁의나 투쟁을 일삼는 자칭 "꾄"의 사람들은 현실적으로 좌익의 기본윤리도 갖추지 못한 엉터리좌익(pseudo-left)일 뿐이다.

통일인간상의 정체

그런데 이러한 좌·우익의 문제가 근원적으로 인간의 설정 그 자체의 오류에서 파생된 것이라면, 물론 기나긴 시간과 노력을 요구하는 것이겠지만, 당연히 그 인간의 설정 그 자체를 새롭게 해야만 풀릴 문제라고 하는 것은 너무도 쉽게 이해가 가는 것이다. 그런데 그러한 새로운 인간의 설정이나 규정에 대한 논의는 없이, 기존의 진부한 인간관의 틀 속에서 좌·우익 자체만을 얘기해본들, 좌·우익의 문제는 해결될 길이 만무한 것이다. 다시 말해서 앞서 우리가 역사의 논의에서 말했듯이 좌·우가 모두 그릇 설정된 근대의 틀속의 부분에 지나지 않는 것이며 이 근대 그자체를 폭파시켜 버려야 하는 마당에 더이상 서구라파의 담론의 틀에 매여 미래적 "통일인간상"(The Unified Image of Man)을 논구해야할 필요성을 느끼지 않는 것이다. 아직도 대부분의 우리나라의 석학이라 하는 자들이 그러한 담론에 억류되어 있는 현상은 서구라파 근세계몽주의가 달성한 언어의 틀이 너무도 정교하고 치밀하며 또 방대하고 위압적이라는 사실에 기인되는 것이지 실제적으로 어떤 정치적 불이익을 당하기 때문은 아닐 것이다. 뛰면 뛸 수 있는데 못뛰는 현상을 우리는 가위걸렸다고 말하는데, 우리나라의 학계는 아직도 이 가위에 걸려 신음하고 있는것 같다. 독수리새끼가 병아리와 같이 크게 되었는데, 결국 커서도 저 푸른 하늘을 날라다

니는 독수리만 부러워하면서 날개한번 못펴보고 죽었다고 하는 우화가
말해주는 그러한 오류를 지금 우리민족의 사상계는 범하고 있는 것이
다.

人은 間이다

우리 전통속에서 말하는 인간은 그것이 비록 불란서혁냉와 샅은 부
르죠아평등사상을 철저히 거치지 못했다고는 하지만 원래 인간의 설정
에 있어서 孤立된 절대적 개인이라는 것은 있을 수가 없는 것이다. 人
이 곧 間이요, 間이야말로 人이 存在하는 존재방식의 원초성이다. 이
것은 우리문명이 근거로 한 古典의 세계가, 기독교와 같은 좀 인간의
지적 발달사에 있어서 유치하다고 밖에는 말할 수 없는 종교적 사유를
매우 일찍 탈피한 바탕에서 출발하고 있다는데서 그 근원적 설정의 이
유를 찾을 수도 있을 것이다.(나는 결코 기독교신학을 비하하지 않는다.
柳東植의 "風流神學"등 많은 신학적 논의를 참고하는 것도 많은 도움이 될
것이다.)

氣哲學的 세계관에 있어서는 인간이라는 現存은 天地에 있어서의 氣
의 聚散으로서 이해된다. 그런데 天地라는 것 그자체가 氣다. 天은 陽
氣요, 地는 陰氣다. 다시 말해서 앞서말한 三才論, 三間論의 논리를 빌
리면 人은 天이라는 陽氣와 地라는 陰氣의 妙合 즉 聚로서 이해되는
것이다. 이 양기와 음기의 묘합으로서의 몸(MOM)은 다섯가지 氣의
양태(modality)를 나타내게 되는데, 그 다섯가지 양태를 우리는 흔히
五行이라고 부르며 그 五行은 木·火·土·金·水라는 상징언어로 대
변되는 것이다. 그리고 이 五行은 각기, 肝(木), 心(火), 脾(土), 肺
(金), 腎(水)과 같은 장기의 臟理를 형성하는 것이다. 그런데 이러한
장리의 인간관에 있어서 가장 중요한 문제는 과연 인간의 몸의 주체가
근세 서구라파의 절대주의적 인간관이 제시하는 理性(Reason)일 수

있는가? 하는 문제인 것이다.

이성주의적 인간관에서 해결될 수 없는 장리론적 인간의 모습

우리의 일상언어를 분석해보아도, "간땡이가 부은 녀석," "간이 콩알만해진다," "담이 큰 녀석," "비위가 좋은 사람," "쓸개빠진 녀석" "허파에 바람이 든 녀석" 등등 서구라파 근세 인간관에서 중시한 소위 마인드(Mind)라는 현상을 뇌의 신경생리나 아리스토텔레스的 누우스나 기독교적 프뉴마로서 설명하는 것이 아니라 아주 비속한 오장육부의 장리로써 설명하고 있다는 사실이다. "비위가 좋은 사람"은 앞서 말한 五行의 양태에 있어서 土氣가 강한 사람을 가리킨다. 脾는 土의 臟(전통적으로는 장은 陰에 속하나 기철학에서는 이를 양으로 간주한다)이며 胃는 土의 腑(전통적으로는 부는 陽에 속하나 기철학에서는 이를 음으로 간주한다. 그 이유는 경락학설의 재구성과 관련되어 있다)다. 따라서 비(脾)와 위(胃)가 강한 사람은 소화력이 선천적으로(congenitally) 강한 것으로 나타난다. 좀 욕을 먹어도 쉽게 소화해버리고 화를 내지 않거나, 또 화를 낼때는 벌컥 내버리고 앙금이 남지 않는다. 그리고 이렇게 비위가 좋은 사람은 中焦의 土氣가 강해 상대적으로 下焦의 水氣를 누르므로 성적 관심(sexual desire)이 상대적으로 약한 것으로 나타난다. 이런 사람들에게는 약을 쓸 때도 中焦의 土氣를 강화시키는 人蔘이나 附子를 쓸 수가 없고 下焦의 水氣를 강화시키는 熟地黃과 같은 약을 쓰게되는 것이다. 이런 얘기들이 비록 존 록크의 『人間悟性論』과는 매우 다른 별개의 언어로 들릴지 모르겠으나 이것은 우리선조들에게나 영국의 선조들에게나 모두 리얼한 삶의 문제일 뿐이었다. 그것은 사실 동일한 인간의 본질과 인식의 문제를 표현한 다른 담론에 지나지 않는 것이다.

몸의 집권과 분권

뱃속의 장리로서 인간의 멘탈리티를 말한다하는 것은 곧 현실적 인간의 이해가 뇌신경중심으로 중앙집권화(centralized)되어 있질 않고, 지방분권화(decentralized)되어 있다는 것을 의미하며, 또 동시에 그것은 인간의 세계, 즉 자기를 둘러싼 모든 환경과 교섭하는 방식이 매우 개방적(open)이고 분산되어 있다(diffused)는 것을 의미하는 것이다.

비로자나의 관계론

절깐의 千佛殿에 가서 보면 알 수 있듯이 불교에서 말하는 인간은 개체로서 제각기 특성을 지니지만 항상 전체(千佛)와 조화되는 최소한의 교섭을 존재 자내에 구유하고 있다. 華嚴에서 말하는 毘盧遮那佛은 산스크릿트 원어로 "Vairocana-Buddha"라고 하는 것인데 그것은 태양의 빛남을 의미한다. 비로자나의 몸으로부터 퍼져나가는 光明遍照의 빛줄기는 일천개의 부처상속에서 서로 相卽相入되어 있는 것이다. 一卽一切요 一切卽一이라 하는 말은 곧 관계된 존재의 실상을 나타내는 말인 것이다.

五行에 있어서 "行"(감)이라는 의미가 잘 대변해주듯이 五行은 金·木·水·火·土라는 다섯개의 실체(Substance)를 말하는 것이 아니다. 그것은 다섯개의 자기원인적(causa sui) 실체의 조합을 말하는 것이 아니다. 五行자체가 움직이는 동적인 기속에서의 관계양태를 방편적으로 개념화한 것일 뿐이다. 따라서 五行에서 일차적인 중요성을 띠는 것은 다섯개의 실체 자체가 아니라 그것들간(間)에 성립하는 相生, 相克이라고 하는 관계다. 木生火라 할 때, 木이 있고 火가 있다는 것이 중요한 것이 아니라, 木生火라고 하는 生의 관계가 일차적 중요성을 지니는 것이며, 그 관계를 성립시키는 兩端으로서의 木과 火는 그 관계에 부속되는 것이다. 따라서 인체라는 몸자체가 五行이라는 기의 양태의 관계로서 얽혀져 있는 것이며 이것은 장기 상호간의 관계로서 그 생명력을 유지하는 것이다. 그런데 五行이라는 氣자체가 나의 몸(장기)에만 특유한 것이 아니라 우주라는 몸의 압축태인 것이다. 따라서 그 관계는 나의 몸의 자내의 관계로부터 시작하여 우주와의 관계를 포함하는 매우 중층적인 것이다. 이를 불교에서는 重重無盡緣起라고 표현한 것이다. 五行의 相生·相克論은 현대의 시스템이론으로 말하자면 네가티브 피드백(negative feedback)과 포지티브 피드백(positive feedback)이 동시적으로 작동하는 직접적 관계의 필연적 수리(數理)인 것이다.(이에 관한 논의는 소광섭의 "五行의 數理物理學적 모형", 『과학과 철학』 제4집, 35~56쪽, 서울 : 통나무, 1993.)

일반의지와 자유

통일문제와 관련하여 좌·우익의 가장 큰 대립적 문제의식은, 우익(미국헌법의 예가 그 전형)의 입장에서 보면 일반의지(general will)를 강조하는 어떠한 도덕적 설득의 구실도 결국 개체의 자유(liberty)를 전체에 복속시키는 국가의 횡포로 귀결되고 말 뿐이라는 경고요, 좌익의 입장에서 보면 그 자유라는 것은 인간의 동물적 본능의 확대일 뿐, 참으로 인간이 인간다운 소이연은 공동체의 윤리속에서 발현될 수밖에 없는 것임으로 그러한 자유는 극단적 이기주의와 그에 수반하는 무정부주의적 혼란(anarchic chaos)을 가져올 뿐이라는 경고다. 이 양극단의 사상은 누구이 강조하지만 인간의 현실적 모습을 외면한 인간의 관념적 이해에서 비롯되는 것이며, 20세기에서 우리가 경험한 나치 히틀러의 독일이나, 최근 맨하탄의 블랙아웃, L.A.흑인폭동의 경우와 같은 극단적 인간세의 좌·우현실이 모두 관념적 오류에서 그릇형성된 사회현실일 수도 있다는 것을 우리는 깊게 반성해야 한다는 것이다.

본 통일론의 冒頭에서 나는 『中庸』을 말한 적이 있지만, 동양의 사상의 최고봉은 역시 中庸이며, 이 중용이야말로 우리문명이 2천여년의 사유를 준거시켜온 궁극적 가치기준이기 때문에 그것은 단지 고전이라는 관념이 아닌 우리의 현실이다.

중용의 관계론은 개체와 전체의 절대성을 초월한다

氣의 聚·散으로 이해되는 인간은 결코 즉자적인 자기동일성의 절대성·불변성으로 이해될 수 없으며 끊임없이 취·산을 계속하는 동적평형상태일 수밖에 없다. 결국 나의 몸(존재)이 기의 취산의 中庸態일 수밖에 없는 것이며 이러한 존재의 자기동일성은 오로지 나의 기와 외계의 기의 동적관계(dynamic relation)로써만 유지될 수 있는 時中인 것이다. 따라서 개체와 전체는 인드라의 그물(因陀羅網)처럼 梵網처럼 帝釋網처럼 하나로 相卽相入되어 있는 것이다. 이것은 결코 전체주의적 획일주의를 말하는 것이 아니다. 따라서 통일한국의 과제는 반드시 개체와 전체의 조화, 개인의 행복과 국가의 질서를 하나의 조화로서 파악할 수 있는 새로운 인간관의 확립을 요청하는 것이며, 인류사가 지난 두세기동안 대립적으로 파악해왔던 그러한 문제를 보다 심도있게 새로운 차원에서 해결하는 제도적 장치를 고안해내야 할 것이라고 나는 생각하는 것이다. 개체와 전체의 조화라고 하는 문제가 양자의 짬뽕이나 타협이라는 단순도식으로 이해되어서는 안된다. 그것은 발전(development)과 안정(stability)을 동시에 추구하는 어떤 관계양상을 말하는 것이며, 그것은 개인과 전체라는 실체가 먼저 孤存하고 그 양자의 관계를 말하는 것이 아니라, 五行論에 있어서처럼, 그 兩者의 실체성 그 자체가 부정되는 관계가 일차적 중요성을 지니는 것이 되어야 할 것이다. 실체성의 부정이란 곧 개체와 전체 그 자체를 孤立的인 것이 아닌 開放的인 것으로 설정하는 기철학적 과제를 의미하는 것이다. 이러한 조화의 문제를 논하기에 앞서 우리는 이러한 대립적 문제의식을 야기시킨 中心주제인 "자유" 그 자체를 분석해야 할 것이다.

Ⅲ. 자유의 문제

자율과 자유

자유란 무엇인가? 자유의 실상은 아이사이아 베를린의 말대로 소극적 자유(negative freedom, 부정적 자유)이상을 말하기 어려운 것이다. 자유(freedom)란 무엇무엇으로부터의 벗어남(free from)을 의미하는 것으로 "벗어나는 순간에 있어서의 부정적 느낌"(Negative Feeling)을 일컫는 것이다. 우리가 평상 간섭을 받고 싶지 않다든가, 내가 하고 싶은 대로만 하고 싶다든가, 혼자 따로 있고 싶다든가 하는 모든 소극적 자유의 느낌은 나를 구속하는 어떤 존재나 제약을 전제로 할 때만이 상대적으로 의미를 갖는 느낌인 것이다. 그러나 자유는 그것이 벗어나는 순간에 있어서의 느낌으로서만 존재하는 것이며 그 느낌의 영속이란 본질적으로 바로 우리 존재의 성격 그자체에 의하여 불가능한 것이다. 왜냐하면 우리존재자체가, 앞서 말했듯이 氣의 聚散態이며 그 氣의 취산태는 끊임없는 취산의 리듬을 갖는 것이기 때문이다. 우리몸의 氣가 聚하는 방향으로의 움직임을 우리는 自律(autonomy)이라고 부르며 그 氣가 散하는 방향으로의 움직임을 우리는 自由

(freedom)라고 부르는 것이다. 自律은 東洋의 전통적 사상체계에 있어서는 몸의 魂(Hun)과 관계되는 것이며 自由는 몸의 魄($P'o$)과도 관계되는 것이다. 散의 궁극은 죽음(Death)이다. 따라서 自由는 원래 죽음의 가치에 속하는 것이다. 散은 엔트로피의 증가를 의미하며 聚는 엔트로피의 감소를 의미한다. 자유는 엔트로피의 증가현상이며 자율은 엔트로피의 감소현상이다. 그것은 우리몸에 있어서도 예외가 아니다. 서구인들의(홉스로부터 칸트·헤겔에 이르기까지 모두) 자유에 대한 논의는 매우 관념적이고 국부적이며 일면적인 논의에 불과하다. 그것이 近代的 인간의 근대성의 핵심으로 등장케 된 것은 역시 중세기 기독교 교권사회의 보편적질서에 대한 반동으로서 태동된 것이며, 근대 자체가 "프리프롬"(free from)이라는 부정적 자유의 소산이라는 것을 우리는 확인할 수 있는 것이다. 다시 말해서 직선적 시간관의 가치관 자체가 바로 이 프리프롬이라는 자유의 도피로서 생겨난 것이다. 허나 인간의 실존 즉 현존태에 있어서는 자유와 자율은 반드시 양면을 이룸으로서만 가능한 것이다. 아주 문제를 일상적으로 쉽게 풀어가보자! 지금 나는 이글을 매우 무리하게 쓰고 있다. 현재 나의 원고지는 350매를 가리키고 있다. 그런데 나는 지금 워낙 시간이 없어서(의과대학 재학중, 곧 시험을 앞두고) 쫓기면서 이 글을 하루에 백매가까이 쓰고 있다. 그러니 나의 몸에 얼마나 무리가 갈른지는 독자들은 쉽게 상상할 수 있을 것이다. 하루에 백매씩 이런 글을 쓰고 앉아있어야만 하는 구속의 느낌이 얼마나 괴로운 것인지는 독자들은 쉽게 상상이 갈 것이다. 아~ 이 곤욕에서 빨리 벗어나고 싶다! 나는 왜 이렇게 곤욕스럽게 나 자신을 구속하면서 살아야만 하는가! 그래서 나는 동숭동엘 나간다. 거기에 나가면 친구가 많다. 나의 단골 까페도 있고 연극친구도 만난다. 에에라! 모르겠다! 술이나 들이키자! 괴롭다! 기분좋다! 나는 술을 들이키고 까페에 앉아 열심히 구라를 푼다. 주위사람들을 열광시키고 울리고 웃기고 야~ 기분좋다! 술이나 더 들이키자! 기분좋다! 나는 참으로 자유로와 진다. 나는 선언한다. 나의 존재는 자유다!

자유의 느낌은 영속될 수 없다

그 순간에 나는 분명히 자유롭다. 무엇무엇으로부터, 나를 압제하는 무엇으로부터 "벗어나는 느낌"(free Feeling)에 만취한다. 허나 그 자유의 느낌은 어떠한 방식으로든지 영속될 수가 없다. 나는 집으로 돌아온다. 술에 취했으니 집에 와서 자야한다. 잠은 쉼이다. 잠은 자유로부터 자율의 회복이다. 깨어난다. 아침부터 나는 일어나서 양치질을 하고 밥을 먹고 다시 하루를 시작해야 한다. 그리고 다시 책상에 앉아 글을 써야한다. 그런데 어제 나의 자유의 향유는 나의 원고매수의 효율을 감소시켰을 뿐아니라, 오늘 나는 어제보다 더한 고통을 느낀다. 온몸이 쑤시고 관절이 부어오르고…… 속말로 뒷끝이 좋지않은 것이다. 그래서 나의 존재에 대한 부담, 존재자체, 삶자체가 던져주는 구속의 부담은 전체적으로 증가할 뿐이다! 결국 모차르뜨도 그러한 구속의 부담의 증가속에서 쓸쓸히 요절하여 사라졌던 것이다.

참으로 이러한 일상적 체험속에서 우리는 자유가 과연 무엇인지 한 번 깊게 생각해 볼 필요가 있다. 극단적 자유론자들은 상기의 내가 든 예에 있어서 이 글을 쓰고 앉아있는 행위자체의 정당성, 그 구속의 원초적 당위성의 정당근거를 물을 것이다. 허나 내가 이 글을 쓰고 앉아 있는 행위는 우리가 사회적 동물인 한에 있어서 불가피한 최소한의 사회적 행위로서 전제하지 않을 수 없다고 한다면 자유와 자율은 반드시 양면성을 지닐 수밖에 없는 것이다.

섹스는 본능이 아니다

우리가 섹스라고 흔히 부르는 행위양식도 그것은 자유에 속하는 것이며 따라서 그것은 죽음에 속하는 것이다. 이러한 나의 立論은 프로이드의 생각과는 매우 다른 것이다. 성행위(intercourse, 썹)라는 것은 원래 자연적인 것이며 생명가치적인 것이며, 개체복제의 영속성을 위한 것이다. 허나 그러한 본래적 성의 의미는 인간의 일상생활을 지배하는 섹스의 의미와 매우 다르다. 그러한 성은 우리가 동물의 행태에서 쉽게 관찰할 수 있듯이 자율의 리듬속에 있는 것이며, 아무때나, 특히 쾌락의 추구라는 목적으로 이루어지는 것이 아니다. 다시 말해서 생명가치적인 성은 종족번식의 본능적 수단으로 이루어지는 매우 리드믹칼한 것에 한정되는 것이다. 숫캐도 암내가 나야만 몰려드는 것이다. 일상적으로 그들은 단순한 쾌락의 추구만을 위하여 성행위를 하지는 않는다.

방중술의 철학적 맥락

따라서 우리가 흔히 "섹스"라고 부르는 것은 프로이드가 생각하는 바 "리비도"개념에 들어가는 그러한 삶의 본능(Life Instinct)이 아니다. 섹스는 우리의 상식과는 달리 "본능"에 속하는 것이 아니며 그것은 "언어의 조작"이나 "문명의 유위적 환경"에서 발생하는 쾌락추구의 모든 인간행위와 동질적인 한 행태에 지나지 않는 것이다. 라오쯔(老子)의 말을 빌리면 섹스는 유위에 속하는 것이며 무위에 속하는 것이 아니다. 프로이드의 최대의 오류는 모든 섹스의 행위를 무차별하게 삶의 본능으로 간주해버린데 있는 것이다. 그것을 생명의 원천적 에너지로 간주한데 그 오류가 있는 것이다. 섹스는 자율적 규제의 대상일 뿐이며 생명가치의 원천은 아닌 것이다. 우리가 하는, 일상적으로 하는 섹스는 인간이라는 문화적 동물에게서 특수하게 현현한 것(그 자세나, 타이밍이나, 의미나, 효과 모든 것)이며 동양전통속에서는 그것을 단순히 房中術(boudoir technique)이라고 부른 유위의 기술이었던 것이다.

쾌감이란 불쾌의 한 모우멘트로 주어지는 자유적 가치

섹스는 자유의 갈망이며 유위적 욕망이며 일상으로부터의 일탈의 한 계기이지만 그것은 氣가 散하는 방향에서 일어나는 죽음의 가치다. 따라서 섹스의 쾌감은 어떠한 경우에도 지속될 수 없는 일시적인 것이다. 그러므로 섹스 그자체는 쾌감이 아닌 불쾌며 쾌감이란 불쾌의 한 모우멘트로 주어지는 자유적 가치인 것이다.

그 같음을 일컬어 玄이라 한다

몸에 있어서 자유의 가장 명백한 형태는 쾌락(pleasure)이다. 그리고 많은 서양의 사상가들이 이 쾌락의 문제를 본능과 관련시켜 생각했으나 그들은 이 본능(本能)의 문제에 있어서 매우 유치하고 나이브한 생각밖에는 하질 못했다. 허나 本能이란 원래 "本來 能한 것"을 의미하며 그것은 生而知之 하는 것이다. 그런데 生而知之 하는 것을 우리 전통철학에 있어서는 下位的인 것이 아니라 上位的인 것으로 생각했다.(『論語』「季氏」참조). 그리고 본래 능한 것은 自然이며, 自然이라 함은 스스로 그러함이다. 스스로 그러함이란 나의 몸과 환경을 연결시키는 연속성의 매카니즘이며 그것은 우리가 생각하는 것보다는 매우 정교한 리듬과 질서를 가지고 있는 것이다. 본능은 결코 파괴적인 것만은 아닌 것이며 문명의 건설에 장애를 일으키는 규제의 대상으로서만 소외될 그런 성질의 것이 아닌 것이다. 따라서 자연과 문명에 대한 지나친 2분법에서 발생한 룻소의 문제의식과 有爲와 無爲를 "同謂之玄"의 일체로 간주하는 라오쯔의 문제의식은 전혀 차원을 달리하는 것으로 해석되어야 하는 것이다. 따라서 문명을 구속으로만 파악하고 자연을 자유로만 파악하는 좌·우파의 대립의식은 근원적으로 거짓의식(pseudo-consciousness)인 것이다.

몸은 우연과 필연의 중층적 구조

세포 하나가 우리 몸이라는 세포의 사회(the society of cells)로부터 이탈될때, 즉 자유로와 질때(completely free from) 그것은 죽는다. 세포에 있어서 자유는 죽음이다. 이런 얘기를 하면 자유주의자들은 곧 나를 전체주의적 성향의 좌파로 휘몰아 부칠 것이다. 그들에게는 기껏해야 아이더 오아의 형식논리밖에는 없기때문이다. 그러나 세포하나, 머리카락을 구성하는 그 수많은 세포중의 한 세포도 나의 생명의 전체구조를 다 대변하는 DNA정보체계를 동일하게 具有하고 있다. 단지 그 DNA의 정보체계속에서 오직 머리카락을 담당하는 정보만이 발현되고 있을 뿐이다. 그리고 개개의 세포는 나의 몸이라는 거대한 유기체의 場의 통제속에 있지만 그 자체로서 자율적으로 판단하고 행동할 수 있는 여유를 지니고 있다. 나의 개개의 세포는 나라는 몸을 일탈해서는 죽을 수밖에는 없지만 그 몸의 장속에서는 어떠한 필연적 법칙에 의해서만 소극적으로 피동적으로 지배당하고 있는 것은 아니다. 그리고 개개의 세포는 전체의 가능성을 다 具有하고 있다는 놀라운 사실을 우리는 염두에 두지 않으면 안된다. 그러므로 이러한 유기체적 사회모델이 반드시 전체적 획일주의만을 의미한다는 논리적 환상에서 우리는 하루속히 벗어나야 한다. 인체라는 유기체는 필연적 법칙만을 가지고 있는 것이 아니라 수없이 가능한 우연적 법칙을 허용하고 있으며, 그러한 우연적 사태에 대응할 수 있는 매우 폭넓은 자유의 범위를 가지고 있다. 혈관의 유통만 하더라도 혈관이 하나쯤 맥힌다고 해서 반드시 그 혈관에서 피를 공급받고 있는 세포의 사회(society of cells) 즉 조직(tissue)이 괴사(necrosis)를 일으키지는 않는다. 아나스토모시스(anastomosis, 吻合)라는 매카니즘에 의하여 혈은 다른 관의 루트를 통하여 공급되는 것이다.(물론 그렇지 못할 때도 있다. 心筋梗塞[myocardial infarction]과 같이.)

자유이념은 시대적 가치일 뿐: 자유! 그대야말로 죽음!

나의 기철학은 생명적 가치로서 자율을 말하지만, 자유를 부정하는 것은 아니다. 허나 자유는 인간에게 반드시 허용되어야만 하는 가치이지만 그것은 어디까지나 일시적 가치일 뿐이며 그것이 인류나 인류사회의 지고한 이상이 될 수는 없는 것이다. 바로 미국헌법의 자유이념이 그 시대적 소산에 불과하다는 나의 비판은 결국 그들은 인간(人間)에게서 도저히 영원할 수 없는 일시적 가치를 영원한 가치로 착각하고 제시했다는데 있다. 그러한 자유이념은 인류사회에 무한한 창조적 공헌을 한 것도 사실이지만 오늘 미국사회가 보이고 있는 무질서와 혼돈, 도덕의 타락, 무력의 난무, 미국정부나 기업행태의 비도덕적·이기적 깡패짓거리, 해체(social disintegration)의 일로를 걷고 있는 여러 사회제현상에 대한 반성은 미래사회의 귀감으로서 빼어놓을 수 없는 자유의 부정적 측면이다.

자유가 아니면 죽음을 달라! 나의 기철학은 외친다. 자유! 그대야말로 죽음이다!

이 자유라는 가치를 대신하는 자율이라는 새로운 중용의 가치관은 나의 몸의 律이 他로부터 주어지는 타율이 아니라 내가 스스로 나의 율을 선택하는 자율이며 이 자율은 전체와의 유기적 장속에서 조화되는 것이다. 허나 이러한 자율의 질서는 원래 自然에 내재하는 것이지만 有爲의 문명세에서의 自律은 스스로 주어지는 것이 아니라 문명의 디시플린이라는 교육속에서 주어지는 것이다. 따라서 다음에 우리가 이 자율의 문제와 관련하여 고찰해야 할 것은 바로 교육이라는 문제가 될 것이다.

Ⅳ. 교육의 문제

「學記」의 첫머리

결국 우리가 추구하는 통일사회의 이상은 **인민의 삶에 대한 국가권력의 개입이나 통제가 최소화되며 인간의 삶의 다양성이 최대한 보장되는 사회다.** 그러나 이러한 통제의 최소화와 다양성의 최대화라는 것은 오로지 인간의 자율성에 의한 질서를 바탕으로해서만 가능한 것이며 그 자율성의 함양은 오로지 교육을 통해서만 가능한 것이다. 『四書』중에 「學」「庸」을 배출한 중국의 위대한 고전『禮記』의 「學記」라는 편은 다음과 같은 말로써 그 서두가 장식되고 있다.

합리적인 생각을 할 줄 알고 또 좋은 사람들을 불러 모을줄 아는 사람은 훌륭한 사람으로 족히 소문날만은 하지만 대중을 움직이기에는 역부족이다. 헌데 참으로 뛰어난 인재를 발굴할 줄 알고 나와 다른 세계의 경험까지 구현할 줄 아는 사람은 대중을 움직일 수는 있지만 아직도 백성을 변화시키는 힘은 가지고 있질 못하다. 군자로서 기필코 백성을 교화시키고 새로운 문명의 패러다임을 구축하고자 한다면 그것은 배움을 통하지 아니하고서는 불가능한 것이다.(發盧憲, 求善良, 足以謏聞, 不足以動衆；就賢體遠, 足以動衆, 未足以化民。君子如欲化民成俗, 其必由學乎!)

통일론의 핵심은 통일교육론

우리의 모든 통일논의의 핵심은 궁극적으로 삼단계 통일방안에 있는 것이 아니라 통일국가교육론에 있다고 말해도 과언이 아닐 것이다. 「學記」에서 말하고 있는 바 "化民成俗"이라 한 것은 훌륭한 지도자라고 칭찬을 듣는다(諛聞)든가 대중을 움직이는 힘을 과시한다(動衆)든가 하는 차원의 논의를 벗어나는 근원적인 문명의 축(패러다임)의 전환과 창조를 일컫는 것이며 그것은 배움(學) 즉 교육, 즉 새로운 인식의 체계의 축적과정이 없이는 절대로 불가능하다는 것을 역설하고 있는 것이다. 교육의 힘을 빌리지 않고 꾀하는 모든 변혁은 제아무리 그것이 혁명적인 것이라 하더라도 그 사회의 지속적 가치관이 될 수 없으며 그것은 아무런 적극적이고 긍정적인 건설이 될 수가 없는 것이다. 파괴(destruction)는 대개 많은 시간을 단위로 하기 때문에 쉽사리 인지된다. 허나 건설(construction)은 대개 긴 시간을 단위로 하기 때문에 쉽사리 인지되지 않는다. 교육은 인지되기 어려운 건설에 속하는 것이다. 金大中씨가 참으로 통일을 말하고자 한다면 무엇보다도 통일교육론을 말해야 할 것이다. 그 통일교육론 속에 그가 지향하고자 하는 사회와 인간의 모습이 내함되어 있을 터이기 때문이다. 金泳三씨의 신한국창조론도 결국은 통일론과의 동일한 연계선상에서 이해될 수밖에 없으며, 그 핵심은 역시 통일교육론이 되어야 할 것이다. 교육을 통하지 않고서는 어떠한 통일준비도 무의미한 것이며 물거품이 되고 말 거짓부렁일뿐이다. 김영삼씨의 신한국개혁이 오늘날 우리역사에서 상당히 긍정적 역할을 수행하고 있는 것은 부정할 수 없는 사실이지만 그 개혁이 국민에게 보다 적극적 신뢰감을 획득하기 위해서는 확고한 교육철학에 의한 교육개혁의지를 과시해야만 할 것이다. 부정·부패의 척결이라는 소극적 개혁은 역시 그릇된 사태에 대한 파괴의 차원이다. 立을 위해선 반드시 破가 선행되어야 한다는 것은 정리이지만, 破에 머물르고 立의 단계로 나아가지 못한다면 그것은 참으로 化

民成俗의 개혁이 될 수는 없을 것이다. 신한국성패의 핵심은 교육개혁에 달려 있다.

그런데 오늘날 우리가 그 어느누구도 확고한 교육개혁에 손을 대지 못하고 당위성의 구호만을 뇌까리고 있는 현실은 바로 교육철학의 부재에 그 원인이 있는 것이다.

교육은 개체와 전체의 시계불알이 아니다

교육은 관념이 아닌 행위이며, 그 행위는 현실적으로 인간의 형성을 지향한다. 사실 인간은 동물의 자연(無爲)으로 말한다면 인위적으로 형성되어야만 하는 것은 아니다. DNA의 정보체계속에는 선천적인 행동방식뿐만 아니라, 후천적으로 습득되어질 행위의 가능성의 기본구조를 다 포함하고 있다고 보아야 할 것이며, 따라서 그것은 이미 발생학적 단계에서 논의될 수 있는 것이라고 여겨진다. 허나 우리가 교육을 운운케되는 것은, 인간이 사회적 동물이라고하는 불가피한 특성에서 형성시킨 군집상태로부터 단순한 사회성을 초월하는 매우 복잡다단한 문명(有爲)의 형태를 발생시켰기 때문이며, "道可道非常道"를 말한 라오쯔의 말대로 그 문명의 제반양태의 가장 근저에 깔려있는 것은 "언어"며, 언어는 이미 "교육"이라고 하는 유위적 행위속에 포함되는 것이다. 따라서 언어라는 상징성을 사용하는 인간에 있어서 "교육"이라고 하는 문제는 단순한 생존(survival)의 문제를 능가하는 복잡한 윤리적 가치를 포함하게 된다. 교육이라는 테마를 앞에서 논의한 "자유"의 문제와 관련시켜 언급한다면 극단적 개체론자에게 있어서는 교육은 불필요한 것이며 기껏해야 윤리적 최소규정에 머무르게 되거나 개체의 자유의 극대화를 정당화시키는 형태의 교육론이 펼쳐지게 될 것이다. 그리고 극단적 주체론자에게 있어서는 교육은 개체를 전체에 복속시키는 규율의 강요가 될 것이며 따라서 맹목적 집단윤리성이 강조되거나 개체의 자유가 말살되는 행위가 무반성적으로 정당화되거나

할 것이다. 허나 이런 것은 모두 근세서구라파의 그릇된 인간설정에서
비롯되는 것임은 말할 나위도 없으며 교육이 반드시 그러한 양극적 틀
의 이원론속에서 시계불알처럼 왔다갔다해야할 필요가 전혀 없는 것이
다. 새로운 인간관만 확립되기만 한다면…….

교육의 이념은 그 시대가 구현하고자 하는 인간상과 일치한다

허나 이러한 논의와는 별개로 문명내에서의 교육의 통시적 성격을
고찰해볼 필요가 있다. 교육은 인간형성(Human Building)의 행위
다. 인간형성이라함은 빌딩을 짓듯이 인간을 짓는 인간짓기를 말한다.
허나 빌딩에는 반드시 설계도가 있기 마련이다. 그런데 그 설계도는
인간짓기에 있어서는 그 역사사회가 구현하고자 하는 이념의 체계와
일치하는 것이다. 희랍사회 특히 우리가 흔히 도시국가라고 부르는 폴
리스(polis)는 그 존재이유가 도시국가간의 전쟁(war)이라고 해도
과언이 아니었다. 폴리스의 모든 문화와 종교, 철학의 기저에 깔려있
는 것은 다름아닌 "전쟁"이었다. 따라서 폴리스의 사회가 구현하고자
하는 가장 이상적인 인간의 모습은 "전쟁을 잘 수행해낼 수 있는 인
간"이었으며 그것은 戰士(Warrior, Guardian)라는 계층이었다. 따
라서 희랍의 모든 교육이념은 어떻게 이 이상적인 戰士를 길러내느냐
하는 명제로 집약되는 것이었다. 따라서 플라톤이 그의 대화『공화국』
에서 이상국가론을 펼때 가혹한 짐내스틱스(gymnastics)를 특별히
강조한다든가, 哀調風의 리디아음악이나 흥겨운 이오니아음악이 금지
되고 용기를 북돋는 도리아음악, 극기와 절제를 자아내는 프리지아음
악만이 허용된다든가, 시인이나 비극적 드라마가 추방된다든가, 철저
한 공유재산이 강조되고 우생학적 목적에 의하여 가족관계가 철저히
파기된다든가 하는, 지금의 상식에서 보면 도저히 이해되기 힘든 스파
르타식 전체주의적 교육론(totalitarian educational philosophy)을
펴고 있는 것도 도대체 그가 왜 이상국가를 말하고 있는가 하는 그 전

체 역사적 맥락을 살펴봄으로써만 이해가 가능한 것이다.

서양중세사회가 지향하는 이념은 戰士가 아닌 종교적 성직자(priest)의 인간상이었을 것이므로 그 교육철학도 자연히 그러한 중세보편성을 지향하는 종교교육이었을 것이다. 르네쌍스 이후의 서양의 모든 교육철학은 물론 어떻게 이 뿌리깊은 종교적 질곡으로부터 인간을 해방시키느냐고하는 인문주의적 전략(humanistic strategy)에 있었음은 더 말할 나위도 없다.

이와같이 그 시대가 구현하고자 하는 인간상과 교육철학의 所以然의 구성원리는 일치하는 것이라고 볼때, 春秋戰國時代로부터 東方사회가 내걸은 君子의 이미지는 전통적 교육철학의 핵심을 이루어왔다는 것을 쉽게 알아차릴 수 있다. 앞서 말했듯이 조선조는 중앙집권적관료체제의 귀족국가였으므로 조선조의 모든 교육철학은 바로 그러한 귀족관료를 수급하기 위한 君子를 길러내는 방편으로서의 철학이었을 것이라는 것은 명약관화하다. 조선조의 선비교육철학은 바로 그러한 시대적 제약속에서 형성된 것임을 우리는 알 수 있는 것이다.

우리시대의 인간상은 무엇인가?

그러면 우리가 우리시대에 추구해야 할 인간상은 무엇이며 그 인간상을 구현하기 위한 교육철학은 무엇이 되어야 하는가? 서양근대사회가 지향한 인간상은 두말할 나위도 없이 市民(Citizen)이다. 따라서 서양의 근대교육철학은 바로 이 시민의 덕성을 무엇으로 규정하느냐?에 따라 형성되는 것이다. 市民의 덕성을 자유로 규정할 때는 자유주의 교육철학이 구성될 것이며 市民의 덕성을 일반의지나 공공선(commune bene)에의 복속으로 규정할 때는 전체주의 교육철학이 구성될 것이다.

근대시민의 출발은 부르죠아계급이다(나중에 프로레타리아까지 확장됨). 그런데 市民이란 市(저자)의 民이다. 市民은 시장의 백성인 것이다. 다시 말해서 市民이란 "장똘배기"인 것이다. 쉽게 말하면 근세시민철학은 장똘배기철학이며 근세시민의 교육철학은 장똘배기교육철학인 것이다. 장똘배기가 지향하는 사회모습에 있어서 가장 중요한 것은 물론 상행위의 자유가 보장되는 것이다. 다시 말해서 근세시민의 자유개념의 핵심은 왕권과 결탁하여 절대주의를 성립시켰던 부르죠아들이 부르짖던 상행위의 자유로부터 출발한 것이다. 장원으로부터의 탈출, 都市에 있어서의 상행위의 자유 그것이 근세 리베르타스(libertas)의 출발이었다.

근대가 폭파된 역사에 있어서의 인간과 교육

그런데 나의 기철학적 논의에 있어서는 교육철학의 구성은 매우 중대한 문제를 발생시킨다. 나의 기철학적 사관은 근대를 폭파시켜버린 것이다. 근대적 인간이 날라가 버린 것이다. 그렇다면 우리는 어떠한 인간을 어떻게 교육시켜야 하는 것일까? 그것은 지금 현재 우리가 매우 상식적으로 생각하는 교육이념의 래디칼한 회전(a radical turn in the common-sensical educational philosophy)을 요구하는 것이다. 오늘날 해방후 우리나라사회를 지배한(특히 남한의 경우) 교육철학은 모두 어김없이 서구 자유주의이념, 즉 장똘배기의 리베르타스이념을 일본제국주의의 군국주의이념이 썹어뱉어놓은 똥찌꺼기와도 같은 것이다.

20세기의 특성과 대중교육

이러한 논의를 진행시키기 전에 인류교육사에 있어서 20세기교육의 특수성을 논구할 필요가 있다. 20세기교육의 특성중에서 그 이전의 인류교육사와 아주 판이한 양상을 보이는 불연속적 성격이 있는데 그것은 대중교육(mass education)이라는 현상이다. 이 대중교육이라는 것은 20세기에만 가능했던 특이한 현상으로 그 이전의 인류의 어떤 교육방식과도 구분되는 집체성을 지니는 것이다. 인류사에 어느때에도 한 국가집단에 속한 거의 전체구성원이 "의무교육"이라는 이름아래 집단적으로 교육을 받은 유례가 없다. 여태까지 우리가 논의해온 과거의 교육이라는 것은 지극히 제한된 클라스에 한정된 것이니있으니, 교육이라는 논의에서 소외된 광범한 계층을 전제로 한 것이었다. 그렇다면 이렇게 소외된 계층에게는 교육이 없었는가? 반드시 그렇지는 않다. 교육이라는 것을 우리는 반드시 학교(庠序)라는 것을 중심으로 해서 생각하고 있으나 인류사에서 문명의 교육을 담당한 가장 지속적인 제도의 형태는 가족(family)이었다. 학교중심의 교육의 확대는 매우 휴매니스틱한 동기를 가지고 있는 것 같지만, 실제로 20세기 대중교육의 필요성이 요청된 가장 본질적 이유는 자본주의 생산양식에 요구되는 대중노동자의 균질한 노동력의 확보라는 것이었다. 우선 과거에는 국가나 그에 해당되는 어떤 권력기구가 그 구성원 전체를 교육시킬 수 있는 돈이 없었다. 대중교육의 출발은 자본주의생산양식이 공장노동자라는 광범위한 대중을 요구했으며 산업혁명이 생산력과 생산수단을 대량생산양식으로 만들어 버림으로써 대량적 가치를 창출해내기 시작한 그러한 역사적 현실속에서만 가능한 것이었다. 따라서 착취와 갈등의 이론으로 말한다면 그러한 대량생산양식에서 국가가 갈취한 이득을 확대재생산시키기 위한 수단으로 대중교육은 출발하였던 것이다. 우리가 20세기 대중교육을 생각할 때, 그것을 우리가 개화기때 꿈꿨던 어떤 "무지로부터의 탈출"이라든가 "교육보편화라는 휴매니즘의 달성"이라든가 하는 매우 막연한 동경의 시각에서 냉엄한 현실의 시각으로 그 분석의 메스를 옮겨야 하는 것이다. 과연 대중교육은 필요한 것인가? 과연 대중교육만이 우리민족의 살길인가? 대중교육은 일차적으로 "근대＝자본제＝市民의 자유＝대중교육에 의한 노동력 수급＝균질된 대중사회의 형성"이라고 하는 패러다임에서 태동된 것이며 따라서 필연적으로 너무도 맹백한 **목적성의 횡포**와 인간성의 **획일화를 조장하는 저질성**을 모면하기 힘든 것이다.

근 대
자 본 제
시민의 자유
대중교육에 의한 노동력 수급
균질된 대중사회의 형성

우리가 생각하는 통일한국에 있어서의 인간의 자율성의 강조는 인간의 다양성을 전제로 하는 것이며 필연적으로 대중교육의 성격과 마찰을 빚는 것이다. 미국이나 유럽만해도 중세로부터 내려오는 전통적 교육형태와 근대적 대중교육의 형태가 아직 공존하고 있다. 그러나 우리나라의 교육은 "근대교육"이라는 미명하에, 일제의 황국신민화의 권위주의 기치하에, 더구나 박정희이래의 새마을운동식 자본주의의 횡포 아래, 그리고 더더욱 군사독재정권의 이념적 경직성의 극단적 전횡아래 인류사상 가능한 모든 권위주의와 획일주의, 가능한 모든 비창조성과 비능률성을 집적해 놓은 최악의 교육형태인 것이다. 이것은 물론

내가 지적하지 않아도 전교조운동에 참여한 일선교사들이 피눈물나는 사투를 거치면서 지적한 현실이지만, 전교조운동을 이끌어간 사람들에게서 조차도 애석하게 생각되는 것은 그것이 명백한 오류에 대한 항거라는 부정적 용기(negative courage)만을 과시한 사건에 불과할 뿐, 참으로 어떠한 사회와 인간을 형성하기 위한 투쟁인가 하는데 대한 교육철학이나 이념이 부재하다는 사실이다. 그들의 이념이라는 것이 기껏해야 맑스아류의 좌파이념, 그러니까 나의 논의가 폭피시킨 근대성의 인간형성의 잡류의 한가닥을 맴돌고 있을 따름이다. 아마도 그러한 현실이 오늘의 전교조가 국민의 전폭적인 지원을 획득할 수 없는 소이연일 수도 있을 것이다.(물론 나는 앞으로 그들 중에서 훌륭한 사상가들이 배출되리라는 긍정적 기대와 격려를 버리지 않고 있다.)

無知를 선택할 수 있는 有知의 사회

나는 내가 구상하는 통일한국의 미래상 중에는, 이것은 20세기 인류사에서 매우 새로운 발상이라고 생각되지만, **교육 안받을 권리**마저 인간의 권리로서 포함되어야 한다고 생각한다. 나는 생각한다. 청학동의 사람들이(현금의 청학동은 불행하게도 온갖 오염에 시달리는 졸작이 되어가고 있지만) 왜 의무교육을 받아야 하는가? 왜 그들은 현대교육을 거부하면서도 현대교육을 받지 못한 사람들이거나 의도적으로 받지 않은 사람들이래서 특이한 인종에 속하거나 해야 하는가? 인간의 삶의 방식을 교육이 콘트롤하는 것이라면 삶의 방식의 다양성의 관용은 교육방식의 다양성 그자체로 관용될 수밖에 없다. 청학동의 사람들의 현대교육을 받지 않고도 정당한 인간으로서 대접받고 존중받을 수 있는 사회의 전제하에서 모든 교육의 이념이 출발해야 한다고 생각한다. 다시 말해서 통일사회는 무지(無知)를 선택할 수 있는 유지(有知)의 사회가 되어야 한다는 것이다. 이러한 다양성의 용인이 없이는 전교조의 일선교사들이 목격한 획일성(집체주의)의 횡포로부터 우리교육은 궁극적으로 구원될 길이 없을 것이다. 물론 이러한 논의는 교육의 센타 (그 권위중심)가 다양화되어야 한다는 것을 의미하는 것이다. 그리고 물론 모든 디플로마(모든 졸업증서)도 국가가 그것을 독점한다는 생각에서 완전히 벗어나야 한다. 모든 학위제도는 그 학위를 수여하는 교육기관의 권위로서만 정당화되는 것이며, 그렇게 함으로써 교육자체의 내용과 의미가 완전히 분권화되어야 하고, 교육기관의 다양성과 정당한 경쟁이 보장되어야 한다. 정부(교육부)는 학사의 내용에 간섭해서는 안된다. 학사를 규정하는 형식과 명분에만 간여할 뿐이다. 내가 생각하는 미래적 인간은 서구라파역사가 규정한 시민을 가리키는 것은 아니지만 우리가 현재 시민사회에 살고있다는 현실성을 감안할 때, 시민의 덕성, 다시 말해서 우리 시민이 구성하는 문명사회질서를 유지하기 위한 최소한의 덕성이 무엇인가를 우선 생각해봐야 할 것이다. 많은 사람이 시민의 제1의 덕목을 自由라고 생각했다. 그리고 시민교육은 개인의 자유를 보장하는 것이라고 생각했다. 허나 현실교육은 어떠한 교육형태가 되었든지간에 개체의 자유를 보장하는 교육은 보이지 않는다. 따라서 교육의 자유주의 이념은 항상 교육의 현실적 모습과 끊임없는 마찰을 일으키게 마련이다. 사실 우리나라 교육만 해도 말은 항상 개인의 존엄과 자유를 외치면서 그 실상인즉 국·중·고를 통하여 선생이 학생에게 하고 있는 행위의 대부분이 인간의 존엄과 자유를 말살시키는 행위일 뿐이다. 숙제내주고 매질하고 부질없는 심부름이나 시키고 시험으로 들볶고 방학까지 하등의 불용한 과제로 지배하고 ……도무지 현교육의 한심한 작태를 생각하면 우리부모들이 자녀들을 통하여 느끼는 굴욕감과 모멸감 그리고 자녀를 망치고 있다는 안타까움 그리고 자녀를 가지고 있다는 죄로 당하는 정신적 육체적 시달림, ……그것을 어떻게 여기에 다 일일이 나열할 수 있으랴! 자유주의이념의 허상때문에 참으로 자율적 인간형성의 본질이 무엇인가를 모르고 표류하고 있는 것이 우리교육의 현주소인 것같다. 이것이 문제로다!

시민의 덕성은 자유가 아닌 협동

시민의 제1의 덕성은 자유가 아니라, 협동이다.(The primary vir-
tue of a citizen is not freedom, but cooperation.) 인간이 사회적
동물인 한에 있어서, 정치적 동물인 한에 있어서, 그리고 有爲的 文明
을 이미 벗어날 수 없는 동물인 한에 있어서, 인간은 자기의 실존이
교섭하고 있는 세계의 질서에 대하여 최소한의 자율적 책임을 지닌다.
그 자율적 책임은 반드시 협동을 전제로 하여 성립하는 것이다. 따라
서 시민의 협동을 전제로 하지 않은 어떠한 교육도 허구일 뿐이다. 그
렇다면 자율적 인간의 덕성은 어떻게 함양되는 것일까?

교육과 도덕

교육은 자인(Sein)이 아니라 졸렌(Sollen)이다. 다시 말해서 인간
의 현존태의 긍정이라기 보다는 미래의 당위적 현실을 위하여 오늘을
규정해나가는 행위인 것이다. 따라서 교육은 가치(Value)의 세계며
도덕(Morality)의 세계다. 문제는 무슨 가치가 어떻게 형성되느냐 하
는데 있을 것이다. 이러한 문제는 도덕의 분석에서 풀린다.

道와 德

우리는 道德을 현대어로서 단순히 "morality"에 해당되는 우리말
개념으로서 쓰고 있으나 道와 德은 원래 분리되는 두개의 개념이었다.
道란 길(Way)이며, 그 길이란 自然의 길을 말한 것이다. 자연이란 스
스로 그러한 것이다. "스스로 그러하다"는 것은 無稱之言이며 窮極之
辭다. 다시 말해서 "스스로 그러하다"는 것은 말이 안되는 말이며, 말
이 끝나는 곳에 이루어 지는 말인 것이다.(自然者, 無稱之言, 窮極之辭
也。用智不及無知, 而形魄不及精象, 精象不及無形, 有儀不及無儀。王

弼『老子道德經』二十五章注.) 道란 스스로 그러한 것이기 때문에 인위적인 어떠한 규정도 벗어나는 자연의 길이다. 그러기 때문에 道는 언어를 거부한다. 허나 德이란 다르다. 德이란 得이다.(德者, 得也。王弼『老子道德經』三十八章注.) 得이란 道로부터 인간이 얻어 구현하는 것을 일컬음이다. 그러기 때문에 라오쯔는 다음과 같이 말한다: "道는 生하는 것이라고 한다면 德이란 畜하는 것이다."(道生之, 德畜之。『老子』五十一章.) 道는 生生하는 天地 그자체를 일컬은 것이라면 德이란 그 天地로 부터 얻어 축적(accumulation)하는 것이다. 道는 先天이요 德은 後天이다. 허나 인간존재는 先天과 後天의 妙合이다. 나의 몸에는 先天之氣와 後天之氣가 반드시 共流하는 것이다. 따라서 동양인이 말하는 모랄리티는 바로 이 先天과 後天의 양면을 포괄하는 것이다. 물론 우리가 교육이라고 말하는 것은 道가 아니요 德이다. 道에서 得하여 畜하는 것이다. 그래서 교육이란 德 즉 덕성(Virtue)의 함양이라고 흔히들 말하지 않는가? 그런데 이러한 道·德의 이론이 서양의 담론과 크게 다른 것은 道와 德을 이원적으로 파악하지 않고 一元的 연속성속에서 파악하고 있다는 사실이다. 이것은 좀 델리케이트한 이론이다. 교육을 선천(a priori)과 후천(a posteriori)의 카테고리 속에서 이해하는 자들에게는 좀 이해되기 어려운 이론이다. 교육을 德의 함양이라고 할 때 그 德은 나의 몸에 쌓는 것이다. 그런데 德의 주체인 나의 몸은 다시 道인 것이요, 自然인 것이다. 다시 말해서 道와 德은 나의 몸(MOM)에서 통합되는 것이다. 德의 모델은 자율이요, 자율은 또다시 나의 몸의 道다. 나는 자율을 함양하지만 또 나는 나의 몸에서 그 자율을 배운다. 교육은 후천이지만 후천의 주체는 선천이다. 선천은 나의 몸의 道다. 나의 몸은 나의 몸에서 배운다. 나의 몸은 나의 몸을 축적시켜 나간다. 교육은 선천과 후천의 교섭의 장이다. 나의 이런 말들은 좀 까다롭게 들린다. 東洋哲學의 고전이나 원론에 익숙치 못한 자들에게는 몹시 곤혹스러운 말처럼 들릴 것이다. 허나 이 道德을 대변하는 우리의 일상언어로서 교육과 밀착되어있는 좋은 말로서 공부(工夫)라는 말이 있다. 나의 기철학적 교육론은 결국 이 공부라는 단어 하나를 해설하고 실천하는 것으로써 완성되어지는 것이다.

공부! 이 세상에(한국말문화권) 공부라는 말을 모를 자는 없다. 그런데 공부를 한자로 표현한 모습은 매우 요상하다. 工夫, 그것은 꼭 "工장의 인夫"(a worker in a factory)같다. 왜 工夫라는 글짜가 우리의 일상언어에서 의미하는 바 "공부"도 되있는가?

스타디의 동양3국 번역례

우리가 일상적으로 "공부한다"라는 말은 영어의 "to study"에 해당되는 말로서 현재의 우리가 일상적으로 일삼는 교육행위의 함의의 99.9% 차지하는 말인데 그뜻은 대강 우리의 "개념적 지식의 한계를 넓힌다"는 것이다. 그런데 이 "to study"에 대한 같은 한자문화권의 번역술어들을 보면 제각기 자기문명의 체험과 관련된 특유한 번역을 내놓고 있다. 일본사람들은 "to study"를 "勉強する"(벤쿄오스루)라고 말한다. 그것은 역시 日本의 職人전통과 관련된 말로서 "억지로라도 힘써서 무엇을 한다"는 뜻이다. 그들에게도 공부는 지겨운 것이었던 모양이다. "勉強する"는 우리말(면강)이나 중국말(미엔치앙)에서는 "강요한다"(to force, to compel)의 뜻이된다. 중국사람들은 "to study"를 "念書"(니엔수)라 말하는데 이것은 "책을 읽는다"는 뜻으로 중국의 선비전통과 관련이 있는 번역이다. 중국에서는 "선비"를 전통적으로 "讀書人"(뚜수르언)이라고 불러왔다. 따라서 선비(士大夫, 스따후우)의 구체적 이미지는 "책을 읽는 사람들"이었다. "책을 읽는다"는 행위는 生業에 종사하여 땀을 흘리는 사람들과 구분되는 가장 명백한 징표였다. 따라서 "공부하는 것"의 구체적 의미는 "책을 읽는 것"이었으며 그래서 중국인들은 "to study"를 "니엔수"로 번역한 것이다. 그런데 우리말의 "工夫"는 일본이나 중국에 비한다면 쉽사리 이

해가 가지 않는 번역이다. 왜 하필 "공부"인가? "공부"란 말은 朱子學전통 흔히 우리가 新儒學(Neo-Confucianism)이라고 부르는 7세기 동안의 패러다임 속에서 매우 보편화되었던 어휘였는데 한국(조선)이 "to study"의 번역에 있어서 "벤쿄오"나 "니엔수"를 취하지 않고 "공부"를 고집한 것은 한국의 朱子學전통이 얼마나 집요하고 연속적인가 하는 것을 잘 나타내 주는 것이다. 그런데 영어의 "to study"의 번역으로 말하자면, 동양3국의 번역, "念書" "工夫" "勉强"중에서, 가장 그 원의를 잘 드러내는 것은 중국어의 "니엔수"라 할 것이다. 영어문화권에서의 "스타디"라는 것의 실제 의미는 역시 개념적·언어적·지식적 차원의 문제임으로 그 구체적인 의미와 실제적 이미지를 가장 정확하게 살린 것은 중국어의 "念書"라 할 것이다. 한자문화권을 대표하는 동양3국의 한자어휘가 대부분 공통되는 것임에도 불구하고(예를 들면 敎育[쟈오위], 敎育[교육], 敎育[쿄오이쿠]는 동일) 이렇게 핵심적인 일상동사에 있어서는 문명의 차를 드러내고 있는 것은 역시 문화전통의 특수성과 고유성을 실감나게 하는 것이다.

工夫의 원모습

그렇다면 "工夫"란 무엇인가? "工夫"라는 글자는 중국어에서 유래한 白話的 語彙이며 그것은 고전중국어(한문)의 어휘를 이루는 十三經속에서는 발견되지 않는다. "工夫"는 唐나라때 고승들의 어록에 이미 자주 등장하는 것으로 보아 唐나라때부터 이미 일반 口語體 어휘로서 정착된 것으로 보인다. 물론 그 古語의 文言的 표현도 『抱朴子』나 『魏志』『梁書』등에 "功夫"의 형태를 등장하고 있는 것으로 보아 그 문언적 형태는 위진남북조시대로 거슬러 올라갈 것이다. "功夫"란 "일" "工役"의 뜻으로 독일어의 "아르바이트"(Arbeit)에 가깝게 오는 뜻이다. 工夫는 원래 工夫가 아니고, 工은 功의 뜻과 형태가 축약된 것이다. 夫는 扶가 간략화 된 것이다. 功은 "to achieve"의 뜻이며 扶

는 "to support" "to aid"의 뜻이다. 무엇무엇을 도와 성취한다는 의미다.

工夫의 최초용례

"工夫"의 근세적 의미가 가장 명료하게 드러나고 있는 것은 朱熹 (1130～1200)가 呂祖謙(1137～1181)의 도움을 받아 편찬한 최초의 신유학의 選集(the first of the Neo-Confucian collections)인 『近思錄』(Reflections on Things at Hand, 비근한 것에 관한 성현들의 생각을 모아 기록함)의 「爲學」類에 나오는 한 구절이다:"朋友講習, 更莫如相觀而善工夫多。"(친구들끼리 토론하고 학습하는데 서로를 관찰하면서 좋은 공부가 많은것 이상의 더 좋은 방법이 없다. Wing-tsit Chan, *Reflections,* New York : Columbia University Press, 1967. p. 51). 여기에 "相觀而善工夫多"는 『禮記』「學記」의 大學의 四法으로 제시한 "豫"(잘못을 미연에 방지하는 마음상태), "時"(때에 적절하게 깨달음을 얻는 것), "孫"(자기의 직분과 능력을 뛰어넘어 무리를 하지 않는 겸손), "摩"(항상 끊임없이 서로를 본받으면서 몸을 닦음)중 제일 마지막의 제4법을 말한 "相觀而善之謂摩"라는 구문에서 유래하는 것인데 程明道(程顥, 1032～1085)는 이를 인용하는 과정에서 "工夫"라는 자기 당대의 어법을 삽입한 것이다.(明道의 말을 朱子가 『近思錄』에 담아 놓은 것이다). "善工夫多"라는 말에서 우리는 多少의 量的 대상이 되고 있는 工夫라는 명사, 그리고 "善之"라는 윤리적 함의를 지니고 있는 동사나 형용사의 대상으로서의 工夫라는 의미는 우리의 상식적 논리맥락으로써는 쉽사리 납득이 가질 않는다. 工夫란 과연 무엇인가?

工夫의 의미를 살펴보기 전에 우리는 工夫라는 단어가 이미 한자문명권에 일찍 정착된 어휘인 만큼(우리나라 三國時代때) 그 工夫라는 단어의 의미론의 전개를 他文明圈에서 살펴볼 필요가 있다.

工夫라는 일본어의 뜻

일본말에도 工夫라는 말은 있다. 그런데 이 "쿠후우스루"(工夫す
る)라는 말은 스타디의 의미가 아니라 "무엇을 요리조리 궁리한다"
는 뜻으로 "수단이나 방법을 강구한다"라는 工夫(功夫)의 古用例의
맥락을 잇고 있다. 그리고 禪師들의 語錄에도 그러한 用例가 많이 있
는데, 看話禪에 있어서와 같이 주어진 公案을 깊게 생각하는 것을 工
夫(쿠후우)라고 하는 용례가 그것이다. 일본말로 "もっと工夫して
下さい"라고 하면 조금더 요모조모로 생각해보라는 뜻이다. 日本語의
"工夫"(쿠후우)라는 것은 "思慮"의 문제와 관련되고 있음으로 오히려
오늘날 현대어의 서양언어의 "to study"와 개념적으로 오히려 더 상
통한다. 그러나 우리 조선조유학에서 쓴 "工夫"는 그러한 日本語의 用
法과는 그 의미를 달리하는 것이며, 우리 조선조유학(주자학적 담론)
에서 말하는 工夫의 의미는 오히려 現代中國語의 白話(vernacular)用
法속에 잘 보존되어 있다.

工夫라는 중국어의 뜻

現代中國語(Mandarin)의 白話語法은, 물론 中國古來의 傳流的 구
어의 세만틱스를 계승한 것인데, 우리에게 가장 잘 알려져 있는 用法
으로서 "쿵후"를 들 수가 있다. "工夫"를 씨케이시스템(최영애─김
용옥표기법)으로 표기하면 "꿍후우"가 되는데 그것을 웨이드자일시스
템으로 표기하면 "kung-fu"가 된다. 따라서 중국어의 원음을 모르는
한국인들이 영어로 표기된 무술영화들이나 무술관계의 문헌에서 나오
는 "kung-fu"를 그냥 영어발음으로 읽은 것이 "쿵후"인 것이다. 우
리말에는 f의 마찰음(Fricative)이 표기안됨으로 "후"가 된 것이고,

k는 중국어에서는 무성, 무기음(unaspirated)인데 그것을 영어식 유기음(aspirated)으로 발음하여 "꽁"이 아니고 "쿵"이 된것이다.

공부와 쿵후

우리가 일상언어에서 쓰고 있는 학문의 방법론으로서, 교육의 실내용으로서 가장 많이 쓰고 있는 "공부"라는 단어가 리 샤오룽(李小龍)이나 리 리엔지에(李連杰)가 연상되는 "쿵후"와 동일한 단어며 동일한 의미내용을 지니고 있다는 사실을 명확히 인지하고 있는 우리나라 사범대학의 교육학 교수님이 몇분이나 계실까?

그런데 중국어의 "쿵후"(꽁후우)라는 용법은 단순히 武術이나 武道, 그리고 중국고유의 太極拳을 지칭하는데 그치는 특정한 외연을 지니는 것이 아니라, 현재의 白話일반용법에서도 보다 넓은 의미로 쓰이고 있는 단어의 일부분을 차지하고 있을 뿐이다.

현대중국어에 있어서 쿵후의 일반적 의미

어떠한 기술자가 자기 분야에 있어서 놀라운 기술발휘할 때, 예를 들면 센반직공이 쇠를 정교하게 깎는다든가, 땜쟁이가 땜질을 감쪽같이 해낸다든가, 붓쟁이가 능란하게 붓을 휘두른다든가, 누가 암산을 귀신같이 한다든가, 쇠백정이 식칼을 자유자재로 놀린다든가할 때 중국사람들은 그런 것을 묘사하여 흔히 "他的工夫不錯"(그의 공부가 대단하다)라고 말한다. 우리가 세칭 "누가 무엇무엇을 도사같이 한다"라고 말할때 그 "도사같음"의 대상이 되는 모든 엑설런스(excellence, 탁월함)를 "工夫"라고 부르는 것이며, 그 工夫의 가장 전형적인 한 用例가 바로 少林寺등지에서 행하던 쿵후(工夫)였을 뿐이다. 누구든지 어느 방면으로 탁월함을 이룩했을 때 중국사람들은 이런 표현

을 쓴다 : "他在那個方面下了很多工夫了."(很多 혹은 很大的가 다 가능. 후자가 오히려 더 흔한 용법임. 그 의미는 "그는 그 방면으로 많은 [혹은 큰] 공부를 내렸다"라는 뜻이다.) 이러한 의미의 용례가 우리말에 살아 있는 화법은 최근 『서편제』를 통하여 소개된 소리꾼들의 세계에서 흔히 발견되는 것이다. 소리꾼들이 입산하여 소리연습을 하는 것을 "독공"이니 "소리공부"니 하는데, 소리꾼의 소리의 경지를 나타내는 말로서 "갸는 공부가 되었어," "갸는 공부가 부족햐," "공부를 더 햐," "공부가 훌륭하구먼," 등등의 표현이 쓰이는 것은 공부의 원의가 보존된 특수한 용법이라는 것을 새삼 인지할 필요가 있다. 우리말에 영어의 "썩쎄스"(success)에 해당하는 말을 성공(成功)이라고 하는데 이 말도 그 원의는 높은 지위에 올랐다(貴)라든가 돈을 잔뜩 벌었다(富)라는 맥락의 출세를 의미하는 것이 아니라 바로 "공을 이루었다" 즉 "공부(工)가 되었다(成)"라는 의미로서 修身의 단계를 나타내는 표현인 것이다.

희랍인의 칠예

우리는 희랍인들에게 있어서 폴리티케의 대상으로서 七藝가 결국 어떤 문화적 행위의 엑설런스의 달성을 의미하는 것이며 그것은 시, 웅변, 항해술, 격투기, 투포환, 조각, 그림, 건축술, 農政, 산술과 같은 비록 오늘날의 개념에선 정신적인 영역을 포함하고 있지만 기본적으로 신체적 단련을 통한 어떤 기술의 탁월성을 의미한다는 것을 기억하고 있다. 희랍철학의 주요 테마중의 하나로서 덕을 나타내는 아레테(arete, $\dot{\alpha}\rho\epsilon\tau\dot{\eta}$)라는 개념이 플라톤에 와서 에이도스적 형상론으로 변질되기 이전에는 그것은 모든 탁월함(Goodness or Excellence of any kind)을 의미했다는 것을 잘 알고 있다.

개념적 지식도 몸의 단련의 한 형태

공부(꽁후우)라는 것은 중국인들의 실제적이고(nitty-gritty) 현실 적인(down-to-earth) 생각속에서는 그것은 어떤 정신적 조작의 탁월함을 말하는 것이 아니라 신체 즉 몸(MOM)의 단련을 통한 탁월함을 말하는 것이었다. 중국인들이 현재 "꽁후우"라는 말을 사용하고 있는 모든 용법의 공통된 기저는 몸(MOM)이라는 것이다. 이러한 의미맥락은 매우 중요하다. 왜냐하면 이것은 중국인들이 신체와 정신을 데카르트처럼 이원적으로 설정했다는 것을 말하는 것이 아니라 바로 모든 정신적(개념적) 조작의 탁월성(아레테)까지도 그들은 몸의 단련으로만 생각했다는 것을 의미하고 있기 때문이다. 다시 말해서 우리가 생각하는 공부 즉 역사책을 많이 읽어 역사적 사실을 많이 암기하고 있다든가, 혹은 수학적 토톨로지계산에 능하다든가 하는 지식의 문제나 少林寺에서 黃飛鴻처럼 쿵후를 단련해서 도달하는 경지의 문제를 완전히 동일한 "공부"의 문제로 생각했다는 것을 의미하는 것이다. 우리가 흔히 말하는 理性(Reason)이란 근대서구라파철학에 있어서는 "수학적 능력"(calculating ability)을 가리키는 것인데 이를 록크는 悟性(Understanding)이라 표현했고, 이것은 인간의 인식능력을 지배하는 이해력을 의미했던 것이다. 중국인들의 "공부론"에서는 결국 理性이나 悟性이나 모두 몸의 현상이며 후천이나 선천을 가림이 없이 그것은 몸의 단련으로 이해되었던 것이다. 보다 명료히 꼬집어 말하자면 칸트가 말하는 바 감성과 오성과 이성의 하이어라키를 전제로 할때 감성은 오성의 밑에 깔리는 원초적이고도 맹목적인 그 무엇으로 규정된 것이었으나 "공부"를 말하는 중국인이나 조선조의 유학자들에게 있어선 **오성이나 이성이야말로 감성(느낌, Feeling)의 한 형태에 불과한 것이었다.**

공부와 시간

그러나 우리는 지금 이러한 공부론의 또하나의 측면을 말하지 않으

면 안된다. 중국인들이 白話的으로 쓰는(很白) 일상언어에 다음과 같
은 표현이 있다: "你有沒有工夫?"(너 工夫있니?) 이때 "너 工夫있
니?"란 표현은 "너 틈있니?" "너 짬있니?" "너 시간있니?" "너 시간
내줄 수 있니?" 이런 의미를 포함한다. "工夫"는 옛문헌에서부터 디
시플린(＝아레테)을 의미하는 동시에 "暇" "時間"을 의미했다.

여기서 우리는 중국철학적 세계관이나 근세유학의 매우 중요한 특질
과 만나게 된다. 모든 공부(디시플린)는 몸의 공부며, 몸의 공부란 이
성적 깨달음이나 수학적 계산과는 달리 반드시 "시간"이 소요된다는
사실을 의미하는 것이다. 여기서 우리의 논의가 出發한 "德(virtue)
＝畜(accumulation)"이라는 라오쯔의 명제를 다시한번 상기해보게
되는 것이다.

예수의 넌쎈스

또 간음치 말라 하였다는 것을 너희가 들었으나 나는 너희에게 이르
노니 여자를 보고 음욕을 품는 자마다 마음에 이미 간음하였느니라.
「마태복음」5:27～28.
You have heard that it was said, "You shall not commit
adultery." But I say to you that every one who looks at a woman
lustfully has already committed adultery with her in his heart.
Matthew 5:27～28.

여기서 우리는 참으로 예수의 넌쎈스에 만나게 되는 것이다. 내가
저 여자를 탐욕스럽게 쳐다보았느냐 안 보았느냐하는 것은 어느 경우
에도 아무리 예수라 할지라도 나를 정죄할 수 없는 나의 상상력의 자
유(the freedom of my imagination)에 속하는 일이며, 아무리 하나

님이라 할지라도 내가 그런 생각을 했는지 안했는지는 확인하기 어렵다. 전지전능한 하나님이라 할지라도 잠깐 졸때도 있을 테니깐. 그리고 내가 저 여자를 탐욕스럽게 쳐다보았다는 사실만으로 내가 간음죄를 범하였다는 것은 비약이다. 왜냐하면 개와 같은 판단력을 구유한 뇌신경척추동물도 꿈을 꾸는 것으로 사료되고 있는터에 참으로 꿈만으로 죄가 성립한다는 것은 납득이 가기 어려운 것이다. 정죄의 대상이 된다는 것은 오로지 사회적 **행위**로 표현될 때만이 가능한 것이며 행위의 표출이 없는 허령한 속생각만으로 나의 존엄이 파괴된다는 것은 이해하기 어렵다. 물론 저 여자를 음탕하게 쳐다보지 않을 수 있는 마음은 나의 사회적 행위의 표출을 콘트롤하는데 더없이 훌륭한 도덕적 바탕이 될 것이다.

예수의 논리의 논리적 오류

이러한 논의를 우리 유학의 "공부론"으로 옮겨서 생각해 본다면, 물론 내가 저 여자를 음탕하게 쳐다보지 않는다(not to look at a woman lustfully)는 것은 "공부"다. 아름다운 여자를 보면 음탕한 생각이 일어나게 되어있는 마당에 음탕하게 쳐다보지 않을 수 있다는 것은 분명 "공부"(꽁후우＝쿵후)다. 예수의 논리는, 물론 이 예수의 논리는 서구라파 근세계몽주의 인식론전체에 해당되는 것이라고 여겨지지만, 한 여자를 음탕하게 쳐다보았다는 것으로만, 눈으로 샅샅이 베껴 훑었다는 것으로만, 그런 상상을 했다는 것으로만 이미 간음죄를 범하였다면, 그러한 순간적 범죄에 대한 逆方向도 쉽사리 성립될 수 있다는 것을 의미한다. 다시 말해서 나는 저 여자를 음탕하게 쳐다보지 않는 순간에 속죄될 수 있고 무죄일 수 있는 것이다. 이것은 참으로 경박한 생각이다. 그리고 이것은 모든 이성주의 인식론에 공통된 오류를 형성하는 것이다.

내가 저 여자를 음탕하게 쳐다본다는 것은 예수가 생각하듯이, 근세 서구라파의 모든 사상가들이 오해하듯이, "마음"의 사건이 아니다. 그것은 분명 저 여자를 음탕하게 쳐다보도록 **나의 몸이 요구한 것**이다. 따라서 그것은 순간적으로 마음으로 지워버린다고 해서 속죄되거나 또 마음으로 지워버린다고 해서 존재론적으로 없어져 버리는 사건이 될 수가 없는 것이다.

시간과 선험적 순수성

다시 말해서 아름다운 저 여자, 음탕한 생각이 피어오르도록 되어 있는 저 여자를 음탕하게 쳐다보지 않을 수 있는 것은 나의 마음의 순간적 사건으로서, 상상으로서, 간음죄의 대상이 되었다가 안되었다하는 멘탈 이벤트(mental event)가 아니라 그것은 오로지 나의 몸의 공부이며 쿵후인 것이다. 그것은 오로지 나의 몸의 단련으로만 달성되는 것이며 그 몸의 단련이란 순간으로 이루어지는 것이 아니라 "시간"을 요구하는 것이다. 모든 덕성은 시간을 요구하는 것이다.(德, 畜也。) 그 시간은 몸의 시간인 것이다.(德, 得也。) 서구라파 근세계몽주의 인간관의 최대의 오류는 앞서 인간의 문제에서 지적한 대로 인식론적으로 선험적 주체를 설정했다는데 있으며 그 인식론의 구성에 있어서 "시간"을 배제했다는 데 있다. 그들에게 있어서는 "시간"의 함수란 선험성의 순수성(transcendental purity)을 방해하는 것이었다. 그들은 시간을 배제함으로써만 절대적 자아를 확보할 수 있다고 생각한 것이다. 따라서 시간이 배제된 인식론에 있어서는 인간의 도덕성의 확보는 이성에 호소되는 도덕적 교훈밖에는 없다. 데카르트의 『방법서설』이 출발하는대로 인간은 "봉 상스"(good sense, 양식)를 타고 났다고 하는 믿음밖에는 없다. 제퍼소니안의 미국헌법이 주장하는대로 록크로부터 시작된 인간오성의 능력은 말할 나위도 없이 자명한 것이며 신으로부터 부여받은 권리라는 것이다. 그러나 이런 것은 우리 동양인의 "공부론"의 입장에서 보면 유치한 허상이요, 종교적 독단이요, 참으로

믿기 어려운 변덕인 것이다. 인간은 매우 이성적인 동물같지만 그 이성이라는 비시간적·비현상적 허상을 믿고 인간세의 질서를 유지한다는 것이 얼마나 위험한 것인가 하는 것을 "미국의 교육"은, "근대의 교육"은 망각한 것이다. 인간을 이성적 동물이라고, 인간을 그 종차로부터 규정한 것은 아리스토텔레스로부터 시작한 서양의 거대한 거짓말이었던 것이다.(That man is a rational animal is the grand lie of the West propagated since the time of Aristotle.) 우리나라 교육계를 무의식적으로 지배하고 있는 모든 선의의 근세교육철학의 타락은 도덕적 교훈만 난무하고 몸의 훈련이 결여되어 있는 우리교육 현실로 입증되는 것임에도 불구하고 그러한 도덕적 권위주의의 허상의 책임을 아이러니칼하게도 "주자학"이나 "조선조의 사이비 봉건적 가치관"이 짊어지고 있는 것이다. 참으로 웃기는 얘기가 아닐 수 없다!

나 인간의 존엄성과 도덕성, 즉 仁(감수성)·義(용기)·禮(양보성)·智(시비의 분별능력)의 덕성은 결코 예수가 『마태복음』의 산상수훈(beatitudes)에서 말하고 있는 것처럼 순간의 마음의 문제로 결정나는 것은 아니다. 나의 도덕성은 나의 마음이 바르게 됨으로써 달성되는 것이 아니다. 마음은 항시 바르게 될려고 해도 마음이 바르게 되지 못하는 것은 몸이 바르지 못하기 때문인 것이다.(이것은 결코 서양에서 말하는 유물론적 사유와는 다른 것이다. 근본적으로 몸과 마음의 2원론이 전제되어있는 사고체계가 아니기 때문이다. 마음은 몸의 현상일 뿐이다.)

담배를 왜 못끊나?

담배를 끊으려고 할 때 담배를 끊으려는 마음은 금방 달성되고 완성될 수 있다. 허나 우리가 그러한 굴뚝같은 마음에도 담배를 못끊는 것은 마음때문이 아니요 몸때문인 것이다. 몸이 담배를 요구하지 않는 상태에 이름으로서만 그것은 가능해지는 것이다. 마음의 작심이 그러한 몸의 상태를 도울 수는 있다. 허나 作心 그 자체 또한 몸의 공부다. 도둑질이나 간음질, 마약, 음주벽, 우리사회의 죄악의 대부분을 형성하는 이러한 사태들이 모두 마음의 죄가 아니요 몸의 죄다. 그런데 초·중·고·대 교육을 통하여 마음의 교훈만을 말할 뿐, 몸의 훈련 즉 참다운 공부를 시키는 선생이 없다. 우리나라 교육은 한마디로 몸이 부재한 교육인 것이다.

惡과 몸의 관성

동양전통에서는 인간세의 모든 惡(실제로는 "오"로 발음해야 한다. 모든 악은 오[싫음]인 것이다)이 몸의 관성체계(inertia of MOM)에서 비롯된다고 생각되었고, 그러한 관성체계를 "欲"(Desire)이라고 불렀다. 老子는 欲을 無爲에 대한 有爲로, 無名(무분별)에 대한 有名(분별)으로 보았다. 그러기 때문에 道 즉 무위의 세계로 복귀하는 길을 寡欲(욕을 가급적인한 줄이는 것)이라고 불렀다. 그러기 때문에 유가의 최고 바이블 중의 하나인 『大學』에서는 인간의 모든 가치의 기저를 "修身"이라고 생각하였다. 우리는 修身－齊家－治國－平天下라는 존재의 시공연속체 속에서 修身이 근본이 되고 있다는 사실과 왜 하필이면 그들이 "修心"을 말하지 않고 "修身"을 말하였나 하는 것을 생각해야 한다. 修身이야말로 "工夫"의 전부였던 것이다. 그래서 『대학』은 大學之道의 先後를 논구한 끝에 그를 終結지어 이르기를 : "自天子以至於庶人, 壹是皆以修身爲本。"(天子로부터 庶人[뭇백성]에 이르기까지 한결같이 修身을 가지고써 그 존재의 근본을 삼는 것이다)라고 한 것이다. 朱子가 『大學』의 傳十章을 총괄지어 말하기를 "前四章은 綱領指趣를 統論한 것이고 後六章은 條目工夫를 細論한 것이다"라 했을 때의 그 "工夫"의 의미도 이제 확연해질 것이다.("工夫論"에 대한 나의 구상은 이미 유학시절인 1970년대에 완성된 것이다. 나의 공부론은 내가 원래 武術에 흥취가 있어 요모조모로 古典을 뒤적여 생각해보다가 독창적으로 고안한 것인데 내가 그것을 최초로 공식적 문안으로 발표한 것은 귀국직후인 『高大新聞』기고문에서 였다:"공부의 참뜻", 『高大新聞』 1983년 5월 10일, 5월 17일. 그리고 나의 공부론은 내가 1987년 6월 10일 오전 10시～12시에 이화여자대학교부속국민학교 강당에서 학부형들을 상대로 행한 강연, "우리의 자녀를 어떻게 교육해야 할 것인가?"속에서 상세히 언급되었다. 그리고 그 후로 내가 쓴 『태권도철학의 구성원리』(1990)에 그 일단이 전개되어 있다. 『태권도철학의 구성원리』는 태권도계의 진실을 은폐하고 싶어하는 용렬한 소수인들 때문에 널리 읽혀지지 않고 있는 책이지만 나로서는 지극히 애착이 가는 명쾌한 저작이다. 일반독자들이 참고해주었으면 한다. 그런데 나는 나의 기철학적 교육론을 따로 집필하려고 이 공부론을 차일피일 미루어왔는데, 이 공부론은 나의 순전한 독창적 이론임에도 불구하고 여기저기서 표절하는 사례가 빈번한 것 같아 차제에 여기 그 대강을 밝혀놓게 된 것이나 심히 미흡한 점이 많다. 나의 기철학적 교육론의 전부가 이 "공부론"이라해도 과언이 아닐 정도로 나에게서는 비중을 차지하는 이론이다. 독자들의 깊은 사려가 있기를 바란다. 그리고 "공부론"에 대한 최초의 발설자며 완성자로서의 나의 학설에 대한 존중도 우리나라 지성계의 양식에 속하는 문제라고 생각한다.)

그런데 나는 왜 통일교육론을 말하는데 이러한 공부론을 말하는가? 그것은 두말할 나위도 없이 통일한국의 교육은 바로 이 공부의 원뜻을 회복하는 것으로 완성될 뿐만 아니라 통일한국의 모든 교육제도도 이 공부철학에서 그 정당근거를 마련할 수 있기 때문이다.

체벌은 정당한가?

교육계의 잇슈가 되고 있는 가까운 일례를 하나 들어보자! 교사의 체벌(physical punishment)는 정당한가? 정당치 아니한가? 금지되어야하나? 허용되어야 하나?

이러한 문제에 관해서 어떠한 철학적 기반도 없이 그 행위의 得·失만 나열하여 조목조목 따져본들 어떠한 찬·반의 결론에도 도달하기 어려울 것이다. 우리나라 학계나 여론계를 괴롭히는 것은 근거없이 표류하는 다수결의 민주인 것이다. 민주는 다수결이 아니다. 어떠한 도덕적 명제도 다수결에 의하여 결정되는 것은 아니다. 문제는 명쾌한 철학을 제시하고 그 행위의 정당성에 대하여 다수의 지지를 얻으면 되는 것이다.

나의 기철학적 교육론인 공부론에 의하면 물론 체벌은 정당한 것이며 허용되어야 하는 것이다. 왜냐하면 교육은 몸의 교육일 수밖에 없으며, 그것은 "공부"(꽁후우)일 수밖에 없으며, 체벌이 몸에 어떠한 멧세지를 효율적으로 전달할 수만 있다고 한다면 그것은 교육의 방편으로서 얼마든지 정당화되어야 한다. 그리고 그것은 우리가 조선조를 통하여 받아온 서당교육의 전통속에 정당하게 포함되어 있는 것이다. 나의 이러한 발언을 반체벌론자들은 극심한 독단으로 즉각 반발하고 반박할 것이다. 허나 우리의 문제는 체벌의 의미가 과연 무엇이며, 체벌은 과연 어떻게 해야 하는가? 하는데 대한 정확한 규정이 없이, 과거로 부터 내려온 체벌전통의 맥락의 이해가 없이 그것을 마치 "교사가 학생을 때리는 것"으로 오인하는데 출발하는 것이다. 교사는 어떠한 경우에도 학생을 때릴 수 없다. 예를 들면, 요즈음 체벌이 없다고 하는 국·중·고교의 선생들의 일상매너를 보면, 학생들을 샤펜으로 대가리를 콕찌르거나 볼펜으로 콱찍거나, 고무줄을 팅기거나, 자를 휘어 팅기거나, 출석부로 머리를 치거나, 빰을 치는 것을 매우 상식적 예사행위로 자행하고 있으면서 자기들은 체벌을 안하고 있다고 생각한다. 더구나 한심하고도 또 한심한 것은 우리나라 개그맨이나 코메디안들이 테레비에 나와서 하는 행위의 90%가 남녀노소할 것 없이 남의 대가리를 콱 쥐어박거나(군밤), 몸을 툭 치거나, 밀쳐 자빠지거나, 볼쌍스러운 행동으로 몸에 직접 상해를 가하는 것으로 짜여져 있다. 그러면서 우리는 체벌이 없는 교육을 운운하고 있다.

　과거 우리전통에서 내려오는 체벌은 반드시 싸릿대로 되어 있으며 (싸릿대 이상의 물체는 절대不可) 그 싸릿대는 휘엉청하는 柔弱하면서도 매서운 木氣로 구성되어 있는 것이며, 반드시 감정의 완충적 역할을 수행하게 되어 있다. 즉 매(싸릿대)를 든다는 행위는 참으로 不可避한 경우(不得已)에만 허용되는 것으로 그것은 때린다는 개념이 아니라 학생의 몸에 가하는 선생의 신성한 제식으로 의미지워져 있다. 다시 말해서 매를 들기까지의 모든 가능한 이성적 설득이 전제되어 있을 경우, 그 설득의 한계가 노출될 때, 그리고 매가 참으로 어떤 특수 상황에서 효율적일 수 있다고 판단될 경우에 한하여 몸에 전달하는 제식인 것이다. 따라서 매의 수도 엄격히 규정되어 있으며 매라는 매체를 통하여 나의 몸과 학생의 몸이 매개되기 때문에 매는 인간적 감정의 완충역할을 하는 것이다. 그리고 매를 든다고 하는 사실은 교사의 권위를 상징하며, 교사는 매를 들 수 있게되기 위해서는 권위가 확보되어 있어야 한다. 매는 회초리 자체의 아픔(physical pain)으로써가 아니라 그 아픔으로 상징되는 교사의 인격의 권위로써만 의미지워지는 것이기 때문이다. 왜 옛날에 出世하여 成功한 사람들이 歸鄕하여 집에 놓인 "회초리"에 절을 했다하겠는가? 회초리는 아픔이 아니요, 아픔에 담긴 사랑이었던 것이다. 지금의 교사들은 학생들에게 매를 가하는 것이 아니라 학생들을 때리고 있다. 자신의 감정적 횡포를 학생에게 전가시키고 그들의 인격에 굴욕감과 모욕감을 주는 자질구레한 체벌을 일삼고 있는 것이다.

회초리를 맞아야 할 사람은 바로 교사 당신

　나는 묻는다. 도대체 지금 우리나라 교사들 중에 진정코 회초리를 들 수 있는 자가 몇명이나 있는가? 회초리를 맞아야 할 사람은 학생이기에 앞서 교사 그대들 자신이 아닌가? 회초리를 맞어야 할 놈들이 무슨 체벌의 허용이니 불허니를 논할 자격이 있겠는가? 그러니 결국 이런 얘기가 다 사이비논쟁이 아니겠는가?

공부와 교육제도 혁명

물론 통일한국에 있어서의 공부론의 의미는 이러한 사소한 분쟁의 해결에 있는 것이 아니다. 기철학은 몸철학이다. 기철학적 교육론은 몸의 교육론이다. 몸의 교육론은 결국 공부의 축적이다. 공부의 축적은 우리가 세칭 육체(Body)니 정신(Mind)이니 하는 근세 서구라파 이성주의의 인간관의 오류에서 파생한 이원론을 통합하는 것이다. 따라서 교육에 있어서 이러한 이분법이 완벽하게 불식되어야 하는 것이다. 이것은 실로 우리가 흔히 생각하고 있는 교육의 체제나 목적에 있어서 대변혁을 요청하는 것이다. 몸에 있어서 발현되는 모든 다양한 엑셀런스(=공부=꽁후우=아레테=德性)가 동일한 가치선상에서 존중되어야 한다는 것이다. 이것은 말이야 쉬운 것같지만 참으로 경천동지(驚天動地)할 대변혁을 초래하는 것이다. 아직도 우리는 교육의 의미를 암암리 획일적 가치기준에 의하여 생각하고 있다. 자식을 학교에 보내 "공부를 잘하면" "좋은 대학가고" "박사가 되어" "지위 높은 관료가 되거나" "대학교수가 되거나" "돈을 잘 벌거나"해야 한다고 생각하는 것이 자식교육의 일차적 가치전선이 되어있다. 거기서 현실이 부합되지 않을 때는 한발자국씩 후퇴하면서 최선책을 찾거나 그래서 낙오하면 패배자로서 참패한 인간으로서 사회의 그늘 속에 살게된다. 그리고 물론 이왕이면 육체적으로 탁월한 사람보다는(예를 들면 육체미 챔피언이 되었다든가), 너무 직접적인 예를들어 안되었지만, 나 김용옥처럼 세계명문대학에서 박사를 따고 지식이 많고 교수도 해보았고 영향력이 큰 글도 잘 쓸 줄아는 선비형 챔피언을 당연히 선호하는 경향이 명백할 것이다. 나는 이러한 가치기준의 매우 래디칼한

(근원적인) 전향이 필요하다고 생각한다. 그런데 이러한 가치기준의 전향은 단지 그러한 생각이나 가치관의 설교로써는 성취되는 것이 아니다. 다시 말해서 그러한 가치관의 다양화를 성취할 수 있는 교육제도와 그러한 교육제도를 의미있게 만들 수 있는 사회체제의 변화를 의미하는 것이다. 뜀박질을 남보다 탁월하게 빨리 뛸 수있는 사람이나 수학문제를 탁월하게 빨리 풀수 있는 사람의 德性을 동일한 가치의 "工夫"로서 간주할 수 있어야 한다. 뜀뛸질의 탁월성이나 수학문제풀기의 탁월성은 물론 동일한 몸의 현상이며 몸의 공부다. 전자는 근육세포의 작동매카니즘에 관한 것이며 후자는 뉴론세포의 작동매카니즘에 관한 것이다. 허나 동일한 몸의 작동이긴 하지만 뜀박질의 공부는 수학풀기의 공부보다 역시 열등하지 아니한가? 역시 인간의 인간다움이 그 언어의 상징성에 있다고 한다면 수학풀기의 상징성이 뜀박질의 상징성보다는 더 고등한 것이 아니겠는가? 물론 이러한 논의는 희랍사회로부터 프락시스에 대한 테오리아의 우위의 관념을 정당케하여 온것이다. 그리고 나는 현실적으로 또다시 다양성의 강조 그자체가 어떤 획일성을 조장해서는 아니된다고 생각한다. 다양성 그 자체의 획일적 강요는 또 하나의 독단을 형성할 것이기 때문이다. 인간사회에 어차피 고등과 저등의 하이어라키는 반드시 존속하게 마련이다. 벌사회에도 역할의 분담이라는 다양성 외로도 어떤 위계질서가 분명히 존재하고 있다. 허나 내가 말하는 것은 뜀박질을 뛰는 사람은 골빈당이 되어 버리고 수학문제를 잘 푸는 사람은 훌륭한 사람이 되어간다고 하는 현실자체가 교육체험의 가치관이나 사회체제의 가능성에 의하여 조작된 결과일 수 있다는 것이다. 뜀박질만 잘 뛰는 공부로서도 훌륭한 인격을 갖출 수도 있는 것이요, 수학문제를 잘 푸는 인간인데도 좀 이상한 사이코정도의 낙오인간이 될 수도 있는 것이다. 따라서 내가 말하는 것은 자신의 공부를 통하여 자신의 몸의 가능성을 획일적 가치기준에 의하지 않고 최대한으로 발현할 수 있는 사회를 만들어야 한다는 것이다. 이것은 곧 제너럴리스트만 양산하고 있는 현금의 不用한 교육실태

를 참으로 실력있는 스페시알리스트를 키워내는 교육으로 전환시켜야 한다는 것을 의미하며, 그러한 스페시알리스트의 교육이 반드시 "器局"의 인간으로 머물게 하는데만 그치는 것이 아니라 그러한 "器局"을 통하여 "理通"에 도달케하는 공부(꽁후우)철학을 실현시켜야 한다는 것이다. 이러한 전환을 위해서는 현금의 대학입시제도가 전면적으로 개편되거나 파괴되어야 하며 대학의 존립형태자체의 근원적인 트란스퍼메이션이 요구되는 것이다. 우리나라 현금의 가장 큰 문제는 너무도 죽도 밥도 아닌 지식중간층이 비대해있다는 사실이다. 우리나라의 교육개혁은 바로 이 어중간한 지식대중을 대폭 줄이고 전문적 장인과 상징조작인(symbolic analyst)을 확대시켜야 한다는 것이다.(상징조작인이란 "정보혁명"[information revolution]이 진행된 사회에 있어서 정보조작만을 통해서 인간의 문제를 확인하고 [problem-identifying] 문제를 해결하고 [problem-solving] 전략을 중매하는 [strategic-brokering] 사람들을 총칭한다. Robert B. Reich, *The Work of Nations*, New York: Vantage Books, 1992.)

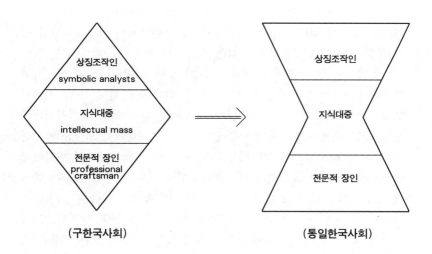

(구한국사회) (통일한국사회)

교육의 제도적 개혁에 관해서는 내가 지금 여기 논할 계제가 아니다. 허나 단 세가지 대체만을 언급하여 둔다.

교육제도혁명의 3대 원칙

첫째, 교육기관의 다양한 형태의 용인에 대하여 국가는 과감해야 하며, 그러한 기관에 대하여 간섭하기 보다는 그러한 기관이 전체적 국가이념에 공헌할 수 있도록 그 질을 높여주는데 조력을 아끼지 말아야 한다. 교육기관의 다양한 형태의 용인이란 여태까지 선례나 기존의 가치전범에 비추어 생각치말고 어떠한 새로운 형태의 교육이든 그것이 전문성이나 질높은 수준이나 이념을 과시할 때는 긍정적으로 시인해야 한다.

두째, 현금의 교육체제를 담당하고 있는 일체의 교육자계층의 질을 높이는 방안이 강구되어야 한다. 나는 현재의 교육체제를 전제로 할 때에도 대학교수와 국민학교교사의 사회적 권위나 보수가 거의 대등한 수준이 되어야 한다고 생각한다. 교육은 결국 교육자의 공부의 수준에 의존할 수밖에 없다. 아무리 좋은 제도를 논한다하더래도 교육자의 질의 확보가 없는 한 그 제도의 힘은 최소한에 머무를 수밖에 없는 것이다. 우리 사회는 인류사상 유례를 보기 힘든 고학력사회로 진입하고 있으며 (19세의 전 국민의 3분의 1이상이 대학교육을 받고 있다) 이러한 고학력 사회에서, 박사가 팽팽남아 돌아가는 판에 아직도 일제시대의 사범학교수준에도 못미치는 교육대학이나 사범대학에서 교사를 배출하고 있는 현실이 참으로 안타까운 것이다. 막중한 국가예산이 교사월급에 할당되어야 할 것이며 이에 따라 교대나 사대의 개편 내지는 파기가 이루어져야 한다. 그리고 다양한 가치기준에 의한 질높은 교사들의 채용방식이 이루어져야 한다. 왜 대학에서 박사를 따고 국민학교교사로서의 삶을 선택못할 이유가 뭐가 있겠는가? 그에 응당한 대접을 해주거나 설령 재정적 지원을 못한다하더래도 그러한 자들이 마음놓고 학생을 지도할 수 있는 환경만 허락해주어도 지원자는 얼마든지 있을 것이다. 어린 학생들의 교육을 통하여 자기이념을 구현하고자 하는 다양한 계층들에 의하여 교사사회가 구성될 수 있도록 그 문호를 폭넓게 개방하는 어떤 새로운 개혁이 점진적으로 시도되어야 할 것이다. 지금의 교사인력수급방식으로는 도저히 질높은 교육을 기대할 수가 없다.

  세째, 현금의 자유주의교육은 그 파산이 선고되어야 한다. 따라서 자율을 강조하는 몸의 교육이 강화되어야 하며 이 몸의 교육은 어릴때일수록 강화되어야 한다. 억지로 외운 영어단어나 역사연대는 쉽사리 잊어버리지만 한번 몸에 익힌 자전거 기술은 평생을 잊어 버리지 못한다. 즉 개념적 지식의 주입을 최소화하고 질서나 약속이나 신의를 지키는 습관, 청소를 하는 습관, 예의를 갖추는 습관, 남에게 피해를 입히는 행동을 삼가는 습관등, 시민사회의 최소한의 덕목인 협동으로서의 자율적 규율이 몸에 배이도록 하는 몸의 교육이 어릴때부터 강화되어야 한다. 지금과 같이 소위 애들 "기죽이지 말라"는 엉터리 방임의 교육, 애들은 마치 남에게 피해를 끼치는 행동을 해도 다 변명이 된다고 하는 엉터리 관용의 교육은 철저히 반성되어야 하는 것이다. 아이들일수록 조이고 어른이 되어갈수록 풀어주는 교육이 되어야만 창조적 교육이 되는데 우리나라는 요상하게도 아이들일 수록 풀어놓고 어른이 되어갈수록 조이는 교육을 하고있다. 이러한 교육방식으로는 조여지지도 않을 뿐더러 인간의 개체성이 오히려 더 말살될 뿐이다. 우리나라 현재의 피교육자는 몸의 공부에 있어서는 완전히 방임되어 있다가 대학을 졸업하고 겨우 入社나해서 그때서야 비로소 공동체의식이나 예의범절을 배우고 있다. 대기업 신입사원 연수원에 가보면 우리나라 대학졸업자 신입사원중에 변기 밖에 오줌안흘리고 소변볼 줄 아는 의식을 가진 자가 1%미만이라고 한다. 도대체 이런 엉터리 수준의 민족을 데리고 무슨 신한국을 창조하겠다는 것인가? 대기업의 막대한 신입사원

연수시설투자비용의 10분의 1만 국민학교 도덕실천교육에 전용해도 그 효과는 천배·만배에 이를 것이 아닌가? 문제의 핵심은 결국 국가 대계를 리드할 수 있는 교육철학의 새로운 정립에 있는 것이다.

우리나라의 시집가는 여성이 99.9% 시집가기 전날까지 밥한끼를 제대로 만들어 차릴 능력이 없다. 우리나라 대학생들의 99.9%가 걸레질·빗자루질 하나를 제대로 할 줄을 모른다. 노내세 이세 무슨 놈의 교육이냐?

숙제의 폐해

그리고 국·중·고교에 있어서 숙제를 내주는 모든 관행이 파기되어야 한다. 학교생활이외의 모든 시간은 자율시간이 되어야 하며, 교사는 학교에서 교육을 맡은 시간내에서 학생을 효율적으로 지도할 능력을 구비하고 있지못하면 그것은 교사의 자격이 없는 것이다. 과제물로 방과후에도 학생을 괴롭히는 교사들은 좋은 교사가 아니다. 직무유기를 하고 있을 뿐이다. 도무지 나의 자식교육경험을 비추어 보아도 선생이라는 자들이 내 자식에게 내준 과제물치고 有用한 사례를 나는 별로 발견하지 못했다. 도대체 숙제다운 숙제가 하나라도 있느냐? 우리 어머니들은 새벽부터 도시락 싸대는 것만으로도 고통은 끼이다. 지금 통상교사들이 내주고 있는 숙제물은 학생의 창의력이나 몸의 공부를 계발하는 숙제가 별로 없다. 주변사람 모두에게 피해를 끼칠 뿐아니라 학생들의 자율적 시간을 빼앗고 학생들에게 반드시 필요한 가정교육의 가능성을 모두 박탈해버린다. 숙제의 형태를 보면 도무지 이 나라의 교사들이 한 인간에 대하여 그따위 독재적 행위를 할 수 있는지, 성균관에서 주연을 벌리는 연산군보다 더 지독한 독재군주들인 그들에 대한 구토감, 모멸감, 모독감이 쏟아져 나온다. 도대체 방학은 왜 주는 것이냐? 아니 과제물로 집에서 들볶게 만들려면 왜 방학을 주는가?

방학이란 학교의 학(學)을 손에서 놓는것(放)이 방학이다. 도대체 그 따위 쓸데없는 과제물로 학생을 괴롭히기 위해 방학을 만들었단 말인가? 아니 교사들이 내주고 있는 과제물이 얼마나 무가치한 불합리한 짓거리들이며 얼마나 부모들의 삶의 시간과 에너지를 소모시키며, 자원을 낭비시키고 있는 줄 한번 반추라도 해보았는가? 그대 교사들은 맨날 무슨 문방구에 가서 무엇무엇 사서 만들든지 베껴오든지 하라는, 전혀 학생자신의 창의력이나 몸의 단련과 무관한 숙제를 설사싸지르듯이 내주고 있는 자신의 행위가 과연 무슨 놈의 짓거리인지 반성해 본 적이 있는가? 정말 하등의 무가치한 숙제를 어린 생명들에게 부과하고 있는 교사들은 모조리 국가대계를 망치고 있는 대죄인들이다! 그들은 우리나라 교육을 저질화시키고 있다! 정말 학부모들이 대단합하여 교사들이 숙제 못내주게하는 立案을 하는 극단적인 행동까지 해야할 지경이다. 가르칠 것은 안가르치고 썩은 지식과 숙제만 양산하고 있는 오늘의 교육은 근본으로부터 다시 생각해야 한다. 불행하게도 내 생각을 지금 여기에 다 말할 수 없다. 혹자의 생각엔 나의 立論이 외견상 논리적 불일치를 일으키는 것처럼 보일 수도 있을 것이다. 허나 참으로 오늘 우리사회가 당면하고 있는 교육부패의 수준은 참담한 지경에 이르렀다는 것은 아무도 부인할 수 없을 것이다. 그리고 그러한 현실이 충분히 의식화되어 있질 않다. 교사에게도, 학생에게도, 학부모들에게도, 위정자들에게도! 그리고 무엇보다도 우리나라의 불행한 현실은 부모가 자식에게 부모노릇을 할 줄을 모른다는 사실이다. 따라서 가정교육이 부재한 것이다. 그도 그럴 수밖에 없는 것이 우리나라의 중·고·대교육이 엄마의 권위나 아버지의 권위를 지닐 수 없는, 공부(꽁후우)가 부재한 빈껍데기의 인간들만을 만들어 내고 있기 때문이다. 애비, 애미, 새끼가 모두 같이 날나리인 것이다. 모두가 경박하기 이를 데 없는 애송이들인 것이다. 도무지 이런 놈의 나라가 어디 있느냐? (이러한 문제는 최근에 내가 지은 생활철학서인 『醫山問答－기옹은 이렇게 말했다』에 상술되어 있다. 나의 공부론과 관련하여 반드시 이 책의 내용이

같이 숙고되어야 한다.)

꾸안쯔의 충고

戰國時代의 지혜를 끌어담은 명저 『管子』의 「權修」篇에는 다음과
같은 명언이 실려있다.

일년의 계획은 곡식을 심는 것만큼 좋은 것이 없고, 십년의 계획은
나무를 심는 것만큼 좋은 것이 없고, 종신의 계획은 사람을 심는 것만
큼 좋은 것이 없다. 하나를 심어 하나를 얻는 것은 곡식이다. 하나를 심
어 열을 얻는 것은 나무다. 하나를 심어 백을 얻는 것은 사람이다.

一年之計, 莫如樹穀;十年之計, 莫如樹木;終身之計, 莫如樹人。一樹一
穫者, 穀也; 一樹十穫者, 木也;一樹百穫者, 人也。

통일한국의 교육의 과제는 工夫의 참뜻을 회복하는 것이다. 그리고
한국의 통일은 工夫를 실천하는 사회의 모습을 만드는 것이다. 그리고
이러한 교육론은 소위 경제적인 측면에서 분석해보아도 우리사회의 미
래적 가능성에서 조금도 어긋남이 없는 것이다. **규율이 있으면서 자유
로운 창조가 가능한 사회가** 되지 않으면 우리 경제도 살 길이 없는 것
이다. 이러한 교육의 문제와 관련하여 우리가 이제 마지막으로 살펴봐
야 할 문제는 우리의 삶이 이루어지고 있는 환경의 문제다. 환경의 문
제가 구체적으로 논의되면서 교육의 문제도 보다 확연한 지향점이 생
겨날 것이다.

V. 환경의 문제

에콜로지의 정의

여기서 환경이란 에콜로지(ecology, Ökologie)를 의미한다. 에콜로지란 원래 세포학, 발생학, 분류학과도 같은, 생물이나 생명현상을 연구하는 生物學이라는 과학의 한 분과로서의 生態學을 의미한다. 생태학의 개념을 최초로 정립한 헥켈(Ernst Heinrich Haeckel, 1834 ~1919)은 생태학을 동물에 있어서의 비생물 및 생물적 환경(Umgebung)과의 모든 교섭이라고 규정하였고, 그것은 生物의 家計(Hanshalt)에 관한 과학을 의미하는 것이었다. 다윈(Charles Darwin, 1809~1882)의 표현을 빌리자면 生存을 둘러싼 투쟁에 있어서의 諸種의 조건이라고 부른 복잡한 상호교섭의 모든 것에 관하여 연구하는 학문으로 규정된 것이었다.

에콜로지는 바이올로지에 있어서 가장 매크로한 분야라 할 수 있다. 우리는 환경(Umwelt)의 무생물과 생물이 서로 상호작용을 하고 있는 군집을 생태계(ecosystem, 에코시스템)라고 부른다. 그리고 모든 세계의 전 생태계는 생물권(biosphere)을 구성하는 것이다. 그런데 이 생물권의 최대의 특질은 앞에서 우리가 역사에서 논의한바 "순환"(circulation)이라는 것이다. 영양원으로서 서로 먹고 먹히는 생물간의 포식서열을 가리키는 먹이사슬(food chain)도 생물권에 있어서의 에너지 흐름의 대표적 순환방식이다. 이 생물권에서는 탄소도 산소도 질소도 황도 인도 물도 순환을 계속한다. 그들의 시간은 직선이 아니라 순환인 것이다.

에콜로지라는 말은 20세기 후반에 오면서 특히 1960년대에 분명의 폐해, 오염(pollution)이라고 하는 天地의 순환장애가 발생하면서 새로운 각광을 받고 특별한 의미를 부여받게 되었다. 에콜로지는 이미 생물학의 한 분과라는 개념에서 해방되어 인간과 환경과의 교섭(interaction)에서 발생하는 모든 문제를 다루는 광의의 문명론으로 비약하게 된 것이다.

통일과 에콜로지와 인류의 미래

통일에 관한 모든 논의는 반드시 이 에콜로지라는 문제를 전제로 해서 이루어져야 하며, 통일사회의 건설도 반드시 에콜로지라는 제약성의 전제하에서 설계되어야 한다. 에콜로지를 도외시한 어떠한 인류의 철학이나, 종교, 예술, 도덕, 과학적 가치도 미래적 가치관이 될 수 없는 것이다. 서양철학이든 동양철학이든, 서양종교든 동양종교든, …이제 모든 인간의 자유는 에콜로지 앞에서 겸손할 줄 알아야 하고 무릎을 꿇을 줄 알아야 한다. 콩쯔든 비트겐슈타인이든 이제 손에 손잡고 에콜로지 앞에 부복할 줄 알아야 한다. 에콜로지야말로 인류공동체의식(global consciousness)의 유일한 기저인 것이다. 따라서 에콜로지야말로 한국 아니 인류를 통일시킬 수 있는 새로운 가치기준인 것이다. 과거의 모든 사상·종교·예술·문명의 분열도 바로 에콜로지속에서 통합될 수 있는 것이다.

서양문명의 주제, 동양문명의 주제

서양문명의 최대의 주제는 진리(Truth)였다. 그래서 그 중심과제는 본체(noumena)와 현상(phenomena)의 문제로 나타났다. 왜냐하면 진리라는 것은 현상과 본체의 일치·불일치의 문제로 나타날 수밖에 없는 것이기 때문이다(Truth is the conformation of Appearance to Reality). 따라서 이 현상과 본체의 일치와 불일치야말로 서양의 역사를 추진시켜온 가장 강력한 임피터스였다. 현상과 본체가 불일치할 때는 그것을 일치시킬려고 힘쓰고, 그것이 일치할때는 또다시 일치의 정체성에서 불일치로 도약하고….

그런데 동양문명의 최대의 주제는 삶((Life)이었다. 이것은 중국문명이나 인도문명이나 한국문명이나 일본문명이나 모두 공통된 특성을 가지고 있다. 그들의 관심의 궁극은 진리(Truth)가 아니라 인간이 산다는 사실 그 삶(Life) 그 자체였던 것이다. 그래서 그들의 중심과제는 현상과 본체의 문제가 아니라, 유위(artificiality)와 무위(naturality)의 문제였다. 그것은 언어와 자연의 문제였으며, 문명과 자연의 문제였으며, 인간과 환경의 문제였다. 인간이 잘 산다고 하는 문제는 반드시 진리라는 주제와 일치하지 않는다. 다시 말해서 인간과 자연(Umwelt)의 조화라는 문제는 현상과 본체의 일치라는 문제와는 별개의 주제였던 것이다. **조화와 일치는 물론 조화될 수도 있고 또 불일치할 수도 있는 것이다.**

원불교의 四恩

원불교라는 한국종교의 중심교설에 四恩의 원리라는 것이 있다. 인간 존재의 恩으로서 네가지를 들고 있는데, 그것은 1) 天地恩 2) 父母恩 3) 同胞恩 4) 法律恩을 일컫는 말이다. 여기서 天地와 父母의

恩은 크게 본다면 우리가 말하는 에콜로지 속에서는 같은 것이다. 단지 시각의 차이일 뿐이다. 4번째의 法律恩은 내가 말하는 自律의 문제다. 그리고 同胞恩은 통일의 사상이다. 통일은 정치적 통일만이 아니라 환경론적 통일(ecological unification)까지를 포괄하는 것이다. 그런데 이러한 天地父母의 사상은 기실 『周易』「繫辭」에서 이미 정형화된 음양사상에 그 뿌리가 있는 것이요, 그것을 동양문화권에서 최초로 명문화한 것은 朱子學의 先河를 이루는 宋儒, 張載(橫渠, 1020～1077)의 『西銘』이었다. 張載의 적통을 이은 明·淸代의 사상가 王夫之(1619～1692)가 나의 하바드大學 박사학위 테마였던 관계로 나의 여러 저서속에서 그를 언급하였음으로 (『東洋學 어떻게 할 것인가』 등) 여기에서는 자잔한 언급을 피한다. 『西銘』에서 말하는 "乾稱父, 坤稱母"의 사상이야말로 朴重彬의 생각의 모태를 이룬 것임은 말할 나위도 없다(물론 少太山 朴重彬이 『西銘』을 읽었다는 뜻은 아니다).

三才論, 三間論, 天地코스몰로지

내가 앞서 언급한 인간의 문제로 돌아가 三才論을 말한다면 天·地·人 三才중에 人이라는 구성체 자체가 天과 地의 妙合이므로 天이 父가 되고 地가 母가 되는 것은 너무도 당연하다. 이를 三間論으로 말한다면 人間이라는 間은 時間과 空間의 착종태이므로 人間은 時空속의 존재일 수밖에 없다고 본다면, 人에게 있어서의 환경이란 바로 天과 地요 父와 母인 것이다. 따라서 人에 있어서의 에콜로지는 天地의 문제며 父母의 문제가 되는 것이다. 天地는 나의 생명의 원천이며 나의 부모인 것이다. 그리고 이것은 명백하게 나의 기철학이 말하는바 天地코스몰로지(t'ien-ti cosmology)를 전제로 하는 것이다. (天地코스몰로지에 관해서는 나의 『氣哲學散調』[통나무, 1992]에 상세함으로 참조할 것.)

조화는 갈등을 전제로 하는 것이다

이것을 다시 동양문명권의 중심주제로 말한다면 나 人은 유위의 경향성이요, 天地라는 자연은 무위의 경향성이다. 따라서 人과 天地는 유위와 무위라는 두 경향성의 갈등관계를 노출시킨다. 동양철학이 조화를 말한 것 같지만, 조화를 이미 春秋戰國시대때부터 그렇게도 강조한 뜻은 바로 그들의 **갈등과 모순에 대한 인식이 매우 심화되어 있었다**는 것을 뜻한다. 따라서 『中庸』의 철학은 참으로 오묘하고 심오한 것이다. 인류의 어떠한 사상도 『中庸』一書를 초월하지 못한다. 有爲와 無爲의 대립을 말한 『老子』도 『中庸』만큼은 원융하지 못하다. 바로 오늘의 에콜로지의 출발은 人과 天地의 대립이며, 그 완성은 中庸인 것이다.

원금 : 이자 = 무위 : 유위

동방인들은 예로부터, 아주 의식적으로, 문명의 한계를 설정했다. 즉 인위적 문명은 반드시 무위적 자연의 순환속에서만 허용되어야 한다는 것이다. 즉 무위를 자본(=에너지)으로 간주한다면 그 자본의 순환에서 생기는 이자의 범위내에서만 유위를 허용한다는 것이다. 역사의식으로 말한다면 직선은 바로 순환속에서만 허용되는 것이다. 문명이라는 유위는 자연이라는 무위의 순환이 소출하는 이자의 범위내에서만 허용된다는 것이다. 그리고 사실 이러한 문제는 동·서문명에 어느정도 공통된 문제의식이었다.

유위를 위한 무위의 이자증식 ; 과학, 기술, 이성

인류의 근대성의 출발은 바로 유위를 위한 무위의 이자의 증식으로부터 출발한 것이다. 무위의 이자의 증식을 우리는 과학(Science)이라고 불렀고, 그 구체적인 방법을 기술(Technology)이라고 불렀고, 그 과학을 담당하는 주체적 능력을 이성(Reason)이라고 불렀던 것이다. 그런데 이성적 과학의 발달에 따라 무위의 이자소출도 급격히 증대해 갔지만 그와 비례하여 유위의 문명의 네트워크와 그 소비는 더 급격히 비대하여 갔다. 바로 오늘 우리가 당면한 에콜로지의 문제는 유위의 소비가 무위의 생산을 엄청나게 초과해버림으로서 무위자체의 원금이 크게 축나버렸다는 사실에 있다. 大地라는 父母자체가 파괴되어가고 있는 것이다. 人은 天과 地의 妙合이다. 天地의 파멸은 곧 人의 파멸을 의미한다. 天地의 죽음은 곧 人의 죽음이다.

역사의 진보는 망상

우리는 하루속히 역사가 진보한다는 망상에서 벗어나야 한다. 따라서 우리의 통일논의도 반드시 통일된 사회가 오늘 우리가 살고 있는 이 사회보다 더 진보된, 더 높은 사회일 것이라는 망상에서 하루속히 벗어나야 한다. 통일은 궁극적으로 당위며 고통이며 화해며 냉혹한 현실일 뿐이다. 통일된 사회의 건설은 우리가 당면한 세계의 건설보다 훨씬 더 험난한 길이 될 것이다.

의학의 발전은 인종을 퇴화시킨다

일예를 들어보자! 우리는 의학이라는 과학의 발전이 인류의 건강을 증진시키는데만 기여하고 있다고 생각하기 쉽다. 인류의 문명사에 있어서 획기적 의학사적 계기는 시각에 따라 물론 여러가지가 있겠지만 그 하나는 렌즈의 발명에 따른 미생물의 발견이었고, 또 하나는 마취술의 발전이었다. 전자는 우리가 막연하게 "怪疾"이라고 불러왔던 전염병을 퇴치시키는 역학(疫學)의 획기적 전환점(epidemiological turning point)을 이룩하였고 후자는 소위 수술(surgery)이라는 행위(인체를 죽이지 않고 갈라볼 수 있다)를 가능케 만들었다. 兩者의 전기가 內科·外科에 있어서 인간의 질병의 개념을 바꾼 대사건이었음은 말할 나위도 없는 것이다.

홍역(measles)을 일예로 들어보자! 우리 어릴때만 해도 태어나면 누구든지 홍역을 앓아야만 했다. 그리고 홍역때문에 상당수의 인구가 유아시절에 죽음으로 진입하였다. 그런데 홍역바이러스(morbillivirus)를 약독화시킨 백신이 1962년 존 엔더스(John Enders)에 의하여 발명된 이후 홍역은 인류사에서 자취를 감추기 시작했다. 1983년 통계로 미전역에서 겨우 1,497케이스가 보고되었을 뿐이다. 그리고 그것은 세계적 추세가 되어가고 있다.

우리는 밭에 씨를 뿌려 수확을 거둘때, 반드시 수확될 개체만큼의 씨만을 뿌리지는 않는다. 씨는 많이 뿌려놓고 싹트는 것을 보아 솎아내는 작업을 해야한다. 그래야 씨 그 자체의 불량품이나 새싹의 가능성을 예측하여 도태의 판단을 내릴 수 있고 또 그러한 순환속에서만이 강건한 종자를 유지시킬 수 있는 것이다. 자연은 반드시 우연을 허용한다. 우연에 대비하여 모든 필연의 프로그램이 짜여져 있는 것이다. 이러한 솎음은 인간의 인위적 행위에만 있는 것이 아니라 자연의 모든 순환과정에 내재한다. 자연적 개체가 자신의 종을 보존하는 방식도 반드시 이러한 솎음의 과정을 거치게 되어있는 것이다. 홍역이란 인간이란 종자에게 자연이 부여하는 보이지 않는 솎음의 스크린이었다. 인간은 이 홍역이라는 걸름장치를 통과하여야만 자연과 당당히 교섭할 수 있는 개체로서의 자격을 부여받았던 것이다. 그것은 자연이 인간이라는 종에게 부여하는 통과의례(initiation ceremony)였던 것이다. 그런데 인간은 의학의 발달로 이런 통과의례를 삭제시켜 버렸다. 그리고 생존을 요구한 종자를 모두 생존시키는 전략을 취하게 되었다. 우연이 배제된 필연만을 강요하게 되었다. 그 결론은 무엇인가? 인종(human species) 그 자체의 퇴화인 것이다. 인종이 날로 면역능이 없어지고 허약해져 가는 것이다. 우리가 王家의 동가계내의 혼인제도(inbreeding system)때문에 그 혈통이 열악해져간 역사적 사실을 잘 기억하고 있다. 지금 의학의 발달은 인종를 퇴화시키고 인간품종을 열악하게 만들고 있는 것이다. 그리고 그것은 휴매니즘(인도주의)이라는 가치관에 의하여 찬양되고 있는 것이다.

암이라는 자유는 몸이라는 자율을 파괴한다 : 무위의 보복

그렇다고 내가 지금 홍역이나 온갖 전염병의 백신을 만들고 있는 제약회사를 비판하려는 것이 아니다.(나는 나의 이런 사상때문에 내 자식들에게 예방주사를 맞히지 않는다.) 그러나 인간세의 모든 발전은 반드시 兩面, 즉 正面이 있으면 반드시 그 負面이 있다는 것을 말하려는 것이다. 역사는 순환이요, 인간세도 순환일 뿐이다. 역사의 현실은 발전하는 것(enfolding)이지만 진보하지는(progressing) 않는다. 진보는 독단(dogma)이며 가치관의 편협성에서 유래된 허구일 뿐이다. 20세기 최대의 질병으로 암(신생물[neoplasia]중에서 악성종양[malignant tumor]을 가리킴)이라는 것이 있다. 암은 인간의 몸이라는 우주에 등장한 예측을 불허하는 무질서다.(Cancer is indeed an unpredictable disorder!) 암은 몸이라는 우주에 있어서의 자율에 대한 자유의 반란이다. 자유의 반란의 종국은 죽음이다! 다같은 共滅이다! 암은 홀로 무질서하게 잘 자라났지만 결과는 암이라는 자유가 몸이라는 자율의 질서체계를 파괴시키는 것이다. 그 결론은 共死인 것이다! 그런데 이러한 암이라는 현상이 유독 20세기에 번창하는 이유는(그전에도 물론 있었지만 그것은 한정된 특수한 것이었다) 유위가 무위를 너무 강렬하게 지배하는 결과로 등장하는 무위의 보복인 것이다. 자연은 어쩌면 홍역으로 도태시켰어야 할 인간들을 또다시 암으로, 에이즈로 도태시키고 있는지도 모른다! 자연(무위)의 순환은 누구든지 어떠한 방식으로든지 막을 수 없는 것이다. 순환이란 절대 "출애굽사건"처럼 직선으로 탈출되는 것이 아니다. 인간이라는 몸의 자연(=무위의 순환)이 엄존하는 한!

천지라는 제한성의 대전제

우리가 통일한국을 구상하는데 있어서 에콜로지와 관련하여 확연히 깨달아야 할 최종적 사실은 人間에게 있어서 天地라는 에코시스템은 순환체계이며 그것은 명백한 제한성(limitation)을 전제로 하고 있다는 것이다. 생명의 최소단위인 세포는 세포막이라는 반투과성의 제한성을 전제로 해서만 그 아이덴티티가 유지되는 체계다. 인간(=몸)이라는 세포들의 우주도 상피세포들로 구성된 표피를 전제로 하여 그 아이덴티티를 유지한다. 인간들이 모여사는 사회나 국가도, 天地도, 호킹이 말하는 우주도, 결국은 유한성을 전제로 해서만 성립하는 에너지체계인 것이다. 무한이란 존재하지 않는다. 무한이란 관념이거나, 유한내에서 관계로써 발생하는 기능의 무한일 뿐이다. 우리는 모든 유한의 체계내에서 문명을 건설할 줄 알아야 한다. 다시 말해서 문명의 건설자체가 인간과 자연(환경)의 조화라는 중용의 대전제를 외면할 수가 없다는 것이다. 통일한국의 과제는 반드시 이러한 에콜로지의 대전제를 그 이상으로 삼을 때만이 인류의 새로운 희망이 될 수 있는 것이다. 여태까지 인류가 두세기동안 추구해왔던 자유나 평등, 그리고 부국강병의 직선시간적 가치관 따위의 근대퇴물들을 이제와서 따라잡는다 한들 그것이 무슨 놈의 인류의 희망이 될까보냐? 천지의 파멸만을 가속화시키는 업보가 아닐소냐?

디자인의 새로운 인식

환경의 문제의 해결은 결국 디자인(Design)의 문제다. 디자인이란 공간과 시간의 분배방식이며 그것은 유위와 무위를 가교하는 모든 매체의 형식이다. 모든 유위문명의 가치는 동질적 디자인으로 회통된다. 다시 말해서 우리가 사용하는 지극히 사소한 일품공예의 설계로부터 집의 설계, 마을의 설계, 도시의 설계, 사회의 설계, 국가의 설계, 세계의 설계, 문명의 설계에 이르기까지 그것은 하나의 설계로 회통되는 것이다. 문명의 설계를 도외시한 일품공예의 설계자체가 성립할 수 없는 것이다. 모든 설계는 그 설계가 위치한 궁극적 場인 문명의 모습과의 연속선상에 있다. 디자인은 결국 형태(Form)의 문제가 아니라 나의 인식의 문제며, 나의 삶의 체험의 양식의 문제인 것이다. 그리고 모든 디자인은 주체적이 되어야 하며, 에콜로지칼 콘선(ecological concern)을 전제로 하지 않을 수 없는 것이다. 궁극적으로 문명의 디자인은 天地自然의 디자인과 회통되어야 한다. 그 회통의 제일원리를 老子는 樸(Simplicity)이라고 불렀다. 樸은 모든 디자인의 가능성(Potentiality)이다. 그리고 樸은 虛(Emptiness)다. 虛는 또다시 순환(Circulation)의 가능성이다.

해부학과 디자인

天地自然의 디자인의 최종의 걸작은 나 인간의 몸(MOM)이다. 해부학(anatomy)이나 조직학(histology)이 추구하는 모든 형태학(morphology)이나 생리학적 원리(physiological principles)는 결국 이 天地自然의 디자인에 관한 탐색이다. 해부학이란 유위가 무위를 바라보는 진화상의 대사건이다!

문명의 주체는 나의 몸이다. 따라서 문명의 디자인은 나의 몸의 디자인을 떠나서 孤存할 수 없다. 결국 이렇게해서 유위와 무위는 디자인으로 연결되는 것이다.

건축: 유위와 무위의 중층적 연기

건축을 일예로 들어보자! 집이란 공간의 점유다. 그런데 그 공간의 점유는 반드시 그 內에 삶의 공간을 창출하는 것이다. 그 삶의 공간은 공간인 동시에 시간이다. 나의 삶이라는 시간이 이루어지기 때문이다. 그 공간은 삶으로 충만되어 있다. 그리고 그 공간은 벽이나 담을 통하여 외계의 天地와 연계되어 있다. 담은 마치 세포에 있어서의 세포막과도 같은 것이다. 그것은 반투과적인 것이다. 이러한 교섭의 장으로서의 제한성(limitation)이 바로 집이라는 것이다. 벽이나 담의 內는 유위나 外는 무위다. 허나 이 유위와 무위의 관계는 중층적이다. 방의 벽을 중심으로 보면 방의 밖인 정원은 무위지만 담을 중심으로 보면 담의 내인 정원은 유위가 된다. 담밖의 세계는 무위이지만 마을공동체라는 질서속에서 보면 그 무위는 또 다시 유위로 된다. 이렇게 세계는 디자인 구조속에서 유위와 무위가 중층적으로 연기되어 있는 것이다.

디자인과 통일한국

나는 통일한국의 미래는 바로 이러한 디자인의 새로운 가능성에 있다고 판단한다. 우리민족은 정밀한 산업에 있어서는 일본을 영원히 능가하기 힘들다. 축적된 삶의 체험의 형태나 민족성의 구조자체가 정밀성에 있어서는 일본인을 따라가기가 어렵게 되어있다. 그러나 디자인에 있어서는 일본문명을 훨씬 능가할 수 있다. 정밀함(precision)과 섬세함(delicacy)은 약간 그 맥락이 다르다. 이태리사람들은 디자인만으로 세계를 제패한다. 로마문명을 디자인해낸 사람들의 후예답다. 일본에서는 가죽가방 하나 살 만한것이 없다. 디자인 감각이 특수성만 있을뿐 보편성이 없다. 한국인들은 디자인감각이 매우 탁월하며 보편적이다. 한국인은 분명히 디자인으로 세계를 제패할 수 있는 섬세하고 보편적인 감각이 있다. 공예품에서, 의상에서, 건축에서, 실내장식에

서, …… 그 무한한 가능성이 있다. 통일한국은 디자인의 무한한 가능
태다! 통일한국이란 결국 문명을 새롭게 디자인한다는 것이다.

디자인과 里制論的 보편사

나는 나의 저서『老子哲學 이것이다』속에서 里制論的 보편사를 제
시한 석이 있나. 시금노 나의 이러안 생식은 불면이나. 나는 신류력사
의 가장 기본적인 콤뮤니티의 단위를 "마을"이라고 생각한다. 통일한
국의 디자인은 바로 이 마을공동체의 디자인으로 완성되어야 한다. 이
것은 내가 앞에 교육론에서 "청학동"의 例를 들어 운운했던 바, 완벽
한 가치관의 다양성과, 요즈음 최창조교수가 애타게 외치는 풍수지리
적 특수성을 포괄하는 완벽한 지방분권을 전제로 하는 것이다. 나는
이러한 마을의 디자인을『여자란 무엇인가』라는 저술속에서도 논구한
바 있다.

우리가 한 건물을 설계(디자인)할때 삶의 효율성을 위하여 공간을
배치하고 각방이나 욕실, 변소, 부엌 등등의 제반요소의 관계를 설정
한다. 바로 마을공동체의 설계는 이렇게 한집의 관계를 설정하는 것과
똑같은 개념으로 설계되어야 하는 것이다. 그 마을에서 사는 사람들의
삶이 가장 효율적이고, 무위적 가치와 유위적 가치가 잘 조화될 수 있
도록 모든 건물과 삶의 조건들과 자연의 풍토가 설계되어야 하는 것이
다. 마을의 디자인이 새롭게 이상적으로 이루어질 때만이 우리민족은
갱생한다. 그래서 농촌이 살고 우루과이라는 레바이아탄도 물리칠 수
있다. 앞으로 통일한국의 최대의 과제는 마을의 설계가 될 것이며, 이
러한 마을의 설계는 앞으로 전 세계문명을 지배하는 디자인 수출산업
으로도 발전할 수 있을 것이다. 우리의 각성이 모자를 뿐이다. 주체적
발상이 모자를 뿐이다. 무지막지한 성냥갑 아파트나 짓고 앉아 돈버는
그런 건설업의 시대는 종료되어 가고 있다. 예술설계는 한번 잘못되어

도 안걸으면 그만이요 부셔버리면 그만이요 다시 그리면 그만이다. 허나 건축·토목설계는 한번 잘못되면 백년대계가 그르치는 것이요, 인간의 삶이 그러한 비생산적 공간체계에 의해 계속 지배당하고 파괴되어간다. 건축·토목설계야말로 우리시대의 최대의 윤리적 죄악이다. 길거리의 좀도둑놈은 문명을 지배하는 설계자들의 비윤리적 행위에 비한다면 천번 만번 용서받고도 남음이 있는 것이다.

우루과이 라운드, 마을의 디자인, 그리고 산(山)

유알개방시대의 도래는 필연적으로 반만년동안 연속성을 지녀왔던 우리 농촌의 리제론적 설계에 일대 변혁을 초래시킬 것이다. 우리 농촌을 유지시켜왔던 인프라스트럭쳐 그 자체가 이제는 더이상 유지되기 힘든 현실에 직면하게 된 것이다. 여태까지 5천년의 변화보다 향후 50년의 변화가 훨씬 더 큰 폭으로 우리나라 국토의 개편을 요구하게 될 것이다. 막연하게 우루과이 라운드 개방에 반대하지만 말고 그러한 필연적 추세에 따른 포괄적 국토개편문제를 장기적 비젼에 따라 정립해야 한다. 필리핀·중국 농촌과 비교하여 땅값이 100배이상 비싸고 인건비가 2·30배나 비싼 현실정에서 무작정 개방반대만 외친들 그것이 국제사회의 보편적 논리에 먹혀들어갈리가 없는 것이다.

구라파에 가보면 천년이 지난 오늘에도 그 주민이 프라이드를 가지고 살 수 있도록 설계된 마을이 많이 있다. 우리나라의 이농현상은 단순히 도시화(urbanization)라는 개화나 근대화의 한 고리로서 파악되어야 할 것이 아니라 그러한 마을이 더이상 유지될 수 없는 디자인의 결함내지는 디자인 패러다임의 쉬프트현상으로 파악되어야 할 것이다. 따라서 이농을 근원적으로 막는 길은 농촌의 마을설계를 근원적으로 보다 미래사회에 내구적 적응가능성이 있도록 개편하는 길밖에는 없는 것이다. 이러한 문제에 관하여 나는 여러가지 복안을 가지고 있지만,

실천의지가 없고 구원한 미래에 대한 비젼이 없는 용속한 관리들에게 호소할 길도 없고 벙어리 냉가슴 답답한 심정으로 방치해둘 뿐이나, 하여튼 이러한 문제는 매우 심각한 고민속에서 신중하게 그 대계가 포석되어야 하는 것임을 말해둔다.

우리나라 지성인은 너무도 우리나라 현실의 문제를 바라보는 시각이 없다. 절박하고 평범한 국민의 삶의 문제를 소재로 삼는 심도있는 학문이 없다. 통일한국은 결국 문명의 새로운 디자인이며 그것은 구체적으로 우리 삶의 물리적 환경의 새로운 인식과 디자인을 의미한다는 것을 통렬히 유념할 필요가 있다.

국토의 근 80%를 차지하는 우리나라 "산(山)의 문제만 하더라도 우리민족의 모든 미래학적 가능성이 함장되어 있는 곳이라는 신성한 생각을 해야할 것이다. 과연 산을 어디까지 어떻게 보존하고 어떻게 활용할 것인가? 그것은 무위와 유위의 조화라는 포괄적 철학의 맥락에서 깊게 생각되어야 한다. 길목에 명분없는 관문을 세워놓고 돈 받아먹는 "산적질"만을 일삼으면서 산은 산대로 망치고 앉아있는 국립공원관리공단의 비대한 조직과 부패한 행태를 우리 국민들은 더이상 용납해서는 아니될 것이다.

인내천과 개벽

결국 문명의 확대, 과학의 발전은 인간이 天地 그자체를 설계해야만 하는 不敬의 단계에까지 이르도록 만들었다. 이제 인간이 神이 되어야 하는 것이다. 유전공학으로 휴맨 클로닝까지 마음대로 할 수 있게 되어가는 인간은 이제 신의 디자인까지 넘나볼 수 있게 되었다. 이것은 과연 선천개벽오만년세에 꿈도 꿀수 없었던 개벽이었다. 이제 인간이 신이 될 수밖에 없다. 이제 인간은 신으로서 天地에 同參할 수밖에 없다. 이제 인간은 성숙하지 않으면 안된다. 동학의 사람들은 이러한 성숙한 인간의 모습을 가리켜 "人乃天"이라 한 것이다. 인간이 곧 신이 되어야 한다는 뜻이다. 인간이 곧 天地가 되어야 한다는 뜻이다.

VI. 북한의 문제

북한담론의 허구: 사관의 결여

통일은 우리 혼자서 하는 것이 아니다. 남한 홀로 하는 것이 아니다. 반드시 북한이라는 파트너를 전제로 하고 있다. 따라서 북한에 대한 이해가 없이 통일을 운운한다는 것은 어불성설이다. 그런데 남한사람들에게 있어서 북한이란 현실이 아닌 관념이요, 도무지 그것이 무엇인지 조차 감이 안잡히는 괴물인 것이다. 그리고 몇몇의 북한전문가라 하는 사람들도 북한에 대하여 구체적인 정보를 가지고 있는 척 운운하며 우리가 알지도 못하는 사람들의 이름석자들이나 꿰어대면서 김일성 욕이나 해대는 것이 고작 그 전부다. 북한에 대한 일체의 담론이 구체적인 사실성을 결여하고 있다는 것부터가 물론 큰 문제이겠지만 그보다 더 큰 문제는 북한의 사회나 역사를 바라보는 진실한 눈, 정직한 자기평가, 즉 사관(historical interpretation)이 결여되어 있다는 것이다. 나는 "객관적"이라는 말을 좋아하지 않는다. 모든 객관이라는 말 자체가 주관의 농간에 지나지 않기 때문이다. 다시 말해서 내가 북한에서 살아보고 참으로 북한사람처럼 세계를 느껴보지 않은 이상 나의 북한에 대한 얘기가 "객관적"이라고 말할 수 있는 근거를 찾기는 어려울 것이다. 그러나 우리의 북한논의는 사실(史實)을 말하는 것도 중요하지만, 북한은 북한 나름대로 구성된 문명체이기 때문에 내가 소외된 객체로서 그 문명체를 바라보고 있는 진실한 눈, 그 관점을 고백하는 것이 중요하다고 생각된다. 물론 나의 고백은 나의 주관에 그칠 수도 있으며 실제와 틀린 것일 수도 있다. 허나 이러한 진실한 눈이 소복히 쌓일때만이 우리의 진실된 북한관이 형성되어갈 것이다. 나는 60년대 대학다닐때만 하더래도 열렬하게 김일성을 존숭한 사람중의 하나였다. 60년대의 참담한 남한의 현실속에서는 김일성북한의 모습은 매우 건강하게 보였고 무엇인가 진실된 무엇을 향해 전체적으로 움직이는 듯한 느낌을 주었다. 그것은 우리민족의 희망이었다. 이러한 나의 60년대 믿음에 대하여 나는 그후로 실망했다든가 김일성에게 배신감을 느끼게 되었다든가 하는 유치한 얘기는 하지 않으려 한다. 그런 말을 한다는 것은 곧 나의 믿음이 애초부터 잘못 설정되었었다는 것을 말할 뿐 김일성이 잘못 되었다는 것을 말하는 것은 아닐 것이기 때문이다. 허나 나는 70년대 유학생활을 통해 보다 진실하게 북한의 현실에 관한 많은 실제적 정보를 접할 수 있었다. 그리고 나는 보다 진실하게 북한사회를 말할 수 있게 되었다고 생각한다.(나의 북한관에 대한 최초의 공개적 논의는 1988년 봄학기 경원대학교 미술대학 회화학과에서 행한 동양예술사상강좌내에서였다. 그 일단이 『한국일보』 전면논설인 "橋杌孤聲"의 '統一論'[1988년 7월 12일, 7월 29일자]에 소개되어 있다. 그리고 최근 『月刊朝鮮』의 조갑제 부장님과의 인터뷰기사속에도 그 일단이 소개되어 있다 [1992년 11월호, 372~393쪽].)

1. 북한의 우위 : 식민지청산이라는 역사적 정통성

첫째, 북한의 사회와 역사는 일제식민지의 청산이라는 매우 중요한 논점에 있어서는 남한에 대하여 우위를 지닌다. 따라서 식민지의 청산이라는 역사적 정통성, 즉 식민통치에 대한 투쟁(독립운동, 항일투쟁 등)이나 해방이후의 식민지지배세력의 거세라는 측면에서 북한은 당시의 어느 민족도 감내하기 어려웠던 쓰라린 경험을 잘 극복한 역사라 할 수 있다. 오늘 우리가 5·6공군사독재의 지배세력의 일부분이며 핵심이기도 했던 "하나회"의 거세하나로 이다지도 어려운 사회적 진통을 거쳐야만 했던 최근의 역사적 체험을 연상해 본다면 북한의 역사는 지도세력의 불행한 "숙청"의 비극을 운운하기전에 매우 용기있고 자랑스러운 그리고 순결에 가까운 자기모습을 위하여 진실하게 몸부림친 역사로서 평가되어야 마땅할 것이다. 이점에 분명 김일성의 리더십과 북한 인민의 득점(크레딧)이 인정된다. 역사의 잘못은 분명 짚고 넘어가야만 하는 것이다. 그래야 죄악의 반복의 고리를 끊을 수 있는 것이다. 북한의 역사는 해방후 일제의 청산이라는 도덕성을 전면에 그 명분으로 내걸고 공산혁명을 진행시켜 나간 결과로, 우리가 남한에서 일반적으로 악선전하는 것 보다는 보다 균질성이 확보된 사회를 이룩할 수 있었고 비교적 그 리더십이 덜 타락했다고 말할 수 있을 것이다. 오히려 다양성의 부족과 리더십의 부패가 아닌 퀄리티의 문제가 문제라면 더 큰 문제일 것이다.

2. 사회변동의 내재적 임피터스가 부재한 역사

두째, 북한사회의 가장 큰 문제는 도덕적 정통성을 확보했다 할지라도 공산혁명을 가능케 하는 사회변동(social mobility)의 내재적 임피터스가 부재한 역사라는데 있었다. 다시 말해서 공산혁명은 자본주의가 진행된 결과로서 나타나는, 최소한 도시공장노동자의 계급이 형성되고 그 계급의 생산력과 생산수단이 모순관계를 형성할 때 생성되는 에너지에 의하여 폭발적으로 비등하는 과학적(결정론적) 역사법칙의 결과인 것이다. 허나 조선조의 역사진행으로부터 일제식민지를 거쳐 북한사회에 이르는 동안의 역사전개는 결코 그러한 사회변동을 요구할 만큼 내재적으로 성숙하질 못했다. 다시 말해서 북한사회는 한번도 공산혁명이나 공산혁명 비슷한 구조적 변화를 거치지 못한 사회며, 따라서 북한사회는 공산사회가 아니며 영원히 공산사회가 될 수 없다. 다시 말해서 공산주의가 인민의 삶에 내재화될 수 있는 역사적 계기를 전혀 획득하지 못한 역사인 것이다. 따라서 북한의 공산혁명이란 공산혁명이 아니며 공산주의라는 외래적 이념을 항일투쟁이라는 도덕성의 외투속에 감추고 덮어 씌운 소수세력의 위로부터의 부과며 대중인민의 아래로부터의 변혁이 아니다.(It is an imposition from above, not a revolution from within.) 따라서 공산체제의 강요를 위해서는 제1의 도덕성, 즉 일제의 청산이라는 문제를 과도하게 전면에 밀어부칠 수밖에 없었던 것이다.

한국의 공산당역사의 정체

일제시대에 있어서 맑시즘의 의미는 러시아혁명의 성공, 그리고 일본좌파(아카)이념의 유입, 그리고 중국 共産黨의 성립과 활약 등등의 주변정세에 힘입은, 매우 낭만적 지식분자들의 코민테른적 보편주의와 인간평등을 지향하는 막연한 휴매니즘이라는 의미 이상을 갖지 못하는 것이었다. 그들의 이러한 보편주의나 인도주의는 그것이 서구라파역사에 내재하는 봉건과 부르조아혁명, 그리고 산업혁명이 제시한 것과 같은 여러가지 사회적 모순을 대상으로 한 것이 아니라, 보다 구체적인 자기들의 역사적 현실, 내적으로는 조선조 5백년의 "봉건질서"(여기서 설정한 "봉건"은 이미 우리가 앞서 역사의 문제에서 충분히 논구했듯이 그릇 설정된 개념이다. 허나 그들에게 "전근대＝봉건"이라는 도식은 개념의 정밀성을 불문하고 매우 리얼한 과제였다. 그리고 그 "봉건질서"가 지속되는 한 조선조는 결코 1910년에 패망한 것이 아니었다)가 제시한 억압구조, 사회불평등의 현실, 그리고 외적으로는 한일합방이후에 나타나는 민족모순을 해결하는 방편으로서 의미를 갖는 것이었다. 민족모순의 해결에 있어서도 제3인터내셔날과 같은 국제공산당조직의 보편주의는 그들에게 식민지역사의 극복이라는 과제에 한낱 희망을 불러일으키는 빛줄기였던 것이다. 물론 이러한 內的·外的 희망은 그들에게는 매우 관념적인 것에 지나지 않았다.(下卷의 김석근박사의 논문 **"식민지 시대사의 의미—'분단'과 '통일'의 맥락에서"** 참조.) 다시 말해서 그들의 그러한 관념이 구체적 방법론이나 사회적 하부토대를 가지고 있지 못했다는 뜻이다.

김일성주의의 원류와 전개

따라서 김일성이라는 식민지시대의 역사적 존재는 이러한 공산주의라는 관념적 휴매니즘의 소산이 아니다. 그는 이러한 휴매니즘의 전통에서 나온 사람이 아니라 단지 식민지 모순구조라는 사회적 현실속에서 배태된 무력적 항일투쟁의 빨찌산의 적통인 것이다. 따라서 그는 좌파이념(공산이념)을 빨찌산투쟁의 이론근거로만 생각했으며 그 이상의 어떤 관념적 환상을 가지고 있질 않았다.

개인숭배의 필연성

그러기 때문에 그가 북한을 장악한 이후에 북한사회를 이끌어간 지도이념은 빨찌산투쟁의 연장이었을 뿐이며, 따라서 破이후의 立의 시대에 걸맞은 久遠한 사회이념을 구축할 수가 없었던 것이다. 아니 그럴 여가도 없었고, 그럴 계획조차 수립할 정신도 없었을 것이다. "주체"라는 이념 자체가 결국은 抗日이라는 내우 아닌 외환, 즉 계급모순이 아닌 민족모순의 연장에서 이해되는 것이며, 抗日의 抗의 대상이

日에서 美로, 蘇로, 中으로 옮겨가는 결과에서 강화된 向外的 이념의 반사적 주체성이었던 것이다. 따라서 그의 해방후 북한사회의 사회정책을 검토해보면 이미 제3인터내셔날에서부터 확정된 바, "프로레타리아 독재"의 실현이 아니라, "김일성 독재"의 실현이었으며, 그의 관념성의 배제는 오히려 북한사회를 관념적으로 진행시키는 결과를 초래했던 것이다. 그에게 있어서는 아직 프로레타리아의 의식조차없는 빈농출신의 대중에게 "프로레타리아 독재"라는 선진된 이념(the very advanced idea)을 심어줄 수 있는 사회적·정신적 바탕이 전무했던 것이다. 그래서 그는 북한의 모든 어린아이들의 머리에 샛빨갛고 샛노란 커다란 종이꽃을 달게하는 식의 어떤 데마고그의 기법(히틀러 독일 같은데서 개발된 수법들)을 동원하여 전후에 피폐한 정서와 민중의 심성을 달래는 작업부터 시작하면서 강력한 구심점으로서의 개인숭배(personality cult)작업을 감행하기에 이르렀다.

북한은 과연 공산주의사회고 남한은 과연 민주주의사회인가?

여기서 남한의 동포들이 북한을 바라보고 있는 시각에 있어서 매우 그릇된 환상을 가지고 있는 하나의 엄연한 현실은 북한은 공산주의사회고 남한은 자유민주주의사회라는 허황된 2분법이다. 나 도올은 말한다. 그러한 2분법의 논리의 틀을 고수하는 한에 있어서는 나는 자신있게 외칠 수 있다 : **북한이야말로 자유민주주의사회며 남한이야말로 공산주의사회다.** 나의 이러한 파라독스에 독자들은 섬찟할 것이다. 허나 이것은 매우 엄연한 현실이다. 조금만 시각을 바꿔 곰곰이 생각해보면 쉽게 납득이 가는 명제인 것이다.

공산주의의 본질은 그것의 현실태가 어떠하든, 기본적으로 서구라파 합리주의 전통의 소산이며 휴매니즘의 현실적 실현이다. 그러니까 그러한 합리주의와 휴매니즘의 본질을 구현하는 역사래야 공산주의역사가 되는 것이다. 그런데 공산주의의 합리주의나 휴매니즘의 의식화는 반드시 그 **갈등구조**를 거쳐야만 이룩된다는 것이 맑스의 **계급투쟁설**의 핵심인 것이다.

북한의 역사는 이러한 **내재적 갈등구조**를 갖은 적이 없으며 **외향적 대립구조**만을 지녀왔을 뿐이다. 따라서 이러한 내재적 갈등구조로서의 사회주의 투쟁사는 일제시대좌익지식인들의 관념적 투쟁이후에는(그때는 제대로 된 지식인이다하면 모두 좌익이었다) 북한에서 전개되었다기보다는 오히려 남한의 역사에서 찬란하게 전개된 것이었다. 다시 말해서 남한의 역사야말로, 맑스공산주의가 규정하는 바 역사의 필연적 발전단계의 제반요소를 구비하고 또 사회계층이동, 사회계급의 형성, 농촌과 도시의 갈등현상(이농현상, 도시화현상), 대량생산제양식의 변화, 생산력의 사회화현상 등등의, 휴매니즘을 갈등구조속에서 테스트할 수 있는 제반여건을 구비한 역사가 된 것이었다. 남한의 역사는 결코 자유민주주의의 역사가 아니다. 남한의 역사는 일제이후에 북한처럼 일제청산이라는 도덕성을 성취하는데도 실패했으며, 일제는 미제(美帝국주의)로 바뀌어 그 식민적 역사성격을 유지했으며(북한의 "주체"적 대외관계와는 상반되는 것이다), 또 모든 갈등구조를 심화시키는 사회변화를 연출했다. 남한의 역사는 자유민주주의의 역사가 아니라 미제식민지역사며 민주주의 역사가 아닌 사회주의 투쟁의 역사였던 것이다. 생각해 보라! 우리는 지금 『남부군』을, 『태백산맥』을 읽고 있다! 해방이후의 피눈물나도록 처절한 남로당의 역사, 6·25이후에 지리산공비들의 투쟁, 그리고 흔히 말하는 "여수반란사건"이니 "대구폭동"이니 "제주폭동"이니 "거창학살"이니 이 모든 역사를 상기해 보자!

남한의 역사 : 주체의 결여, 사회주의의 온상

이승만의 장악, 이승만 정권의 부패, 그 부패에 항거하여 싸운 세력, 3·15부정선거, 마산 김주열의 눈에 박힌 미제 수류탄, 4·19의거! 장면정권의 성립. 5·16! ……

이 헤아릴 수 없는 참혹한 투쟁의 역사전개를 우리가 생각할 때, 깊게 생각해야할 점은 그 역사의 동력이 어디서 왔느냐?는 것이다. 남한의 역사를 움직여산 근원식 힘씨디느가, 비고 복킨이 존개이 그 존재의 상징성과 연속성을 이루는 남한의 진보세력, 즉 남로당이후로 좌절된 좌파휴매니즘의 여러가지 변형태였다는 사실이다. 다시 말해서 4·19가 마산의 의거를 계기로 해서 전국으로 확대되어간것도 결코 여순사건이 상징하는 바 그 울체된 역사의 기운이 없이는 설명되지 않는 것이다. 그리고 물론 박정희암살의 계기가 된 부마사태도 그러한 역사적 경험과 무관하지 않다.

박정희도 사회주의자

5·16군사혁명의 출현도 그것이 후대의 전개때문에 그것이 마치 군부의 우익 파시스트들의 미제·일제와 결탁한 혁명인 것처럼 잘못 기술되고 있으나(재미있는 것은 무식한 쁘띠좌파들이 그렇게 기술하고 있다) 5·16군사혁명의 출현이야말로 美帝의 압도적인 지배의 사슬을 끊고 4·19라는 학생혁명, 즉 민중으로부터의 봉기가 미국이라는 비그 브라더(Big Brother)를 쓰러트릴 수도 있다는 역사적 현실에 대한 인식으로부터 출발한 군부내 잠복해있던 남로당 좌파잔영의 노출로서 인식되어야 하는 것이다. 박정희는 여수반란사건의 주모자의 한사람으로 군법회의에서 무기징역을 언도받았던 사람이다(1949). 그리고 그의 친형 박상희가 대구폭동의 주모자인 좌파지식인으로 퍽으나 깊이있는 휴매니스트였다는 것은 잘 알려져 있으며 인간 박정희의 심상속에는 사형 박상희에 대한 존경의 염이 항상 깊게 자리잡고 있었다는 것도

부인할 수 없는 사실이다. 그리고 지금도 김종필이 버젓이 행세하고 살지만, 김종필이야말고 당시 좌파성향을 대변하는 군부내 엘리트의 한사람이었으며 바로 박상희의 사위라는 사실, 그리고 5·16군사혁명 이후에 김종필이 주도한 공화당조직이 박상희의 친구로서 북한에서 남파된 거물급 간첩 황태성과의 합작으로 이루어졌다는 사실, 그리고 제 6대 대통령선거(1963)에서 박정희후보와 윤보선후보가 대결하였을 때 윤보선후보가 박정희후보를 여순반란사건의 주모자로 몰아부치고 삐라를 뿌리자, 오히려 예상과는 달리, 전라도지역이 박정희후보에 대한 압도적인 지지를 보냈으며(29만여표의 득차) 자유당시절에 조봉암이 이승만을 눌러 이겼던 지역에서는 예외없이 박정희가 윤보선을 눌러 이겼다는 이 엄연한 사실들로부터 남한의 역사의 실체를 다시 한번 생각해봐야 하는 것이다.

북한의 역사는 공산주의역사고 남한의 역사는 민주주의역사라는 이 터무니 없는 二分法이 타파되지 않는한 한국현대사는 다시 쓰여질 길이 없다. 빨갱이역사라고 말한다면 남한의 역사야말로 지배계급 피지배계급을 막론하고 순빨갱이 역사다. 박정희나 김종필과 같은 인물의 비극은 바로 자기신념을 철저히 배반함으로써 역사의 현실속에 살아남았다는 사실일 뿐이다.

남한의 학생운동사 : 사회주의 휴매니즘의 최고봉

70년대, 80년대 처참한 학생운동투쟁사도 인류사상 유례를 보기힘든(일본·중국·유럽·남미 전체 20세기 역사에서 그렇게도 긴 시간 학생이 주체세력이 되어 사회주의혁명을 리드한 유례가 없다) 눈부신 사회주의혁명사의 족적이다. 인혁당, 김지하로 상징되는 70년대, 광주민중항쟁으로부터 시작하여 전두환군사독재정권과 집요한 투쟁을 벌린 80년대의 학생운동사는 그 명분과 이념과 방법에 있어서 북한의 역사에서도 상상도 하기 힘든 사회주의 공산혁명의 리얼한 투쟁사다. 그것은 김일성의 빨찌산 항일투쟁사에 비한다면 몇 천만배의 양과 질을 동원한 빨갱이투쟁사인 것이다. 학생들은 이러한 공산주의이념에 대한 헌신을 조금도 숨기지 않았으며 당당히 영어(囹圄)와 죽음의 길로 발길을 옮겼던 것이다. 한 인간이 이념적 신념을 위하여 죽음을 불사한다는 결단은 결코 쉬운 일이 아니다. 7·80년대 우리나라 학생운동사야말로 인류보편사에 있어서의 사회주의 휴매니즘의 최고봉으로 나는 간주한다. 따라서 나는 말한다. 북한의 역사야말로 디긱킨 민주주의 여사며 (북한의 정식명칭이 조선 **민주주의** 인민공화국임을 상기할 것) 남한의 역사야말로 눈부신 공산주의(사회주의) 역사다.

따라서 공산혁명의 모델을 북한에서 구하거나 그 말도 되지 않는 북한 대남방송에 귀를 기울이고 있는 어리석은 주사파 동지들, 자민투든 민민투든, NL이든 PD든지를 불문하고 참으로 한심스럽기 짝이 없는 것이다. 이 모든 행태가 역사인식의 빈곤에서 유래할 뿐인 것이다.

3. 김일성 우상숭배의 조선사상사적 맥락

셋째로, 우리가 생각해봐야 할 것은 김일성개인우상숭배의 조선사상사적 맥락과 의의에 관한 문제다.(the context and significance of the Kim Il-sung personality cult in the intellectual history of Korea.) 북한의 해방후 사회사적 성격때문에 비록 김일성개인숭배 (=과학적 공산주의이념의 부재)가 불가피했다 할지라도 어떻게 그렇게도 치열한 개인숭배가 가능할 수 있었는가? 아무리 대중조작의 기술이 발달하고 또 권력의 조직적 억압이나 횡포가 지속될 수 있다할지라도 그것은 쉽사리 그 한계를 노출시키는 것이다. 그래서 라오쯔는 "天下란 신묘한 기물이래서 무엇을 인위적으로 가해볼 수가 없는 것이다. 무엇을 해볼려하면 패할 것이요, 그것을 잡으려면 놓칠 것이다"(天下

神器, 不可爲也。爲者敗之, 執者失之。)라 말하지 않았는가? 다시 말해서 김일성숭배는 단지 공산주의의 타락된 정치형태로서의 북한제도일 뿐이라는 객화(사화)된 시각에서 탈피하여 그 역사내재적, 정신사적 맥락을 考究하지 않으면 안되는 것이다. 김일성은 인류역사상, 특히 20세기 정치사에 있어서 최장수의 君主다.(같이 출발한 비동맹의 거목들, 스카르노, 티토, 네루는 다 옛날에 幽宅으로 갔다.) 그리고 지지율의 지속성이나 강도에 있어서 인류역사상 그 유례를 보기 어려운 것이다. 우리에게 가깝게 느껴졌던 중국의 마오 쩌똥(毛澤東)의 개인숭배의 역사를 생각해봐도 그것이 김일성개인숭배의 역사에 비한다면 鳥足之血도 되지 않는 것이다. 이러한 세계사적 기적이 어떻게 유독 조선반도의 역사에서 가능할 수 있었겠는가? 그 역사적 의미를 역사내적으로 우리나라 사회사와 정신사의 맥락에서 탐구해 들어가야 하는 것이다.

북한의 인민대회장과 남한의 거대교회당

내가 하바드에 유학하고 있던 시절, 1970년대 말기의 일이다. 그때만 해도 미국의 교포사회에서 북한을 방문한다는 것은, 미국교포사회가 보수적 우파계층이 주류를 이루고 있었다는 것을 생각할 때, 매우 금단의, 저주의 사건이었다. 그런데 70년대말에 그러한 사건이 하나·둘 터지기 시작했고 북한을 방문한 사람들이 슬라이드순회강연을 하면서 북한의 실상을 소개하기 시작했다. 그래서 교포사회에서 "빨갱이"에 대한 갑론을박이 많던 시절이었다. 그런데 당시 함석헌선생을 노벨평화상후보로 추대한 미국의 퀘이커교도팀들이 한국의 남·북한 실상을 보다 객관적으로 이해할 필요가 있다하고 남·북한을 동시에 취재하여 슬라이드강연을 하면서 미전역의 대학과 교포들의 콤뮤니티센타인 교회들을 순회하였다. 나는 그때 그 퀘이커교도(젊은 미국인 남녀)의 하바드대학 순회강연에 참여한 적이 있었다. 그들은 하바드·엔칭라이브러리 2층에 마련된 커텐을 드리운 어두운 客廳에서 슬라이드를 비추어가며 토크를 진행했다. 그런데 그들의 토크쇼의 기발한 착상은 남한의 슬라이드와 북한의 슬라이드를 한장씩 엇갈아 가면서 비추는 것이었다. 남한의 빈민가의 처참한 모습과 북한의 정돈된 최저인민의 생활을 비추었다(물론 그들에게는 정당한 것이었지만 그것을 보는 교포나 남한출신유학생은 눈살을 찌푸렸다). 그들이 말하고자 한 것은 정치적 현실이 아니라 참된 삶의 현실이었다. 나는 점차 그 슬라이드쇼에 빠져들어갔다. 그러다가 그들은 바로 김일성개인숭배의 주제에 이르렀다. 그리고 북한인민들이 외부에서 선전하는 것과는 달리 얼마나 실제로 마음속깊이 김일성을 숭배하고 있는가 하는 것을 속속들이 그들의 삶속에서 보여주었다. 김일성숭배가 조작이 아닌가? 정말 그럴 수가 있겠는가? 긴가민가 하던 진보적 지식인들도 그들의 김일성숭배의 현실의 보고에는 수긍치 않을 수 없게 만들었다. 그러면서 한편 그것이 정치이념으로서 외재화되어 있는 것이 아니라 그들의 삶에 내면화되어 스며있다는 사실을 느낄 수 있도록 만들었다. 이러나 저러나 정말 남한의 한 지식인에게는 당혹한 현실이었다. 그러다가 그들은 매우 기발한 슬라이드 한장씩을 소개했다. 하나는 김일성이 등단하면서 열렬한 박수를 보내고 있는 거대한 인민대회장의 모습이었다. 그리고 또 하나는 바로 국제적인 첨단 개방도시라고 하는 남한의 수도 서울, 그 수도 서울의 또하나의 센타인 국회의사당이 있는 여의도에 자리잡고 있는 순복음교회의 거대한 예배당, 그 예배당에 조용기목사가 등단함에 따라 열렬한 박수와 찬송과 할렐루야를 사력을 다해 의식이 잃도록 보내고 있는 거대한 남한인민의 군중의 모습이었다. 나는 그순간 우리민족 전 사상사에 거대한 영감을 불러일으키는 모우먼트를 체험했다. 아마도 내 인생에 있어서 몇번 없는 거대한 전율과 사유의 회전을 경험하였던 것이다. 아하! 그랬었구나!

김일성우상숭배는 남한인민의 심성에 내재한다

나는 그 순간 북한인민의 김일성 어버이 수령님의 개인숭배가 여태까지 나와 무관한, 객화되어 있는 휴전선 저 건너에 위치한 정치현실이 배태시킨 특수조작의 결과라는 그러한 나의 생각을 회전시키지 않으면 안되었다. 바로 북한동포의 김일성숭배가 북한동포의 특수사태가 아니라 바로 나 자신의 모습이라는 생각, 북한의 그러한 개인숭배는 바로 내가 살고 있는 남한의 현실이라는 생각. 그것이 **정치사적 이원적 구조**에서 분석되어야 할 것이 아니라 **인류학적 일원적 구조**에서 분석되어야 한다는 생각에 다시 한번 나의 사유의 기만성, 얼마나 내가 나자신을 속여왔나하는 것을 반성치 않으면 안되었다. 아하~ 그랬었구나!

나는 일찌기 나의 논문 저술 『절차탁마대기만성』(통나무, 1987)에서 다음과 같이 말한 적이 있다: "한국의 극성한 기독교는 바로 우리 민족에게 내재하는 샤마니즘의 근대적 변용으로 보아야 한다. 한국의 교회는 기독교 교회가 아니라 성황당의 도시화며 성황당의 근대적 변용일 뿐이다." 그리고 더 나아가 주장했다: "모든 종교에는 고등과 저등의 구분이 있을 수 없다. 그리고 모든 종교의 기저에는 샤마니즘적 충동(Shamanic Impulse)이 깔려 있을 뿐이다."

우리나라 80년대 독서계에 적지 않은 파문과 영향을 일으킨 나의 저서 『절차탁마대기만성』은 오늘 고백하건대 바로 그 당시의 퀘이커교도들의 슬라이드쇼의 순간에 얻은 영감으로부터 발전된 것이다.

이러한 김일성숭배주의의 우리민족의 고유한 정서(민족성이라 해도 좋다)와 관련하여 분석해야 할 새로운 사상사적 과제가 하나 있다. 그것은 유교의 종교적 측면의 새로운 해석이다. 그리고 김일성 주체사상이 유교와 충효사상을 매우 강조하고 있다는 재미있는 사실이다.

유교의 종교성

유교에 대한 우리의 흔한 관념은 "삶도 제대로 모르는데 어떻게 죽음을 말하겠는가?"(未知生, 焉知死)라든가 "사람도 제대로 섬기지 못하는 판에 무슨 귀신까지 섬기겠느냐?"(未能事人, 焉能事鬼。『論語』「先進」)라는 콩쯔의 말때문에, 그리고 횡 여우란(馮友蘭, 1895~1990) 이래의 중국철학사기술의 인문주의적 선통때문에, 유교는 지극히 합리적인 종교성(玄性)을 멀리하는 휴매니즘전통으로만 알고 있고, 유교는 합리적 윤리일 뿐이며 그것을 종교로 규정하는 것은 불경이라고 생각하는 것이 통례가 되어있다.

허나 유교의 출발은 제사(ritual)였으며, 그 제사의 제도적 표현은 조상숭배(ancestor worship)이었다. 그리고 조상숭배는 고대사회로부터 샤마니즘의 제도적 본령이었다. 다시 말해서 효(孝)라는 개념의 출발은 순수 인간윤리로서가 아니라 조상숭배라는 제식의 내면에 깔린 우주론적-윤리적 의미(cosmologico-ethical meaning)로서 출발한 것이었다. 콩쯔가 "焉知死"니 "焉能事鬼"를 말한 것은 知死나 事鬼를 경시했다는 것을 의미하는 것이 아니라 오히려 死나 鬼에 대한 두려움이나 경외감이 깊었다는 것을 반증하는 종교적 명제(religious statement)로서 해석되어야 하는 것이다. 그가 말하는 "敬鬼神而遠之"(『論語』「雍也」)의 의미도 바로 遠之의 목적은 務民의 현실에 있다는 것을 말할 뿐, 敬의 대상으로서의 鬼神의 실존이나 鬼神에 대한 인간의 경건성을 거부하는 말이 아니다.

효자·열녀비의 진실

조선조는 이 지구상의 어느 나라보다도 철저히 유교의 종교적 이념을 구현한 특수한 문명태로서 평가되고 있다. 王의 宗廟로부터 서민의 제사에 이르기까지 모든 훼밀리가 철저히 조상숭배의 제식을 지켰으며 사대부가에는 반드시 사당이 있었고 모든 書院(교육기관)에도 사당이 있었다. 그리고 忠孝를 국가적 이념으로 선포했고, 사대부로부터 서인에 이르기까지 孝子와 烈女의 미덕을 강요하였다. 동리 곳곳마다 효자·열녀비가 세워져 있다는 것은, 곧 그 동리에 효자·열녀가 실제로 없었다는 것을 반증하는 것이다. 효자란 우리가 흔히 말하는 가정윤리의 실천자로서의 "효자"가 아니다. 효자란 아버지 무덤 옆에서 상복입고 움막틀고 3년을 살아야 효자가 되는 것이다. "열녀"도 남편을 위해 장쾌한 죽음을 맞는다든가 청상과부가 평생을 수절한다든가 하는 특수한 고난의 과정을 거쳐야만 획득되는 타이틀인 것이다. 따라서 효자다 열녀다 하는 것은 범상인으로는 해낼 수 없는 특수한 종교적 고행의 과정이며, 이 고행을 달성하는 자에게만 비로소 칭송의 비석이 下賜되는 것이다. 그것은 그 콤뮤니티의 종교적 질서의 상징과 귀감이 되었던 것이다. 따라서 우리는 유교를 단순히 윤리적으로 바라보는 유치한 시각에서 탈피해야 한다.

國은 家의 연속체

김일성 조선민주주의 인민공화국은 여의도 순복음교회보다 훨씬 더 거대한 교회다. 그 교회에는 하나님에 대한 신앙(Belief)대신 김일성에 대한 충성(Loyalty)과 효도(Filial Piety)가 가르쳐지고 있다는 것만 다르다. 유교는 家를 교회(Church)로 간주한다. 그 교회의 목사며 신은 아버지다. 그 교회의 신도는 부인과 자식이다. 그리고 그 신도들은 『四書三經』이라는 성경을 읽으며 忠孝라는 신앙체계를 갖는다. 孝는 가까운 교회조직에 해당되는 덕목이고 忠은 더 먼 사회조직에 해당되는 덕목이다. 國은 忠이며 家는 孝다. 그 忠과 孝를 합친 하나의 시공연속체가 바로 國家라는 것이다. 國家는 家와 國의 연속체로서 이해되는 것이다

유교라는 종교의 연속성

다시 말해서 우리나라 남·북한 사회가 모두 김일성숭배교회나 거대한 도시성황당을 가지고 살고 있다는 사실은 유교의 종교적 연속성에서 우리사회가 본질적으로 탈출하지 못했다는 사실을 立證하는 것이다. 그래서 나는 선천개벽세오만년을 일괄하여 "王政"이라 부르고 후천개벽세오만년을 일괄하여 "民主"라고 불렀던 것이다. 그리고 누리사회가 아직도 남·북한 명실공히 왕정사회권에 머물러 있음을 논파했던 것이다(불행하게도 이러한 나의 왕정·민주론의 정신사적 시각은 여태까지 올바르게 이해되질 못했다).

나는 이러한 우리민족사상사의 분석의 결과에 대해 앞서 논구한 근대성의 문제와 관련하여 아직 확연한 결론을 내리지 못했다. 우리역사는 이다지도 중첩된 역사적 과정속에서 과연 어떠한 가능성을 택하여나갈 것인가? 바로 이 점이 내가 젊은 후학들과 토론하고 싶은 문제인것이다.

4. 뷰로크라시의 문제

넷째, 북한의 문제와 관련하여 분석되어야 할 것은 이미 역사의 문제에서 논의한바 있는 뷰로크라시(Bureaucracy)의 문제다. 우리나라역사는 봉건제의 단계를 지니지 못한채 근대로 이행하였고, 우리가 봉건제에 대한 착각을 지니게 된 것은 일본역사과정의 서구 역사과정과의 정합성때문이라고 한 것도 이미 설파한 바와 같다.

그런데 우리역사에 있어서 일제시대의 비극은 바로 근대적 계기를 대자적(für-sich)으로 파악할 수 없었다는 데에 있었다. 다시 말해서 일제시대때 부과된 일본역사의 단계가 바로 메이지유신이었고 그 메이지유신은 바로 조선조의 중앙집권관료체제와 연속적인 것이었으며(그것이 일본인들에게는 매우 색다른 이질적인 것이었던 것과는 대조적으로) 또다시 그 일제관료제는 해방이후에 전개된 북한의 공산주의관료제나 남한의 서울대학 – 일류대학 – 엘리트관료제(**각종 고시제도를 말하는데 우리나라의 행정·사법고시는 기본적으로 조선왕조의 "과거"의 연장태이다**)와 연속성을 형성했다는 비극에 있는 것이다. 따라서 조선조 →일제→남·북한 관료제는 완벽한 연속성을 과시하는 왕정내의 사건이었던 것이다.

조 선 조 중앙집권관료체제 (科擧)	
일 제 시 대 明治시험관료체제 (東京帝國大, 京城帝國大)	王政 = 선천개벽오만년
해 방 후 남·북한 민주관료체제 (북:김일성大學, 군사관료) (남:서울大學, 경제관료)	

그러나 남한에서는 이러한 왕정관료제의 권위주의가 앞서 언급한 7·80년대의 사회주의 휴매니즘투쟁의 결과로 조금씩 붕괴되어가는 고무적 현상이 관찰되는데에 반한다면 북한에서는 이러한 왕정관료제의

권위주의가 지극히 경직된 형태로 그들의 정치·행정·군사·교육·경제·문화 모든 면을 장악하고 있는 현실이 명료히 인식되어야 할 것이라고 나는 생각하며, 바로 이점을 김일성어버이수령님께서 깊이 통찰해주시기를 삼가 아뢰옵는 것이다.

5. 에콜로지의 문제

북한의 문제에 있어서 마지막(다섯째)으로 언급해야 할 것은 에콜로지에 관한 문제다. 이점은 북한을 다녀오지 못한 내가 함부로 말할 것은 아니지만, 그래도 북한사회는 남한사회보다는 에콜로지칼한 잠재능력에 있어서 남한보다는 虛가 많이 확보되어 있는 사회라는 희망을 말하고 싶은 것이다. 북한을 다녀온 사람들이 말하기를 북한도 오염의 문제에 있어서는 심각하기 일반이고, 또 소련이나 중국의 경우를 비추어 알 수 있듯이 그들의 자연훼손은 프로레타리아 인민해방(경제발전)이라는 이름아래 마구 자행되어 온 것 또한 사실일 것이지만, 그래도 간간이 들려오는 어버이 수령님말씀에 의하면 대동강물을 의식적으로 깨끗하게 지켰다고 하니 고맙기 이를데 없다. 북한은 현재 남한보다 분명 자연의 훼손이 적은것은 너무도 당연한 일이다. 경제발전이 주체경제전략 때문에 좁은 폭에 그칠 수밖에 없기 때문이다. 그러나 그러한 자연의 보존이 피동적인 결과냐 능동적인 의식적 결과냐 하는 것이 중요한 것인데 나는 북한인민들에게 제발 개발하지 말아달라고 빌고 또 빌고 싶은 것이다. 왜냐하면 개발안할수록 돈이 되는 인류사회의 미래가 도래하기 때문이다. 그리고 개발을 보다 도시에 집중하여 효율화시키고 농촌은 농촌대로 새로운 가능성으로 남겨 달라는 것이다.

그린벨트 풀지마라! 북한산 입장료 받지마라!

남한의 김영삼대통령이 최근 그린벨트를 풀기 시작하고, 민주산악회로 서울 근교의 산을 그다지도 많이 다녔다고 하는 사람이 북한산 곳곳에 산적놈들(매표소)을 만들어 놓고 돈을 받는가 하면, 그 돈을 교육같은 데다가 투자했으면 할 것이지, 산적질한 것이 미안하니깐 그 아름다운 산길을 전부 인위적으로 꾸미기 시작하고 조선조의 산성을 뜯어 고치며 毁損하고 그놈의 추하기 그지없는 엉터리 城門들이나 복원해놓고 도대체 김영삼이라는 인물의 지능수준이 어느정도인지 정말 내가 알 수가 없다. 북한산을 올라다닐 때마다 국가가 공인한 산적놈들한테 입장료 뜯기는 것만 해도 분통이 터지는데 그 산적놈들에게 들어오는 떼돈으로 조선의 名山이 毁損되고 있는 현실이 참으로 통탄스럽고 통탄스럽다!

산에 길내지 마라! 산은 내버려 두는 것이 보전이다!

　김영삼 대통령님! 제발 이런 한심한 작태를 개선해주오! 산이란 당신도 잘 알다시피 있는 그대로 내버려 두는 것이 최상이라오!(원래 북한산이나 국립공원 매표소의 설치는 등산객들의 오염을 줄이기 위하여 쓰레기를 주어오면 돈을 안받겠다는 인센티브로서 의미를 갖는 것이었다. 그런데 요즈음 국립공원 매표소는 일체 그런 쓰레기처리와 관련이 없다. 돈을 받으면 산을 가꾸는 작업, 쓰레기처리같은 것을 그 돈을 받은 사람 당사자들이 해야 한다. 그런데 그런짓은 안하고 맨 길닦는 일, 멀쩡한 계곡에 다리놓는 일, 바위를 찍어 줄 매다는 일, 성곽보수하고 집짓는 일, 참으로 쓸데없는 짓만을 하고 있고, 쓰레기는 줄을 날이 없다! 쓰레기 주어오는 봉투하나도 공급하고 있지를 않다. 국립공원 매표수익문제는 매표를 폐지하거나 毁損적 낭비를 없애는 차원에서 김영삼대통령의 모종의 단호한 결단을 시급히 그리고 간절히 요구한다. 모든 산악인들이 이구동성으로 절규하고 있는 문제다.)

　우리나라 전국토의 74.4%가 산이다.(2,000m이상이 0.4%, 1,500~2,

000m가 4%, 1,000~1,500m가 10%, 500~1,000m가 20%, 200~500m가 40%. 평균고도는 함경남도가 956m로 가장 높고 경상남도가 269m, 충청남도가 100m로 가장 낮다.) 우리민족의 미래적 가능성은 바로 이 산에 달려 있다. 아무리 오염이 심해도 아직은 70%가 넘는 이 산의 존재때문에 우리문명은 無爲의 虛를 保持할 수 있는 것이다. 우리민족은 이 山을 지켜야 한다!

북한의 虛를 지켜라!

그리고 북한인민들은 남한인민보다는 일반적으로 정신적인 虛가 많은 사람들이며 순박한 진실이 남아있는 사람들이다. 이러한 에콜로지칼한 가능성을 어떻게 통일을 통하여 발현시켜 나갈 것인가 하는 것은 미래사회의 구조와 관련될 것이다. 그들의 삶의 다양성을 충분히 인정하고 권장하는 형태가 아니라면 우리는 우리민족의 고귀한 潛能을 훼손해버리고 마는 결과만 초래될 것이다.

김일성·김정일과 도올이 대화하고 싶다

나는 언젠가 북한사회의 실상을 진실하게 그리고 따뜻한 마음으로 알리는 TV用 다큐멘타리를 하나 만들고 싶었다. 일본 NHK방계회사와 구체적인 얘기도 오갔으나 정치적 문제 그리고 나의 현실적 시간문제가 해결이 되질 못해 실현하지를 못했다. 나는 김일성과 그리고 김정일과 참으로 진실한 대화를 한번 해보고 싶다. 모든 정치적 이해관계를 떠나 사상가로서 그들의 생각을 전 인류에게 알려주고 싶다. 아마도 김일성이나 김정일로서는 나와같은 자격있는 인터뷰어를 만나기는 어려울 것이다. 물론 이런 나의 계획은 한국의 경직된 체제가 허용할리 없겠지만, 나는 요즈음 癌연구에 나의 삶을 걸고 있기 때문에 그러한 외도는 엄두도 못내고 있다. 허지만 정말 나는 북한사회를 한번

정직하게 느껴보고 그것을 우리 남한동포에게 직접적 이미지로서 알려주고 싶은 것이다.

오도는 쉽다

吾道는 광막하다. 吾道는 평이하다. 그래서 吾道는 一以貫之되어 있다. 우리역사의 비극은 참으로 자기생각을 하는 사람, 참으로 자기가 느끼는 것을 얘기할 줄 아는 사람이 너무도 부족하다는데 있다.

나는 젊은이들을 가르치고 싶다. 나를 大學강단에서 쫓아낸 고대교수님들은 참으로 반성해야 한다. 젊은이들의 방황을 쳐다볼 때 나는 정말 가슴이 아프다. 나는 그들의 방황의 시간을 단축시켜 주지 못하는 것이 참으로 안타깝다. 나의 복직원은 아직도 고대철학과에 계류중이다. 나는 대학의 젊은이들에게로 돌아가야 한다. 나의 실존의 아픔이 얼마나 깊은 것인지 범인들은 헤아리지 못한다.

오도에 범속한 윤리를 요구하지 말지어다

나 인간 김용옥은 지극히 불행하다. 지극히 고독한 나날의 시간과 투쟁하며 살고 있을 뿐이다. 나의 삶에는 자유도 없고 자율도 없다. 오로지 버거운 노동만이 있을 뿐이다. 하루하루를 끝내는 것이 기적같이 느껴질 뿐이다. 이제 장쾌한 통일한국의 구상도 사라졌다. 아마도 통일은 『신약성경』에서 말하듯이 "도적같이" 찾아올 것이다. 나에게 남은 냉혹한 현실은 지금 세시간 후면 나는 이리로 가는 새마을호에 몸을 실어야 한다는 것이다. 그래서 나는 촉박한 이 붓을 끝내야 한다. 나는 지금 대학생일 뿐이다. 그런데 연구소를 하나 운영하는 덕분에 이 글을 쓰지 않을 수 없었다. 그래서 나는 약 2주동안 학업을 중단해야만 했다. 속말로 농땡이를 친것이다. 나는 이 글, 지금 678매를 달리고 있는 이 글을 쓰는 동안 너무도 처절한 죄의식에 시달려야 했다. 학생의 본분은 강의에 빠지지 않는 것, 그리고 시험을 잘 보는 것이다. 그런데 나는 이 통일론의 기술때문에 학생으로서의 나의 본분을 무단이탈했어야만 했던 것이다. 합리화는 쉽지만 내 마음은 무겁다. 나는 이제 4시 5분 새마을호차에 몸을 실으면 지겨운 시험지옥(중간시험, 한의대 약사법투쟁으로 뒤로 밀렸음)속으로 기나긴 잠행을 해야 한다. 나는 이 세계에서 제일 혹독하게 노동하는 프로레타리아의 한 사람이다. 어떠한 윤리도 나에게 요구하지 말지어다!

한국사상사연구소의 출범과 진통

우리 한국사상사연구소가 출범한 것은 1989년 7월 25일의 일이다. 벌써 만 4년의 성상을 넘겼다. 그동안 우리는 눈에 보이지 않는 많은 작업을 해냈다. 記事講論, 『三國遺事引得』의 발간, 한국사상사 기초사료정리, 한의학관계사료정리, 『東醫壽世保元』·『格致藁』강론, ……지금은 통일학정립에 매진하고 있다. 한국사상사연구소는 순수인문계의 민간연구소로서 그 자체의 조직성과 전문성이 이만큼 확보되어 있는 연구기관은 우리나라에 유례가 없다고 자신한다. 유례가 없기때문에 새로운 모델을 창출하기 위한 많은 노력이 요구되고 있다.

이 책은 우리 연구원들끼리 모여 토론을 한 세미나 내용을 묶은 것이다. 나를 제외한 모든 필자가 30대라는, 이 사실을 나는 참으로 자랑스럽게 생각한다. 플라톤의 아카데미아에는 기하학을 모르는 자는 들어올 수가 없다고 했는데 우리 연구소에는 古典을 모르는 자는 들어올 수가 없다. 연구원 모두가 古典學에 기초를 가지고 있는 사람들이다. 이런 사람들이 통일이라는 현실문제에 뛰어들어 논의를 계속하고 있다는 사실 자체가 우리민족의 살아 움직이는 한 맥동이 아니겠는가? 나의 글도 그렇겠지만 연구원들의 글도 미흡한 점이 있을 것이다. 이 사회에 최초로 우리 연구원들의 모습을 드러내고 평가받는 계기라서 자못 두려운 느낌이 든다. 이 사회의 뜻있는 사람들의 편달과 함께 격려를 기대한다. 이제 우리사회도 대인들이 참으로 대인다운 풍도를 보여주어야 할 시점에 온 것이 아닌가?

정예로운 실력을 가지고 있으면서도, 얼마든지 대학으로 자리를 옮길 수 있으면서도 나와 우리연구소의 비젼을 바라보고 박봉에도 불구하고 연구소전임석을 지키고 앉아 있는 우리 6명의 연구원들에게 눈물어린 감사의 정을 보낸다. 4년의 세월! 비록 짧은 시간이었지만 우리는 얼마나 많은 회의와 질시속에서 우리자신을 지켜야만 했든가? 미래를 보고 살자! 통일을 향해 뛰자!

끝으로 우리연구소를 재정적으로 지원해주고 있는 주식회사 한샘의 직원과 조창걸사장님께 뜨거운 감사의 말을 전한다. 조창걸사장님과 나와의 관계는 재정적 지원이라는 차원에 묶여있는 것은 아니다. 나는 그를 우리시대의 한 사상가로서 존경하고 또 그는 나에게 인류의 미래에 대한 웅혼한 꿈을 가질 수 있도록 끊임없이 격려해주고 있다는 사실 속에서만 우리 관계는 유효한 것이다. 그간 극복해야할 많은 어려움에 끊임없이 시달렸다. 허지만 우리는 대화와 이해를 통해 보이지 않는 역사를 연출해가고 있다. 주식회사 한샘과 조창걸사장님의 건강과 건투를 기원한다.

이제 다같이 통일의 노래를 부르자!

우리의 소원은 통일
꿈에도 소원은 통일
이 목숨 다바쳐 통일
통일이여 오라

1993년 12월 5일
오후 1시 37분
무정재에서 탈고

元曉의 통일학

― 부정(破·奪)과 긍정(立·與)의 화쟁법 ―

高 榮 燮

I. 원효(塞部[1])의 인간이해

1. 주검과 해골 : 땅막(龕)과 무덤(墳)

"잘린 모가지, 떨어져 나간 귀, 부러진 잇빨, 찢어지고 일그러진 증오의 눈, 피로 범벅된 코, 꿈틀대는 몸둥어리, 쏟아져 나와 흐느적거리는 창자, 고통스레 비명지르며 죽어가는 육신들!"

피 비랜 내 나는 大耶城 언저리의 아비규환! 인간이란 무엇인가? 인간의 욕망이란 무엇인가? 나의 욕망(業)의 확대가 남의 욕망(業)의 확대를 방해한다면 연기(緣起)란 무엇인가? 즉 연(緣)이라는 他者를 나의 존재의 조건으로 삼는 차연성(此緣性 : 相依性)의 원리는 무엇인가? 나(我)라는 루우빠(色)가 공간을 점유함으로써 남에게 주는 障碍를 최소화 하는 것이 불교의 연기론일진대 나의 실체는 무엇이며 空과 無我, 그리고 욕망의 확대는 서로 어떠한 인과관계가 있는 것인

---

1) 원효의 다른 이름은 "塞部"이다. 국내 학계에서는 그의 "대승기신론별기" 제일 끝에 기록되어 있는 "塞部撰"이란 세 글자에 아무도 주목하지 않았다. 그러나 최근 신라시대 元曉의 이름이 바로 "첫새벽"(元曉)을 나타내듯이 그의 이름은 새벽(始旦)의 발음과 같은 "새부"(塞部)였다는 것이 밝혀졌다 [金煐泰, "元曉의 新羅말 이름 '塞部'에 대하여", 『佛敎思想史論』(서울 : 민족사, 1992), pp. 145~157 참조].

가? 나의 業識(욕망)의 外延이 남의 업식(욕망)의 외연에 거리낌을 준다면 연기적 삶이란 무엇인가? 끊임없이 돋아나는 욕망의 싹을 어떻게 연기적으로 제어할 수 있는가?

서기 660년(?) 대야성을 지나던 원효는 전쟁의 소용돌이가 남기고 간 얼룩을 훔쳐내면서 인간의 고통이 어디까지 미칠 수 있으며, 인간에 대한 불쌍함과 애처로움의 생각은 어느 깊이의 니비의 깊이를 유지할 수 있는가를 고민하고 있었다. 중생은 어디까지 아파할 수 있는가? 그리고 보살의 마음은 어디까지 감쌀 수 있는가를 몸서리치게 묻고 동시에 깨닫고 있었다. "중생이 앓으니 보살이 앓는다"는 유마힐의 명제가 "중생의 병이 다 나을 때 비로소 보살의 병도 다 낳는다"는 화두로 원효의 가슴에 아프게 다가왔다. 보살의 大悲心은 모든 중생들의 아픔을 덜어내는 모티프이다. 주검들을 바라보는 원효의 마음에는 대비심의 물결이 일어났다. 그 대비심에 의해 두 차례나 발심하여 入唐 求法의 발걸음을 내딛었다 해도 지나친 말이 아니다.

어젯밤 잠자리는 땅막(土龕)이라 편안했는데; 오늘밤은 귀신의 집에 의탁하니 근심이 많구나. 알겠도다! 마음이 일어나면 갖가지 법이 일어나고, 마음이 사라지면 땅막과 무덤이 둘이 아님을. 삼계는 오직 마음이요, 만법은 오직 인식일뿐이다. 마음 밖에 법이 없는데 어떻게 따로 구하겠는가? 나는 당나라에 가지 않겠다![2]

원효는 깨달았다(45세; 661년). 해골이 나뒹구는 땅막속에서 아알라야識(ālaya-vijñāna)의 렌즈를 통해 땅막과 무덤이 둘이 아니며, 생사와 열반이 둘이 아님을 깨달았다. 그는 이땅의 렌즈를 통하여 인

---

2) 『宋高僧傳』권4; 「唐新羅國義湘傳」(북경:중화서국, 1987), p. 76. 前之寓宿, 謂土龕而且安; 此夜留宿, 託鬼鄕而多崇. 則知! 心生故種種法生, 心滅故龕、墳不二. 又三界唯心, 萬法唯識. 心外無法, 胡用別求? 我不入唐!

간의 보편적 삶을 통찰함으로써 대당제국으로의 유학을 포기하고 海東에서 새로운 인간형을 모색하였다. 즉 "잠"과 "깸"이라는 이항 대립의 명제 속에서 새로운 국면이 제기한 문제에 직면한 원효는 넓은 마음(一心)을 통해 인간을 새롭게 바라보았다. 인간에 대한 근원적 인식의 전환을 통해 원효는 인간의 내면속에 간직되어 있는 마음의 본질을 꿰뚫어 보았다. 그 마음은 곧 넉넉한 마음(一心)이며 이 마음은 동시에 중생의 마음(衆生心)임을 통찰하였다. 따라서 그는 자생적 자각을 통해 入唐을 포기하고 이땅의 토종 사상가로서 서기 시작했다.

원효는 새롭게 변화된 사회로 연결되는 시기에 아직도 모순 속에 가득차 있는 당시 삼국의 갈등과 대립을 어떻게 극복할 것인가를 고민했다. 인민의 삶(生滅門)과 귀족의 삶(眞如門)이 어떻게 영위되며 그 두 갈래는 어떻게 회통될 수 있는가? 모두다 佛性(如來藏)을 지닌 중생일진대 귀족과 인민의 삶은 왜 이렇게 층차가 다양한가? 세속적 삶속에서 평등질서는 어떻게 유지될 수 있는가? 원효는 보다 진실한 역사파악을 통해 통합방향시대로의 전환을 모색하고 있었다.

그는 먼저 인간적 접근에 있어 "따뜻함"을 가장 우선적인 모티프로 삼았다. 살아있는 모든 것들에 대한 따뜻함의 발현은 곧 보살의 대비심이며 보살의 존재이유이다. 원효의 출발점은 바로 당시 삼국의 고통받는 인간에 대한 무한한 애정이었다. 그 애정은 바로 大悲心이었다. 다시 말하면 원효가 발견한 이 따뜻한 마음(一心)은 곧 대승의 마음(大乘心)이며 보살이 지닌 大悲心의 극명한 표현인 것이다.

2. 인간의 발견: 잠과 깸

원효(617~686)의 나이와 그의 저작 연대로 보아 외면적으로는 그가 삼국통일에 크게 이바지한 것이 없다고 볼 수도 있다. 그러나 이것은 역사에 대한 그릇된 인식이다. 이것은 통사가 저질러온 실수이다. 통사에는 보편적 인간에 대한 이해가 빠져있다. 역사는 정치사적 이해만으로 다 설명될 수 없는 포괄적 의미를 머금고 있다. 역사는 인간의 삶의 산물이며 반영이다.

역사는 역사를 바라보는 이의 눈의 척도에 의해 기술되기만 그 눈은 반드시 보편적 인간에 대한 이해 위에 서 있을 때만이 올바른 史觀을 정립할 수 있다. 그런 의미에서도 역사는 어느 한 시기의 정치사적 시점으로 보아서는 곤란하다. 전체에 대한 통찰! 즉 인간사의 모든 가능성을 동시에 바라보는 역사기술이 되어야 한다. 따라서 역사인식은 보편적 인간학의 관점 위에서 그 개념이 새롭게 정립되어야 한다.

역사는 사상사적인 접근에 의할 때 보다 폭넓은 역사인식이 모색될 수 있다. 보편적 인간이 빠져있는 역사기술은 참다운 역사라 할 수 없다. 왜냐하면 우리의 역사는 인간의 역사일 수밖에 없기 때문이다. 이러한 의미에서 통일에 있어서의 원효의 역할은 어느 한 시점에 의한 일시적 이바지가 아니라 정치사적인 한 시점을 넘어서는 항구적인 사상가로서의 의미가 있는 것이다.

원효는 삼국통일(676) 과정의 소용돌이 속에서 삶을 살았다. 그가 첫 깨달음을 얻었을 때(45세)는 아직 그의 대사회적 행적이 거의 드러나지 않았을 때였다. 때문에 정치사적 시점에서는 그가 통일의 이념적 비젼을 제시했다고 말하기 어려울 때에 그의 치열한 깨달음이 이루어졌지만 사상사적 시각에서 그는 우리에게 삼국통일의 거시적 비젼을 보여주었다. 무릇 통일이란 하루 아침에 이루어지는 것이 아니다. 몇백년의 노력 끝에야 겨우 얻을 수 있는 피땀의 소산이다. 마찬가지로 남북한의 통일에 있어서도 동일한 피땀이 요구된다. 이질화된 모든 포장을 뜯어버리고 알몸으로 다시 만나기 위해서는 눈물겨운 노력 없이는 불가능한 것이다. 따라서 분열된 사회에서 통일시대로 진입하기 위해서 원효가 보여준 사상적 프레임 웍은 통일사상가로서의 그의 비젼을 잘 드러내 주고 있다.

신라가 백제(660)와 고구려(668)를 항복시킬 무렵 가장 왕성한 저작활동을 한 그는 진평왕 - 선덕여왕 - 진덕여왕 - 태종무열왕 - 문무왕 - 신문왕代에 걸치는 삶의 역정동안 제도권의 안팎을 넘나들며 모순과 가식으로 가득찬 기성정치권과 사상계에 중대한 인식전환의 문제를 제기시켰다. 즉 我相과 我執으로 똘똘 뭉쳐있는 인간들에게 인간의 진정한 해탈과 자유의 모습이 어떠한가를 무수한 저서를 통해 이론적으로 밝혀냈을 뿐만 아니라 참다운 인간의 삶의 모습을 온몸으로 보여주었던 것이다. 그것이 바로 그의 一心과 和諍과 無碍로 표현되는 일관된 삶의 모습이었던 것이다. 다시 말해서 그는 마음의 세계로서의 一心과 마음의 통일방법으로서의 和諍 그리고 자유인의 몸짓으로서의 無碍를 통해 시대와 민족과 종교의 울타리를 뛰어 넘는 보편성을 우리에게 보여주었다. 따라서 원효의 통일학은 이 보편적 인간이해 위에서 비롯되었다. 다시 말하면 원효의 보편학은 바로 인간의 발견을 통해서 비로소 정립될 수 있었던 것이다.

원효가 그의 전 저서에서 시종일관 강조하며 보여주고 있는 一心은 바로 이 통합과 분열, 사랑과 미움, 동포와 원수 등의 상대적 대립을 회통하는 따뜻한 마음이며 넓은 마음이다. 갈라진 국토와 찢어진 민심, 분열된 정서를 화해할 넉넉한 마음이 바로 一心이다. 전쟁이 주는 비참함을 딛고 일어설 수 있는 핵심적 메시지는 무엇인가? 아니 참혹한 전쟁을 멈출 수 있게 하는 것은 무엇인가? 원효는 그것을 一心, 즉 "한 마음"으로 파악했다. 그리고 원효의 和諍은 바로 이 一心의 구체적 표현이며 실현방법이다. 나아가 원효의 無碍는 일심과 화쟁의 실천적 모습이다.

원효에게 있어 주검과 해골, 땅막과 무덤의 상대적 二分을 극복하는 깨달음의 과정에서 모색된, 모든 것의 근거인 이 一心은 다양한 주장(異諍)을 화해시키는 중요한 모티프가 되었다. 원효는 한 생각을 돌이킴으로써 눈앞에 벌어진 세계의 모든 차별성을 극복한 것이다. 즉 구체적인 사태(事)와 추상적인 원리(理)가 어떠한 인식의 전환에 의해 하나로 촛점이 모아진 것이다. 하여 마음의 일어남과 스러짐에 의해 벌어지는 세계의 다양한 모습은 마음의 콘트롤을 통해 하나의 과녁으로 겨냥될 수 있다고 원효는 말하는 것이다. 다시 말해서 상대적 二分을 넘어서는 어떠한 통합의 논리로서 제기된 화쟁법은 바로 一心과 一味와 一覺으로의 회귀를 전제로 한 원효의 卓絶한 善巧방편인 것이다.

어젯밤에는 몰랐던 사실을 오늘아침에야 비로소 올바로 알 수 있었던 것은 "잠"과 "깸"이라는 이항대립의 명제를 넘어서는 어떠한 계기의 통쾌함이 이 一心과 和諍에서 발견되며 그 구체적 실천이 바로 無碍의 행위로 나타나는 것이다. 理와 事의 無碍에 대해 섬광처럼 떠오른 통찰력! 마음(心)과 마음 작용(心所)의 회통! 이것이 바로 원효의 깨달음이었다. 따라서 그의 깨달음은 어떠한 삶의 굴절없이 바로 無碍의 실천행으로 나타나는 것이다.

어떠한 틀에 구속받지 않았던(不羈) 원효의 일관된 삶의 행적은 그가 어느 특정한 스승에게 사사하지 않고 깨달았던(無師自得) 것에 기인하는 것이지만 "원효라는 바다"가 열리기까지 조선 사상사는 圓光·安含·慈藏·朗智·普德·惠宿·惠空·大安 등의 선지식들이 이미 다양한 삶의 물결로 자리잡고 있었다. 따라서 앞선 시대 사람들의 삶의 현재성과 가능성을 종합하고 포괄한 삶의 모습을 우리는 원효에게서 볼 수 있는 것이다.

따라서 원효는 한 개인이라 말할 수 없다. 그는 앞시대의 뭇 인연들을 종합한, 진정한 의미에 있어서 조선사상사의 서막을 연 인물이며 조선사상사의 서두를 화려하게 장식한 거인이다. 그는 신라의 삼국통일 전후기에 살면서 통일 이후의 민족적 연대감을 이념적으로 떠받친 사상가며 몸소 통일작업에 참가한 "신라 사람"이었다. 그는 조선사상사의 모든 가능성을 머금고 있는 "이땅의 사람"이었으며 인간이 사유할 수 있는 모든 인식(心識)의 가능성을 포괄하여 하나의 길(一心)로 회통시켰다.

오늘 우리는 원효가 제시한 전체에 대한 통찰의 길이 무엇보다도 절실히 요구되는 시대에 살고 있다. 이 글에서는 삼국이 분열에서 통합을 모색하는 통일 전후기에 누구보다도 진지하고 열심히 산 원효의 삶과 생각을 통해 오늘 이땅의 민족모순(분단)과 지역모순(영·호남)의 문제를 해결하는 한 실마리를 찾아보고자 한다. 이것은 동시에 오늘 이땅에서 첫 새벽(塞部) "元曉"라는 포괄적 인물을 기대하는 열망의 표현이기도 하다.

Ⅱ. 통일 전후 사상가들의 삶

원효(塞部) 이전 신라 불교학은 이미 높은 수준에 도달해 있었다. 열반학의 대가인 普德이나 삼론학의 대가인 僧朗 등이 고구려인으로서 이미 동아시아에서 그 이름을 떨치고 있었다. 백제에서는 율학을 정립한 謙益과 曇旭·惠仁 등이 범본에 의거해 소승율학에 근거를 둔 新律의 체계를 세웠다. 신라에서는 圓光(532~630), 安含(579~640), 慈藏(608~677?),『법화경』강의의 대가인 朗智(?), 원효에게『열반경』을 강의했다는 고구려의 普德(?) 惠宿(?) 惠空(?) 大安(?) 등의 불교연구와 불교인식은 이미 상당한 경지에까지 이르고 있었다.

1. 가려서 죽여야 한다: 圓光

원광은 佛學뿐만 아니라 儒學과 老莊學 등 내전과 외전에 통달한 박학이었다. 卓絶한 문장력은 삼한에 떨쳤으며 그의 博學은 중국인과 견주어도 손색이 없었다. 25세에 중국에 들어가 梁의 三大法師 중 한사람인 莊嚴寺 僧旻의 제자에게『성실론』과『열반경』등을 배웠다. 소주 호구산 서산사에서『구사론』을 비롯한 여러 경전을 연구하고 불경을 강의했다. 隋나라 開皇 9년(589)에 장안으로 가서 당시 처음으로 번역된『섭대승론』을 曇遷(542~607)에게,『열반경』등 여러 경전을 慧遠과 靈裕 등에게 배우고 귀국했다(600;진평왕 22년). 이후 그는『如來藏經私記』『大方等如來藏經疏』등을 지어 여래장사상을 신라에 본격적으로 도입했다.

공부를 마치고 신라로 돌아온 원광은 국사로 중용되어 국정과 교육 그리고 불교연구에 전력했다. 국사로 나아가기 전, 그가 머물고 있던 곳으로 찾아온 추항(箒項)과 귀산(貴山)이라는 젊은이에게 가르쳐 준 "世俗五戒"는 국정과 교육 그리고 불교연구에 대한 그의 깊은 관심을 우리에게 보여준다.

추항과 귀산은 "士君子와 交遊하려면 어떻게 마음을 바로 잡고(正

心) 몸가짐을 지녀야(持身) 하느냐?"고 물었다. 이에 원광은 재가인이 지녀야 될 다섯가지 道德律을 제시해 주었다. 처음의 네가지 덕목은 당시 국민들에겐 매우 당연한 삶의 길이었다. 忠·孝·信·勇·仁의 내용으로 구성된 이 세속오계는 그 시대 사람들에게는 매우 자연스런 삶의 덕목이었다. 따라서 그가 일러준 "세속오계"는 당시 신라인들에게 삶의 중요한 덕목이 되었다. 동시에 젊은이들의 교육에 깊은 영향을 끼쳤다.

그런데 원광은 다섯가지 계목(事君以忠, 事親以孝, 交友有信, 臨戰無退, 殺生有擇) 중 仁을 나타내는 다섯번째의 "생물을 죽이되 가려서 죽인다"는 戒目을 이해하지 못한 두 청년에게 다음과 같이 말하고 있다:

> 여섯째날과 봄철 여름철에는 생물을 죽이지 않는 것이니 이는 시기를 가림이다. 가축을 죽이지 않음은 곧 말·소·닭·개를 이름이며·細物을 죽이지 않음은 곧 고기가 한 점도 되지 못하는 것을 이름이니 이는 생물을 가림이다. 이도 또한 그 쓸모있는 것만 하지 많이 죽이지는 않을 일이다. 이것이 세속의 좋은 계목이다.[3]

이 세속오계는 원광의 여러 생각들 중에서 가장 肉化된 목소리를 지니고 있다. 즉 "殺生有擇"이라는 계목은 불교의 전 사상체계에서 보면 위배되는 가르침이다. 하지만 삼국의 분단 상황 아래서 인간이 인간을 죽이거나 살아있는 것들을 죽인다는 것이 너무 자연스럽게 되어 있었을 무렵, 수행자인 그가 不殺生의 계목을 파기(?)하고 어질고 착하게 세상을 살아가는 길(世俗之善戒)로서 殺生有擇의 계목을 세속인들에게 제시한 것은 불교역사상 독특한 해석의 전환이 아닐 수 없다.

---

3) 『三國遺事』권4;「義解」제5;"圓光西學"(『韓國佛敎全書』6책, P. 342중). 六齋日春·夏月不殺, 是擇時也。不殺使畜, 謂馬·牛·鷄·犬; 不殺細物, 謂肉不足一련, 是擇物也。此亦唯其所用, 不求多殺。此是世俗之善戒也。

원광의 해석의 전환은 죽이지 않을 수 없을 때는 죽이되 함부로 죽여서는 안된다는 것이다. 즉 생태계의 먹이사슬은 끊지 않아야 한다는 것이다. 또한 자신의 수행에 卽하여 살생을 최소화 해야 한다는 것이다. 매월 8일·14일·15일·23일·29일·30일의 6일(齋日)은 四天王이 사람의 선악을 살피는 날이자 惡鬼가 사람을 엿보는 날이므로 사람마다 몸을 깨끗이 하고 계를 지켜야 하는 날이다. 그러므로 이러한 날에 생명을 죽여서는 안된다는 것이다. 또한 산 것들이 생식을 통해 번성시키는 봄철이나 여름철에 살생을 피하라는 것은 오히려 생물들이 지니고 있는 번식의지를 잘라 버리지 않아야 한다는 생명존중(?)의 사상인 것이다. 인간들에게 다양한 도움을 제공하는 말·소·닭·개 등의 가축들은 나름대로 쓸모가 있는 것이다. 즉 기동력을 제공하거나 농사를 짓거나 시간을 알리거나 집을 지키는 등의 역할을 존중하여 살생을 금해야 된다는 것이다. 또 한 점 고기도 안되는 생물은 죽여봐야 아무런 도움이 되지 않으므로 살생의 業을 짓지 말고 생명을 존중하라는 가르침이다.

　인간이 살아가면서 목숨가진 것들을 죽이지 않을 수는 없다는 점에서 보면 원광이 재해석해낸 殺生有擇의 계목은 卓絶한 설정인 것이다. 살아있는 것들을 죽이지 않으면 안될 때는 반드시 함부로 죽이지 말고 "가려서 죽여야 한다"는 원광의 이러한 생각은 그의 불교 三藏에 대한 해박한 이해 위에서 나오는 "여유"라 여겨진다. 이러한 眼目은 방대한 佛學의 이해 위에서, 전체에 대한 통찰 위에서 나오는 역동적인 교리 해석인 것이다. 이러한 넉넉한 마음의 크기를 원효 이전에 우리는 이미 볼 수 있었던 것이다.

2. 부처님 나라 만들기: 慈藏

자장은 진골 출신의 후예로서 재상자리를 권유받았으나 받아들이지 않고 출가한 인물이다. 선덕(여)왕은 사자를 보내어 명령을 어기면 즉시 처형하라고 하였다. 그는 "내 차라리 하루라도 계를 지키다 죽을지언정 계를 깨뜨리고 백년을 살고 싶지는 않다"(吾寧一日持戒而死, 不願百年破戒而生)고 선언하였다. 이에 감동한 선덕여왕이 공식적으로 출가를 허락하였다(25세). 이렇게 청정한 정신으로 수행한 律僧 자장은 신라에 최초로 대승적 律學을 정립했으며 화엄사상의 연구로도 널리 알려졌다.

그의 왕족 신분이나 출생일(4월 8일) 그리고 죽음에 대한 의문과 부귀영화의 거부 등 그의 출가 과정은 석가모니 부처와 매우 흡사했다. 경주 황룡사에 머무르던 그는 僧實 등의 문인 10여명을 이끌고 당나라에 건너가 曇遷의 문하에서 정영사 慧遠의 후배인 空觀寺의 法常(567~645)에게 菩薩戒를 받고 수학했다. 이후 그는 『阿彌陀經義記』, 『四分律褐磨記』, 『觀行法』, 『諸經戒本』 등을 지어 율학 연구에 크게 이바지했다.

자장이 唐나라에 머물면서(638~643) 神人을 만난 것은 이후 신라의 佛緣國土사상 전개의 중요한 모티프가 되었다. 또 五臺山에서 현신한 文殊보살을 親見한 것은 이후 신라 오대산 신앙의 실마리가 되었다. 그는 곧 신라의 文殊道場을 設定하고 문수신앙을 널리 보급, "부처님 나라 만들기"에 전력했다. 그때 오대산 神人은 다음과 같이 자장에게 말했다:

황룡사의 護法龍은 나의 맏아들이다. 범왕의 명령을 받고 그 절에 와서 보호하고 있으니 그대가 본국에 돌아가서 절 안에 九層塔을 세우면 이웃 나라는 항복해 오고, 九韓은 조공하여 國祚가 길이 태평할 것이며, 탑을 세운 뒤에는 팔관회를 베풀고, 죄인을 놓아 주면 외적이 침범하지 못할 것이다. 다시 우리를 위하여 경기 남안에 정사 한 채를 지어 내

복을 빌어주면 나도 또한 그 은덕을 갚겠다.[4)]

선덕여왕 11년(642)에 신라는 對백제防禦前哨基地였던 大耶城이 백제의 공격으로 함락되어 낙동강 유역까지 후퇴할 위기에 직면했다. 나라의 존망에 부딪친 선덕여왕은 그 이듬해에 자장에게 소환명령을 내린다. 곧이어 자장은 당태종이 선사한 『대장경』 일부를 가지고 신라로 돌아온다(643). 자장은 나라의 위기를 극복하고 국민들의 의식을 한 곳으로 모으기 위해 선덕여왕에게 上奏하여 불교문화를 중심으로 중국의 선진문화를 수용하기 시작한다. 그리고 불교를 중심으로한 정치를 제시한다. 大國統에 취임하여 황룡사에 구층탑을 세운 것은 그 대표적인 사례이다.

중국 유학시에 만난 오대산의 신인은 자장에게 큰 감화를 주었다. 그때의 감화는 귀국후 그가 대국통에 취임하여 불교치국정책의 일환으로 시작되는, 신라의 "부처님 나라 만들기"로 구체화 된다:

너희 나라 황룡사는 곧 석가불과 가섭불이 강연했던 곳이므로 연좌석이 아직도 있다.[5)]

이것은 황룡사에 대한 자장의 종교적 신념이자 이땅이 부처와 과거에 인연이 있었던 나라임을 확신한 것이다. 자장은 이 탑이 삼국통일을 기원하는 탑이지만, 그 건립의 의미는 여기에 머무르지 않고 신라 땅이 과거에 부처와 인연이 있었던 나라임을 만천하에 알리고자 했다. 이것은 불국토인 신라를 중심으로 해서 삼국이 통일되어야 한다는

---

4) 『三國遺事』 권3; 「塔像」 제4; "皇龍寺九層塔"(『韓國佛敎全書』 6책, p. 321 상). 皇龍寺護法龍, 是吾長子。受梵王之命, 來護是寺, 歸本國, 成九層塔於寺中, 隣國降伏, 王祚永安矣。建塔之後, 設八關會, 赦罪人, 則外賊不能爲害, 更爲我於 京畿南岸, 置一精廬, 共資予福, 予亦報之德矣。
5) 『三國遺事』 권4; 「塔像」 제4; "皇龍寺丈六"(『韓國佛敎全書』 6책, p. 320중). 汝國皇龍寺, 乃釋迦與迦葉佛講演之地, 宴坐石猶在。

그의 믿음과 신념이다. 황룡사를 중심으로 한 新羅佛國土說과 五臺山의 설정은 불교가 신라사회 곳곳에 정착되는 계기를 마련했다.

또 이 佛緣國土사상은 『삼국유사』 "흥법"편 "阿道基羅"조에 나오는 신라불교전래 설화와 맞물려 있다. 그 "我道和尙碑文"에는 고구려 승려 阿道가 신라로 내려올 때 그의 모친 高道寧이 아도에게 다음과 같이 말한다:

> 이 나라는 지금까지 불법을 모르지마는, 이후 3천 몇 달이 지나면 신라에 성군이 나서 불교를 크게 일으킬 것이다. 그 나라 서울안에 일곱 곳의 절 터가 있는데 하나는 金橋 동쪽 天境林(흥륜사)이요, 둘은 三川岐(영흥사)요, 셋은 용궁 남쪽(황룡사)이요, 넷은 용궁 북쪽(분황사)이요, 다섯은 사천의 끝(영묘사)이요, 여섯은 神遊林(천왕사)이요, 일곱은 婿請田(담엄사)이니 모두 前佛시대의 절터며 불법이 기리 유행할 곳이다. 네가 그곳으로 가서 불교를 전파하면 마땅히 불교의 개조가 될 것이다.[6]

"前佛時伽藍之墟"를 중심으로 한 이 설화 역시 자장이 제창한 신라 "부처님 나라 만들기"와 깊은 관련이 있음에 틀림없을 것이다. 자장은 迦葉佛신앙과 新羅過去佛國土사상을 제창하여 신라를 중심으로 삼국이 통일되기를 佛前에 염원하였던 것이다. 이는 신라인들이 지닌 높은 자부심의 표현이라 아니할 수 없다. 즉 현재불인 석가불이 출현한 인도보다 오히려 더 먼저 이 땅에 불교와의 인연이 이미 있어왔다는 과거불의 연기설화를 통해 신라인들은 신라를 불국토로 구현시키고자 했던 것이다. 다시 말하면 이미 신라는 현재불보다 앞선 과거불과 벌써 인

---

6) 『三國遺事』 권3 「塔像」 제4; "阿道基羅"(『韓國佛敎全書』 6책, p. 314상). 此國于今, 佛知佛法, 爾後三千餘月, 鷄林有聖王出, 大興佛敎, 其京都內, 有七處伽藍之墟, 一曰: 金橋東天鏡林, 二曰: 三川岐, 三曰: 龍宮南, 四曰: 龍宮北, 五曰: 沙川尾, 六曰: 神遊林, 七曰: 婿請田, 皆前佛時, 伽藍之墟, 法水長流之地, 爾歸彼而播揚大敎, 當東嚮於釋祀矣。

연이 있었던 나라임을 설화를 통해 설정하려고 했었던 것이다.

자장은 선덕여왕을 통해 황룡사를 건립함으로써 이웃의 아홉 나라가 모두 항복해 온다는 확신을 가지고 있었으며, 국가사상의 主軸으로써 불교사상을 자리매김시키고자 노력하였다.

우리는 이 설화에서 신라를 정토로 생각하고자 한 신라 사람들의 정신을 훔쳐볼 수 있다. 즉 자장은 오직 한결같은 믿음으로 신라땅을 중심으로 삼국이 통일되기를 바라고 있었다는 것을 그가 제창한 "부처님 나라 만들기"사상에서 엿볼 수 있다. 허나 자장의 불교 정책이 왕권을 둘러싸고 전개된 지배층 중심의 불교였다는 점에서 그 어떠한 한계를 지니고 있었다.

결론적으로 말하면 자장이 지배층 중심의 불교를 지향했다면 혜숙·혜공·대안·원효·의상 등은 일반 서민 중심의 불교를 지향하고 있었다는 점에서 크게 대비된다고 할 수 있을 것이다. 따라서 원효가 열정적으로 살았던 시대는 바로 이러한 두 입장이 맞물려 있을 때였다.

3. 원효의 길라잡이: 朗智 · 普德

원효는 특정한 스승을 정해서 배우지 않았으며(學不從師) 깨달음의 奧處를 스스로 터득(自悟)했다. 그러나 그를 이끌어준 스승들은 있었다. 낭지와 보덕 그리고 혜공과 대안 등은 그의 토론자이자 스승들이었다. 그는 門下나 私淑의 형식에 걸림없이 모르는 것이나 막히는 것이 있으면 낭지와 보덕, 혜공과 대안 등을 방문하여 치열한 세미나를 열었던 것이다. 따라서 원효의 저서에는 어느 한 학설이나 주장을 전적으로 수용하는 모습은 보이지 않는다. 그의 저서에 나타난 창의성도 대부분 치열한 고민과 사색을 통해 나온 것이었다. 그런 의미에서도 그는 無師自得의 통찰이 깊었다 할 수 있다.

낭지는 울주 영취산에 머물면서 주로『법화경』을 강의했으며『화엄경』에도 밝았다. 『삼국유사』 「피은」편 "朗智乘雲"조에 의하면 그는 중국의 화엄도량인 淸凉山(五臺山)에 구름을 타고가서 聽講했다고 한다. 그는 사미 시절의 원효를 지도한 것으로 알려져 있다. 영취산의 반고사(磻高寺)에 머물던 원효는 자주 낭지를 찾아 佛學의 의문점을 묻고 토론했다. 삼십대 초반의 첫 저술들로 알려져 있는 원효의 『初章觀文』과 『安身事心論』은 낭지의 敎示를 받고 지은 것이었다. 『초장관문』이라는 책이름은 삼론학에서 입문의 기초로 삼는 "『初章』을 관하는 글"이라는 점에서 낭지는 삼론학에도 조예가 있었던 것으로 보인다. 원효는 隱士 文善을 시켜 이 글을 받들어 보내면서 그 篇끝에 다음과 같은 詩句를 적어 넣었다:

　　　서쪽 골의 사미는 공손히 머리 숙이오니
　　　동쪽 봉우리의 上德 高巖 전에
　　　가는 티끌을 불어 보내어 영취산에 보태고
　　　가는 물방울을 날려 龍淵에 던집니다[7]

　이 시구를 보면 낭지에게 제자의 예를 다하고 있는 듯한 글이다. 따라서 원효의 『법화경』 이해와 삼론학 이해는 『법화경』 강의와 삼론학에 조예가 깊었던 낭지의 영향이 있었음에 틀림없을 것이다.
　보덕은 원래 고구려의 고승이었다. 보장왕의 도교 弘布 정책을 보고 "도교만을 숭상하고 불교를 신봉하지 않으면 나라가 위태롭게 된다"고 여러번 건의했으나 받아들여지지 않았다. 하여 650년(보장왕 9년) 완산주의 고대산(지금의 전주 고달산)으로 망명해 왔다(飛來方丈).

---

7)『三國遺事』 권5; 「避隱」 제8; "朗智乘雲 普賢樹"(『韓國佛敎全書』 6책, p.363 하). 西谷沙彌稽首禮, 東岳上德高巖前, 吹以細塵補鷲岳, 飛以微滴投龍淵。

여기에 景福寺라는 절을 지어 『열반경』을 강론하였다. 이때 완산주의 고대산은 이미 백제를 점령한 신라땅이었다. 원효는 아마도 이 경복사에서 『열반경』과 方等敎 등의 강의를 들었을 것이다.

이와같이 원효를 이끌어준 스승들은 다양한 삶의 이력을 지닌 사람들이었다. 그들 모두는 치열한 문제의식 아래 인간과 세계를 바라보고 고민하며 사색하였던 구도자들이었다. 이러한 스승들과 선배들의 분위기 속에서 원효는 살았던 것이다.

4. 벌거숭이 인간의 모습: 혜숙 · 혜공 · 대안

가장 인간적인 모습으로 삶을 산 혜숙과 혜공, 그리고 대안은 우리에게 너무도 친근한 이웃사람들이다. 당대의 일상적 인간들은 그들의 몸짓과 언어를 통해 제도와 굴레에 갇혀버린 자신들의 욕망을 대리배설하였다. 혜숙과 혜공과 대안은 허위와 가식의 포장속에 갇혀버린 그 시대의 귀족들과 승려들에게 참다운 인간의 삶의 모습, 즉 그들이 잃어버린 적나라한 인간의 모습을 보여주었다. 이미 業의 쫩氣에 熏쫩된 현실적 인간들은 혜숙 · 혜공 · 대안 등이 보여주는 벌거벗은 인간의 모습을 통해서도 자신을 보지 못하였지만, 아직 業의 습기의 그물에 덜 걸린 사람들은 그들의 삶에 투영되어 있는 자신의 본래 모습을 바라보고는 곧바로 부처의 가르침에 귀의하였다.

그들은 인간 본연의 모습에의 통찰을 통해 어떻게 사는 것이 바른 삶인가를 보여주었다. 즉 無所有와 無執着의 삶의 방식을 통해 오욕에 쩔어 온갖 집착과 아집의 굴레에 갇혀있는 귀족 승려들에게 어떤 것이 참다운 삶인가를 보여주었다. 그들은 욕망을 버리는 방법을 가르쳐 주었다. 다시 말해서 인간의 욕망의 절제를 어떻게 구현하는가를 그들은 최소한의 소유와 최소한의 집착을 통해 보여주었다. 집착을 놓아버림

(放下着)으로써 나누는 기쁨의 삶을 사는 대승 불교인의 정신을 온몸으로 열어보였다. 이것은 그들이 대승경전에 대해 머리로만 알았던 것이 아니라 온몸으로 실천하고 회향하였다는 것을 내보여 주는 것이다.

惠宿은 화랑들을 쫓아다니면서 적나라한 인간의 모습을 보여주었다. 즉 귀족들과 함께 하면서 어떻게 사는 것이 진실한 삶인가를 깨우쳐 주었다. 그는 귀족들의 일상생활에 깊이 밀착하면서 그들의 삶이 얼마만큼 왜곡되어 있는가를 정면으로 부딪치며 일깨워 주었다. 갖가지의 삶의 양태를 통해 귀족들의 왜곡된 삶을 풍자하고 비판하면서 겸허한 삶, 알몸의 인간이 사는 삶의 모습을 그들의 삶 속에 투영시켜 주었다. 그는 귀족 불교의 울타리를 벗어나 서민들의 삶 속에로 온몸을 던지는 거룩한 모습을 보여줌으로써 我相과 我執의 그물에 걸려 발버둥치는 당시 귀족 승려들의 삶을 일깨워 주었다. 시골을 중심으로 전개한 그의 자유자재한 삶의 흔적은 서민 속에 불교를 깊이 심는 계기가 되었다.

惠空은 귀족의 집에 고용살이하던 노파의 아들이었다. 비록 심부름하는 할멈(傭嫗)의 피붙이였으나 열심히 수행하여 그 귀족의 스승이 되었다. 그는 대승경전에도 해박한 식견을 가지고 있었으며 종종 원효의 의문을 풀어주곤 하였다. 『삼국유사』에는 혜공과 원효의 적나라한 교제 모습이 그려져 있다. 그가 자칭『조론』을 지은 승조의 후신이라 한 것을 믿을 수 있을 지 의문이지만 그의 삶의 역정은 원효의 스승이자 선배로서, 그리고 절친한 도반으로서 벌거벗은 인간의 모습을 보여주었다. 뿐만아니라 신라에서 성립된 것이 거의 확실한 『金剛三昧經』은 경에 나타난 주요용어의 표현(부처→尊者) 등 몇가지 성격에 비추어 아마도 그가 지었을 가능성이 크다고 할 수 있다.

그는 조그만 절(夫蓋寺)에 살면서 날마다 미치광이처럼 술에 취하였다. 등에는 삼테기(簣)를 지고 노래와 춤을 불렀다. 負簣和尙이라 부른 것도 여기에서 비롯된 것이다. 그는 생사에 자재로왔으며 많은 神異를 보여주었다. 혜공은 나뭇꾼(樵夫)과 소치는 아이들(牧童) 그리고 농부들이 즐겨 쓰는 삼테기를 등에 지고 다니거나, 술에 취하여 노래와 춤을 불렀던 것은 모두 이 티끌세상에서 함께 어우러져 살자(同塵)는 것이었다. 그것이 바로 계층의 경계를 넘어선 참다운 삶이라는 것을 말하고 있었다.

大安에 대해서는 자세히 알 수 없지만 『금강삼매경』에 얽힌 설화에 의하면 그는 혜숙이나 혜공 못지 않은 식견과 삶의 가풍을 지니고 있었다. 그는 생김새가 특이하고 언제나 장터거리(市廛)에 머무르면서 銅鉢을 두드리고 大安! 大安! 외치고 다녔기 때문에 "大安"이라는 이름이 붙었다. 용궁에서 가져왔다는 『금강삼매경』의 차례를 꿰맞추어 綴縫하라는 왕명을 받았으나 왕궁으로 들지않고 경전을 가져오게 해서 시장바닥에서 순서를 맞추어 주었다. 따라서 그는 海東에서 성립된 『금강삼매경』의 편집자로 알려져 있다.

그는 언제나 장터거리에서 살면서 서민들과 애환을 함께 했다. 그는 호화롭게 생활하는 귀족 사회의 궁전을 마다하고 장터에서 살면서 허위와 가식으로 가득차 있는 귀족 승려들에게 수행자의 정신을 일깨워 주었다. 또 인민들의 삶의 모습을 올바로 전해줌으로써 사치로움에 젖어있는 귀족들의 삶을 돌이켜 보게 했다. 적나라한 인간의 모습을 무소유와 무집착을 통해 보여줌으로써 "크게 편안하라!"고 외치는 대안의 목소리는 호화로운 삶에 빠져있는 당시 귀족 승려들에게 매서운 채찍질이 되었다.

혜숙과 혜공은 모두 티끌세상에서 같이 어우러진(同塵) 모습을 통해 賤民과 庶民 그리고 귀족들을 만나면서 인간 본연의 모습을 보여주었다. 시골(혜숙)에서나 골목거리(혜공)에서, 그리고 장터거리(市廛: 대안)에서 보여준 그들의 삶의 방식은 왕실이나 귀족들이 사는 城안의 큰 사원에서 귀족생활을 하는 승려들의 삶에 대한 무서운 질책이었다. 다시 말하면 그들의 삶 자체는 곧 호화로운 삶에 젖어 서민들의 아픔과 괴로움에 눈 먼 그들의 삶을 준엄하게 꾸짖는 매질이었다.

따라서 인간의 본연의 모습으로 돌아가자고 외치는 혜숙과 혜공 그리고 대안의 모습은 분황사의 墨香에 젖어있는 원효에게 엄청난 울림으로 다가왔다 하여 원효(塞部)의 인식의 전환은 바로 이들의 삶의 모습을 통해서 비로소 無碍의 실천행을 발견할 수 있었던 것이다.

Ⅲ. 원효의 통일학

원효가 보여준 비젼은 곧 보편적 인간에 대한 이해였다. 그는 어떻게 인간을 이해해야 되며, 벌거숭이 인간의 모습은 어떠한 것인가를 몸소 보여주었다. 깨달음과 어리석음이 한 순간의 마음의 돌이킴에 의해 가능하다는 것을 보여줌으로써 보편적 인간이 지니고 있는 아알라야識의 전환을 촉구하였다. 중생과 부처가 따로 있는 것이 아니라 한 생각 돌이킴에 의해 중생과 부처가 만날 수 있음을 보여주었다.

一心은 바로 이 귀족과 인민이 만나고, 중생과 부처가 만나는 핵심 고리이다. 그러면 어떻게 만날 것인가? 그 방법론이 바로 和諍인 것이다. 화쟁은 다양한 주장(異諍)을 다 감싸안는 것이다. "나는 옳고 너는 그릇되었다"(我是他非; 自讚毁他)고 하는 것이 아니라 그가 처한 상황에 따라 적절한 처방전을 내려줌으로써 모두가 옳거나 모두가 그릇될 수 있음을 보여주는 것이다. 無碍는 바로 이러한 一心과 和諍의 구체적 모습이다. 다시 말해서 무애는 一心과 和諍 위에서 솟아나오는 삶의 모습이다.

　원효가 보여준 비젼은 바로 인간에 대한 전체적인 통찰이었다. 이러한 보편적 인간학, 즉 보편학은 원효사상의 특징적 모습인 것이다. 다시 말해서 그의 통일학은 바로 이러한 보편적 인간이 추구할 수 있는 모든 가능성에 대한 이해 위에서 정립될 수 있었다. 따라서 그의 보편학은 다름아닌 그의 통일학이라 말할 수 있는 것이다.

1. 언어를 바라보는 원효의 눈

　인간은 아무리 언어를 부정해도 그 부정하는 방식 또한 언어를 통해서 할 수밖에 없다. 언어를 바라보는 원효의 눈은 明澄하다. 원효는 그의 전 사상체계를 세우면서 언어에 대해 남다른 감각을 지녔다. 언어가 지니는 한계에 대해 회의만 한 것이 아니라 언어라는 방편을 적극적으로 활용하는 방식을 취했다. 그의 언어관은 『대승기신론소』에 잘 나타나 있다. 즉 "말로 표현할 수 없는"(離言) 측면에서의 진여와 "말로 표현할 수 있는"(依言) 진여로 갈라 설명하는 곳에서 언어를 바라보는 그의 눈이 구체적으로 드러나 있다.

　원효는 勝義적 언어나 世俗적 언어의 변별을 지양하고 있다. 승의적 언어나 세속적 언어로 보여지는 모습들은 모두 언어를 바라보는 인간의 차별상에 의해 벌어지는 세계의 쪼개진 모습이다. 즉 원효는 이름과 뜻(名義)을 어떠한 차별상에 의해 바라보는 것이 아니라 서로 어긋남이 없고 변함도 없기 때문에 진실하다는 차원에서 바라보면 모두가 一味 平等하여 "如相"이라 이름한다고 말한다. 다시 말해서 『대승기신론』에 나타난 "말로 표현할 수 없는 진여"(離言眞如)에 대해 살펴보면 이러한 "名義"의 평등한 如相은 모든 여래의 본체가 되는 것이기에 "여래의 如相"이라고 말하고 있는 원효를 발견하게 된다. 여기에서 우리는 언어에 대한 일체의 妄念을 여읠 것을 주장하는 그의 언어관을 엿볼 수 있다.

心眞如라는 것은 곧 一法界大總相法門體이다. 이른바 心性은 不生不滅인데 일체의 모든 법이 오로지 망령된 생각(妄念)에 의지하여 차별이 있게 된다. 만일 마음의 망령된 생각(心念)을 여의면 곧 모든 경계의 모습들이 없어진다. 이런 까닭에 一切法은 본래부터 言說相을 여의었고 名字相을 여의었고 心緣相을 여의어서 결국에는 평등하여 變異가 없고 파괴할 수 없는 一心일뿐이기 때문에 眞如라고 이름한다. 모든 언설은 假名이어서 그 실체가 없는 것이니 단지 망령된 생각을 따른 것일지언정 실체를 확보할 수 없기 때문이다.…… 마땅히 알라! 일체법은 설할 수 없고 생각할 수 없기 때문에 眞如라고 이름지은 것이다.[8]

위와 같은 원효의 생각에 의하면 眞如는 언어개념에서 벗어나 있다. 言說相과 名字相을 여의고 心緣相까지 여읜 곳에서 眞如는 드러난다. 망령된 생각을 떨쳐버리면 언어로 포장된 모든 차별상들이 다 소멸된다. 일체 존재하는 법은 본래부터 언어가 만든 세계나 개념이 구성한 대상을 벗어나 있다. 그러나 인간은 언어라는 방편으로 사물을 규정하다가 어느새 사물의 본질을 보지 못하고 언어로 뒤덮인 그 방편이 진실인양 착각한다. 이 망령된 생각으로 인해 존재의 참모습이 가려진다. 그래서 인간들은 "허공꽃"을 향해 욕망의 아우성을 치는 것이다.

원효는 一法界大總相法門인 心眞如를 언어의 굴레로부터 해방시킨다. 그러나 그는 언어를 떠난 어떠한 개념규정이나 표현은 불가능하다

---

8) 『大乘起信論疏』(『韓國佛教全書』 1책, pp. 743중~744상). 心眞如者, 卽是一法界大總相法門體。 所謂心性不生不滅, 一切諸法唯依妄念而有差別。 若離心念, 則無一切境界之相。 是故一切法從本已來, 離言說相, 離名字相, 離心緣相, 畢竟平等, 無有變異, 不可破壞, 唯是一心, 故名眞如. 以一切言說, 假名無實, 但隨妄念, 不可得故。…… 當知! 一切法不可說·不可念, 故名爲眞如。

는 것을 잘 알고 있다. 그래서 그는 일체의 법은 설할 수도 없고 생각할 수도 없기 때문에 "진여"라고 이름 붙인다고 말한다. 여기에 언어의 딜렘마가 있는 것이다. 언어를 거부하지만 거부하는 몸짓도 언어의 외피를 빌리지 않고는 안되는 것이다. 여기에서 바로 方便施設 또는 假說(假名)이 나오는 것이다. 즉 "굳이 말을 하자니"(假說; upacāra) "眞如"다, "一心"이다고 말을 하는 것이다. 다시 말하면 "할 수 없이 (不得已) 이름 붙이사니", "억지로 부르자니"(强號) "일심"이다 "진여"다 하는 것이다. 이것이 바로 방편시설인 것과 같이 언어가 지니고 있는 한계의 통찰 위에서 언어를 자유자재로 원용하고 있는 것이다.

원효는 언어에 대한 잘못된 이해 때문에 인간들이 사물의 총화인 세계에 대해 집착하고 논쟁한다고 판단한다. 언어란 진리를 전달하지만 왜곡하기도 한다. 이것이 바로 언어가 지닌 이중성이다. 진리는 언어로 표현할 수 없는 면(離言)과 언어로 표현할 수 있는 면(依言)이 있다. 그러나 언어로 표현할 수 없는 것도 결국은 언어를 통해서 말해야만 한다. 인간에게는 언어를 떠나 표현할 수 있는 방법은 없다. 어떠한 기호나 동작 등도 언어의 또다른 형태이기 때문이다. 따라서 언어에 대한 원효의 핵심적 입장은 언어에 대한 "집착성"에 겨냥되어 있다. 언어의 한계를 알고 그 집착성에서 벗어나면 언어는 좋은 방편이 되는 것이다. 원효는 언어에의 집착을 벗어나 그 위에서 언어의 주인공이 되어야 한다고 말하고 있다.

부정은 긍정을 이끌어 내기 위한 것이지 부정을 위한 부정이 아니다. 언어란 분별과 차별을 만들어내는 모티프이다. 원효는 분별과 차별을 일으키게 하는 언어를 "언어로써 언어를 버리는"(以言遣言) 상태에 도달시키고자 했다. 和諍의 방법은 바로 이러한 언어에 대한 그의 견해로부터 출발한다.

그는 먼저 긍정과 부정, 중생과 부처, 생사와 열반, 땅막과 무덤 등의 두 편견과 극단을 지양하고자 했다. 이것은 기본적으로 언어의 한계를 인정하고 있다는 것을 보여주고 있는 것이다. 그는 부정을 통해 세계에 대한 집착을 버린다. 동시에 부정과 그것(부정)의 부정을 통해 두 극단을 떠나게 한다. 즉 그는 상대적 이분을 넘어선 자리에서 活潑潑한 존재의 참모습을 발견한다. 원효는 여기에서 긍정과 부정에 자유자재한 그의 일관된 태도를 보여주고 있다.

예를 들어 원효가 즐겨쓰는 표현인 "非然이면 非不然이다"는 것은 "긍정이 아니면 부정도 아니다"는 것이다. 즉 원효는 어떠한 것을 설명하면서 긍정과 부정의 상대적 이분을 전제하지 않는다. 또 "非不然이면 然이다"는 것은 그것이 긍정으로 나타난다 해도 결정적으로 그런 것이 아니므로 집착하지 않고 보아야 긍정된다는 것이다. 즉 이것은 긍정과 부정의 부정이라는 두 명제가 같을 수 있는 가능성은 두 명제의 이분에 대한 어떠한 전제없이 바라봄 위에서 존재의 참모습을 볼 수 있다는 것이다.

同意와 異意의 관계도 마찬가지이다. 예를 들면 "동의하지도 않고 이의도 제기하지 않으면서 설한다"는 것은 "동의하지 않음으로 해서 정(情)에 어긋나지 않는 것"임을 그는 주장하고 있다. 원효는 같은 생각과 다른 생각이 대립으로 존재하는 것을 용인하지 않는다. 즉 진리의 측면에서 말한다면 동의와 이의에서 벗어나 자유롭게 말해야 한다는 것이다. 그래야만 진리는 왜곡되지 않고 전달된다는 것이다. 있는 그대로의 실재를 표현하는 방식은 언어에의 집착이 탈각된 곳에서 비롯된다. 따라서 원효는 언어는 알고 쓰면 얼마든지 약이 된다고 말하고 있는 것이다.

결론적으로 말해서 원효의 언어관은 언어의 한계에 대한 철저한 이해 위에서 나오는 언어의 무한한 긍정이다. 즉 언어는 진리를 전달하지만 왜곡하기도 한다는 투철한 인식 아래 그는 언어를 적극적으로 활

용한다. 원효는 진리의 전달에 있어서의 언어의 효용성을 인정하면서
동시에 언어에의 집착성을 부정한다. 따라서 언어의 양면성의 통찰 위
에서 언어에 자유자재한 입장을 원효는 우리에게 보여주고 있다. 그것
이 바로 부정과 긍정의 다양한 주장(異諍)을 和會시키는 和諍法의 내
용인 것이다.

2. 마음의 통일(一心) : 넉넉한 마음

원효의 삶에서 一心은 곧 살아있는 모든 것들의 "마음의 통일"을
상징한다. 그가 분열된 온갖 마음들을 통일하기 위해 모색한 중요 술
어가 바로 이 一心인 것이다. 즉 원효에게 있어서 一心은 그의 모든
생각의 갈래들을 묶는 벼리이며 모든 것의 근거이다. 다시 말해서 원
효가 보여주는 一心은 넓은 마음이며 부처의 뜻에 부합되는 것이다.
그 마음은 동시에 넉넉한 마음이며 따뜻한 마음이다. 원효는 갈라져있
는 뭇 주장들을 한데 모아 넉넉한 마음(一心)으로 회통시켰다. 그 회
통의 계기는 보살의 大悲心이며 대비심의 구체적 표현이 곧 이 一心인
것이다. 그가 일심을 어떻게 정의하고 있는가를 그의 저서에 나타난
생각의 윤곽을 통해 더듬어보자.

一心이란 무엇인가? 더러움과 깨끗함의 모든 법은 그 성품이 둘이 아
니고, 참됨과 거짓됨의 두 門은 다름이 없으므로 하나라 이름하는 것이
다. 이 둘이 아닌 곳에서 모든 법은 가장 진실되어(中實) 허공과 같지
않으며, 그 성품은 스스로 신령스레 알아차리므로(神解) 마음이라 이름
한다. 이미 둘이 없는데 어떻게 하나가 있으며, 하나도 있지 않거늘 무
엇을 두고 마음이라 하겠는가. 이 도리는 언설을 떠나고 사려를 끊었으
므로 무엇이라 지목할지 몰라 억지로 一心이라 부르는 것이다.[9]

9) 『大乘起信論疏』(『韓國佛敎全書』 1책, P. 741상~중). 何爲一心? 謂染 淨諸

무릇 진리에는 방향성이 없다. 진리에는 고정성도 없다. 진리는 역동적이며 숨쉬는 유기체와 같이 꿈틀되는 성질을 지니고 있다. 원효가 정의한 一心도 고정된 개념이 아니다. 더러움과 깨끗함, 참됨과 거짓됨이 둘이 아니듯 진리는 어떠한 경계에 의해 그 외연이 결정되는 것이 아니다.

중생은 본래부터 깨달은(本覺) 존재다. 이미 본래부터 깨달아 있는 존재이기에 더이상 깨달을 것이 없는 존재다. 그러나 무명의 바람에 의해 잠시 번뇌의 파도가 일어나 있어 진리를 제대로 보지 못하는 것(不覺)이 중생이다. 그래서 수행을 통해 무명의 바람만 가라앉히면 비로소 깨달음(始覺)이 확연히 드러난다. 그러므로 진리는 어느 한 순간, 한 시점에서만 바라보면 왜곡된다.

진리는 인간들의 망막 위에 덧씌워진 색안경에 의해 왜곡되곤 한다. 일상의 색안경을 벗고 "있는 그대로" 대상을 파악할 때 진리는 올곧게 드러난다. 원효는 일심을 정의하면서 이러한 일체의 왜곡이나 언설의 횡포로부터 진리를 해방시키려 한다. 그 해방의 과정이 비록 지난하더라도 원효는 끝내 진리를 왜곡없이 있는 그대로 드러내려 한다. 그 진리의 드러난 모습이 원효에게는 곧 一心인 것이다. 원효는 다시 이 일심을 이렇게 정의한다:

합해서 말하면 生은 곧 적멸이나 滅을 지키지는 않고, 滅이 곧 生이 되나 生에 머무르지는 않는다. 生과 滅은 둘이 아니고, 動과 寂에는 다름이 없다. 이와 같은 것을 이름하여 一心의 法이라 한다. 비록 실제로는 둘이 아니나 하나를 지키지는 않고, 전체로 緣을 따라 生하고 動하며, 전체로 緣을 따라 적멸하게 된다. 이와 같은 도리로 말미암아 生이 적멸이고 적멸이 生이며, 막힘도 없고 거리낌도 없으며, 하나도 아니고

法其性無二；眞 妄二門不得有二, 故名爲一。此無二處, 諸法中實, 不同虛空, 性自神解, 故名爲心。然旣無有二, 何得有一；一無所有, 就誰曰心。如是道理, 離言絶慮, 不知何以目之, 強號爲一心也。

다른 것도 아니다.[10]

불교에는 싸움이 없다. 다만 다양한 주장이 있을 뿐이다. 원효는 이러한 다양한 주장(異諍)을 한 줄기 길로 회통시킨다. 즉 삶(生)과 죽음(滅), 움직임(動)과 고요함(寂) 등의 상대적 이분을 과정으로만 허용할 뿐 끝내는 한 길로 통합시킨다. 그의 화쟁법은 바로 이 다양한 주장을 일심으로 회통시키는 방법본이다. 그 수상이 낭성이른 부싱니든 가리지 않고 상대적 편견을 아우르고 새로운 통합의 길을 제시한다. 화쟁은 바로 이 和會와 會通을 통한 모색의 결과이다. 원효는 말한다 :

  이와같이 일심은 통틀어 일체의 물들고 깨끗한 모든 법의 의지하는
  바 되기 때문에 제법의 근본인 것이다.[11]

一心은 갈라진 모든 물결들의 시원지이며 존재하는 모든 것들의 의지처이다. 원효는 삼국이 국토팽창정책에 의거해 주장하는 다양한 정략들조차도 결국은 "三韓一通"이라는 기치 아래 묶어버린다. 원효는 진제의 입장도 속제의 입장으로 환원한다. 그에게 있어 진여문은 생멸문에 포용되며 생멸문은 동시에 진여문에 포용된다. 그는 인민의 삶이나 귀족의 삶을 衆生心으로 묶어 세운다. 중생심은 곧 一心이다. 일심은 大乘의 마음이다.

  그에게 있어 진리는 어떠한 방향이나 二分을 허용하지 않는다. 진리는 다만 살아있을 때만이 진리인 것이다. 이것이 바로 진리의 생명성

---

10) 『金剛三昧經論』卷下 (『韓國佛敎全書』 1책, p. 659상). 合而言之, 生卽寂滅, 而不守滅; 滅卽爲生, 而不住生。生滅不二, 動寂無別, 如是名爲一心之法。雖實不二, 而不守一, 學體隨緣生動, 學體隨緣寂滅。由是道理, 生是寂滅, 寂滅是生; 無障 無碍; 不一・不異。

11) 『金剛三昧經論』卷上 (『韓國佛敎全書』 1책, p. 615하). 如是一心, 通爲一切染淨諸法之所依止故, 卽是諸法根本。

이다. 원효는 이 생명성을 一心에서 찾고 있다. 원효는 다시 말한다:

여래가 설한 바 일체의 교법은 一覺의 맛에 들지 않음이 없다. 일체
중생이 본래 一覺이었지만 다만 무명으로 말미암아 꿈따라 유전하다가
모두 여래의 一味의 말씀에 따라 일심의 원천으로 마침내 돌아오지 않
는 자가 없음을 밝히고자 한다.[12]

원효는 『대승기신론』의 논리를 빌어 중생들의 本覺을 드러내려고
(始覺) 한다. 본래 드러낼 것이 없지만 중생들은 제 어리석음을 스스
로 비춰보지 못한다(不覺). 따라서 중생들은 어떠한 인식 전환의 계기
가 필요하다. 원효는 一心을 통해 중생 스스로가 자신을 되돌아 보게
만들고자 한다. 그 과정이 바로 보살의 대비심의 실천과정이며 중생의
수행과정이다. "마치 가난한 아들이 자기 본래의 집으로 다시 돌아오
듯이" 일심의 본래 면목으로 돌아오게 만드는 것은 보살의 실천과정이
자 大悲心의 표현인 바라밀행이다.

불교의 목적은 뭇 중생들로 하여금 깨달음에 들게 하는 것이다. 그
깨달음은 한결같은 맛(一味)이며 길이다. 갈라진 온갖 지류들도 끝내
는 바다에 이르기 마련이다. 강원도 설악산의 솔잎에서 떨어진 조그만
물방울이 시나브로 고여 샘을 만들고 시냇물을 마련한다. 그 물이 한
강을 만들어 흐르다가 팔당에서 남한강과 북한강의 합궁을 거쳐 황해
로 흘러가듯이 모든 물은 바다로 들어간다. 고구려도 백제도 신라도
한민족의 핏물을 타고 한 줄기 "三韓一統"의 바다로 흘러들어 간다.
하나의 민족, 하나의 핏줄은 一味라는 이 통일성에서 다 녹아난다. 여
래가 설한 가르침도 이 깨달음에선 다 한 가지이며 한결같은 것이다.

---

12) 『金剛三昧經論』 卷상 (『韓國佛敎全書』 1책, p. 610상). 如來所說一切敎法,
　　無不令入一味覺故。欲明一切衆生本來一覺, 但由無明隨夢流轉, 皆終如來一味之
　　說, 無不終歸一心之源。

따라서 원효는 이 一心을 심식의 주체인 心王이라 전제하고 모든 법의 기본적인 원천이라 정의한다:

> 티끌의 通相을 완전히 파악하므로 이름하여 心王이라 한다. 그것은 본래의 一心이 모든 법의 기본적인 원천이기 때문이다.[13]

一心은 모든 싯의 근기가 된다. 젊이든 즉욕이든 더러움이든 깨끗한 이든 움직임이든 고요함이든 이 모두는 상대적 세계가 의지하는 근거가 된다. 이와 같이 일체의 의지처인 일심은 인간의 心識으로 인식할 수 있는 모든 가능성의 근거가 된다. 때문에 일심은 현실적 인간의 삶의 총화인 一切의 근거인 것이다. 삼국의 분열도 이 일심의 分裂에서 비롯된 것이며 삼국의 통일도 이 일심의 統一에서 비로소 가능한 것이라 파악하는 것이다. 따라서 이 따뜻한 마음, 넉넉한 마음(一心)에 의해 모든 갈등의 응어리는 해소될 수 있는 것이다. 우리가 도모하는 일에서 작은 이익에 얽매이지 않고 넓은 마음을 통해 전체적 이익에 동참할 때 우리는 모든 사람들의 이익으로 환원시킬 수 있다. 나눔의 기쁨, 이것이 바로 보살의 존재이유인 것이다.

緣起에 대한 사무친 통찰 위에서 싹튼, 즉 나의 욕망의 확대가 남의 욕망의 확대에 대한 장애를 최소화 한다는 인식은 바로 이 넓은 마음에 의해 가능한 것이다. 다시 말해서 나의 확장이 남의 확장에의 피해를 최소화시켜야 한다는 생각은 연기법에 대한 사무친 이해 위에서 나오는 넓은 마음인 것이다. 넓은 마음(一心)은 여유있는 마음이며 넉넉한 마음이다. 이 마음을 통해 자발적 절제가 가능해진다. 자발적 절제가 이루어지는 사회는 건강한 사회이다. 따라서 원효는 이 일심을 통해 욕망의 절제를 촉구한다.

---

13) 『大乘起信論疏』(『韓國佛敎全書』1책, p. 750하). 了塵通相, 說名心王。由其本一心是諸法之總源故也。

군주에게도 귀족에게도 승려에게도 모두 욕망의 확장에만 젖어있지 말라고 경고한다. 원효는 緣起에 대한 사무친 통찰 위에서 욕망의 자발적 절제를 이끌어 내고자 하는 것이다. 마음의 분열은 다름 아닌 이 욕망의 확장에서 비롯되는 것이다. 원효는 아알라야識의 렌즈를 잘 콘트롤함으로써 욕망을 최소화 하라고 촉구하는 것이다.

원효가 그의 전 사상체계를 아우르는 핵심술어인 一心은 바로 이 욕망의 절제를 위한 모색의 산물이었다. 즉 이웃나라와 자기나라 백성들의 고통을 어떻게 하면 줄일 수 있는가를 모색하게 하는 것이 원효의 과제였다. 통치자들의 영토확장정책이 주는 인민의 고통과 인간들의 증오심을 어떻게 하면 최소화 할 수 있는가를 몸부림치면서 물었던 과정이 그의 삶의 역정이었다. 인간들의 욕망, 즉 통치자들의 욕망이 불러일으키는 증오의 씨앗(種子)들을 一心이라는 아알라야識의 렌즈를 통해 조절하자는 것이 그의 생각이었다.
따라서 원효에게 있어 一心은 중생심이며 아알라야識의 미세한 인식(無明業相・轉相・現相)들도 결국은 이 一心 속에 포괄되는 것이다. 일심의 생멸문은 아알라야識의 不覺에 짝지워지며 일심의 진여문은 아알라야識의 本覺에 짝지워진다. 『대승기신론』에 의하면 속제적 인식도 결국은 진제적 인식을 유도해내는 방편인 것이며 진제적 인식도 결국은 속제적 인식을 이끌어내는 방편인 것이다. 그러한 방편들은 결국 이 一心 안에서 작용하는 것이다. 그러므로 원효는 다시 말한다:

더러운 땅과 깨끗한 나라가 본래 一心이고; 생사와 열반이 마침내 둘이 아니다.[14]

원효는 穢土와 淨土가 한 마음에서 비롯되며 삶과 죽음이 一心에서

─────────────
14) 『無量壽經宗要』(『韓國佛教全書』권1, p. 553하). 穢土・淨國, 本來一心; 生死・涅槃, 終無二際。

비롯된다고 힘주어 설하고 있다. 한 생각 돌이킴이 땅막과 무덤이 둘이 아님을 알게하는 어떠한 계기의 통쾌함으로 작용하듯 인식의 전환은 삶의 질의 전환을 도모하기 마련이다. 갈라진 마음, 찢어진 마음, 증오의 마음들은 결국 한 생각 돌이킴을 통해 가능한 것이다. 그러므로 넉넉한 마음이자 넓은 마음인 이 一心의 의미를 제대로 통찰할 때 분열과 대립과 갈등은 모두 녹아날 수 있다.

원효는 이 넉넉한 마음(一心)을 통해 삼국 백성들의 분열된 마음을 하나로 묶고자 한다. 마음의 통일 없이 국토의 통일과 민족의 통일이 될 수 없듯이 원효는 이 일심을 통해 보다 넉넉한 마음, 보다 넓은 마음으로 三韓一統의 비전을 제시하고 있다. 원효의 一心 안에서는 동서모순(영·호남)도 남북모순(이남·이북)도 허용되지 않는다. 원효는 다시 말한다:

모든 경계가 무한하지만 다 一心 안에 들어가는 것이다. 부처의 지혜는 모양을 떠나 마음의 원천으로 돌아가고, 智慧와 一心은 완전히 같아서 둘이 없는 것이다.[15]

모든 경계는 一心 안에 포괄된다. 부처의 지혜도 이 일심의 원천에 포섭된다. 따라서 이 일심과 지혜는 等値이다. 어디에도 오차가 없는 하나의 모습을 지니고 있다. 세움(立)과 깨뜨림(破), 줌(與)과 빼앗음(奪), 같음(同)과 다름(異), 있음(有)과 없음(無), 가운데(離邊)와 가장자리(非中)가 둘이 아니듯 모든 경계는 이 한 마음 안에서 포용된다. 원효는 모든 것의 근거인 일심을 통해 상대적 이분의 인식을 하나로 회통시키고 있는 것이다. 一心은 곧 중생심(衆生心＝如來藏)을 지닌 뭇삶들이 도달해야 할 궁극적인 목표이기도 하다. 그는 그의 모든 사상의 근거를 바로 이 一心에다 두고 있다. 따라서 원효는 그의

---

15) 『無量壽經宗要』 제3 約人分別 (『韓國佛教全書』 권1. P. 562상). 萬境無限, 咸入一心之內。佛智離相, 歸於心源, 智與一心, 渾同無二。

『열반종요』에서 "불성의 바탕은 바로 일심이다"[16]라는 사자후를 토하고 있는 것이다.

『대승기신론』에 의하면 大乘心이란 "귀경게"에서 나오듯이 대승에 대한 바른 믿음(大乘正信: 自性淸淨心)이다. 대승은 일체 세간법과 출세간법을 모두 다 머금고 있는 중생심이다. 대승의 體는 중생심의 진여相이며, 이 중생심의 生滅인연상이 대승의 自體와 속성(相)과 작용(用)을 능히 보이기 때문에 오직 중생심이 대승의 근거가 됨을 밝힌 것이다. 이 중생심의 다른 이름은 如來藏이다. 원효는 이 중생심을 한 마음(一心)이라고 규정했다. 뭇삶들이 누구나 다 가지고 있는 마음이 중생심이라고 볼 때 "한 마음"이라고 표현한 것은 본체론적으로 중생심을 명백히 투시한 데서 가질 수 있는 표현이다.

그러므로 일심은 대승심이며 중생심이며 여래장이다. 좀더 좁혀 말하면 아알라야識이라 말할 수 있다. 원효는 마음의 통일(一心)을 통해 국토의 분열, 민족의 분열, 마음의 분열을 한 줄기 회통의 길로 촛점을 모아갔다. 즉 일심은 바로 생멸문과 진여문을 포괄하는 대승심이며 중생심인 것이다. 다시 말해서 원효는 삼국의 분열은 결국 분열된 마음의 극복을 통해서 통일이 가능하며, 그 통일은 중생심이며 대승심이며 여래장인 一心의 회복을 통해서 가능하다는 것이다.

원효가 궁극적으로 나아가고자 한 것도 바로 이 갈라진 온갖 마음들을 한 줄기 마음의 통일로 묶어세우는 것이었다. 넉넉한 마음, 따뜻한 마음, 넓은 마음으로 온갖 주장(異諍)들을 하나로 회통시키려는 것이 원효의 본심이었다. 그는 이러한 "한 마음"을 통해 부정과 긍정의 상대적 대립을 지양하는 어떠한 통합의 계기를 마련하고자 했던 것이었다.

---

16)『涅槃宗要』(『韓國佛教全書』 1책, p. 538중~하). 佛性之體, 正是一心。

3. 조화와 화해(和諍): 한 가지 맛(一味)

화쟁은 뭇 주장(異諍)을 和會시키는 원리이다. 다양한 주장들을 감싸안으려면 "따뜻함"이 필요하다. 화쟁은 원효의 독특한 방법론이며 부처의 올바른 진리를 알게하는 것이다. 원효는 百家의 다른 주장(異諍)을 지극히 공평(至公)하고 사사로움이 없는(無私) 부처의 뜻에 근거하여 전개함으로써 모두 화해시키고 있다. 따라서 화쟁이 가능할 수 있는 토대는 그것이 바로 부처의 올바른 진리 위에 서 있기 때문인 것이다. 원효의 卓絶한 작품인『십문화쟁론』에 나타난 화쟁에 관한 그의 생각을 들어보자:

> "부처가 세상에 있었을 때는 부처의 圓音에 힘입어 중생들이 한결같이 이해했으나 …… 쓸데없는 이론들이 구름 일어나듯 하여 혹은 말하기를 '나는 옳고 남은 그르다' 하며, 혹은 '나는 그러하나 남들은 그렇지 않다'고 주장하여 드디어 하천과 강을 이룬다 …… 有를 싫어하고 空을 좋아함은 나무를 버리고 큰 숲에 다다름과 같다. 비유컨대 靑과 藍이 같은 바탕이고, 얼음과 물이 같은 원천이고, 거울이 만 가지 형태를 다 용납함과 같다."[17]

불교사를 돌아보면 부처가 살아있을 때는 불설만이 진리임을 확고히 믿었으므로 교단내에서는 다른 이설이 없었다. 그러나 부처가 열반에 들고난 뒤부터는 많은 이설이 횡행하여 각기 자신만이 옳고 남은 그릇되다고 주장하게 된다. 계율의 해석 문제에 의해 교단이 분열되었듯

---

17)『十門和諍論』(『韓國佛教全書』 1책, p. 838상). 十門論者, 如來在世, 已賴圓音, 衆生等 …… 雨驟, 空空之論雲奔。或言我是, 或他不是, 或說我然, 說他不然, 遂成河漢矣。大 …… 山而投廻谷, 憎有愛空, 猶捨樹以赴長林。譬如青藍共體, 氷水同源, 鏡納萬形。

이, 원효시대에도 이미 정립된 다양한 불교학파들이 자신의 주장만이 옳다고 주장하고 다른 학파의 주장들은 모두 잘못되었다고 역설하고 있었다. 따라서 원효는 중국으로부터 물밀듯이 쏟아져 들어오는 여러 불교이론들을 정리할 필요성을 느끼고 있었다.

그는 삼론과 천태, 법상, 계율, 화엄 등의 다양한 주장들을 전체적으로 통찰하여 교통정리 해줄 필요가 있다는 것을 알고 있었다. 사실 크게 보면 다양한 주장들 모두가 한 바탕에서 나온 것이지만 어느 일면만 보면 완전히 다른 것으로 파악하는 것이 중생들의 마음 씀씀이이다. 원효는 이렇게 다양한 주장들을 일정한 체계에 의해 정리할 필요를 느끼고 있었다. 거울이 만가지 형태를 다 받아들이듯이, 바다가 온갖 물줄기들을 다 받아들이듯이 원효는 부처의 올바른 진리에 근거하여 화쟁법이라는 독특한 방법론을 제시하였다. 그는 화쟁법을 통해 부처의 근본 가르침을 올곧게 이해할 수 있도록 했다. 그래서 부처의 근본 가르침에 근거하여 온갖 주장들(異諍)을 和會시키고 會通시키고 있다.

모든 주장들은 어떠한 결론을 모색하기 마련이다. 결론이 없는 과정도 의미는 있다. 그러나 어떠한 주장 자체는 이미 결론의 모색을 위한 주장이며 과정인 것이다. 다양한 주장들이 결론의 바다로 들어가기 위해서는 어떠한 통합의 계기와 논리가 필요하다. 원효는 그것을 一味로 전개한다. 一味는 같음(同)과 다름(異), 세움(立)과 깨뜨림(破) 등의 상대적 이분을 넘어서서 다양한 주장(異諍)의 촛점을 한 곳으로 이끌어 가는 실마리가 된다. 마치 모든 강물들이 바다에 들어가 한결같이 소금기의 짠 맛이 되듯이 一味는 어떠한 통합의 모색을 위해 전제되는 필수적인 요소이다. 원효는 이러한 통합의 계기로서 和諍이라는 그의 독특한 방법론을 제시한 것이다:

불교경전의 부분을 통합하여 온갖 흐름의 한 맛(一味)으로 돌아가게

하고, 부처의 뜻의 지극히 공정함(至公)을 전개하여 百家의 뭇 주장을 和會시킨다.[18)

경과 율과 논을 포괄하는 三藏에 깔려있는 부처의 참다운 뜻은 바로 진리가 갖는 원융성이며 포괄성이다. 緣起란 바로 이 원융성과 포괄성에 근거한 원리이다. 연기는 나의 존재성을 緣이라는 他者를 통해 규정하는 이법이기 때문이다. 즉 연기는 나를 넘어서는 어떠한 도덕적 질서(연기론+가치론)이며, 동시에 이것은 나의 욕망의 절제를 통해서만이 가능한 가치(윤리)론이다. 그러므로 和諍은 이 "一味"라는 도덕적 명분을 전제로 한 통합의 원리이자 방법이다. 삼국의 분열이 이 "三韓一統"이라는 "一"의 의미에 의해 통일의 가능성이 모색될 수 있듯이 이 "一"은 전체성과 완전성을 뜻한다.

화엄의 六相에서 보여주는 그 전체성(總相)과 개별성(別相)의 모습도 결국은 바로 이 "一"의 전제 위에서 보여주는 모습인 것이다. 불교 경전의 모든 논의들이 지극히 공정하고 사사로움이 없는 것도 바로 이 "一"의 총상적 포괄성 위에서 전제되는 것이다. 백가의 다양한 주장들이 화쟁이 될 수 있는 것은 바로 이 一味의 원융성 때문이다. 즉 온갖 흐름들이 돌아가는 의미의 과녁은 결국 부처의 뜻인 一味인 것이다. 원효는 一味를 다시 정의한다:

> 이것은 이치와 지혜를 모두 잊어버리고, 이름과 뜻이 아주 끊어진 것이니 이것을 일컬어 열반의 그윽한 뜻이라 한다. 다만 모든 부처가 그것을 증득하고서도 그 자리에 있지 않고 응하지 않음이 없고 말하지 않음이 없으니 이것을 일러 열반의 지극한 가르침이라 한다. "그러나" 그윽한 뜻이면서도 한번도 고요한 적이 없었고, 지극한 가르침이면서도

---

18) 『涅槃宗要』(『韓國佛敎全書』 1책, p.524상).   統衆典之部分, 歸萬流之一味, 開佛意之至公, 和百家之異諍。

한번도 말한 적이 없었다. 이것을 이치와 가르침의 한 맛이라고 한다.[19]

원효에게 있어 열반은 이치와 가르침의 한 맛이다. 열반은 모든 것이 쉰 상태이다. 일체의 일어남이 끊어진 자리이다. 열반은 모든 것이 쉬어버린 상태이므로 평등하며 차별이 없는 것이다. 즉 온갖 주장들이 다 소멸된 상태, 다 쉬어버린 상태인 것이다. 다시 말하면 일체의 상념이 끊어진 자리에서 진리를 만나는 것이다. 삼국 백성들의 분열된 마음도 이 一味의 자리에서 다시 만나는 것이다. 내 땅(我土)이니 내 것(我所)이니 하는 집착성에서 벗어나 五蘊皆空이라는 諸行無常의 가르침에 대한 통찰 위에서 삼국이 다시 만나는 것이다. 즉 갈라진 국토와 민심이 이 一味 위에서 모두다 만나는 것이다. 따뜻한 마음(一心) 위에서 살아있는 모든 것들이 서로를 껴안는 것이다. 원효는 一味의 길을 열반에 상응시켜 아래와 같이 정의하고 있다:

> 지금 이『열반경』을 설할 때는 바로 한 교화가 끝나는 날이었으며 마침내 모든 부처의 큰 뜻을 나타내 보이려는 데에 있었다. 이른바 성도한 뒤로부터 근기를 따라 말한 모든 가르침을 총괄하여 一味의 길을 보여주기 위함이었다. 그것은 널리 이제 둘이 없는 성품에 돌아가는 것으로서 시방삼세의 모든 부처가 다 같은 것이며 그 뜻은 둘도 없고 차별도 없는 것이다. 이것이 모든 부처들이 세상에 나온 큰 뜻이다.[20]

본래부터 깨닫고 있는(本覺) 입장에서 보면 열반이란 너무 평이한 모습이다. 그러나 무명의 바람에 의해 덧씌워져 있는 입장에서 보면

---

19)『涅槃宗要』(『韓國佛教全書』권1, p. 524상～하). 斯卽理・智都忘; 名・義斯絶, 是謂涅槃之玄旨也。但以諸佛證而不位, 無所不應, 無所不說, 是謂涅槃之至教也。玄旨已而不嘗寂; 至教說而未嘗言。是謂理・教之一味也。

20)『涅槃宗要』(『韓國佛教全書』1책, p. 525상～하). 今說是經之時正臨一化之終日, 究竟顯示諸佛大意。所謂總括成道以來, 隨機所說一切言教, 悉爲示一味之道。普今歸趣無二之性, 十方世一切諸佛悉同, 是意無二・無別。是謂諸佛出世大意。

열반은 어떠한 희망의 자리이다. 부처의 태어남도 사라짐도 불각(不覺)의 입장에서 보면 담담하다. 그러나 아직 번뇌의 장애에 감싸인 모습에서 바라보면 열반은 추구해야 할 그 어떠한 목표이다. 원효는 진제도 속제로 환원하듯이 이 열반도 생사로 환원한다. 이것이 곧 一味라는 평등 무차별의 전제 위에서 제시하는 화쟁의 방법론이다.

온갖 물줄기들이 바다에서 똑같이 소금끼를 드러내듯이 일체의 다양한 논의를로 一味다는 이띠힌 곀근의 계기를 통해 통합되는 것이다. 즉 상대적 이분을 넘어서는 어떠한 계기는 바로 이 一味라는 모티프를 통해 가능해지는 것이다. 이러한 一味의 길을 보여주기 위해 부처는 이 세상에 몸을 나툰 것이다. 즉 부처는 평등하여 차별이 없는 상태를 一味로 보여주고 있는 것이다. 원효는 이 一味를 一心과 상응시킨다:

> 열면 헬 수 없고 가이 없는 뜻이 大宗으로 되고, 합하면 二門一心의 법이 그 요체로 되어 있다. 그 두 門 속에 만 가지 뜻이 다 포용되어 조금도 혼란됨이 없으며 가없는 뜻이 一心과 하나가 되어 혼융된다. 이런 까닭에 開·合이 자재하고, 立·破가 걸림이 없다. 연다고 번거로운 것이 아니요, 합친다고 좁아지는 것도 아니다. 그리하여 立하되 얻음이 없고, 破하되 잃음이 없다.[21]

원효가 一心과 一味와 一覺의 "一"性 위에서 전개하는 생멸문과 진여문도 결국은 이 중생심에서 출발한다. 즉 중생의 마음은 곧 대승의 마음이며 모든 것을 감싸안는 마음이다. 중생은 이미 깨달아 있는(本覺) 존재이기에 다시 깨달을 것이 없는 존재이다. 허지만 아직 無明의 相續心에 의해 아직 깨닫지 못한(不覺) 존재이다. 그러나 중생들은 넉넉한 마음(一心)을 지니고 있으며 한 맛의 깨달음(一覺味)을 지니고

---

20) 『大乘起信論疏』 (『韓國佛敎全書』 1책, p. 733하). 開卽無量·無邊之義爲宗; 合卽二門一心之法爲要。二門之內, 容萬議而不亂, 無邊之義, 同一心而混融。是以開·合自在, 立·破無碍。開而不繁; 合而不狹。立而無得; 破而無失。

있으므로 어떠한 계기(和諍)를 통해 一味의 바다에서 모두다 만날 수 있다. 갈등과 증오로 얼룩진 사바세계에서 한 생각 돌이키는 어떠한 계기(和諍)를 통해 이항 대립의 굴레에서 벗어날(不羈) 수 있는 길을 원효는 제시하고 있다.

和諍은 조화와 화해를 모색하는 인식 전환의 한 방법이다. 다시 말해서 상대적 이분과 이항 대립의 갈등을 넘어서는 어떠한 계기가 바로 화쟁인 것이다. 따라서 긍정과 부정을 넘어서는 인식의 전환 방법인 화쟁법은 바로 원효가 제시하는 새로운 사유방식인 것이다. 이러한 사유방식을 통해 원효는 삼국의 통일을 인간들의 마음의 통일로부터 제시해 가고 있는 것이다.

4. 자유의 실천(無碍) : 해탈의 모습(不羈)

원효의 삶은 無碍의 실천을 통해 질적 승화를 도모한다. 그는 일체의 굴레에서 벗어난(不羈) 해탈한 자의 소박한 모습을 보여주고 있다. 즉 자유의 실천(無碍)을 통해 모든 사람과 만나며 그 만남 속에 자기를 투영시키고 있다. 『三國遺事』에 나타난 아래의 기록은 원효의 삶을 질적으로 전환시킨 또하나의 계기가 된다:

"원효는 이미 계율을 저버리고 설총을 낳은 뒤에는 속복으로 갈아입고 자기를 스스로 일컫기를 '작은 마을에 사는 사내'(小姓居士)라 하였다. [어느날] 우연히 어떤 광대가 큰 탈바가지를 가지고 춤추고 희롱하는 것을 보니 그 형상이 너무도 빼어나고 기발하였다. [원효는] 그 탈바가지의 모습을 따라 佛具를 만들었다. 『화엄경』에 나오는 '일체에 걸림없는 사람이 한 길로 삶 죽음을 벗어났느니'라는 구절을 따서 이름하여 '장애가 안되는'(無碍) 도구라 하였다. 이에 노래를 지어 세상에 유포시켰다. 일찍이 佛具를 가지고 많은 촌락에서 노래하고 춤추며 교화하고 읊고 돌아왔으므로 가난하고 무지몽매한 무리들까지도 모두 부처의 이름을 알게 되었고 일제히 '나무아미타불'을 부르게 되었으니 원효의 법화(法化)는 컸던 것이다. 그가 태어난 마을 이름(栗谷: 밤골)을 '부처님 땅'(佛地)이라 하고, 절이름을 '불법을 처음 연'(初開) 절이라 했다. 스스로 원효라 일컬은 것은 대개 '부처님해'(佛日)를 처음으로 [이 땅에] 빛나게 한다는 뜻이다. 원효 또한 우리말(海東의 말)이니 그 때의 사람들이 모두 인디말(鄕言)로 이를 일컬어 새벽(始旦)이라 하였다."[22]

수행자 원효(塞部)는 자신을 한없이 낮추었다(小姓居士). 그러면서도 스스로 佛國의 이른 새벽(始旦)이 되고자 했다. 원효(塞部)는 이 땅에 처음으로 佛日을 빛내고자 했다. 땅막과 무덤이 둘이 아님을 통찰한 원효(塞部)는 분황사로 돌아와 미친듯이 저술작업을 감행한다. 초인적인 저술 작업을 통해 그는 인간에 대한 무한한 애정을 표현해 내었다. 보다 쉬운 언어로 불법을 광범위하게 전하고자 한 그의 무수한 저서는 별도의 주석서를 필요로 하지 않을 만큼 쉽고 완벽한 교과서였다. 쉬운 문장을 운율과 리듬에 실어 자유자재한 문체로 써내려갔다. 그가 그렇게 쓸 수 있었던 것은 깨달음 이후의 無碍한 삶의 방식에 의해서였다. 인간에 대한 무한한 애정과 걸림이 없는 삶의 스타일이 그의 초인적 저술을 가능하게 한 원동력이었던 것이다.

그의 이름인 塞部(새벽)와 같이 그는 이땅의 새벽, 모든 가능성을 머금고 동터오르는 으뜸새벽(元曉)이고자 했다. 위의 글은 이땅에 새로운 새벽을 열고자 하는 그의 생각이 잘 나타난 문장인 것이다. 이것

---

22)『三國遺事』권4;「義解」제5;"元曉不羈"(『韓國佛敎全書』6책, p. 348). "曉旣失戒生聰, 已後易俗服, 自號小姓居士. 偶因優人舞弄大瓠, 其狀瑰奇. 因其形製爲道具. 以『華嚴經』,'一切無碍人, 一道出生死', 命名曰: 無碍. 仍作歌流于世. 嘗持此, 千村萬落, 且歌且舞, 化詠而歸, 使桑樞瓮牖玃 之輩, 皆識佛陀之號, 咸作南無之稱, 曉之化大矣哉. 生其緣之村名佛地, 寺名初開. 自稱元曉者, 蓋初輝佛日之意爾. 元曉亦是方言也, 當時人, 皆以鄕言稱之始旦也."

은 無碍라는 실천행을 발견하고부터 나타나는 그의 인간과 세계의 이해방식이었다.

그는 요석과의 만남을 통한 삶의 전환의 모습을 無碍行으로 보여주었다. 一心과 無碍는 당시 인민들의 갈라진 모든 마음들을 이어주는 다리였다. 원효는 이 무애를 통해 귀족과 서민의 거리를 없애고자 했다. 귀족들에게는 욕망의 절제를 통해 소유와 집착을 최소화 하기를 촉구했다. 그리고 서민들에게는 인간 존중의 가르침인 불법을 배워 현실적 고통을 최소화 할 수 있게 했다. 다시 말해서 원효는 緣起法에 대한 이해를 통해 귀족 승려들이나 서민들에게 욕망을 절제하고 참다운 인간을 발견하기를 촉구했다.

참다운 깨달음은 반드시 사회적 실천으로 드러나기 마련이다. 원효의 깨달음은 바로 중생과 부처, 인민과 귀족이 둘이 아니라는 통찰이었다. 중생심의 마음에서 바라보면 모두 다 불성을 지닌 존재이므로 차별이 있을 수 없는 것이다. 원효의 통찰은 마음 속의 상대적 이분을 넘어서는 心識의 전환인 깨달음, 바로 그것이었던 것이다. 다시 말해서 그의 깨달음은 의식으로부터 독립된 객관적 실재에 대한 모든 차별상을 극복한 인식의 전환이었던 것이다. 그 깨달음의 내용은 一心의 발견이었으며, 그 一心은 곧 大悲心의 실천으로 나타났다. 그리고 이 대비심은 다양한 주장들(異諍)을 회통시키는 和諍과 해탈인의 모습인 無碍로 표출되었다.

그의 발언은 미친듯 난폭하고 예의에 벗어났으며, 보여주는 모습은 상식의 선에 어긋났다. 그는 거사와 함께 주막이나 기생집에도 들어가고 誌公처럼 금빛칼과 쇠지팡이를 지니기도 했으며, 혹은 주석서를 써서 『화엄경』을 강의하기도 하고, 혹은 사당에서 거문고를 타면서 즐기고 혹은 여염집에서 유숙하기도 하고, 혹은 산수에서 좌선하는 등 계기를 따라 마음대로 하는데 일정한 규범이 없었다.[23]

---

23) 『宋高僧傳』 권4 ; 「唐新羅國黃龍寺元曉傳」 大安 (북경 : 중화서국, 1987), p. 78.

『송고승전』은 이와같이 어디에도 걸림없이 자유자재한 원효의 모습을 보여주고 있다. 그의 無碍의 모습은 그가 보여주는 문장의 스타일에서도 마찬가지지만, 길거리에서 사랑을 구하는 노래를 부를 때나, 빨래하는 여인에게 말을 걸 때나, 냇가에서 혜공과 함께 고기를 잡아 먹을 때나, 사복의 죽은 어미를 장사지낼 때나, 분황사에서 『화엄경소』를 지을 때나, 황룡사에서 『금강삼매경』을 강의할 때나, 사자후를 토하는 원효의 모습은 몸을 백 개로 쪼개어(分百身) 온갖 곳에 그 모습을 나투는(數處現形) 것이었다.

그는 고요하나 언제나 움직이는 모습을(靜而恒動威), 행동하되 늘 고요한 덕(動而常寂德)을 잃지 않기를 사람들에게 권고했으며 자신도 동시에 그렇게 살았다. 대중교화의 한 방법이기도 한 無碍의 방식은 세상 사람들과 만나는 과정이었다. 그의 저술작업이나 사상적 고투 못지 않게 이 무애행은 원효의 삶의 질적인 전환을 가져왔다. 이러한 무애의 실천행이 없었다면 오늘의 원효는 있을 수 없었다.

광대나 백정, 기생이나 시정 잡배들과의 어울림, 깊은 산골의 밭메는 노인이나 몽매한 사람들과의 어우러진 삶은 살아있는 생명체에 대해 무한한 애정을 몸서리치게 느끼는 계기가 되었다. 방방곡곡(千村萬落)을 떠돌며 춤추고 노래하면서 만난 무수한 대중을 불법으로 교화하는 동안 거리의 아이들이나 부인네들까지도 그를 모르는 사람이 없었다. 모두가 소중한 생명체라는 것을 절실하게 깨달았다. 그는 호리병 하나를 들고 귀족과 천민의 분열된 마음을 통일하고자 했다. 그리고 삼국을 통일하고자 했다.

특히 그가 즐겨 춤춘 無碍舞는 강렬한 상징적 의미가 내포된 춤이었다. 두 소매를 흔드는 것은 인간을 묶어세우는 煩惱障과 所智障을 끊어야 된다는 것을 형상화한 것이며, 다리를 세 번 들었다 놓았다 하는 것은 三界로부터 벗어나야 된다는 것을 형상화한 것이다. 자라처럼 몸

發言狂悖, 示跡乖疎。同居士入洒・肆倡家, 若誌公持金刀・鐵錫, 『或製疏以講雜華』或撫琴以樂祠宇, 或閭閻寓宿, 或山水坐禪, 任意隨機, 都無定檢。

을 움추린 것은 뭇삶들을 따른다는 몸짓이었으며, 곱사처럼 등을 구부린 것은 모든 것을 다 거둬들인다는 뜻이었다.

원효는 현실세계의 온갖 장애로부터 벗어나는 길은 삼계의 불타는 집에 얽매이지 않아야 된다고 했다. 욕망이 일으키는 고통을 벗어나려면 집착을 버려야 된다고 역설했다. 그는 현실적 고통은 모두 자신의 욕망으로부터 비롯되었음을 갈파하고 모든 사람들에게 그 목마름을 버리기를 촉구했다.

땅막 속에서 처절하게 깨달았던 인간 마음의 전환! 大耶城을 거닐면서 바라보았던 주검들의 절규, 시골과 골목거리와 장터거리에서 만난 남녀노소들의 삶의 모습을 통해 그는 인간 본연의 모습을 통찰하였다. 그 통찰의 내용은 一心과 和諍과 無碍의 길을 잇는 일련의 과정으로 표현되었다. 즉 인식의 전환을 통해 원효가 깨달은 一心은 곧바로 大乘의 마음으로 전개되어 화쟁이라는 방법을 통해 나타났다. 그리고 일심과 화쟁의 구체적 실천은 원효의 무애행으로 나타났다.

그의 삶의 질적 전환을 가져온 이 일련의 과정은 어떠한 이념이나 이데올로기도 인간의 깃발 아래선 무기력 할 수밖에 없다는 사실을 보여주는 것이었다. 원효는 국토의 분열도 마음의 분열도 모두 이 유기체인 인간, 즉 생명을 지닌 존재에 대한 사무친 이해의 부족에서 나오는 번뇌 덩어리(煩惱障)임을 깨달았다. 다시 말해서 모두가 인간 이해의 빈곤에서 생겨난 마음의 병임을 깨달았다.

그래서 원효는 모든 중생들을 감싸안으면서(同事攝) 그들이 바라고 원하는 대로 될 수 있도록(隨順衆生) 교화해 나갔다. 보다 쉬운 교학을 전개하여 그들로 하여금 인간을 존중하는 생명사상인 불법을 낮은 데로 내려다 놓았다. 그는 기존의 佛法 이해방식을 누구나가 가까이 할 수 있는 양식과 매체로 대체시키고자 했다. 원효는 『無碍歌』와 『彌陀證性歌』 등을 지어 서민대중들로 하여금 현실생활 속에서 불법에 보다 쉽게 접근하게 했다. 그리고 간단한 염불을 만들어 누구나 인간의 존엄성을 발견하고 불법을 알게 했다.

원효는 淨土신앙을 통해 부처의 이름을 널리 알려 서민들의 현실적 고통을 덜어주고자 했다. 그 방법으로서 "稱名念佛"을 주창하여 "南無"의 염불을 보편화시켰다. 즉 만나는 사람마다 아미타불의 명호를 외우게 하여 사바세계의 온갖 번뇌와 고통을 벗어나 깨끗한 국토(淨土)에 태어나기를 발원하게 했다. 다시 말해서 그는 살아있는 모든 생명체들이 지극히 맑은 마음으로 아미타불의 本願力에 순응하면 서방정토에 태어날 수 있다는 것을 가르쳐 주었다.

원효는 보편적 인간에 대한 이해를 無碍를 통해 구현하고자 했다. 살아있는 것들이면 누구나 지니고 있는 생명의 존엄성을 환기시킴으로써 귀족적 삶을 사는 사람들에게는 좀더 욕망을 절제하기를 촉구했다. 그리고 인민의 삶을 살고 있는 사람들로부터는 좀더 용기와 신념을 가지고 살기를 요망했다. 그리고 통치자들에게는 국토확장정책과 같은 욕망을 절제하도록 일깨웠다.

원효는 그가 발견하고 실천한 일심과 화쟁과 무애의 과정을 통해 귀족적 삶이나 인민적 삶이나 모두다 생명의 當體에서 바라보면 평등하여 차별이 없으며 막힘도 없고 거리낌도 없음을 드러내 보여주었다. 그는 보편적 인간이 지니고 있는 자유로운 모습을 보여주었으며, 당시 사람들에게 그들 스스로가 본디부터 지니고 있는 자유로운 모습을 스스로 환기시키고 복원시키도록 유도했다. 즉 인간이면 누구나가 지니고 있는 主語를 언제나 잃지 않고 사는 삶을 환기시키고 복원시키려고 했다.

따라서 원효가 보여준 무애는 해탈한 자의 소박한 모습이었다. 소유와 집착에 얽매이지 않는 자유인의 모습이었다. 어떠한 명예나 계율이나 지식이나 권위로부터도 자유로운 모습이었다. 그는 無碍行을 통해 一心과 和諍의 구체적인 모습을 보여주었으며, 그 모습은 자신을 한없이 낮추는 것으로 나타났다.

원효는 일체의 굴레에서 벗어난 인간이었으며 벌거숭이 인간의 모습을 체득한 선지식이었다. 그는 무애를 통해 모든 욕망을 버리면 자유인이 될 수 있다는 것을 보여주었다. 완전히 해탈한 자의 모습은 지극히 상식적인 인간의 평범한 모습이었다. 결론적으로 말하면 원효의 無碍는 바로 이 一心과 和諍의 실천적 모습이자 원효의 삶이 필연적으로 나아갈 귀결점이었다.

Ⅳ. 원효의 비전

"누가 자루없는 도끼를 주겠는가? 내가 하늘 떠받친 기둥을 끊으리!"[24]

짧막한 외침 속에는 원효의 기질과 그의 비젼이 적나라하게 투영되어 있다. 원효는 스스로 새벽이 되고자 했고 하늘 떠받친 낡은 기둥을 끊고자 했다. 그는 자기를 넘어서는 어떠한 보편적인 삶을 살고자 했다. 즉 개체성을 지닌 자신만이 아니라 그 개별성을 넘어서는 포괄적인 삶을 살고자 했다. 그의 외침은 온갖 모순 속에 갇혀있는 신라사회의 낡은 집 기둥을 끊어버리고 새로운 집을 짓겠다는 대선언이었다.

온갖 종속의 굴레를 깨뜨려 버리고 스스로 올곧게 서는 창조적 인간

---

24) 『三國遺事』 권4; 「義解」 제5; "元曉不羈" (『韓國佛敎全書』 6책, P. 348 상). "誰許沒柯斧? 我斫支天柱!"

을 탄생시키겠다는 사자후였다. 즉 과거시제의 인간 굴레에서 벗어나 (不羈) 현재시제와 미래시제의 새로운 인간이 되겠다는 용트림이었다. 다시 말하면 새로운 思考를 통해 새로운 인간 이해의 계기를 마련하겠다는 목소리였다.

어젯밤 백 개의 서까래(椽)를 가려낼 때는 비록 내가 들지 못했지만, 오늘 아침 하나의 들보(棟)를 쓰는 곳에는 오직 나만이 될 수 있있다![25]

廣疏(5권)를 도둑맞고 다시 3일만에 지은 略疏(3권)를 가지고 왕과 신하와 백성들이 법당을 가득 매운 황룡사에서 사자후를 토하는 원효의 이 대선언은 바로 이땅의 새벽이 되겠다는 일갈(一喝)이다. 언젠가 仁王百高座법회에 100명의 법사를 추천할 때 그는 사람됨이 나쁘다고 평가받아 거절당한 적이 있었다. 그러나 그는 좌절하지 않았다. 그러한 수모를 겪으면서 그는 무서울 정도로 사색하고 고뇌하면서 창조적인 사유를 빚어내었다.

이 선언은 무능하고 열등의식에 절어 있으면서도 온갖 기득권을 다 누리고 있는 당시 귀족 승려들을 향한 무서운 질타였다. 그의 황룡사 사자후는 자신의 목소리를 담은 肉化된 문장과 생각을 존중하는 계기를 마련했다. 즉 새로운 것에 대한 도전과 모험을 거부하고 저절로 주어지는 온갖 기득권만 세습하고자 하는 기성 교단에 대한 준엄한 매질이었다.

원효는 남의 것을 그대로 모방하거나 답습하는 것이 아니라 새로운 사고를 가지고 자신의 삶이 배어있는 肉化된 목소리로 주장할 것을 일깨워 주었다. 즉 主語를 가지고 자신의 생각, 자신의 가슴으로 느낄 것을 암시하였다. 다시 말하면 원효는 신라사회의 낡은 껍질에서 벗어나

---

25) 『宋高僧傳』 권4;「唐新羅國黃龍寺元曉傳」大安(북경:중화서국, 1987), P. 79. 昔日採百椽時, 雖不預會; 今朝橫一棟處, 唯我獨能!

새로운 가능태로의 탈바꿈을 촉구한 것이다. 그러한 탈바꿈은 그의 활달한 문체와 인간 이해의 측면으로 나타났다.

그는 전체에 대한 통찰을 통해 보편적 인간의 모습을 보여주고자 했으며, 탁절한 문장력을 통해 그의 메시지가 다양한 인간들의 피부에 전달되도록 했다. 그가 즐겨쓰는 前文의 末尾를 後文의 序頭에 잇는 문체인 承遞法은 바로 이러한 맥락에서 시도된 새로운 스타일이었던 것이다.

1. 대표적 저술 몇 가지에 담긴 그의 생각

원효는 뭇 異諍을 和會시켜 모든 강물들이 바다에 가서 한 맛(一味)이 되듯이 그의 사상을 『기신론』의 구조와 같이 중생의 마음(衆生心)인 一心으로 회통시키고 있다. 부정과 긍정, 초월과 내재, 있음과 없음, 세움과 깨뜨림, 불화와 조화 등 모든 상대적 異諍들을 원융과 조화의 바다로 끌어들였다. 그가 세운 생각의 논리적 근거는 『대승기신론소』와 『대승기신론별기』, 그리고 『금강삼매경론』과 『십문화쟁론』 등에 자세히 나타나 있다. 그의 100부 240권(혹은 85부 181권)의 저작들이 한결같이 지향하고 있는 것은 모든 가능성을 감싸고 있는 一心, 즉 衆生心이다. 살아있는 모든 것들이 갈무리하고 있는 一心을 그는 이치가 아닌 지극한 이치이며(無理之至理) 그렇지 아니한 큰 그러함(不然之大然)이라고 갈파했다.

그의 독특한 삶의 역정에서 탄생된 많은 설화들은 모두 그의 열정적인 삶에서 비롯된 이야기들이다. 45세(661)에 땅막(土龕)에서 깨달음을 얻은 뒤 그의 문체는 자유분방하여 거침이 없었다. 그는 존재와 언어 사이를 자유자재로 넘나들며 세계의 본질을 꿰뚫어 보았다. 卓絶한 통찰력으로 인간을 발견한 원효는 보편적 인간학을 정립하고자 인간의 의식이 미칠 수 있는 모든 가능성을 깊이 모색했다. 그는 아알라야識

의 미세한 인식구조까지 분석해 들어갔다. 그러한 노력은 곧 보편학의 정립이자 통일학의 정립과정이었다. 따라서 신라 사상계가 아직 탄력과 힘이 붙지 않았을 무렵 "첫새벽" 원효가 출현하여 통일을 전후한 시기에 통일의 이론적 논의들을 떠맡았던 것이다.

그의 많은 저술 중 특히 『대승기신론소』와 『대승기신론별기』는 空사상에 입각하여 실재론적 견해를 논파하는 中觀敎義와 외세의 실세 자체를 의식의 스크린에 투영된 이미지(影像)로 파악하는 유식敎義의 이론적 문제성을 타개한 것으로 자리매김 된다. 그리고 『금강삼매경론』은 실천적 원리로서의 觀行 조직의 契經이라 할 수 있다. 『십문화쟁론』은 그의 特長인 "和諍會通學"의 교과서이다.

또 『기신론소』와 더불어 중국에서 "海東疏"라고 일컬어진 그의 『화엄경소』는, 그가 이 저술을 짓다가 붓을 꺾었다고 할 정도로 심취한 작품이다. 그의 4종교판에서 화엄을 普賢敎로서 맨 마지막에 올려 놓았던 것도 이 화엄의 중요성을 인정했기 때문인 것이다.

『금강삼매경』은 붇다가 금강삼매에 들었다가 선정으로부터 나와 설한 총 8품의 경전이다. 원효는 이 경을 풀이하면서 "本覺과 始覺의 二覺으로 宗을 삼는다"[26]고 서두에서 말하고 있다. 그는 소의 두 뿔 사이에 책상을 놓게 하여 시종 牛車(角乘)에서 이 경전의 疏 5권을 지었다. 그러나 이 廣疏는 분실되어 후에 略疏 3권을 다시 저술한 것이 현재 남아있는 것이다. 이 3권의 『금강삼매경론』은 대승의 空사상이 깊이 깔려있으며 완벽하고 강력한 觀行 체계를 가지고 있다. 중국의 남북조 시대로부터 隋代까지 佛學연구에서 문제되었던 거의 대부분의 교리와 학설이 종합되어 있는, 지극히 논서에 가까운 철학성이 투영된 경전이다.

---

26) 『金剛三昧經論』(『韓國佛敎全書』 1책, p. 604하). "此經宗要……, 果…, 因…, 智卽本·始兩覺, 境…,"

서분과 정설분 그리고 유통분 안에 총 7품으로 구성된 이 경전을 원효는 크게 4分으로 변별하고 있다. 즉 경의 大意와 경의 宗旨, 제목 이름과 문장의 풀이로 나누어 치밀하게 해석, 觀行에 대한 그의 깊은 성찰을 보여주고 있다. 원효는 경의 宗旨를 드러내는 제2분과에서 "이 경의 종요는 여는 면(開)과 합하는 면(合)이 있는데 합해서 말하면 一味의 관행으로 요점을 삼으며, 종합해서 말하면 열 가지 법문으로 宗을 삼는다"[27]고 정리하고 있다.

그는 또 "관행이란 觀은 횡(橫)적인 논리로서 대상(境)과 지혜(智)에 공통되는 것이고, 行은 종(縱)적인 전망(竪望)이니 因果에 걸치는 것이며, 果는 五法이 원만함을 말하고, 因은 이른바 六行이 다 갖추어 짐을 말한다"[28]고 사자후를 토하고 있다. 원효는 공간론(橫論)으로서의 觀은 관할 바의 대상인 所觀境과 그 대상을 관할 주체인 能觀智에 통하며, 시간론(竪望)으로서의 行은 因과 果에 걸친다고 통찰함으로써 세로와 가로의 회통, 즉 縱橫無盡한 無碍로 和會·會通시키고 있다. 즉 원효는 大乘의 바탕(體)이 이루어지는 지점을 "一心의 本源"으로 향하는 실천수행 위에 설정하고 있는 것이다. 다시 말하면 원효는 이 『경』의 주제를 一味의 觀行과 十重의 法門이 마침내 一味 觀行, 즉 "一觀"에 귀결됨을 밝히고 있다. 따라서 원효는 그의 一心사상과 맞물려서 그의 통일학을 一覺, 一味, 一觀의 "一"性 위에서 구현해 나아갔던 것이다.

또 원효는 『대승기신론』에 대한 주석서를 8부 14권이나 지었을 정도로 이 논서에 몰입했다. 『대승기신론소』와 『대승기신론별기』는 현

---

27) 『金剛三昧經論』(『韓國佛敎全書』 1책, p. 604하). "此經宗要, 有開有合, 合而言之, 一味觀行爲要, 開而說之, 十重法門爲宗."
28) 『金剛三昧經論』(『韓國佛敎全書』 1책, p. 604하). "言觀行者: 觀是橫論, 通於境·智, 行是竪望, 亘其因·果, 果謂五法圓滿, 因謂六行備足."

존하는 원효의 대표적인 『기신론』 주석서이다. 원효는 『대승기신론』 속에서 一心의 발견을 통해 중생심의 두 형태인 생멸분과 진여문이 둘이 아님을 드러내 보였다. 衆生心은 곧 대승의 마음이며 동시에 一心이다. 일심은 다시 진여문과 생멸문으로 구성되며 二門은 다시 三大와 四信과 五行과 六字法門으로 엮여진다. 즉 『기신론』은 一心과 二門(眞如·生滅)의 조직으로 짜여 있다. 이 두 문에 다시 體·相·用의 三大와 四信(信根本－眞如·信佛·信法·信僧)과 五行(施門·戒門·忍門·進門·止觀門)과 六字法門(不退方便: 南無阿彌陀佛)의 구조로 이어지고 있다. 특히 이 한 마음(一心)은 중생의 마음(衆生心)이며 이 한 마음에서 眞如門과 生滅門이 분과되고 있다는 점에서 주목을 요한다.

『기신론』은 중생이 지니고 있는 마음의 두가지 측면을 나타내 보여주고 있다. 즉 인간 마음의 오염된 면과 청정한 면이 無明의 바람에 의해 어떻게 번뇌의 물결을 일으키는지를 보여주고 있다. 또 『기신론』은 아알라야識의 두가지 뜻인 本覺과 不覺, 진여와 생멸, 淨法과 染法 등 온갖 상대적 견해들이 모두 아알라야識에서 비롯됨을 밝히고 있다. 그리고 『기신론』에서 "心眞如는 一法界大總相法門"이라는 전제는 이 텍스트를 시종일관 지배하는 핵심 주제이다. 따라서 이 전제 아래서는 생멸문도 진여문에 의해 포섭되며, 진여문도 생멸문에 의해 포섭된다.

이 텍스트에는 아알라야識의 和合識 가운데에서 미세한 마음(無明業相·轉相·現相)을 없애버리면 그대로 맑고 깨끗한 마음만 남아서 곧바로 一心으로 還歸됨을 밝히고 있다. 즉 아알라야識의 스크린에 투영되는 일체의 이미지(影像)를 있는 그대로 보지 못하고 갖가지 형태로 차별함으로써 번뇌가 생기는 것이다. 그러나 아알라야識의 和合識 중에서 번뇌를 일으키는 미세한 마음(生滅分)을 없애면 청정한 마음(不生不滅分)이 저절로 드러나는 것이다.

원효는 다시 마음의 근원(心源)을 깨달음에 이른 경지인 본각, 즉 隨染本覺과 性淨本覺으로 구분한다. 수염본각은 始覺쪽에 있는 본각인 隨動門의 본각이며, 본래 성정본각은 청정한 본각인 還滅門의 本覺이다. 『기신론』에는 수염본각의 相인 智淨相과 수염본각이 淳淨智를 이룰 때의 작용인 不思議業相으로 나누어진다. 원효는 이러한 분과를 통해서 추상적인 깨달음을 구체적인 깨달음으로 사회속에 환원시키고자 했다.

원효는 『보성론』에 근거하여 智淨相은 自利를 성취한 것으로서 해탈한 뒤에 번뇌장과 소지장을 다 여의어 일체의 장애가 없는 청정법신을 얻은 것이며, 不思議業相은 他利를 성취한 것으로 자재한 위력과 행위를 나타내는 것으로 규정한다. 즉 원효는 뭇삶들이 수행을 통해 나아갈 방향을 自利 이후에 利他행을 해야한다는 순서의 선후관계로 명료하게 제시하고 있다. 다시 말하면 뭇삶들이 자리행을 다 닦으면 이항대립의 울타리를 넘어서 자연히 이타행으로 옮겨간다는 것이다.

이러한 포괄적 구조를 머금고 있는 『기신론』은 원효사상이 머금고 있는 총체성과 상응하고 있다. 아니 오히려 원효의 사상은 『기신론』 위에서 새롭게 구성되고 있다고 해야 할 것이다. 그러나 『기신론』은 이론적 측면에서는 매우 뛰어난 구성력을 지니고 있지만 수행론, 특히 근본무명(智碍)과 같은 장애를 깨뜨리지 못하는 眞如삼매나 一行삼매와 같이 止觀에 있어서는 매우 약하다고 할 수 있다. 즉 대승의 바탕 (體)을 설명하는 곳에서 수행론이 부분적으로 나타나 있지만 『금강삼매경론』에 비해 무척 미약한 것이다. 따라서 원효의 『기신론소』 · 『기신론별기』와 『금강삼매경론』은 이론과 실천이라는 면에서 서로 짝으로 존재하며, 둘 사이는 원효사상을 구성하는 데에 있어 불가분의 관계를 지니고 있는 텍스트라고 할 수밖에 없다.

또 그의 대표적인 저서이자 가장 독창적인 저술인 『十門和諍論』(2

권)에서 보여주는 열 가지 법문은 다양한 주장(異諍)을 포용하는 넉넉한 마음(一心)으로 표출되고 있다. 비록 완본이 남아있지는 않지만 최범술 선생이 복원한 텍스트에 근거하면 이 책에는 온갖 주장들이 열 가지 법문으로 정리되어 있다.

① 空有異執和諍門 (『十門和諍論』殘簡)
② 佛性有無和諍門 (『十門和諍論』殘簡)
③ 人法異執和諍門 (『十門和諍論』殘簡)
④ 佛身異義和諍門 (그의 『涅槃宗要』와 見登之의 『起信論同異略集』 의거)
⑤ 涅槃異義和諍門 (涅槃宗要』 의거)
⑥ 佛性異義和諍門 (『涅槃宗要』 의거)
⑦ 五性成佛和諍門 (『教分記圓通』 의거)
⑧ 三性異義和諍門 (『起信論疏記』 의거)
⑨ 二障異義和諍門 (『二障義』 의거)
⑩ 三乘一乘和諍門 (『華嚴宗要』 의거)

그는 이러한 온갖 다양한 주장들을 열가지로 묶어 세워 하나 하나씩 논파해 나간다. 원효는 아함教義에서부터 화엄教義에 이르기까지 기존에 논의된 다양한 주장들을 열 가지 유형으로 묶어 세우면서 화쟁의 논리에 입각하여 하나하나 和會・會通해 간다. 즉 空과 有, 人과 法, 眞과 俗, 一과 異, 報身과 化身, 無性과 有性, 三乘과 一乘, 煩惱障와 所智障 등 이항대립의 명제를 損減・增益・相違・戱論 또는 然・非然・非不然・亦然亦非然의 四謗(四句)의 잣대를 통해 하나하나 정리해 나간다. 원효는 여기에서 어느 주장들을 일방적으로 묵살하지 않고 열린 자세로 수용하면서 하나하나 논리적으로 교통정리 한 뒤에 자신의 견해를 명료하게 밝힌다.

이러한 방식은 『기신론』을 바라보는 그의 시각에서도 잘 나타난다.

그가 一心을 바라보면서 진여문과 생멸문의 구조에 깊이 천착한 것도 이러한 근거에 의한 것이다. 따라서 『십문화쟁론』은 원효의 치밀한 기질이 투영되고 진지한 생각이 담긴 卓絶한 저서이며 그의 전 사상을 꿰뚫는 주요한 저술이다. 이 저서는 그의 문인들에 의해 唐(중국)을 거쳐 인도에서 전해졌다고 한다.[29]

이와같이 원효의 대표적 저술 몇 가지에 나타난 그의 생각은 一心, 一味, 一覺, 一觀 등의 "一"性 위에서 和會와 會通의 길로 전개된 것이다. 다시 말하면 원효가 제시한 길은 그의 삶 전체에서 일관된 체계를 지니고 있으며 그 일관된 틀은 그의 一心과 和諍 그리고 無碍行으로 표출되었던 것이다.

2. 새로운 敎判: 대승윤리와 화엄의 자리매김

교판이란 敎相判釋의 줄임말이다. 교판은 불설 전체의 체계적 이해를 위한 해석틀이다. 인도와 서역에서 건너온 많은 傳法僧들이 중국으로 불경을 가져와 漢譯작업을 전개하자 중국인들은 여러 종류로 번역된 불경들을 목록을 통해 정리할 필요를 느꼈다. 즉 傳法僧과 求法僧들에 의해 무수한 경전들이 번역되자 중국인들은 그 경전들 중에서 무엇이 究極의 佛說인가를 판단하고자 했다. 그래서 불설 전체를 합리적으로 판정하고 해석하려는 움직임이 일어났다. 이러한 움직임이 바로

---

29) 順高, 『起信論本疏聽集記』 卷 제2 末 (『大日本佛教全書』 卷제92, P. 103). "元曉『和諍論』製作, 陳那門徒唐土來, 有滅後, 取彼論歸天竺國。" 여기서 특히 "陳那"는 "陳那後身"이라는 원효의 別名에 근거하여 해석해야만 한다. 따라서 "陳那門人"은 "陳那後身인 원효의 문인"으로 읽어야 한다. 그런데 朴鍾鴻 교수는 이 "陳那"를 5—6세기 인도의 불교인식론의 대가인 디그나아가(陳那)로 잘못 생각하고 있다[『한국사상사』(서울: 서문당, 1972), p. 105 참조]. 많은 학자들이 박교수의 설에 근거하여 『십문화쟁론』의 유통과정을 오해하고 있다.

敎判의 형성과정이다. 이런 의미에서 교판은 인도에도 있었지만[30] 이 교판은 역시 지극히 중국적인 산물이라고 할 수 있다. 이후 중국의 교판은 자기 종파(自宗)의 우월성을 드러내는 형식으로 전개된다. 그러나 원효의 교판은 한 종파의 우월성에 매이지 않고 경전의 보편적인 해석의 틀로서 우리에게 제시되고 있다. 다시 말하면 원효의 교판은 전체에 대한 통찰 위에서 정립된 通佛敎적 교판으로서 敎(이론)와 觀(실천)을 함께 닦는 체계로 정립된 것이다.

원효는 『대승기신론소』에서 인도대승불교의 2대학파인 중관파와 유가파를 다음과 같이 정의함으로써 그의 철학적 근거를 여래장사상에 두고 있음을 보여준다. 이 근거의 싹은 원효사상의 회통적 입장을 보여주는 것이며 동시에 그의 敎判觀이기도 하다. "『중관론』과 『십이문론』 등은 두루 집착을 破하고 破 또한 破해져 能破와 所破를 다시는 許容할 수 없게 된 것이니, 이것은 가고는 두루하지 못하는 논(往而不偏論)이며, 『유가론』『섭대승론』 등은 철저하게 深·淺을 세우고 법문을 판별하여 자기가 세운 법을 융통스럽게 버릴 길이 없게 된 것이니, 이것은 주고는 빼앗지 못하는 논(與而不奪論)"[31]이라고 정의한다.

계속해서 그는 『대승기신론』을 다음과 같이 평가한다. "이제 이 논은 지혜롭고 어질며 현묘하고 광박하여 세우지 않음이 없으면서 스스로 버리고(無不立而自遣), 파하지 않음이 없으면서 다시 허용한다(無

---

30) 淸辯 계통으로서 7세기 인도의 중관학파 학자인 智光은 유가행학파에 대항하여 空사상의 우위성을 드러내기 위해 부처의 가르침을 三時로 나누고, 소승은 四聖諦를 통하여 心境俱有를, 유가행파는 萬法唯識설을 통하여 境空心有를, 그리고 中觀철학은 諸法皆空의 이치를 통하여 心境俱空을 진리로 간주한다고 주장하였다.

31) 『大乘起信論疏記會本』(『韓國佛敎全書』1책, p. 733중). 如『中觀論』·『十二門論』等, 偏破諸執, 亦破於破, 而不還許能破·所破, 是謂往而不偏論也. 其『瑜伽論』·『攝大乘』等, 通立深·淺, 判於法門, 而不融遣自所立法, 是謂與而不奪論也.

不破而還許). 다시 허용한 것은 저 간 자로 하여금 極에 이르러서는 두루 섬을 나타내고, 스스로 버린다는 것은 이 준 자가 窮極에 이르러서는 빼앗음을 밝혀준다. 이것이야말로 모든 理論의 祖宗이요, 뭇 諍論의 評主라고 하지 않을 수 없다"[32]고 정의함으로써 그가 정립한 철학의 논리적 근거를 이『기신론』에 두고 있음을 드러내 주고 있다.

그는 여러 저서에서 자신의 교판을 세우고 있다. 그의 독특한 造語로 경이름을 붙인『大慧度經』의『宗要』에서는 頓·漸·五時(四諦·無相·抑揚·一乘·常住)설과,『해심밀경』의 三種法輪(四諦·無相·了義)을 소개한 뒤, 원효는『대품반야』가『대혜도경종요』에서는 두번째의 無相時로 판석되고,『해심밀경』에서는 두번째의 無相法輪으로 판석된 것은 그럴 듯 하지만 "이치는 반드시 그렇지 않다"(理必不然)고 주장한다. 그리고『화엄경』과 같이『대품반야』도 無上하고 無容한 究竟了義라고 논하고 있다. 뿐만 아니라『법화종요』에서도 그는『해심밀경』의 3種法輪說을 소개한 다음 거기에서『법화경』이 不了義(제1·2法輪)로 판석된 것은 잘못이라고 말하고 있다. 그 논리적 근거로서 다른 3종법륜(根本·枝末·攝末歸本)설에서 이『법화경』(제3법륜)이『화엄경』(제1법륜)과 함께 究竟了義로 판석되고 있음을 들고 있다.[33]

원효는 또 그의 교판에 관한 견해로서『열반종요』에는 중국의 南方師가 주장하는 人天·三乘差別·空無相·法華·涅槃의 頓·漸·五時說에『열반경』을 了義經으로 소개하고 있으며, 北方師들이 주장하는 般若·維摩·法華·涅槃 등이 모두 了義經이라고 정리하고 있다. 그러

---

32)『大乘起信論疏記會本』(『韓國佛教全書』1책, p. 733중). "今此論者, 旣智旣仁, 亦玄亦博, 無不立而自遣, 無不破而還許. 而還許者, 顯彼往者往極而偏立, 而自遣者, 明此與者窮與而奪。是謂諸論之祖宗, 群諍之評主也。
33) 고익진,『한국고대불교사상사』(서울 : 동대출판부, 1989), p. 239.

나 원효는 여기에 그치지 않고 이 남·북 교판에 대해 "만일 한 쪽에
만 한결같이 그렇다고 집착하면 두 설을 다 잃을 것이요, 만일 상대를
인정해 주어 자기 설만 고집함이 없으면 두 설을 다 얻을 것이다"[34]
고 갈파한 뒤 5時4宗으로 경전의 깊은 뜻을 판석하려는 좁은 견해를
경계하고 있다. 이와같이 원효는 『대품반야』·『법화』·『열반』·『화
엄』등을 다 같이 究竟了義라고 보는 포괄적 입장을 취하고 있다.

아울러 그는 새로운 教判(教相判釋)으로서 삼승통교와 삼승별교,
일승분교와 일승만교의 4교판을 짜면서 一乘分教에 여래장과 대승윤
리를, 一乘滿教에 普賢教로서 華嚴을 짝지우고 있다. 그만큼 그의 사
상은 『기신론』과 『화엄경』에 그 뿌리를 두고 있음을 알 수 있다.

이러한 입장에서 그는 다음과 같은 독창적인 교판을 수립한다. 그는
『법화경』의 삼승(방편) 일승(진실)설에 의거하여 "乘門에 의해 4種
을 略說한다"고 말하면서 다음의 4教判을 제시하고 있다.

```
┌─ 三乘別教 ──── 四諦·緣起經 등 ──── 未明法空
├─ 三乘通教 ──── 般若·深密經 등 ──── 諸法空
├─ 一乘分教 ──── 瓔珞經·梵網經 등 ── 隨分教
└─ 一乘滿教 ──── 華嚴經 普賢教 ──── 圓滿教
```

원효는 먼저 삼승을 별교와 통교로 나눈다. 그리고 일승을 분교와
만교로 나누어 설명한다. 삼승별교에는 아직 존재의 空性에 대한 이해
는 없다는 아함教義를 짝 짓는다. 그리고 삼승통교에는 모든 존재의
空性에 대한 이해가 있는 『반야경』과 『심밀경』을 짝짓는다. 즉 중관

---

34) 『涅槃宗要』 (『韓國佛敎全書』 1책, p. 547상). 若執一邊謂一向爾者, 二說皆
失; 若隨分無其義者, 二說俱得.

교의와 유식교의를 삼승통교에 넣은 것이다. 원효의 4교판의 독창성은 특히 삼승의 상위개념으로서 一乘을 둘로 나누어 分敎와 滿敎로 나눈 점이다. 그리고 一乘分敎에 대승윤리에 해당하는 『영락경』과 『범망경』을 넣은 것은 기존의 교판에서는 찾아볼 수 없는 매우 독창적인 설정이다. 뿐만 아니라 보현교로서 『화엄경』을 짝 지은 것도 卓絶한 것이다.

그는 반야중관계와 해심밀유식계를 삼승 안에 묶어버리고 여래장계·대승윤리와 화엄을 일승에 짝지운다. 대승윤리를 삼승(성문·연각·보살승)의 상위개념인 일승(一佛乘)에 짝지운 것은 인간의 욕망의 절제는 緣起에 대한 사무친 이해 위에서 나올 수 있다는 통찰이다. 다시 말하면 삼승보다 일승이 나을 수 있는 것은 바로 불성을 지닌 중생 스스로가 실천을 통해 이 욕망을 자발적으로 절제할 수 있다는 점일 것이다.

아무리 뛰어난 학식과 식견을 지니고 있더라도 자신의 욕망을 자발적으로 절제하는 삶의 자세가 없다면 德相이 우러나올 수 없을 것이다. 덕상은 겸허함과 진지함과 성실함의 자세 속에서 나오기 때문이다. 이 德相이 없다면 어떠한 위대한 성취도 폄하되기 마련이다. 왜냐하면 德相은 인위적 조작에 의해 가능한 것이 아니기 때문이다. 녹차가 다관(茶罐)에서 저절로 우러나듯이 德相은 그렇게 우러나는 것이다. 그 우러남과 넉넉함에서 사람이 모이고 향기가 발산한다. 그리고 그 향기로 뭇 사람을 넉넉히 물들이는 것이다.

원효가 삼승 위에 일승을 설정한 것은 삼승보다 일승이 더 낫다는 것이 아니라 부처의 가르침에는 삼승도 있고 일승도 있으나 모두 부처의 올바른 진리에 부합되기 때문에 평등 무차별하여 동일하다는 것이다. 다만 실천을 위한 순서적 차등일 뿐 모두다 중생들의 근기에 맞는, 실천을 위한 사다리로서 제시된 것일 뿐이다.

원효가 대승윤리를 반야중관계와 해심밀유식계보다 상위에 설정한 것도 바로 主語를 지니고 사는 인간의 실천행에 가장 무게 중심을 두고 있기 때문이다. 一心을 발견한 원효의 마음도 바로 이 大悲心 위에서 출발한 것이다. 대비심은 德相과 상응한다. 어떠한 구체적인 사태(事)와 추상적인 원리(理)에 卽하는 인간의 마음속에 편견과 편애가 없을 때 덕상은 비로소 만들어지는 것이다. 원효의 無碍는 바로 이 대비심의 구체적 실천이며 德相의 투영 모습이다. 한없는 낮춤 속에 살 무리된 무한한 자부심을 우리는 원효에게서 읽을 수 있는 것이다. 원효의 德相은 바로 이 낮춤의 美學인 것이다. 보살의 美學 역시 바로 이 낮춤의 美學인 것이다.

緣起에 대한 사무친 이해 위에서 인간과 세계에 관해 정확히 통찰하면 욕망을 절제하지 않을 수 없다. 나의 욕망(業)의 확대가 남의 욕망의 확대에 장애를 준다면 그 장애를 최소화 할 어떠한 질서가 필요하다. 그 질서는 타율적인 것이 아니라 자율적인 것일 때 모든 이들에게 강력하게 수용될 수 있다.

마찬가지로 보현교로서 화엄을 짝지은 것은 화엄의 普賢行願, 즉 나를 넘어서는 어떠한 일에 대해 기꺼이 헌신하는, 보살의 나누는 기쁨이 전제되기 때문이다. 보살은 대승불교의 가장 이상적인 인간형이다. 그는 자기를 넘어서는 어떠한 보편적인 가치를 위해 기꺼이 한 몸을 던지는 利他적 인간이다. 그는 性別을 넘어서는 보편적 인간으로서 나누는 기쁨을 존재이유로 삼는 인간이다.

보살은 살아있는 모든 것들의 갈증을 달래주는 "물"과 같은 존재이다. 즉 보살은 뭇삶들의 물이 되고자 하는 인간이다. 물은 살아있는 것들을 구성하는 핵심적 요소이며 동시에 생명유지의 필수적 요소이다. 원효의 無碍行은 바로 이러한 보살의 대비심의 표출인 것이다.

원효는 나누는 기쁨을 삶의 존재이유로 삼는 보살의 실천행을 자기를 넘어서는 어떠한 보편적인 가치의 잣대로 설정하고자 하는 것이다. 이것이 바로 삼승의 상위개념인 一乘 안에 바로 이 대승윤리, 즉 緣起에 대한 사무친 통찰 위에서 우러나오는 욕망의 자발적 절제의지를 담고 있는 경전(『영락경』·『범망경』)과 普賢教, 즉 자기를 넘어서는 보편적인 질서를 위해 기꺼이 헌신하는 보살행을 머금고 있는 『화엄경』을 짝 지우고 있는 이유이다. 따라서 원효는 바로 이점에서 주체적 인간의 모습을 실천 행위 위에서 제시해 보이고 있는 것이다. 원효의 教判이 새로움을 주는 것은 바로 대승윤리, 즉 보살의 윤리를 통해 욕망의 절제를 위한 실천의 문제를 교판으로 짜고 있기 때문이다. 따라서 그의 教判은 教(教學)와 觀(修行)이 포괄된 체계를 머금고 있다는 점에서 卓絶한 것이라 아니할 수 없는 것이다.

3. 緣起의 사회적 실천: 욕망의 절제

인간은 욕망의 동물이다. 욕망을 넘어선 인간은 존재하지 않는다. 욕망을 버린 상태인 열반을 희망하는 것 역시 또 하나의 욕망일 수밖에 없다. 깨달음을 얻기 위해서는 욕망을 버려야 된다. 그러나 깨달음을 얻으려는 것도 욕망이며, 깨달음을 얻기 위해 욕망을 끊으려고 하는 것도 욕망이다. 여기에 욕망의 역설이 있다. 그러나 욕망의 종류는 단일하지 않다. 즉 일상적으로 지니고 있는 욕망이 있는가 하면, 業의 완전연소를 위해 수행하려고 하는 욕망 그리고 業의 찌꺼기가 남아 불완전하게 연소되는 욕망 등에 이르기까지 매우 다양한 것이다.

인간의 욕망은 흔히 五欲으로 표현된다. 소유욕(財), 이성욕(色), 음식욕(食), 명예욕(名), 수면욕(睡)이 대표적인 욕망이다. 소유욕은 권력욕구뿐만이 아니라 무엇이든지 움켜잡으려고 하는 욕망이다. 이성욕은 한 명의 배우자에 만족하지 않는, 끊임없이 불타오르는 愛慾이다. 음식욕은 먹어도 먹어도 만족하지 않고 끊임없이 먹고 싶어하는 욕망이다. 명예욕은 유명해지고 싶어하는 출세욕이다. 수면욕은 끊임없이 잠자고 싶어하는 욕망이다. 그러나 인간 세상에서 이러한 욕망은 다 달성될 수가 없다. 그러한 욕망이 다 성취될 수 없으므로 욕망은 모든 고통의 근본 원인이 된다.

　욕망은 만족을 모르는 것이다. 어떠한 욕망의 순간적 충족은 있을지언정 욕망의 영원한 만족은 없다. 모든 고통은 이 욕망의 불충족에서 비롯된다. 마음의 분열도 바로 이 욕망의 불충족에서 비롯된다. 외계의 실재를 있는 그대로의 평등한 상태로 보지 못하는 것은 이 마음이 일으키는 차별상 때문이다. 즉 세계를 있는 그대로 보지 못하는 것은 욕망의 일어남 때문이다.

　緣起는 緣이라는 他者를 나의 존재의 조건으로 삼는 원리이다. 연기란 서로 의존하여 생긴다는 뜻이며 相依相關에 의해 성립하는 존재의 법칙이다. 그러므로 이 연기의 그물을 벗어나 존재하는 것은 아무도 없다. 인간의 욕망은 緣起에의 사무친 통찰 위에서만 자발적으로 절제될 수 있다. 연기에 대한 통찰이 있다면 욕망이 절제되지 않을 수 없으며, 살아있는 모든 것들을 위해 헌신하는 보살행이 나오지 않을 수 없다. 현실적 인간이 연기에 대해 사무치게 통찰했다면 八正道[35]의 실천행과 波羅密[36]의 실천행이 나오지 않을 수 없다. 연기의 그물을 벗

---

35) 팔정도는 현실적 인간인 내가 이 사바세계에서 고통을 하나씩 소멸해 나가는 진정성이 깃든 여덟 가지 삶의 방식이다. ①바른 견해(正見) ②바른 생각(正思惟)/ ③바른 말(正語) ④바른 행위(正業) ⑤바른 생활(正命)/ ⑥바른 노력(正精進) ⑦바른 기억(正念) ⑧바른 생활(正定). 이것을 다시 수행인이 반드시 닦아야 할 세 가지 덕목인 戒·定·慧의 三學에 짝지우면 智慧에 ①②를, 戒律에 ③④⑤를, 禪定에 ⑥⑦⑧을 짝 지울 수 있다.

36) 波羅密은 生死의 미혹한 바다에서 자맥질하는 중생을 제도하여 깨달음(涅槃)의 언덕에 이르게 하는 보살 수행의 여섯가지 또는 열 가지 실천 덕목이다. ① 재물이나 진리 그리고 두려움 없이 베푸는 布施 ②재가나 출가인이 지켜야 할 일체 계행인 持戒 ③일체의 모욕이나 때림이나 추위·더위·주림·갈증 등을 참고 받아들이는 忍辱 ④몸과 마음을 성실하게 닦아 다섯 바라밀을 닦아 나가

어나는 어떠한 행위(業)는 없다. 쓰레기의 문제나 공해문제 그리고 생태계의 문제는 바로 이 연기의 그물을 벗어나려는 인간들의 행위(業)에서 비롯된 것들이다.

보살은 나를 넘어서는 어떠한 보편적 질서를 위해 몸을 던지는 인간이다. 그는 利他를 위한 일이라면 주저없이 헌신하는 삶을 사는 인간이다. 현실적 인간이 연기에 대한 사무친 통찰 위에서 팔정도와 바라밀의 실천행을 전개한다면 그는 곧 보살로 태어난 사람이다. 보살의 大悲心은 바로 이러한 삶을 사는 사람들에게서 나오는 따뜻한 마음 (一心)이다.

군주의 국토팽창정책이나 귀족 승려들의 호화로운 생활이나 기득권층의 기득권 세습의지의 자발적 절제는 모두 이러한 緣起에 대한 사무친 이해 위에서 가능하다. 그들의 욕망의 자발적 절제는 연기의 통찰 위에서 가능한 것이다. 살아있는 것들은 누구나 佛性(如來藏)을 지니고 있다. 적나라한 인간의 모습 앞에서 귀족과 천민의 차별상은 존재하지 않는다. 이미 계급이나 기득권은 아무런 의미가 없는 것이다. 어떠한 이념의 깃발도 "적나라한 인간" 앞에선 무기력 할 수밖에 없다. 권력의지도, 명예욕도 다 소용없는 것이다. 따라서 존재의 본질을 올바로 통찰할 때 온갖 욕망을 최소화시킬 수 있는 것이다.

본래 諸行無常의 이치를 벗어나는 존재는 어디에도 없다. 한 세상을 살면서 아무리 욕망을 확대해도 그 욕망이 충족되지 않는다는 사실을 통찰한다면 욕망의 자발적 절제는 가능할 것이다. 따라서 현실적 인간에게는 자신의 삶을 되돌아볼 수 있는 어떠한 인식 전환의 계기가 필요하다.

는 精進 ⑤진리를 사유하여 산란한 마음을 정지하는 요법인 禪定 ⑥모든 법을 통달하는 지혜이자 미혹을 끊고 이치를 깨닫는 智慧/ ⑦方便 ⑧願 ⑨力 ⑩智 바라밀을 말한다.

나의 욕망의 확대가 남의 욕망의 확대에 장애를 준다면 연기적 인간
은 자신의 욕망을 다시 살펴 보아야만 한다. 이것은 緣起의 이치에 대
한 통찰 위에서 가능하다. 즉 연기의 사회적 실천은 현실적 인간들이
갈무리한, 자신을 돌아보는 "여유" 위에서 가능한 것이다. 다시 말하
면 모두가 넉넉한 마음을 지니고 있어야만 가능한 것이다. 回光返
照!, 빛을 돌이키어 자신을 비추어 보아야 한다! 연기의 사회적 실천
은 여기에서 출발한다. 원효 또한 이러한 통찰 위에서 그의 無碍行이
나올 수 있었던 것이다.

4. 원효사상이 제시하는 통일에의 전망

원효가 정립하고자 했던 것은 보편적 인간학이었다. 그 보편학은 살
아있는 모든 것들이 지니고 있는 무한한 가능성에 대한 통찰 위에서
정립될 수 있었다. 그의 통일학은 바로 이 보편학이었다. 이 보편학은
시간과 공간을 넘어서서 보편적 인간들이 공유하고 있는 어떠한 생각
의 이해 위에서 성립될 수 있는 것이었다. 그의 보편학의 핵은 바로
인간들이 지니고 있는 一心, 즉 중생심이었다. 원효는 아알라야識의
스크린에 투영된 일체의 이미지(影像)를 어떠한 차별상 없이 있는 그
대로 바라봄으로써 一心을 발견할 수 있었던 것이다.

마음의 분열을 통해 세계의 분열이 일어남을 통찰한 원효는 동시에
마음의 통일을 통해서 세계의 통일이 가능함을 통찰하였다. 땅막과 무
덤이 둘이 아님을 깨달음으로써 보편적 인간의 모습을 통찰한 원효는
살아있는 것들이 지니고 있는 一心에의 발견을 통해서 갈라진 국토와
민족, 그리고 분열된 마음을 본래의 자리로 回歸시킬 것을 모색하였
다.

군주의 국토팽창정책에 의해 인민이 병들고 지쳐있음을 통찰한 원효
는 삼국이 본래 한 뿌리였음을 一心과 一味의 모티프를 통해 당시 인

간들의 분열된 마음을 향해 새로운 인식 전환의 칼날을 던졌던 것이다. 모든 갈라진 물줄기들이 바다에 들어가 소금끼를 지닌 한 맛이 되듯이, 거울이 모든 형상들을 다 받아들이듯이 원효는 마음의 통일(一心)을 통해 분열된 마음들을 감싸안고자 했다.

보살의 대비심이 뭇삶들의 아픔을 다 감싸안듯이 원효는 대승의 마음인 一心으로 마음의 분열을 다 끌어안고자 했다. 삼국의 통일은 바로 이 일심의 고리를 통해 감싸안을 수 있음을 원효는 우리에게 보여주었다. 일심은 따뜻한 마음이며 넉넉한 마음이듯이 삼국 인민들에 대한 "따뜻함"과 "넉넉함"이 바로 국토를 통일하고 민족을 통일하는 모티프임을 역설하였다. 和諍은 일심의 실현방법이며 無碍는 一心을 지닌 삶의 구체적인 모습이었다. 그것은 곧 살아있는 모든 것들은 연기적 존재일 수밖에 없다는 통찰위에서 가능했던 것이었다.

연기의 사회적 실천은 바로 연기에 대한 사무친 이해 위에서 나오는 욕망의 자발적 절제로부터 출발한다. 나를 넘어서는 보편적 질서를 위해 온몸을 기꺼이 희생하는 삶은 보살에게서만 가능하다. 연기의 사회적 실천은 바로 현실적 인간이 인식의 전환을 통해 추구하는 八正道행과 波羅密행의 실천적 삶에서 비롯된다. 다시 말하면 이 실천은 바로 개인적인 의미에서의 팔정도行과 사회적 의미에서의 바라밀行의 실천에서 비롯되는 것이다.

원효가 오늘 우리에게 보여주는 것은 바로 이 전체에 대한 통찰!, 즉 보편적 인간에 대한 이해 위에서 펼쳐지는, 넉넉한 마음, 따뜻한 마음을 통해 자신의 욕망을 자발적으로 절제하는 어떠한 건강성의 회복의 촉구이다. 자기를 넘어서는 어떠한 보편적인 질서에 대한 獻身이 바로 이러한 건강성의 회복이며, 그것은 바로 緣起에 대한 사무친 이해 위에서 솟아나오는 자발적 절제의 미학이다. 다시 말하면 욕망의 자발적 절제만이 사회를 건강하게 할 수 있는 것이다. 원효의 통찰은 바로 이 緣起 세계의 본질의 통찰이었으며, 그것은 곧 그의 無碍行으로 나오지 않을 수 없었던 것이다. 보살의 大悲心은 바로 이 연기의 통찰위에서 나온 구체적인 실천의 모습인 것이다.

동서모순(영·호남)과 남북모순(이남·이북)을 안고있는 한반도의 분열상도 인간이 갈무리하고 있는 이 一心의 통찰 위에서 극복가능한 것이다. 즉 그것은 緣起에 대한 통찰 위에서 욕망의 상호절제를 통해 가능한 것이다. 다시 말하면 영남·남한과 호남·북한의 상대적 이분을 이항대립으로 파악하지 않고, 이들은 "본래부터 하나요", "한 바탕"이요, "한 뿌리"라는 緣起적 통찰 위에서 자신의 욕망을 자발적으로 절제할 때 비로소 一心의 넉넉한 바다 속에서 만날 수 있는 것이다.

원효가 제시하는 통일에의 전망은 바로 이것, 즉 보다 넉넉한 마음(一心), 따뜻한 마음(一心)을 통해 지역모순(영·호남)과 민족모순(남·북한)을 극복할 수 있다는 것이다:

"마음의 통일(一心) 없이 무슨 일을 이룰 수 있겠는가?"

원효가 우리에게 던지는 이 한 마디를 자신의 삶의 話頭로 삼아 용맹정진 해 나갈 때 온갖 욕망은 자발적으로 절제되고 통일은 성취될 수 있을 것이다. 一心과 和諍과 無碍로 표현되는 원효의 일관된 삶의 모습은 바로 이러한 마음의 통일에서부터 모든 것이 비롯되는 것임을 우리에게 보여주는 것이다.

삼국통일과 한국통일: 문화적 과제와 전략

李　東　哲

I. 뚜껑을 열면

"판도라의 상자"라는 게 있다. 그리스신화에 의하면, 인간에게 가져다 주라고 신들이 판도라에게 명령한 것이라고 한다. 그런데 이 선물은 결코 열어서는 아니되는 것이었다. 하지만 인간은 호기심을 지닌 동물이고, 또한 호기심은 항상 치명적인 법이다. 영어의 표현에 "고양이는 아홉개의 목숨을 가지고 있다"는 말이 있다. 팀 버튼 감독의 영화『배트맨 Ⅱ』를 본 사람이라면 미셸 파이퍼가 분장한 캣우먼을 기억할 것이다. 영화의 끄트머리에서 캣우먼은 여러 발의 총알을 맞지만 자신에게는 아직도 몇 개의 목숨이 남았다고 자주 소리친다. 바로 이 표현을 인용하고 있는 장면이다. 동시에 영어에는 "호기심은 고양이도 죽인다"라는 말이 있다. 여기서 우리가 논리학개론에서 배운 삼단논법을 응용한다면 "호기심은 아홉개의 목숨을 지닌 고양이도 죽인다"라는 명제를 얻을 수 있을 것이다. 하물며 하나 뿐인 목숨을 지닌 인간에게 호기심이란 얼마나 치명적인가? 신화는 결국 인간들이 자신의 어리석고 쓸데없는 호기심으로 상자의 뚜껑을 열었다고 한다. 그 결과 상자 안에 갇혀 있던 온갖 불행과 비극들이 인간세에 출현한다. 『수호지』의 첫머리를 연상시키는 이 신화는 그러나 다행스럽게 상자 안에는 여전히 희망이라는 놈이 남아 있다고 말해주고 있다. 어쩌면 희망은 게으르고 굼뜨기 때문일지도 모른다.

현재 우리는 분단의 시대에 살고 있다. 그리고 이 분단은 극복되어야 할 것으로서 저주와 타기의 대상으로만 논의되고 있다. 그래서 우리 모두는 20세기의 최말기를 사는 한국인은 누구나 통일을 바라고 있다는 식으로만 말하고 있다. 하지만 통일을 말하기에 앞서 분단을 반성해야 하고, 분단의 원인을 발견하고 그 대안으로서 통일의 원리를 탐구해야 하지 않을까? 또한 통일은 과연 우리에게 장미빛 꿈으로만 다가오는 것일까? 어쩌면 차라리 열지 아니했어야 할 판도라의 상자와 같은 것은 아닐런지. 호기심과 열정이 아무리 치열할지라도, 어느 날인가 상자가 낡아서 뚜껑은 닫혀있어도 저절로 그 내용이 새어나오기를 기다리는 것이 오히려 현명한 태도는 아닐까? 과연 통일과 대비되어 부정시되는 분단 또한 그 자체의 의미가 전혀 없는 것인가?

그리스의 철학자 소크라테스는 어느날 결혼에 대해 충고를 구하였던 젊은이에게 이렇게 답했다고 한다. 결혼은 하면 나처럼 악처를 만나서 철학자가 될 것이고, 결혼을 하지 않으면 혼자서 행복하게 살 수 있노라고. 인간은 소크라테스처럼 철학자가 되지는 않더라도 결혼을 하게 마련이다. 그 결혼이 재앙으로 끝나건 행복한 삶으로 귀결되건. 비유적으로 말한다면 한국통일은 삼국통일이라는 결혼을 실패한 부부가 다시 결합하는 재혼으로 표현할 수 있을지 모른다. 역사는 인간의 어리석음에 대한 기록이고, 그 어리석음은 자신의 것이건 타인의 것이건 항상 우리에게 교훈을 줄 것이다. 만일 과연 삼국통일이 우리가 생각하듯 온전한 것이었다면 현재 우리가 당면한 많은 문제가 발생되지 않을 수도 있지 않을까라는 막연한 문제의식에서 이 글은 시작한다.

역사의 흐름은 일견해서 모두가 정치적 사건으로 보인다. 하지만 그것은 어디까지나 피상적 관점이다. 어떤 정치적 중대사라고 할지라도 이는 우리의 심리에 반영될 뿐이다. 그리고 우리의 심리구조는 환경과 학습을 통해 내면화된 문화인 것이다. 따라서 역사의 흐름을 이해하고

자 할 때 우리는 그 문화적 의의를 무엇보다 선행하여 제기하지 않을 수 없다. 통일은 단순한 정치적 사태가 아니다. 그것은 하나의 정치적 질서의 단위가 더 큰 무엇으로 확장되거나 혹은 또다른 하나(이질적이건 동질적이건)의 단위를 흡수하는 정치적 사건의 과정 만은 아니라는 말이다. 통일의 정치적 측면은 문명이란 보다 본질적인 삶의 질서가 전환되는 과정에서 가장 쉽사리 눈에 띄지만, 그러나 결코 중요하지도 본질적이지도 않은 국부적 일면에 불과하다. 현재의 통일논의를 주도하는 정치가 또는 정치학자들이란 기껏해야 그 수준이 한국통일을 정치적 맥락에서 이해하고 전개하는 정도에 불과하다. 이 점은 다가올 한국통일이라는 앞을 향한 논의 만이 아니라 삼국통일이라는 과거에 일어났던 역사적 사태에 대한 뒤로 향한 논의에서도 지양되어야 할 것이다. 이에 나는 우선 삼국통일이 조선문명의 전개에서 지니는 의의를 먼저 검토하고자 한다.

삼국통일은 과연 온전한 통일이었을까? 그건 어느 면에서 실패한 것이 아닐까? 다가올 한국통일도 과연 바람직한 결과 만을 가져다 줄 것인가? 분단은 전혀 의미가 없는 것인가? 분단의 원인이 되었던 식민지체험 또한 일괄적으로 부정되고 폐기되어야만 하는 것일까? 일제의 식민통치가 우리 민족에게 긍정적으로 작용한 것은 없는가? 해방이후 아직도 우리가 그 영향력 하에 있는 미국 문명이란 과연 어떤 의의를 지니는 것일까? 나아가 한국사의 전개를 통해 분열과 통합의 일반적 원리를 검토하는 것은 불가능한 것일까? 이런 문제들에 대한 반성이 없이는 제대로 통일을 논의할 수 없다. 그런 논의가 생략된 논의란 모두 말짱 꽝에 불과한 것이다. 도대체 요사이 유행하는 통일의 단계적 접근이란 것도 알고 보면 허망한 것이다. 통일은 마치 해방이 도둑처럼 찾아 왔듯, 어느날 아침 갑자기 이루어질 수도 있기 때문이다. 독일의 베를린 장벽이 무너지리라고는 아무도 예상하지 못했다. 물론 궁극적으로 사회주의체제가 본질적으로 지닌 한계 때문에 그 최후가 오리라고 예견한 사람은 상당수 있었지만, 그렇게도 쉽사리 아니 그처럼 허망하게 베를린 장벽이 무너질 줄 그 누가 알았겠는가? 물론 본의 아니게 서둘러 이루어진 독일의 통일과정을 거울삼아 단계적으로 접근한다는, 그 순수한 저의와 고매한 고의는 좋다. 단계론의 저의도 좋고 고의도 다 좋다. 그러나 만약 우리들 모두의 예상보다 훨씬 빨리 통일이 이루어졌을 경우, 그 단계론이란 얼마나 허망한 것일까? 그건 마치 결혼한 유부녀를 처녀로 착각하고 "어떻게 하면 꼬일 수 있니"러고 혼자서 연애의 단계를 설정하는 행위와도 유사하다. 우리에게 무엇보다 중요한 것은 통일의 단계론이 아니다. 어째서 통일을 해야 하는가? 무엇을 위해서 통일해야 하는가? 그에 대한 합의이다. 그리고 조선문명의 새로운 건설을 위한 진지하고 본질적인 반성과 구상이다.

나는 이름 때문인지 東洋哲學, 즉 東哲을 전공하고 있다. 그런데 동양철학은 아직까지 서양철학에서 말하는 의미의 철학과는 상이한 점이 많다. 사실 중국 내지 동아시아의 전통에 과연 오늘날 우리가 말하는 의미의 철학이 있었는지도 의문이라 하겠다. 철학이란 실상 서구의 필로소피를 일본인들이 번역하는 가운데 생겨난 개념이고, 따라서 엄밀하게 말하면 그것은 필로소피도 아니고 또한 동양전통의 그 무엇도— 예컨대 經學, 玄學, 理學, 心學 또는 道學과 같은 — 아닌 셈이다. 특히 구미지역에서는 우리 한국과 달리 중국철학이란 더욱 포괄적인 중국학의 한 분과로서만 존재하는 것이며 별도로 독립성이 인정되지 못하는 듯하다. 여기에는 어쩌면 동아시아의 전통에 오늘날 우리가 말하는 의미의 학문이 부재했다는 서구적 편견이 잠재해 있을 수도 있다. 동시에 동아시아의 연구가 어디까지나 제국주의적 침략의 일환으로서 지역학적인 성격을 띠고 있기 때문인지도 모른다. 이 때문에 20세기 동아시아의 지성인들은 전통철학의 독립성과 자존성을 증명하고자 노력하였는데, 예컨대 현대의 新儒家들이 대표적이라 할 수 있다. 나도 이전에는 동양철학의 특수성과 고유성을 확보하고자 노력하였다. 그리하여 동양철학이 서양철학에 못지 않는 哲學性(만일 이런 용어가 가능하다면)을 가지고 있음을 확인하고자 고민하였던 것이다. 그러나 이제는 그런 고민이 상당히 쓸데없는 고민임을 안다. 중요한 것은 내가 행복하고 건강하게 살아간다는 것이지 철학적으로 사는 것이 아니다. 사람이 빵만 먹고는 살아 갈 수 없듯이, 철학 만으로도 살아 갈 수는 없다. 서양철학은 어쩌면 기껏해야 사고의 실험에 불과할 것이다. 그런 사고의 실험이란 우리의 대뇌를 위한 체조로서 훌륭한 역할을 할 지는 몰라도 어디까지나 실험이다. 인생이란, 그리고 나의 생명이란, 결코 실험실의 몰모트가 아니다. 따라서 나는 동양에 철학이 없더라도 고민하지 않는다. 서양철학처럼 이론적이고 체계화된 지식으로서의 철학은 있어도 그만 없어도 그만이다.

고려대학교의 경우 대학원의 동양철학 전공은 다시 한국철학, 중국철학, 인도철학 및 불교라는 세 분야로 나뉜다. 각기 지도교수가 다르다는 것은 말할 나위도 없다. 내 전공은 세분해 말하면 중국철학이다. 하지만 나는 일찍부터 막연하나마 중국철학은 철학의 한 분야이기도 하지만, 중국학의 한 분과이기도 하다는 의식을 지니고 있었다. 京都大 中國學를 개척한 시조의 한 사람 狩野直喜는 그의 강의록을 정리한 『中國哲學史』에서 이 점을 잘 말하고 있다. 게다가 나는 어려서부터 중국에 관한 책을 읽는 것이 좋았다. 따라서 평소 중국과 관련된 책은 분야나 시대를 가리지 않고 두루 읽는 편이다. 原典이 되었건 研究書가 되었건, 혹은 국내본이거나 번역본이거나를 막론하고 이것저것 가리지 않고 마구 잡식한다고나 할까. 더욱이 중국학에 관한 논저는 국내에 아직 소개되지 않은 것이라 할지라도 내 취향에 맞는 책들이 한국학에 비하면 월등 많이 있다. 그것은 한국학에 비해 중국학이 보다 일찍 시작되었고 세계적으로 우수한 많은 학자들이 연구하고 있기 때문이기도 하다. 고로 중국에 관한 지식은 나름대로 상당히 축적했다고 할 수 있다.

그에 비해 한국에 관해서는 깊이가 있다거나 폭넓은 지식과 이해를 가지고 있다고 생각치 않는다. 가장 중요한 원인의 하나는 기본적으로 한국학의 저서들이 재미없게 서술되어 있다는 사실이다. 칸트의 『순수이성비판』도 사람에 따라서는 재미있게 읽을 수 있다. 왜냐하면 칸트 자신이 말하고자 하는 내용이 분명하고, 이를 전달하고자 많은 노력을 기울였기 때문이다. 다루고 있는 대상이나 주제에 무관하게 그 내용을 얼마나 소화하고 이를 보편적인 논리(이 논리가 반드시 "과학적"일 필요는 없다고 생각한다)로 전하고 있는지의 여부가 더욱 중요하다. 그런데 이런 可讀性의 문제는 차치하고라도 한국학의 논저에는 본질적인 문제점이 그 밑바닥에 깔려 있다고 생각한다. 그것은 다름아닌 조선문명의 성취에 대한 무지와 불신이다. 왜냐하면 내가 배운 국사의 지식은 조선문명이 후진적이었고 정체되었으며 어디까지나 과거의 것이며 현재 우리의 삶이나 미래의 우리 후손에게 그다지 의의가 있는 것이 아니라고 암묵적으로 전제하고 있기 때문이다. 조선후기의 일부 선각자의 주장에도 불구하고 자기변신에 실패하여 이후 식민지와 분단의 비극을 겪었고 따라서 그것은 일찍 망하면 망할 수록 좋았던 것이라고 배웠다는 말이다. 이상의 주장은 통상 식민사관이라 불리는 것이지만, 이른바 식민사관을 극복하기 위해 주장되었다는 민족사관이나 민중사관은 과연 식민사관과 전혀 무관한 것이었을까? 어떤 면에서 현재 우리 사회나 문화에 가장 시급한 과제의 하나는 바로 과거의 조선문명이 이루었던 성과에 대해 올바로, 그리고 제대로 아는 일이다.

500년 조선의 역사. 이는 결코 범상한 일이 아니다. 인간의 역사에서 하나의 조직이 5백년 이상을 지속하는 일은 결코 흔하지 않다. 그것은 세계사적으로 보아도 로마교황청이나 혹은 서구의 대학 정도일 것이다. 국가나 왕조의 평균수명을 보아도 대략 2, 3백년 정도에 불과하며, 기업의 경우는 평균수명이 세계적으로 30년 남짓하다. 막강한 IBM조차 오늘날 흔들리고 있다. 화투장수 출신의 닌텐도(任天堂)보다도 매출액이 적은 것이다. 마이크로소프트사보다 속사정이 못하고 미래의 가능성은 더욱 적다. 공장이란 것은 더욱 한심하다. 아무리 뛰어난 공업지대라고 해도 그놈의 공장시설이란 결국 70여 년 정도이다. 길어봐야 100년도 채 못되는 것이다. 산업혁명기 영국의 산업도시들이 오늘날 처한 모습을 보면 처량하기 그지없다. 공장시설이 가득 들어찬 공단이란 세월이 흐를수록 공해에 시달려 황폐하게 된다. 남는 것은 공해병과 시꺼먼 굴뚝 뿐인 것이다. 따라서 호남지역이나 충청지역에 공단이 그다지 들어서지 않은 것은 길게 보면 축복이라고 생각한다. 100년도 못되는 부귀와 영화를 위해 후손들이 무궁하게 삶을 누려가야 할 고향을 망치는 우매한 짓일랑 더이상 하지 않기를 간절히 바란다. 나는 현재 우루과이라운드에도 불구하고 한국의 농업은 충분히 가능성이 있다고 생각하며, 오히려 우루과이라운드야말로 한국 농업으로 보아 천우신조의 기회라고 생각한다. 단지 사람들이 눈치를 채지 못하고 있을 뿐.

분단의 세월이 오래된 듯 보여도, 실상 100년도 아니된다. 아니 반백년에 불과하다. 막말로 김장 50번 담글 정도의 세월이요, 봄이 50번 지나갔을 뿐이다. 독일이나 이태리의 근대사를 볼 때 그들이 얼마나 오랜 기간을 거쳐 통일을 이루었는지 잘 알 수 있다. 인간사에 있어서 백년도 짧다면 짧은데, 그 정도 세월에 너무 지나친 반응을 보이는 건 아닐까? 이런 50년의 역사도 현재 우리에게 엄청난 부담과 질곡으로 작용하고 있는데, 하물며 500년의 세월이 공짜로 흘러갔다고 생각하는가? 뭐라고, 500년 "恨"의 역사라고? 세상에 이처럼 황당무계하고 오리무중인 발언이 상식으로 통용되는 사회라니! 제발, 제발, 웃기지 좀 말아라. 적어도 식민지로 전락한 이래의 역사, 혹은 나아가 조선후기의 역사가 일부지역과 계층에게 "恨"의 세월이었음을 나도 부정하지는 않는다. 하지만 상식적으로 생각해서 하나의 체제가 半千年 세월동안 다수의 사람에게 恨 만을 주면서 유지될 수 있겠는가? 사람이 한을 품고 열을 받는 것도 일이년이다. 나중에는 제풀에 지치는 법이다. 집단의 경우라면 1, 2세대 기껏해야 일이백년일 것이다. 이를 지속하려면 끊임없이 각성시키고 환기시키는 장치가 필요하다. 그런 장치가 제도적이건 관습적이건 설정되었을 경우 비로소 지속되는 것이다. 도대체 그런 장치를 발견할 수 있다면 나도 천학무식을 벗어날 수 있도록 제시해주기 바란다.

어쨌거나 하나의 왕조로서 이처럼 장기간의 수명을 누린 것은 예외적 현상이라 할 수 있다. 때문에 이전에는 이를 조선문명의 정체성이니 봉건성이니 하는 표현을 사용하곤 했는데, 이는 결국 무지와 오만에 의한 조선문명의 몰이해에서 생겨난 말일 뿐이다. 하여튼 로마가 하루아침에 이루어진 게 아니듯이 반천년 세월도 하루아침에 지나간 것이 아니다. 반천년의 세월은 결코 단순한 허송세월이 아니다. 그것은 부단한 자기갱신과 변신에 의해서만 가능할 수 있는 시간의 축적이다. 또한 조선의 역사도 단지 조선 자체만의 역사가 아니다. 동아시아의 전통적 국제질서는 민족국가의 이기주의를 근본으로 하는 서구의 근대적 국제질서와는 다르다. 이 점은 바로 조선을 건국하면서 태조가 내세운 "事大交隣"이란 슬로건에서 극명하게 드러나고 있다. 그러나 슬로건과 이상이란 현실의 정치적 역학관계에서 부단하게 노력하는 과정 속에서만 실현되는 것이다. 그 부단한 노력이 가능하기 위해서는 국가체제의 근간인 관료제가 끊임없는 긴장과 개혁을 통해 자기혁신을 하면서 결코 나태와 타락의 길에 들어서지 않도록 해야 한다. 조선유학사의 전개는 어떤 점에서 바로 어떻게 하면 이 관료제를 보다 도덕적으로 유지할 것인가 하는 문제와 씨름한 역사이기도 하다. 그 점을 이해한다면 조선문명이 우리가 피상적으로 이해하는 이상으로 역동적인 전개양상을 지녔음을 쉽게 수긍할 것이다.

오늘날처럼 한국의 역사에서 사회의 지도층이 형편없이 천박해진 시대는 없을 것이다. 어느 면에서 일제시대보다 해방이후가 문화적 수준은 더욱 천박해졌다. 해방 이후에는 60년대가 50년대보다, 70년대가 60년대보다 더욱 그러하다. 그리고 결정적인 것은 80년대의 10여 년이라고 생각한다. 수준이 천박해졌을 뿐 아니라 사람의 안목도 더욱 피상적이고 더욱 협애하게 되었다. 개별적인 세부사항에서는 발전되었을지도 모르고, 사회의 하드웨어라는 측면에서는 수준이 향상되었을 것이다. 하지만 휴먼웨어라는 관점에서 보면 전반적으로 수준이 하락되었음을 부정할 수 없다. 지금 문제는 언론이 오도하고 호도하듯이 국민의 수준에 있는 것이 아니다. 한국은 "民度"라는 측면에서 세계적으로 수준이 높다고 생각한다. 오히려 이를 적극적으로 활용하거나 지도하지 못하는 자칭 사회의 지도층에 책임이 있다. 모모한 장관님께서는 국민이 자신을 몰라 준다고 한탄하고 장관직에 물러났다. 국민이 무식하다고 한다. 언론이 자신을 우습게 안다고 큰 소리로 항의하시기도 했다. 나원참 세상에 적반하장이란 말은 바로 이런 경우를 두고 하는 말이다. 현재 한국에는 자칭 "사회지도층"인 그따위 수준의 인물이 난지도에 몽땅 쓸어담아도 남을 정도로 많이 있을 것이다. 국민이 무식하다구요? 당신은 얼마나 유식하냐! 티브이에 나와서 사투리나 짝짝 갈겨대는 행동머리 하고는! 팔짱을 끼고 기자 앞에서 항의를 하면 다인가. 생각만 하면 자다가도 열불터진다. 그따위를 장관 자리에 갖다놓는데, 도대체 신한국의 개혁이 얼마나 가능할까? 나는 新韓國은 바라지 않는다. 제발 辛韓國이 되지 않기를 빌 뿐이다.

실상 오늘날 한국이 최소한 60, 70년대 이룬 경제발전은 따지고 보면 박정희 쇼군의 힘 만이 아니다. 거기에는 일본의 성장을 견제하기 위한 미국의 의도가 있었고, 또한 무엇보다도 "가난"에서 벗어나고자 한 국민의 맹목적인 충동이 작용했다. 우리 사회의 지도층이란 어떤 면에서 그런 맹목적 충동에 기생해서 성장한 작자들이라고 할 것이다. 예컨대 우리나라의 대학을 보아도 쉽사리 알 수 있을 것이다. 60년대,

70년대를 통해 많은 사립대학은 학부모 개개인의 열화같은 아우성 때문에 성장하고 확장되고 팽창하였다. 그리하여 오늘날 공룡과 같은 세력과 위엄을 과시하지만, 그건 어디까지나 허상일 뿐이다. 자신의 실력으로 성장하지 못했기 때문에 우르과이라운드 폭풍 앞에서는 가련한 촛불에 불과한 것이다. 일부 국공립대학도 해방전의 농고나 종합고등학교에서 농대나 전문대로 승진하고, 그 지역의 오일페이퍼(有志) 어르신과 토착원주민의 열화와 같은 성원 때문에 그럭저럭 종합대학교로 변신한 게 아닌가? 여자의 변신은 무죄라지만, 그런 대학의 변신은 무죄로 추정되기엔 너무나 빈곤한 변신이었다. 구체적인 예를 들자면 밑도 끝도 없기 때문에 생략하기로 한다. 다만 이야기하고 싶은 것은 다음과 같다. 우리 사회가 이만큼 발전된 것은 알게 모르게 조선문명의 여력이고, 식민지경험과 분단체험의 덕분이며 동시에 국민(혹은 민중이라도 좋다)의 능력과 노력 때문이다. 물론 이를 적절하게 활용할 수 있었던 지도계층의 존재를 부정하는 것은 아니다. 하지만 아프리카 신생국의 경우를 보면, 오히려 그들의 지도층은 우리보다 훨씬 수준이 높은 경우가 대부분이다. 왜냐하면 식민지본국에 가서 직접 교육을 받기 때문이다. 그런데 아직도 저개발을 벗어나지 못하는 이유는 그들의 전통과 역사가 우리와 다르기 때문이다. 따라서 제삼세계와 우리를 동일시하는 많은 논의들은 일시적 현상 만을 볼 뿐, 역사의 거시적 안목이 결여된 저열한 논의일 뿐이다. 좌우간 오늘의 한국은 많은 사람들이 함께 이루어 놓은 共業이지, 결코 일부 계층이나 일부 지역의 몰지각한 극소수가 만든 別業이 아니라는 말이다.

아마도 개혁은 실패로 돌아가리라 생각한다. 개혁이 가능하려면, 전통과 과거에 대한 올바른 이해, 현재의 상황에 대한 적절한 대처, 미래에 대한 확고한 전망이 필요하다고 생각한다. 우선적으로 이런 것들이 현정권에는 부재한다. 뿐만 아니라 해방이후 우리 역사의 전개라는 측면을 보아도 현단계는 온전한 의미의 개혁이 가능한 단계가 아니다.

인간사 매사에는 "때"(時, 垢)가 있는 법이다. 나는 식민지 이후 우리의 역사는 주체가 상실된 역사라고 생각한다. 쉽게 말하면 제정신을 갖지 못한 채 정신없이 맹목적이고 충동적으로 살아왔던 역사라는 말이다. 조선문명의 전체 역사를 통관하건대, 이처럼 맹목적이고 충동적으로 전개되었던 역사의 시기는 없다. 그것은 근대라는 홍역을 앓기 위한 과정이었다. 우리처럼 짧은 기간에 그리고 그다지 큰 부작용이 없이 근대의 홍역을 치룬 민족(혹은 국가나 역사)도 세계적으로 없다. 자신의 장점에 대해서, 자신의 특성에 대해서 안다는 것은 결코 용이한 일이 아니다. 외국의 조사기관에서 21세기 한국문명의 역할을 주목하고 중시하는 것은 경제력이나 통계수치에 의한 것이 아니다. 일본에서는 한국경제를 "가마우지경제"라고 부르는 말이 있다. 가마우지라는 새를 이용하여 물고기를 잡는 방법이 중국에는 있다. 아무리 가마우지가 물고기를 많이 잡더라도, 그 목에 줄이 걸려 있기 때문에 가마우지는 이를 마음대로 먹지 못한다. 어부가 이 줄을 끌어 올려 물고기를 토하게 한 뒤, 일부 만을 가마우지에게 먹인다. 엔고가 되었던 엥꼬가 되었던 한국경제의 실상은 가마우지일 뿐이다. 적어도 현재로서는. 우리도 아는 그런 놈의 실상을 외국의 조사기관이나 연구기관에서 왜 모르겠는가? 우리가 주목하지 못하고 중시하지 않는 우리 만의 특성과 개성이 분명히 존재하기에 그들은 일본보다 한국을 더욱 가능성이 높다고 여기는 것이다.

"無病而呻吟。" 병이 없는데도 폼잡고 신음소리 낸다는 말이다. 이 말은 엉터리 시인의 원숭이흉내를 풍자한 경구이다. 唐宋八大家의 한 사람 韓愈는 이렇게 말한 적이 있다. "物不得其平則鳴。" 어떤 면에서 문학이란 작가가 平靜의 상태를 상실했을 때 비로소 가능할 지도 모른다. 하지만 세상에 곤궁과 비참도 뜻대로 되는 것은 아니다. 그러기에 사이비 작가나 시인은 병이 없음에도 마치 중병에 걸린 양 신음소리를 내는 작태를 벌이곤 한다. 자신의 삶과 무관하거나 아니면 별 대수롭지 않은 일을 과장하는 것이다. 어떤 국민학생이 "가난"에 관한 작문 숙제를 다음과 같이 제출했다고 한다. "우리 집은 가난합니다. 아버지 도 가난하고 어머니도 가난합니다. 운전사도 가난하고 정원사도 가난 합니다." 한국사의 논저를 보면 나는 "無病而呻吟"이라는 경귀가 생 각나고, 국민학생의 작문숙제가 연상된다. 현재 우리나라의 한국사(혹 은 한국학) 논저를 보면 우리가 마치 단군이래 줄곧 가난하고 비참하 게만 살았던 것처럼 보여주려고 애쓴다는 인상이 든다. 아니 섞어노 조선후기이래에는 엄청난 가난과 질곡 속에 역사가 전개되었다는 듯이 거의 노골적으로 말하고 있다. 나도 옛날에는 그런 줄로만 알았다. 우 리는 굶주리고 헐벗었으며, 얻어맞고 심지어 매맞아 죽었는 줄로만 알 았다. 이제는 알게 되었다. 역사란 일부의 지역과 시대를 제외하면 항 상 비참하고 가난한 것이었다고 해도 좋다. 소수의 지배층을 제외한 대다수의 사람은, 문명과 제도가 발생한 이래 현재의 우리로서는 상상 하기 힘들 정도로 불편하고 비참한 삶을 누린 것이 사실이다. 하지만 조선의 역사에는 세계사적으로 유례가 없을 정도로 그런 불편과 비참 혹은 부정부패(현재는 제외함)가 드물었다. 굶어죽었다고 아우성치는 사료의 기록이란 외국의 사례와 비교하면 그다지 대수롭지 않은 것이 다. 에이레와 같은 나라는 19세기 후반에 전염병으로 주식인 감자농사 가 흉작이 되었다. 그리하여 인구의 1/3이 굶어 죽었다. 그 결과 대다 수가 신천지 미국으로 이민하였던 것이다. 중국의 역사를 보면, 기근 과 전쟁으로 몇 만 혹은 몇 십만이 죽기도 하고 심지어 무수한 사람을 잡아 먹었다는 기록이 역사책의 도처에서 보인다. 마오 쩌뚱의 숙청으 로 몇 백만이 죽었는지 모르는 실정인 것이다. 또한 크메르루즈의 킬 링필드는 어떤가? 몇 십만 몇 백만이 단시일에 숙청당했던 것이 아닌 가! 변학도의 부정부패? 전통중국의 부정부패에 비한다면 새발의 피 도 되지 못하는 수준이다. 하긴 또 요새 공무원의 부정부패에 비하면 변학도는 말할 계제도 못되는 것이다. 제발 다른 나라의 역사도 보고 아울러 좀더 구체적으로 역사를 살피기를 바란다.

나는 국수주의자가 아니다. 옛날과 달리 이제는 적어도 동서고금이란 그다지 중요하지 않다는 것 쯤은 알게 되었다. 다만 우리에게는 크나큰 잠재력이 있고 가능성이 있음에도 불구하고, 엉뚱한 방향으로 분출되거나 혹은 왜곡되어 나타나는 현실이 개탄스러울 뿐이다. 현재 우리에게는 다른 어떤 민족이나 국가도 상대가 되지 않을 정도의 숨겨져 있는 변수와 보물이 산적해 있다. 나도 최근에야 비로소 눈치를 차린 것들이다. 이에 대해 한꺼번에 모두 말할 수는 없고 앞으로 보다 구체적인 조사와 공부를 통해 하나하나 밝히고자 한다. 단지 우리는 현재 자신이 무엇을 하는지도 모르면서 엄청난 일을 하고 있다는 정도 만 밝히고자 한다. 자신이 무엇을 하는지에 대해 알 수 있고, 그 의의에 대해 확신을 가진다면 통일이건 개혁이건 우리의 예상보다 빨리 손쉽게 성취될 수 있다. 이제 인생에서 무엇보다 중요한 것은 자신을 아는 것이란 생각이 든다. 소크라테스의 말이 새삼스레 가슴에 저려온다. 우리 사회의 무수한 잘못된 신화가 사라지고, 우리의 참다운 모습을 알게 될 때 아마도 그 때가 진정한 의미의 통일이 시작되는 때일 것이다. 이 글에서 내가 전개하는 많은 논의는 아마도 가설의 수준을 벗어나지 못할 것이다. 하지만 그것은 내가 현재 이루어 놓은 공부의 수준을 보여주는 것이다. 이를 계기로 우리의 역사를 보다 다양하고 다채로운 시각에서, 그리고 보다 본질적인 문제의식으로 살필 수 있다면, 그것은 望外의 바램일 것이다.

Ⅱ. 추락하는 것에는 날개가 있다: 백제의 비극

漢文의 관용어에 "桀紂"라는 표현이 있다. 聖王의 상징인 "堯舜"과 대립되어 사용되는 이 말은 夏나라의 마지막 임금인 桀과 殷나라의 마지막 임금인 紂를 지칭하는 말이다. 말하자면 망국의 왕인 셈이다. 통상 그들은 亡國의 왕, 즉 망한 나라의 왕이자 나라를 망하게 한 폭군을 상징한다. 하나라의 桀에 대해서 우리는 자세한 것을 알 수 없다. 하지만 甲骨文이 발견된 이래, 殷(商)의 마지막 왕인 紂에 대해서는 전설과 문헌의 벽을 넘어서 보다 그 실상에 접근할 수 있게 되었다. 갑골문의 연구에 의하면 紂는 상당히 유능한 왕이었음을 알 수 있다. 유능했을 뿐 아니라 매우 뛰어났다고 할 수 있을 정도였다. 그는 자신의 능력을 과신하여 사방으로 정복사업을 벌였으며 그 결과 국력이 피폐하였다. 이런 틈을 타서 새로운 왕조를 개국하여 천명을 바꾼 것이 바로 周나라의 文王과 武王 부자였던 것이다. 그리고 周王朝의 개국에 누구보다 중요한 역할을 한 사람이 周公 旦이었는데, 그는 아마도 최초의 이데올로그라고 할 수 있을 것이다. 周公은 周王朝의 개국을 위한 전략을 세웠을 뿐 아니라 그 실행자였으며 동시에 정치적 선전가였다. 개국의 정당성을 선전하기 위해, 그는 天命을 내세웠고 동시에 전 왕조 최후의 왕이었던 紂에 대해서 희대의 폭군이라고 흑색선전을 하였다. 이후 동아시아문명에서 桀과 함께 폭군의 대명사로 불렸던 紂는 이 점에서 볼 때 대단히 불운한 사람이라고도 할 수 있다.

위에서도 볼 수 있듯이 우리의 통념과 달리 망해가는 국가의 왕은
결코 어리석은 昏君이 아니다. 많은 경우 그들은 유능할 뿐 아니라 여
러 가지 개혁을 시도한다. 문제는 그 개혁이 결국 실패로 돌아가고 만
다는데 있다. 중국사에 있어서 왕조의 역사는 항상 이러한 경로를 밟
는다. 아니, 중국의 왕조 만이 아니라 인간의 집단과 체제는 어쩌면 유
사이래 늘상 이러한 사태를 반복해왔을 것이다. 그 조직이 소수의 사
람으로 이루어진 것이거나 국가나 제국처럼 무수한 사람의 거대한 것
이거나 언제 어디에서고 그러하다. 이 점은 한국사에서도 예외가 아니
다. 예컨대 百濟의 義慈王을 살펴 보자. 『三國史記』나 『三國遺事』를
통해서 볼 때, 그는 초기에 매우 유능한 왕이었다. 그러나 후년에 도덕
적으로 타락하고 인격적으로 파탄하여 백제의 멸망을 초래하였다는 식
으로 서술되어 있다. 하지만 역사가 일어난 일로서의 역사와 쓰여진
기록으로서의 역사로 구분된다고 할 때, 이 양자가 반드시 일치하지
않음은 구태여 말할 필요도 없다. 또한 쓰여진 기록으로서의 역사는
항상 승자의 입장에서 서술되는 것이고, 그 승자의 입장이란 자신의
정당성을 강조하며 상대의 부당함을 과장하는 주관적 서술을 취할 수
밖에 없다. 따라서 의자왕을 삼천궁녀의 애달픈 전설을 지닌 낙화암의
비극을 초래하였던 한심하고 어리석은 왕으로만 파악한다면, 그것이야
말로 매우 한심하고 어리석은 관점일 것이다. 또한 현재 국사의 연구
수준도 결코 그런 우매한 것이 아님은 말할 나위도 없다. 중요한 것은
의자왕이 똑똑했는가 어리석었는가의 문제가 아니라 백제가 멸망할 수
밖에 없었던 혹은 멸망하게 된 원인을 찾고, 그로부터 역사의 교훈을
얻어내는데 있다. 백제가 일부 재야사학자들이 주장하듯이 중국의 엄
청나게 넓은 지역을 식민지로 경영했다고 하더라도, 그건 과연 우리
역사에서 어떤 의미를 가지는 것일까? 그런 사실의 역사적 의미가 음
미되고 해석되지 않는 한, 중국지역의 백제 식민지는 실재했는가의 여

부를 떠나서 오늘 우리의 역사에 아무런 의의가 없다. 비류백제가 실재했는가 혹은 나아가 중국 만이 아니라 일본에도 백제가 식민지를 경영했는가의 문제란, 그 의미가 해석되지 않는 한 현재 우리가 당면한 통일의 문제나 혹은 우르과이라운드로 상징되는 국제화와 개방화의 과제에 아무런 의의가 없다. 역사를 전공하는 사학자들과 시험에 대비해서 국사를 공부해야 하는 수험생들로 보아서는 중대한 문제가 되겠지만.

삼국사의 연구를 문외한의 입장에서 살펴 볼 때 흥미롭게 느껴지는 현상이 하나 있다. 그것은 통일의 주체와 관련해 제기할 수 있는 문제이다. 신라, 고구려, 백제. 세발 솥(鼎)처럼 대립(立)하고 있었던 이 세 나라에서 누가 통일의 주체가 될 수 있었을까? 그 가능성은 동등하였을 것이다. 따라서 무엇보다 중요한 것은, 통일의 주체로서 동등한 가능성을 지녔던 이들 세 나라에서 신라 만이 통일의 과업을 성공적으로 수행한 이유와 나머지 두 나라가 실패한 원인을 살피고 그 의의를 해명하는 것일 터이다. 한데 흥미롭다고 앞서 말한 까닭은 다름이 아니다. 우리는 삼국통일을 논할 때 통상 신라가 성공한 이유에 대해서만 언급한다. 어쨌거나 꿩잡는게 매라는 논법일지는 모르지만, 신라의 삼국통일은 부정할 수 없는 역사적 사실인 이상 일단 그 사실을 인정하고나서 사실의 의의를 해명하는 것이 역사연구의 정도라고도 할 것이다. 또한 이런 태도는 통일신라이후 오늘에 이르기까지 한국사연구의 주류였을 것이다. 다만 이른바 實學(者) 시대 이후 일각에서 꾸준히 제기되었고 현재 북한의 사학계에서 취하고 있는 태도, 다시 말하면 신라통일의 의의보다는 그 한계를 역설하면서 고구려가 통일의 주체가 되어야 했다고 하는 논의가 오늘날에도 이른바 민족주의 사학자나 혹은 재야사학자에 의해 제기되며, 우리 사회에서도 상당한 영향력을 끼치는 듯하다.

여기서 우리는 다음과 같은 질문을 던질 수 있다. 도대체 백제는 어디에 있는가? 삼국시대의 역사를 배우는 과정에서는 등장하였던 백제가 삼국통일의 주체라는 문제와 관련해서 아무 논의의 대상이 되지 않는 이유는 무엇일까? 신라는 통일을 완수했고 그 이후의 역사에서 줄곧 역사의 정통으로 인정되어 왔다. 또한 오늘날 대한민국의 정통성도 거슬러 올라가면 신라의 삼국통일까지 소급될 지도 모른다. 반면 고구려는 이후 왕건의 고려가 그 정통성을 자임하였을 뿐 아니라, 현재 평양에 수도를 두고 있는 "朝鮮민주주의인민공화국" 역시 자신의 역사적 정통성을 고구려에 두고 있는 것이다. 따라서 남북의 분단과 대치라는 이 현실적 상황은 우리로 하여금 암묵적으로 신라:고구려라는 두 팀의 결승전으로 삼국통일을 이해하고 인식하도록 만들고 있는지도 모른다. 게다가 여기에는 아마도 신라의 통일에 의한 역사기록의 훼손과 날조가 있을 것이며, 아울러 통일신라 이후 왕건의 훈요십조에서도 상징적으로 드러나고 있듯이 백제문화권이 우리 역사의 주류에서 도외시되었던 현실도 크게 작용하고 있을 것이다. 또한 무엇보다도 이른바 "광주사태"와 DJ의 실패가 잘 보여주듯이, 박정희정권이래 우리 사회의 주류가 이른바 TK였고 그들이 내세운 "근대화"라는 이념이 "남조선"의 절대가치로 되었다는 최근의 한국사에도 그 원인이 있을 터이다. 이 점을 보더라도 우리는 "모든 역사는 당대사"라고 하였던 크로체의 주장에 다시 한번 공감하지 않을 수 없다. 따라서 나는 한국사를 연구하는 학자와 학생들에게 백제의 통일가능성과 그 한계에 대해서도 보다 공평한 입장에서 다시 한번 검토해 줄 것을 바라고 싶다.

여기 한 사나이가 있다. 그 이름 張寶高. 그는 미천한 신분이었지만 그 한계를 스스로 극복하고 중국으로 건너가 이른바 "新羅坊"을 건립하였다. 뿐만 아니라 고국 신라에 귀국해서는 骨品制라는 철의 장벽을 뛰어넘고서 완도에 청해진을 세웠을 뿐 아니라 신라조정에까지도 상당한 영향력을 행사하였다. 하지만 결국에는 부하의 배신에 의해 비참한 죽음을 당하고 말았다. 비극적 영웅의 일생을 보여주는 듯한 파란만장한 그의 일생. 장보고의 해상왕국은 과연 무엇을 의미하는 것일까? 『入唐求法巡禮行記』를 쓴 일본의 승려 엔닌(圓仁)의 일기를 통해서도 알 수 있듯이 신라방은 규모가 굉장하였으며, 또한 대제국 唐으로부터도 자치권을 인정받으며 독립적 지위를 누리고 있었다. 아울러 장보고가 동아시아의 해상무역에 행사하였던 영향력은 절대적이었다고 한다. 자! 바로 여기서 우리는 곤혹스러움을 느끼게 된다. 골품체라는 원시적 신분질서를 지녔던 통일신라의 한 촌놈 弓福(장보고의 본명)은 어떻게 이런 거대한 해상왕국을 건립하였던 것일까? 비록 그가 아무리 궁술에 뛰어났고 요행히 중국으로 이민을 가서 당시 군벌의 눈에 뛰어 총애를 받고 능력을 인정받았다지만, 과연 그 혼자의 힘으로 이처럼 엄청난 제국을 건립하는 기적이 일어날 수 있겠는가? 나는 역사의 기적이란 역사에 기적이 없다는 사실 하나 뿐이라고 생각한다. 그렇다면 문제는 장보고의 "기적"이 가능하게 된 원인을 찾는 것이다. 원인을 알면 대부분의 기적은 그 신통력을 상실하게 마련이다. 또한 역사의 비극과 불행이란 항상 대부분의 기적이 그 신통력을 상실하고 만다는 사실에 있기도 하지만.

일단 앞서 제기한 문제로 되돌아가 이를 다시 검토해 보자. 백제의 역사는 한국의 역사에 어떤 의의를 지닐까? 또 그것은 무슨 교훈을 우리에게 줄 수 있을까? 나는 백제가 과연 재야사학자들이 주장하듯이 중국과 일본에 광활한 식민지를 경영하였는가에 대해서는 알지 못한다. 아울러 이는 우리에게 결코 중요한 문제가 아니라고 생각한다. 또한 찬란한 상고사의 영광을 노래하는 사람들이 목에 핏대를 올리면서 말하는 것들, 예컨대 고대의 東夷族이 漢字를 만들었다거나 혹은 중국에 광활한 영토를 차지하였다거나 하는 주장에 대해서도 나는 결코 아무런 감흥을 느끼지 못한다. 내가 역사의 불감증에 걸렸기 때문이 아니다. 그것은 이후 우리 역사의 전개에 대해 그런 찬란한 영광이 지니는 의의를 아직은 발견하지 못했기 때문이다. 한편 고대사의 영광에 대한 찬양과 과시는 어느 민족 어느 문화에서도 나타나는 일반적인 현상임을 알고 있기 때문이기도 하다. 내가 기억하는 러시아의 우화에 이런 것이 있다. 전쟁이 일어나 동물들이 군대에 입대하게 되었다. 그 중에 거위가 한 마리 장교가 되겠다고 지원했다 한다. 장교가 그에게 물었다. "당신은 무엇을 잘 합니까?" "저희 조상은 일찌기 트로이전쟁에 참전하였읍니다. 그 분은 트로이성이 함락하게 되었을 때 큰 목소리로 이를 알리셨답니다." "그것은 당신 조상의 일입니다. 조상이 아니라 당신이 잘 하는 것은 무엇입니까?" "저희 조상께서는 트로이전쟁에서 성의 함락을 알렸읍니다." "아니, 조상의 영광이 아니라 당신의 능력을 말해 주십시오." 거위는 끝내 조상의 영광 만을 자신의 그 커다란 목소리로 자랑했다고 한다. 재야사학자들의 커다란 목소리를 들을 때마다, 나는 어째서 조상의 영광을 자랑했던 거위를 연상하게 되는 걸까?

백제는 海上王國이었을 것이다. 아니 어쩌면 通商國家라고 표현하는 것이 타당할 지도 모른다. 백제의 문화는 기본적으로 국제성과 개방성으로 특징지울 수 있을 것이다. 백제는 중국의 남방문화를 아무런 여과장치없이 혹은 미처 여과할 틈이 없이 수용하였다고 나는 생각한다. 그리고 이런 점은 통상국가 혹은 해상왕조가 일반적으로 지니는 특징이다. 국제성과 개방성. 그에 의한 조숙함과 화려함이야말로 백제의 문화적 특징이 아니었을까? 하지만 자신의 올바른 주체성이 확립되지 않은 상태에서 국제화와 개방화란 결국 한계를 지닐 수밖에 없다. 게다가 교역의 주요한 파트너였던 중국의 내부사정이 어느 정도 일단락 되었을 때, 백제는 어쩔 수 없는 한계에 당면했을 것이다. 자신의 고유한 문화가 정립되기 이전 상대의 선진적 문화를 일방적으로 수입한다는 것은, 고대국가의 발전 초기에 있어서는 상당히 유리한 전략일 수도 있다. 하지만 고대국가의 발전도 어느 정도를 넘게 되면 그런 일방적이고 몰주체적인 수용은 필연적으로 한계를 만나게 된다. 또한 富國強兵이란 국가적 목표의 관점에서 보아도 그런 전략은 富國의 일면에만 치우치는 결과를 가져올 것이다. 자신의 고유한 문화를 정립하기도 전에 선진문화를 일방적으로 수용하였고, 아울러 내부의 기반을 충실하게 다지기보다는 외부와의 교류와 교역 만을 중시하였던 것. 이 결과 백제는 삼국통일의 주체가 되기에는 치명적 약점을 지녔던 것이다.

"國破山河在。" 중국의 詩聖 杜甫는 이렇게 노래하였다. 나는 다음과 같이 노래하고 싶다. "國破人傑在。" 백제가 비록 멸망했다고 하나, 그 멸망은 결코 백제인 모두의 멸망이거나 사망이 아니었다. 중국에 있었다고 하는 이른바 백제의 "식민지"는 과연 어떤 것이었을까? 그것을 오늘날의 영토적 개념으로 이해해서는 절대로 안될 것이다. 나는 그 식민지란 백제가 강한 영향력을 행사하였던, 교역의 거점도시 정도가 아닐까라고 추측한다. 실상 오늘날 우리가 지니고 있는 국가개념이나 영토개념은 어디까지나 근대적 산물이다. 또한 그것은 인류문명의 거시적 역사에서 보면 근대이후의 산물이라는 점에서 상당히 예외적인 개념이며, 그런 개념이 서구에서만 발생했다는 점에서 말하면 대단히 국부적인 개념이다. 이런 예외적이고 국부적인 개념을 지닌 서구적 역사서술의 편견과 오류가 동아시아에 이식되었기 때문에, 우리는 동아시아의 과거사에 대해서 적절하지 못하고 심지어 정당하지도 않은 이해의 논리와 인식의 구조로 조망하고 있다. 나는 바로 이것이 근대사학이 지닌 맹점이라고 생각한다. 현대인의 모자를 과거인의 머리 위에 올려두는 악습은 중화인민공화국의 사학계 만이 극복해야할 고민은 아니다. 어쩌면 역사의 서술은 본래 그러한 것일지도 모른다.

나라는 없어지더라도 사람은 살아 남는다. 역사란 사람들의 삶에 대한 이야기이다. 강이 제아무리 두껍게 얼더라도, 그 얼음 밑에서는 강물이 말없이 흐르고 있다. 백제가 있었던 지역의 사람들이 신라가 통일했다고 해서 막바로 신라의 사람으로 되는 것은 아니다. 미국의 남부에서는 지금도 "전쟁이후에"라는 표현이 "남북전쟁"을 가리킨다고 쓴 글을 본 적이 있다. 이차세계대전도 일차세계대전도 아니다. 링컨 아저씨가 『톰아저씨의 오두막』을 보고는 눈물을 흘리며 주먹을 불끈 쥐고서 반드시 흑인노예를 해방시키리라 결심하여 일어났다는 남북전쟁이다. 완도의 촌놈 弓福이 중국으로 이민하게된 배경에는 신라에 의한 차별과 그 자신이 지닌 백제인으로서의 의식이 있었을 것이다. 거기에는 백제시절에 완도가 수행하였던 국제무역의 중심지로서 역할도 크게 작용하였을 것이다. 그가 중국에서 쉽사리 출세하고 또한 이른바 "신라방"을 순식간에 건립하게 된 배후에는 중국에 남아있던 백제인들의 후원이 있었음에 틀림없다. 따라서 "신라방"이란 명칭을 "백제방"으로 바꿔 부른다면 오히려 진상을 정확하고 적절하게 알려줄 것이다. 이처럼 백제계 중국교포의 후원을 등에 업고 귀국했기에 그는 신라에 귀국해서도 완도에 청해진을 건설할 수 있었다. 청해진은 과거 백제의 영광을 계승하였으며 또한 교역에 필요한 사회간접자본이 충실히 구비되었기에, 쉽사리 국제교역의 중심지로 원상복귀하였을 것이다. 자, 이제 우리는 역사에 기적이 없음을 확인할 수 있게 되었다.

이미 보았듯이 백제는 국제화와 개방화의 정책을 취했다. 그리고 자신의 주체성이 제대로 확립되지 않았을 때 그것은 모래성에 불과하였고 삼국통일이라는 국가적 목표를 달성하기에는 부적절하였다. 물론 그런 정책이 무의미했던 것은 아니다. 그 정책을 통해 길러진 인력과 인맥의 구축, 경험의 축적 그리고 구비되었던 사회간접자본이야말로 장보고의 위대한 해상제국을 가능하게 만든 결정적 요인이었다. 이점은 적어도 성웅 이순신장군의 전라좌수영시절까지 커다란 역할을 수행했을 것이다. 통일신라이후 후삼국의 분열을 거쳐 한반도를 다시 통일한 것은 다름아닌 왕건의 고려이다. 고려는 비록 고구려를 계승한다는 대의명분 속에 국호조차 고려라고 하였다. 하지만 인간은 항시 대의명분 하에 사기를 친다. 왕건의 사기도 예외가 아니다. 고려라는 나라의 기본적 성격은 백제처럼 개방적이고 국제적이라는 것이다. 왕건 또한 대중국 무역과 관계가 깊은 송악출신이었으며, 고려문화의 기본적 특성도 한반도의 역사에서 볼 때 국제성과 개방성이란 국가적 특성에 의해 가장 사치스럽고 화려한 것이었다고 생각한다. 『삼국유사』를 통해서 볼 수 있듯이, 고려의 승려들은 제아무리 심산유곡에 있더라도 중국의 유명한 승려나 학자들과 서신왕래가 있었다. 오늘날의 말로 빌디 표현한다면, 고려의 학술계는 끊임없이 국제학계와 교류를 가졌고 자신의 성과를 국제적 학술지에 발표했다는 것이다. 서구에서도 학술의 성과를 일정한 학술지에 발표하는 관습은 그리 오래되지 않았으며, 이전에는 서신의 왕래를 통해서 학술성과를 발표하였다. 즉 고려승려의 서신왕래는 학술지의 논문발표인 셈이다. 또한 고려야말로 방대한 양의 문헌을 수집하고 축적하였던 지식국가이자 정보국가였다. 『고려사』에서도 볼 수 있듯이, 당시 중국은 끊임없는 전란으로 소실되었던 자국의 문헌을 고려에 부탁하고 있다. 대표적인 사례가 劉向의 『說苑』인데, 중국에서는 온전한 판본이 없어져서 고려에서 구하여 이를 복원하였다. 조선의 불교계가 자랑스럽게 내세우는 고려대장경 또한 마찬가지이다. 고려에 그처럼 방대한 지식과 정보가 축적되었기에 팔만대장경의 간행이 비로소 가능하였던 것이다. 그뿐 아니라 몽고제국의 침략을 겪으면서도 그 거대한 프로젝트를 진행할 수 있었던 것은 돈독한 불심과 불력의 가호 만으로 가능한 일이 아니다. 강화도라는 작은 섬에서 그 이전까지 사치스러운 생활 만을 영위하던 왕족과 귀족들이 과연 어떻게 살아갔을까? 육지는 모두 몽고의 말발굽으로 유린되었고, 몽고병은 매같은 눈을 부라리며 강화도로 곡물과 식량이 유출되는지 감시하였을 터이다. 이런 극한상황에서 과연 기적이 일어났던 것일까?

"쌍화점에 갔더니 회회아비가 손목을 잡으며 하는 말…" 쌍화점이란 고려가요에 나오는 귀절이다. 고등학교의 고문시간에 배웠던 이 노래에 대해서 막연한 불안감 내지 의심이 들었던 기억이 있다. 그것은 도대체 회회아비가 누구이고 그가 여자를 꼬시면서 사용한 말이 무엇이었을까 하는 것이다. 이제는 그 문제에 대해 나름의 답을 할 수 있다고 생각한다. 회회아비는 아라비아계 상인이다. 그가 사용한 말은 그러나 한국말이었다. 아니 고려말이라고 해도 좋다. 어쨌거나 민간의 부녀자를 유혹하는데 아랍어가 통한다고 생각했을 미치광이 아라비아 상인을 없었을 것이다. 게다가 처용설화의 주인공인 처용도 아라비아 사람이라는 학설이 강하게 제기되는 바이다. 고등학교 시절 나에게 영어를 가르치신 선생님 중에는 덕수 장씨의 선생님이 계셨다. 알다시피 덕수 장씨는 아라비아인의 후손이다. 그래서인지 그 선생님은 『아라비아의 로렌스』에 나오는 아랍추장처럼 특이하게 생겼다. 아무리 오랜 세월이 흘러도 그런 유전학적 특징이 남는다는 사실을 통해, 우리는 새삼 피는 물보다 진하다는 것을 확인할 수 있을지 모른다. 하지만 나는 유전학이나 우생학적 진리를 증명하려는게 아니다. 중요한 것은 고국을 떠나 머나먼 타국에 귀화하거나 또는 민간의 부녀자가 쉽사리 유혹당할 정도로 고려에는 아라비아상인이 많았다는 점이다. 참으로 국제적이고 개방적이었던 고려의 나날이여!

중국사에서는 "당송변혁기"라는 용어가 있다. 개방적이고 국제적이었던 당과 달리 폐쇄적이고 국수적이었던 송의 문화를 대비하면서 그 이면에 있던 거시적인 역사구조의 전환을 나타내는 학술용어이다. 나이토 코오난(內藤湖南)의 이 주장에 대해 현재 나는 지나치게 단순하고 소략한 명제라고 생각하고 있기는 하지만, 어쨌거나 고려는 당송의 변혁기 만이 아니라 원의 등장까지 겪는 동안 실질적인 권력구조와 통치체제는 변화했을지라도 하나의 왕조 아래 유지되었던 것이다. 또한 그 왕조의 기본성격은 국제적이고 개방적이었으며 대외지향적이었다. 따라서 그 생활과 문화는 자연히 사치스럽고 화려하였던 것이다. 쌍화점의 회회아비는 이러한 국제국가 고려에서 흔하게 볼 수 있었던 일이다. 이러한 사치스럽고 화려한 고려왕조 5백년의 생활은 그러나 결코 인간에게 행복을 가져다 주는 것이 아니었다. 사치와 방탕은 재미있고 매력있는 생활을 가능하게 만들지 모른다. 그러나 결코 행복하고 건강한 생활은 아닐 것이다. 인간은 행복하고 건강하며 여유있는 생활을 하고자 살아가는 것이다. 더우기 사치와 방탕도 하루 이틀이다. 무려 5백년에 걸쳐서 그러한 생활을 보낸다면 결국은 누구나 지칠 것이다. 그건 결국 인간의 자연스러운 몸의 리듬에 어긋나는 행위이기 때문이다.

2차세계대전에는 "인팔전투"라는 유명한 사례가 있다. 알다시피 일본은 자원이 빈약하다. 일본이 중국을 침략하자, 미국은 일본의 만행을 저지하고자 자원의 수출을 금지하였다. 공산권에 선진의 과학기술을 제공하는 행위를 코콤을 통해 규제했듯이. 때문에 일본은 어쩔 수 없이 고무와 석유를 구하기 위해 동남아시아를 침략했고, 내친 김에 인도까지 쳐들어 가고자 했다. 그것은 일본의 빈약한 자원 때문이다. 일본은 동남아로 쳐들어가 승승장구하였고, 이런 과정에 생긴 일화를 영화로 만든 것이 휘파람 소리도 경쾌한 『콰이강의 다리』라는 작품이다. 그 과정에서 전쟁에 개입하기 싫어하는 국민을 참전시키기 위해 미국의 군산복합체가 일본으로 하여금 태평양전쟁을 일으키도록 유도하였던 것이다. 그런데 동남아에서 파죽지세로 공략하던 일본이 결정적으로 승기를 놓치게 된 것이 다름아닌 "인팔전투"이다. 통상 전투에서 봉쇄란 치명적이다. 봉쇄하는 측과 봉쇄당하는 측. 이 양자에서 봉쇄당하는 측은 결국 보급이 떨어져 헐벗고 굶주리며 탄약도 떨어지게 마련이다. 따라서 일단 봉쇄를 한 뒤에는 느긋이 항복하기만을 기다리면 전투는 종결되는 법이다. 헌데 인팔전투에서는 이런 전쟁의 상식이 역전되는 기적이 일어났다. 포위를 한 일본군은 보급이 떨어져 더이상 견디지 못하게 되었는데, 봉쇄를 당한 영국군은 오히려 여유만만 느긋하게 지낼 수 있었던 것이다. 이런 기적은 어째서 일어난 것일까? 그것은 다름아닌 공중을 통한 보급물자의 수송이었다. 베를린 봉쇄에 대한 케네디의 조치를 생각하면 그 상황이 쉽사리 연상될 것이다. 결국 포위를 한 일본군이 헐벗고 굶주리게 되어 항복을 하게 되었다나 어쨌대나.

이쯤 이야기하면 눈치빠른 독자는 알아차릴 것이다. 보통 국사에서는 강화도에 들어간 고려왕조가 전라도 등지의 조운을 통해서 유지되었다고 한다. 나는 그런 측면을 전혀 부정하지는 않는다. 하지만 설령 몽고가 항해술이 미약하여 배를 타지는 못했더라도, 육지의 항구를 봉쇄한다는 것은 그다지 어려운 일이 아니었을 것이다. 아마도 강화도의 고려정권이 유지된 중요한 비결은 국제교역의 유지였을 것이다. 중국의 남부, 월남, 일본 등지와 밀접한 연계를 지니고 끊임없이 교역을 유지했기에 몇 십년간 그 좁은 강화도에서 버틸 수 있었던 것이 아닐까? 우리는 한국사 전체를 조선후기의 짧은 경험 만으로 파악하는 오류를 범하고 있다. 앞서 말한 장보고의 경우, 그의 해상교역은 사실 백제이래 한반도와 중국 사이에 지속되어 온 밀접한 교역관계를 상징한다. 당시 통상 "신라인"이라 불리던 사람들의 해상활동은 현재 우리로서는 상상하지 못할 정도로 대규모이고 수준이 높았던 것이다. 엔닌을 세계학계에 소개한 라이샤워에 의하면 통일신라시대 당시 신라인의 해상활동은 세계적 수준이었다. 당시 동서무역을 주름잡고 있던 아라비아상인의 해상활동에 비견될 수 있을 것이다. 심지어 신라와 아라비아 사이에도 밀접한 교역관계가 있었던 듯하다. 아라비아문헌에 신라가 지속적으로 기록되어 있는 것은 어쩌면 그런 이유 때문일 것이다.

고려에 뒤이어 조선왕조를 개국하였던 사람들은 사치와 방탕의 한계에 대해 뼈저린 반성과 검토를 하였다. 그 결과의 하나가 바로 고려청자에서 이조백자로의 전환이라고 생각한다. "다섯가지 색은 사람의 눈을 어지럽히고, 다섯가지 소리는 사람의 귀를 어지럽히며…"이미 라오쯔선생이 갈파했듯이 인위와 조작에 의한 문명은 생물학적 존재로서의 인간에게 방황과 불행을 가져다 줄 뿐이다. 보다 검소하고 자연스러운 생활, 아울러 그것이 가능할 수 있는 체제와 이념. 조선왕조를 개국하였던 당시 새로운 지식인들이 꿈꾸고 내세웠던 모토이다. 이런 거시적인 역사의 전환이 없이 고려청자가 이조백자로 변신한다는 일은 생겨날 수 없다. 대만의 고궁박물관에서 본 기억으로는 고려청자는 송대의 자기와 유사하다. 아니 송대 자기의 영향을 받고 그것을 한층 세련되게 만들었다는 인상을 준다. 그러나 이후 명과 청을 거치면서 중국의 자기들은 대형화되고 화려하게 전개되어 간다. 명청시대 자기들은 지나치게 화려하고 현란하여서 심지어 촌스러운 느낌조차 드는 것이다. 이에 비해 이조백자의 소박함은 볼수록 세련되었다는 느낌을 주는데 그것은 화려함의 극치를 거친 소박함이다. 마치 세련된 미녀는 결코 요란한 느낌을 주게끔 화장을 하지 않고 자연스럽고 은은하게 화장하는 것과 마찬가지 이치인 셈이다. 조선을 생각할 때 마다 나는 자연스러운 가운데 세련된 아름다움을 풍기는 미녀를 연상한다. 또한 오래고 기나긴 사치와 방탕 끝에 전원으로 돌아가 소박한 삶을 누리는 돌아온 蕩者 아니 賢者를 생각하게 된다.

이제 다시 원래의 문제의식으로 돌아가자. 우리가 백제의 역사를 검토하고자 한 이유는 통일의 주체로서 가능성을 지녔던 백제가 어째서 그 과업을 수행하지 못했는가 그리고 그 실패의 원인은 우리에게 어떤 의미를 가르쳐 주는가를 알아 보고자 했기 때문이다. 결론적으로 말해 백제는 자신의 고유한 문화를 정립하여 주체성을 확보하기 이전 지나치게 빨리 국제화와 개방화의 전략을 취했다. 그 결과 고대국가의 초기발전에서는 유리했을지 모르나 결국은 통일의 과업을 수행하지 못하고 망국의 회한을 지니게 되었다. 그 비극을 상징하는 것이 다름아닌 낙화암에 떨어진 삼천궁녀의 옷자락이다. 참으로 추락하는 것은 날개가 있다. 물론 백제의 이런 발전전략이 우리 역사에 아무런 역활을 수행하지 않았던 것은 아니다. 그것은 이후 고려시대의 역사를 준비할 수 있었던 기반이 되기도 했고, 장보고의 해상왕국을 가능하게도 만들었으며, 전라좌수영의 이순신 장군이 한산대첩을 이룰 수 있었던 원인의 하나이기도 하다. 우리는 이런 역사의 재해석을 통해서 다가올 통일을 대비하는 교훈을 얻어야 함은 물론이고 우르과이라운드나 그린라운드로 상징되는 이른바 국제화와 개방화의 과제를 올바로 대처해야 할 것이다. 그렇지 않다면 우리를 날게 만든 바로 그 날개가 추락을 가져올 지도 모른다.

Ⅲ. 신화, 그것이 알고 싶다 : 고구려라는 환상

"고구려에는, 연개소문이, 돌아가시자, 나라가 망했네." "무찌르자 공산당 몇 천만이냐." 운동장 한 편에서 여자 아이들이 고무줄을 넘으면서 부르는 노래소리. 짓궂은 남학생들은 고무줄을 걷어 가거나 끊어 버린다. 그러면 여학생들은 울어 버리기도 하고 혹은 선생님에게 이른다고 으르기도 하였다. 국민학교 시절을 생각하면 아련히 떠오르는 추억의 한 장면이다. 나는 그 노래가 언제부터 불렸는지는 모른다. 후자는 아마도 한국동란 중 中共軍이 "抗美援朝"(미제국주의에 대항하여 조선인민을 구원하자!)를 위해 참전한 이후 생겨난 노래일 것이다. 거기에는 냉전체제의 수호를 위한 반공이념의 선전이라는 정치적 의도가 담겨 있음에 틀림없다. 그렇다면 전자의 노래에도 무언가 정치적 의도가 담겨져 있지 않을까? 아니면 적어도 고구려의 멸망을 해석하는 사관이 담겨져 있음에 틀림없다. 이처럼 동요나 구전가요의 한 귀절 속에서도 이를 꿰뚫어 볼 수 있는 올바른 눈이 있다면, 한 시대의 역사상과 사회상을 발견해낼 수 있다. 추락하는 것에 날개가 있다면, 생겨나고 일어난 사태에는 원인이 있기 때문이다. 중요한 것은 사료가 아니라 사료를 해석하는 사관이며 역사의 이해이다. 또한 그 사관은 사학자가 자신이 살아가는 동시대의 현실적 쟁점과 끊임없는 대화를 하면서도, 자신의 시대와 그 시대의 어두움을 넘어서 인간의 보편적 삶과 인류 문명의 근본적 구조를 해명하려는 인식론적인 문제의식을 가질 때 비로소 정립된다.

1910년, 조선이 일본에 합방되었다. 그것은 당대를 살아가던 대다수 지식인들에게 커다란 충격으로 다가온 사태였다. 동아시아문명권의 구석말단의 변두리에 위치한 섬나라 일본. 왜구와 사무라이로 상징되는 야만스럽고 무지막지한 일본. 그 일본이 서양 오랑캐와 손을 잡더니 자신들을 가르쳤던 스승의 나라 조선을 군화발로 짓밟은 것이다. 사람이란 동물은 원래부터 자기보다 낮다고 생각했던 상대에게 무시당하는 것에는 분노와 충격을 느끼지 않는다. 평소 자기보다 못하다고 여겼던 상대방이 자신보다 출세했거나, 혹은 자기 마누라나 남편보다 훌륭한 사람과 결혼했다거나 할 경우, 충격을 받기도 하고 심지어 분노와 자책에 사로 잡히는 법이다. 나는 일제시대라는 역사의 시기가 우리에게 비극적으로 다가올 수밖에 없었던 중요한 원인의 하나가 바로 여기에 있다고 생각한다. 만일 우리가 중국의 식민지가 되었다고 해보자. 아니면 조선의 역사와는 전혀 무관했던 미국이나 영국과 같은 서구의 열강에 의해서 식민지로 되었다고 하자. 그럴 경우의 식민지 체험에는 일본제국주의의 침략으로 겪었던 분노, 자책, 울분 그리고 자기 망각은 아마도 없었을지 모른다. 역사적이고 정치적인 사건이나 사태는 결코 역사적이며 정치적 차원에만 머무르는 것이 아니다. 그리하여 궁극적으로 심리적인 사건이자 사태로 귀결된다. 이처럼 심리적 사건과 사태로 귀결되었을 때 역사적 사건과 사태란 바로 체험이 되는 것이니, 우리의 근대체험이란 이처럼 주체를 망각하고 상실하는 식민지체험과 밀접하게 연결되어 시작되었다.

서구세력에 의한 동아시아의 침략과 그에 의한 근대적 질서로의 강압적 편입과정. 이 역사적 전환점에서 적절하게 대응치 못해 생겨난 결과는 조선인들에게 너무나 충격적이었다. 때문에 그들은 자신의 고유한 정체성(identity)마저 망각하는 기억상실증에 걸리고 말았다. 사람은 아득히 먼 옛날보다는 오히려 가까운 과거의 일을 쉽사리 잊게 된다. 예를 들어 보자. 우리 집에는 여러 사정 때문에 칼라티브이가 방마다 있다. 그런데 이 놈의 칼라티브이란 따지고 보면 우리 역사에 도입된 지 20년도 채 되지 않는 아주 최신의 물건이다. 칼라방송은 박정희쇼군과 전두환 아저씨께서 국민들에게 "옛다, 이거나 쳐다보고 어렵고 복잡한 세상사는 잊어 버려라!"라고 선심을 써서 주신 나랏님 하사품인 것이다. 그런데 참으로 희한한 일이 있다. 그건 칼라티브이를 오랜 세월 접하다 보니 이전에 흑백티브이를 보던 기억이 전혀 나지 않는다는 사실이다. 우리 집에 칼라티브이가 도입된 시기도 그다지 빠른 편은 아니고 그저 남들만큼 구입하였음에도 불구하고 말이다. 어렸을 적 어려운 시절에는 동네 사랑방에 모여서 구경하거나 혹은 만화방에서 보았던 흑백티브이. 분명 내 유년시절과 청소년시절에 항상 접했을 추억어린 흑백티브이. 그 흑백티브이를 보고 자랐던 기억이 도무지 나지 않는 것이다. 마치 태어나면서부터 칼라티브이 만을 본듯한 착각이 드는 것이다. 그리하여 길을 가다가 우연히 노점이나 점포에 설치된 흑백티브이의 화면을 보노라면, 흡사 우리보다 엄청나게 못사는 후진국의 거리라도 걷는 듯한 착각에 사로잡히는 이 인간심리의 기묘함!

또 하나 잊지 못할 경험이 나에겐 있다. 때는 바로 대학원을 마치고 논산훈련소에 입대하였던 무렵이다. 첫날인가 둘째날인가 신상명세서를 작성하는 데 갑자기 나는 순간적인 기억상실증에 걸렸다. 어려서부터 나는 대학은 무료로 다니고 군대에는 결코 가지 않겠다고 결심했다. 전자는 달성했지만 후자는 유감스럽게 실패하였다. 게으름으로 인해 논문을 한 학기 늦게 제출하여 석사장교의 기회를 놓쳤던 것이다. 그에 대한 자책감과 후회 때문이었을까? 신상명세서를 작성하는데, 가까운 친척과 친구의 이름이 생각나지 않는 충격적 경험을 하였던 것이다. 그때 나는 인간의 기억력이란 얼마나 불확실한 것인가를 뼈저리게 통감했다. 이전에 읽었던 대뇌생리학책에 의하면 인간의 기억에는 학습에 의한 것과 생활에 의한 것이 있다고 한다. 인위적이고 강제적인 노력에 의한 전자의 기억은 기억상실증에 걸리더라도 망각되지 않는다고 한다. 수리능력이든 외국어능력이든 일단 학습의 과정을 통해 얻은 것은 기억상실증과 무관하다. 그래서 영화『마음의 행로』에 나오는 주인공은 자신이 이전에 학습한 여러 능력을 상실하지 않을 수 있었던 것이다. 그런데 우리의 아이덴티티는 학습이 아니라 생활에 의해 형성된다. 그러므로 기억상실증이란 바로 자연스러운 생활의 기억 즉 자신의 아이덴티티를 망각하는 것이다.

식민사관이든, 아니면 그와 대립하는 민족사관이나 민중사관 혹은 주체사관이든, 그 모든 사관의 배경에는 근대(서구)의 충격과 그에 대한 컴플렉스가 잠재되어 있다. 따라서 원론적으로는 사계의 권위께서 아무리 그럴듯하게 말싸움하고 있을지라도, 현재의 사관은 과거의 일어났던 사태를 올바로 설명하기도 어렵고 미래의 대안을 제시하기도 힘들다. 그 사관들은 인류문명의 역사에서 보면 예외적이고 국부적인 서구의 근대문명이 제시하는 개념들, 예컨대 식민, 민중, 민족, 주체 등을 구관조가 사람의 말을 흉내내듯이 사용하는 것에 불과하며, 극언한다면 그러한 개념의 모자를 과거의 사태에 적용하고 있을 뿐이다. 적어도 그런 개념들은 우리가 전통적으로 사용했던 용어도 개념도 아니다. 비록 그것들이 漢字로 구성되었다고 해도, 그건 어디까지나 서구전통에서 생겨난 용어를 번역한 것에 불과하다. 따라서 우리에게 중요한 것은 먼저 동아시아의 전통과 조선문명의 과거를 이해하기 위해 새로운 인식의 틀을 확보하고 전통적 개념과 용어를 새롭게 해석하는 일이 될 것이다.

나는 근대적 의미의 학문이란 근대 제국주의의 산물이라고 생각한다. 물론 제국주의는 인류문명에서 이미 오래 전에 그리고 보편적으로 있었다. 예를 들어 漢代의 제국이나 로마제국은 그 제국을 유지하기 위해 보편적 이념과 일반적 가치체계를 지니고 있었으며 이것이 고대의 학문이 가능하게 된 원동력이었다. 漢代의 經學이란 어떤 면에서 제국주의의 소산이다. 『大學』이 "修身, 齊家, 治國, 平天下"라는 슬로건을 첫 머리에 내세우는 소이는 바로 여기에 있다. 사실상 제도로서의 대학이란 제국을 운영하는 지식인 관료를 양성하기 위한 것이 아니었을까? 四書의 하나인 『大學』이란 漢代의 帝國이 형성되는 과정과 밀접한 연관을 지닌 것이며 따라서 "平天下"를 최종 목적으로 설정한 것이다. 여기서의 天下는 달리 말하면 "제국의 보편적 질서"이다. 동서고금의 학술사를 살펴보면 어떤 문명권이건 經學을 지니고 있으며, 그 경학이란 고대이건 중세이건 결국 제국의 이념이었다.

그러나 말썽은 근대의 제국주의이다. 서구의 근대문명은 자신이 지닌 문제를 해결하기 위한 타개책으로 비서구세계를 침략하였고, 이 침략을 효율적으로 진행하기 위해 근대의 학술을 발전시켰다. 또한 근대의 대학이란 바로 이런 식민지침략의 요원을 양성하는 것이었고, 정책을 뒷받침하는 것이었으며, 또한 식민지운영을 위한 조사와 연구를 진행하는 틀이었다. 따라서 근대의 사관이란 기본적으로 제국주의적 사관이며, 이 제국주의는 고대와 중세의 제국주의와 달리 외면적인 보편성과 일반성을 띠게 되었다. 그러나 이 보편성과 일반성이 논리적으로 확보될수록 그것은 더욱 야만적이고 무차별한 것이었으며, 따라서 외연과 내포의 괴리가 바로 근대학문의 비극이라고 생각한다.

따라서 나는 우리 학계에서 지역학이 부진함을 면치 못하고 있음에 대해 전혀 이상스럽게 생각하지 않는다. 우리나라처럼 근대학문이 기묘하게 굴절되어 전개된 나라도 드물다. 우리는 몇 천년간 중국과 이웃하여 살아왔으면서노 현새 우리나라의 중국학은 현재 세께긱인 수준에서 그다지 훌륭한 편이 못된다. 조선시대의 중국이해에 비한다면 비극적이라기보다는 차라리 희극적이라고 말하는 편이 타당할 것이다. 여기에는 식민지시대 이후 전통문화가 일괄적으로 매도되면서 중국문명이 타기되어야 할 대상으로만 여겨졌던 것과 아울러 해방이후 남북분단에 의한 이념적 금기의 설정이 주된 작용을 했다. 그러나 앞으로 21세기에 있어서의 중국의 역할은 누구도 의심할 수 없으며 통일한국의 장래를 위해서도 중국과의 새로운 관계설정은 무엇보다 중요한 과제의 하나이다.

한편 일본에 관한 연구는 어떠한가? 일제식민지의 경험을 통해 우리는 근대를 학습하였고 많은 사람들이 일본을 통해 근대학문을 받아들였다. 그러나 일본은 어디까지나 근대학문을 학습하고 수용하는 매개체로 간주되었을 뿐, 그를 통해 배운 근대학문의 방법으로 연구해야할 대상으로서는 인식되지 못했던 것이다. 따라서 대다수 국민과 식자가 일본에 대해 잘 알고 있다는 환상 속에서 한일관계가 전개되고 있는 상황이다. 전세계가 모두 두려워하고 있는 일본. 그 일본에 대해 우리만큼 무지와 편견으로 인한 자만심을 지닌 국가나 민족도 드물 것이라고 나는 생각한다. 하지만 진정한 이해와 우호를 바탕으로 한 새로운 한일관계의 정립은 통일을 위한 선결조건의 하나이며, 우리 사회에 남아있는 식민지적 유산의 청산을 위해서도 필요한 과정인 것이다. 이를 생각한다면 보다 객관적이고 보다 전문적인 일본의 연구야말로 무엇보다 중요한 과제가 아닐 수 없다. 우리는 大韓帝國 시절 일본을 시찰한 신사유람단을 알고 있다. 그 신사유람단의 교훈을 적극적으로 활용하지 못한 점에서 근대화에 실패한 원인을 일부 찾을 수 있을 것이다. 나는 지금이라도 이를 거울삼아 일본에 대한 전문적 연구를 활성화시켜야 된다고 주장하고 싶다. 일본이 우리나라를 알고 있는 범위와 수준을 고려할 때, 우리의 일본 이해란 참으로 한심하고도 모골이 송연할 지경이다. "신림동에서 제일 좋은 대학"(떠블유이론을 떠벌린 서울공대의 교수인 이면우씨의 표현을 빌렸음)에 재직하고 계시는 모모한 교수님께서는 東京大學에 한국(문)학이 연구되지 아니 하는한, 우리의 위대한 서울대학에 일본문학과가 설립되어서는 아니된다고 말한 적이 있다. 그러한 주장은 개인의 울분이나 우국의 감상으로는 매우 훌륭할지 모르나 참으로 무지몽매하고 촌스러운 발상이다.

뿐만아니라 아직도 기억에 생생한 일이 있다. 5공 시절 이른바 교과서파동. 일본이 한국을 침략한 역사를 왜곡해서 가르친다 하여 남조선 동포 모두가 갑자기 분기탱천 우국지사가 되어 울분을 터트리던 차, 우리의 전두환 아저씨께서는 남녀노소 온국민의 주머니돈과 쌈지돈, 그리고 뭉칫돈을 모아서 독립기념관을 만들겠노라고 하였다. 독립기념관이 무슨 뜻인지 나는 아직도 잘 모른다. 내가 아는 한자실력으로는 참으로 기묘한 명칭인 이 기념관은 그러나 우여곡절 끝에 완성되었고, 개관이 되자마자 그야말로 인산인해를 이루었던 기억이 아직도 생생하다. 솔직히 고백하면 나는 아직도 독립기념관을 구경하지 못했다. 구태여 내가 국가대사에 관심이 없다기보다는 아마도 생래의 게으름 때문일 게다. 하지만 나는 그때 참으로 의아하게 생각하였다. 과연 새삼스레 독립기념관을 만든다고 우리가 그야말로 독립이 되는 것일까? 혹은 일본이 나아가 전세계가 우리를 자주독립의 선진국으로 대우하는 것일까? 아직도 회의적이다. 역사란 그렇게 베잠방이에서 방구새듯 헐렁하게 굴러가거나 구렁이 담넘어가듯 얼렁뚱땅 넘어가는게 결코 아니다. 제대로 일제식민지유산을 청산하지 못한 채 역사가 흘러가고 사회가 굴러가는데, 경향의 방방곡곡에 독립기념관을 만든다고 한들 대체 그 무슨 의의가 있을까? 나는 새삼스레 독립기념관의 무용론을 내세우는 건 아니다. 그보다 우리가 한일간의 관계에 있어서 보다 냉정하고 현실적인 태도를 취하고, 그런 위에서 장기적으로 새로운 양국의 관계를 정립하도록 노력하는게 중요하다는 말이다. 그때 나는 온국민의 눈물과 콧물이 어린 돈을 모아서 웅장한 독립기념관 건물을 만드느니 차라리 국가적 차원에서 일본에 유학생을 보낸다면 훨씬 의의가 있었을 것이라고 생각하였다.

신사유람단시절에 제대로 배워보지 못했던 일본. 전세계가 그때나 지금이나 여전히 두려워하는 일본. 우리 옆에 있으면서 식민지의 한가지 우리에게 주었던 일본. 그렇지만 여전히 잘 모르고 있는 일본! 일본이란 나라는 메이지유신을 하면서 당시 구미의 선진국에 자국의 엘리트를 유학보냈다. 그것은 각국의 가장 뛰어난 부분 만을 선별해 섭취하는 방식이었다. 당시 내걸었던 모토가 이른바 "脫亞入歐", 즉 후진의 아시아를 벗어나 선진의 구미로 들어간다는 것. 이를 주창한 사람이 바로 후쿠자와 유키치, 그 실행자는 다름아닌 이토오 히로부미. 노구를 이끌고 만주침략의 야욕을 불태우다가 대한남아 안중근의사에게 하얼빈 역에서 육혈포 뜨거운 총탄에 일생을 마감한 伊藤翁. 나는 동아시아의 진정한 평화를 꿈꾸었던 안중근의사가 시대의 영웅이라면, 자국의 근대화를 위해 불철주야 노고를 아끼지 않았던 이토오翁 역시 당대의 인물이라고 생각한다. 이웃의 부자 섬나라 일본의 고액권 지폐에 우리의 웬수 이토오 아저씨께서 등장하시는 일본사의 맥락을 우리 자식과 후손에게 가르치지 않는 교육이야말로 결국 식민지교육이다. 식민지교육이란 바로 식민지적 인간, 노예적 인간을 만드는 교육이다. 자신의 정체성이 확립된 자 만이 상대를 인정하고 서로의 성숙한 관계를 유지할 수 있다. 상대의 뛰어난 점을 인정하고 잘못을 용서하되 결코 망각하지 않는 인간. 바로 그러한 인간을 만드는 교육이 바로 통일의 지름길이기도 하다.

이야기가 다소 어긋났지만 하고 싶은 이야기는 바로 이것이다. 흔히들 모방의 천재라고 다소 비아냥 섞인 표현으로 일본을 언급하지만, 인간사에서 모방이란 생각만큼 쉬운 일이 아니다. 일본의 근대가 근대의 일본을 만들고자 선진국을 학습하고 모방하던 과정은 세계사적으로 유례가 없는 과정이었다. 그런 과거가 있었기에 60년대 드골에게 비록 일본수상이 "트랜지스터상인"이라고 조롱당했지만, 오늘날 프랑스에는 일본열풍이 불고 있는 것이다. 우리도 만약 근대라는 괴물을 소화하고자 한다면 일본이라는 요물을 적어도 충분히 학습할 필요가 있을 것이다. 독립기념관을 세우고자 했던, 보다 정확하게는 일본의 교과서 왜곡이 더이상 일어나서는 안되겠다는, 국민의 자각 혹은 열망이 일본을 알아야겠다는 보다 높은 차원으로 승화되었다면, 그리고 정권을 담당했던 사람들이 거시적 안목이 있었다면, 아마도 한일간의 무역역조는 오늘같은 상태가 아니었을 것이다. 그리고 일본이 우리를 보는 눈도 달라졌을 것이다. 나랏바람(國風)을 개최하여 바람난 카수 이용을 당대의 스타로 만들었던 허문도씨께서는 일본통이라고 자칭한다는 글을 본 기억이 난다. 일본특파원을 지내며 일본에 대해 나름대로 연구하신 천하의 쓰리許의 한 분께서 만일 당시에 그런 의견을 내었더라면 국가백년대계를 위해 그 얼마나 다행스러운 일이었을까?

나는 일본의 교과서 왜곡을 두려워하지 않는다. 다만 우리 교과서의 부실함이 걱정될 뿐이다. 남의 악함을 우려하기 전에 자신의 약점을 반성하는 것이야말로 보다 올바른 태도이다. 맹자가 말했듯이 사람은 스스로 자신을 모욕한 뒤 남에게 모욕을 당한다. 일본이 교과서를 왜곡하여 그릇된 역사관과 사회관을 심고 있다면, 그것은 일본인 자신이 걱정해야 할 문제이다. 황국사관이건 식민사관이건 잘못된 역사인식을 일본이 자신의 후손에게 앞으로 백년이건 얼마건 장기간 가르친다고 해보자. 그와 동시에 우리가 후손에게 한국은 물론이고 일본을 포함한 동아시아의 전통을 제대로 가르친다고 해보자! 백년이건 이백년이건 세월이 흐른 뒤 과연 어느 나라가 이기겠는가? 역사의 승부는 올림픽의 메달경쟁처럼 단기간에 가능한 일이 아니다. 거기에는 백년의 대계를 세워서 지루함을 참고 실천하는 길 밖에 없다. 오늘날 일본문명이 자신의 뛰어난 성취에도 불구하고 난시 섬세턱을 숭심으로 존숭되는 것은 다른 이유가 없다. 일본문명에 보편성이 없기 때문이다. 그리고 인간세의 보편성이란 결국 보편적 이상을 지닌 인간을 통해 구현되는 것이지 진공속의 이념이 아니다. 자! 이제 한일 양국간에 해야 할 일의 하나는 서로 어느 누가 상대를 올바로 이해할 수 있는 교육을 하느냐일 것이다. 일본은 왜곡을 가르치지만 우리는 무지를 조장하고 있는 게 아닐까?

다시 본론으로 돌아가자. 앞장에서도 지적했듯이 현재 삼국통일에 관한 논의는 기본적으로 이를 신라:고구려의 결승전으로 파악하는 것이 일반적이다. 신라가 통일을 이룬 것이 사실이므로 일단 이를 인정하고 그 의의와 원인을 찾는 것이 우리 남조선 학계의 기본적 연구경향이라면, 이에 비해 고구려가 통일의 주체였어야 한다고 하며 신라통일의 의의를 경시하거나 심지어 부정하고자 하는 시각이 북한의 학계는 물론 재야사학자나 민족주의 사학자에 의해서도 제기되고 있는 것이다. 물론 신라가 아닌 고구려가 통일했을 가능성도 전혀 없었던 것은 아니다. 뿐만 아니라 앞에서도 말했듯이 백제도 삼국통일의 주체가 될 가능성이 있었으며 그 자격도 우리가 통상 생각하는 이상으로 충분했다. 따라서 우리가 삼국통일의 과정과 의의를 보다 깊이 이해하고 보다 넓게 파악하고자 하는 시도로 고구려나 백제의 통일가능성을 논의하고 연구하는 것은 충분히 타당하고 나아가 바람직하기도 하다. 오히려 현재보다 더욱 다양한 시각에서 적극적으로 논의를 전개해야 할 것이다. 여기서 문제는 고구려의 통일가능성을 과장하거나 신라의 통일능력을 부정하는 그 논의가 이러한 보다 성숙한 문제의식이나 발상에서 나오는 것이라기보다, 고구려의 역사적 의의를 신화적으로 과장하거나 왜곡하는 것이라는 점에 있다. 대저 신화의 조작이란 의식하든 의식하지 못하든 항용 동기와 목적이 있는 것이다. 그러므로 북한의 사학계나 재야 혹은 민족주의 사학자들이 노래하는 고구려 신화의 동기와 목적을 분명히 해명하여 그 신화를 탈신화화하는 것이 우리가 여기서 시급히 해야 할 일이다. 신화의 신비도 알고보면 무지와 탐욕, 편견과 왜곡의 결과일 경우가 많기 때문이다.

함석헌은 그의 명성을 일시에 드날리게 했고 지금도 영향력을 지니는 자신의 책『뜻으로 본 한국역사』에서 이렇게 말하고 있다. "광활한 만주 벌판을 달리던 고구려가 몰락하고 외세와 결탁한 신라가 삼국을 통일했기에 우리의 역사는 이렇게 보잘 것 없이 찌그러 들었다." 나는 이렇게 말했던 함석헌옹의 순수한 의도를 이해하지 못하는 바가 아니다. 그러나 함석헌씨의 이 발언은 다분히 감정적인 것이며 따라서 우리를 선동할 수는 있으되 결코 역사를 올바르게 이해하도록 인도하지는 못한다. 맹자는 다음과 같은 유명한 발언을 하였다. "책을 읽으면서 그 책을 지은 사람을 알지 못한다면 올바른 독서이겠는가?" 하나의 텍스트는 이를 지은 저자와 독립된 개체이기도 하지만, 그럼에도 불구하고 저자와 밀접한 관계를 지닐 수밖에 없다. 마치 자식이 성장하여 분가하더라도 부모와 밀접한 관계를 끊을 수 없듯이. 하긴 요새는 서구문물을 이상하게 받아들여서, 혹은 근대를 잘못 학습하여서, 부모와 자식간에 비인륜적인 행패를 부리는 패륜아가 도처에 나타나긴 하지만.

함석헌은 자신의 사관이 성경을 근간으로 형성되었던 것이라고 말한다. 『뜻으로 본 한국역사』는 원래의 제목이 "성서적 입장에서 본 조선역사"이다. 그는 초판의 머리말에서 다음과 같이 말하였다. "성경적 입장에서도 역사를 쓸 수 있는 것이 아니라, 성경의 자리에서만 역사를 쓸 수 있다. 똑바른 말로는 역사철학은 성경 밖에는 없기 때문이다. 서양에도 없고 동양에도 없다. 역사는 시간을 인격으로 보는 이 성경의 자리에서만 될 수 있다." 나는 이처럼 무지몽매한 글을 별로 본 적이 없다. 하지만 이처럼 솔직황당한 글도 없을 것이다. 성경의 자리에서도 역사를 쓸 수는 있다. 사물을 보는 눈이란 충분히 다양할 수 있으며, 어느 면에서 그 다양성이란 획일성이나 단순성보다 타당하고 바람직 할 수 있기 때문이다. 따라서 성경이건 그 무슨 경이 되었건, 경의 자리에서도 역사를 해석하고 기술할 수는 있다. 그건 어디까지나 개인의 선택에 달린 것이고 개인의 취향에 의한 것이기 때문이다. 하나 역사의 자리에는 성경처럼 어울리지 않는 것이 없다고 나는 생각한다. 그리고 어떤 종교라도 그 경전이란 항시 역사의 자리를 초월한 자리에 서 있는 법이다. 서양근대의 사관이란, 성서의 비역사적인 내지는 초역사적인 사고의 틀을 역사의 유일한 혹은 정당한 틀로 오용하거나 남용한데서 그 오류가 발생한 것이다. 직선적 발전이라거나 무한한 진보에 대한 터무니없는 낙관론, 역사의 궁극적 종말. 이따위 비역사적이고 초역사적인 오류는 이른바 부르죠아사관이건 마르크스의 유물사관에서건 궁극적인 오류와 한계로 작용하고 있다. 근래의 히트상품인 프란시스 후쿠야마의 베스트셀러에 이르기까지도. 게다가 그 오류를 단순한 사관 만으로 한정시키지 않고 인간의 삶을 이해하고 인류의 미래 문명을 설정하고자 덤벼들었기에, 인류의 근현대사에서 비극과 참극이 발생한 것이다.

자! 이제 문제를 조심스럽게 살펴보자. 함석헌이나 신채호 혹은 기타 재야 사학자들이 주장하는 대로 고구려가 통일의 과업을 완수했다고 하자. 그럴 경우 한국의 역사는 어떻게 전개되었을까? 내가 확언할 수 있는 것은 아마도 한반도는 중국의 세력권에 편입되었으리라는 점이다. 중국은 스스로 "地大物博"이라고 한다. 중국의 문화와 역사는, 우리가 보통 생각하듯이 그렇게 단일하거나 단순한 것이 아니다. 중국이라는 실체는 역사의 과정에서 끊임없이 자기를 확장하고 타자를 흡수하여 성장해 온 것이다. 중국을 생각할 때마다 나는 커다란 위장을 연상한다. 세상의 모든 것을 흡수하고 어쩌면 나중에는 그 자신을 소화시켜야 하는 운명에 처할지도 모르는 커다란 위장. 그것은 바로 중국의 역사가 제국주의의 역사이기 때문이다. 그런데도 한반도가 최소한 漢四郡 이래(여기서 한사군의 실재여부나 위치비정은 논외로 한다) 중국과 밀접한 관계를 지녔음에도 불구하고, 그다지 커다란 갈등없이 자신의 정체성을 유지할 수 있었음은 어느 면에서 기적이라고도 할 수 있다. 그 점은 일제식민지시대나 미군정이후 우리 문화가 겪은 극심한 변질을 생각하면 더욱 뚜렷히 대비가 된다. 만일 고구려가 삼국을 통일했다면 고구려는 틀림없이 對中國 정복전쟁에 나섰을 것이다. 또한 그 전쟁에서도 반드시 승리했을 것이다. 하지만 노자가 갈파하듯 "무기는 불길한 물건"이며 전쟁은 어리석은 짓이다. 중국의 역사를 보면 통상 북방의 유목민족은 중국을 정복하여 잠시 승리를 거둔다. 하지만 결국 남는 것은 중국이며 그들이 아니다. 모택동이 말하는 표현을 빌린다면 그들은 "인민의 바다"(人海)에 빠져 익사하고 만다. 아니면 중국문화의 유혹에 넘어가 자신의 정체성을 상실하고 마는 것이다. 五代十國이거나 五胡十六國 혹은 이후 遼·金·元 그리고 淸조차 그러한 말로를 겪었다.

"靑草 우거진 골에 자난다 누엇난다. 紅顔을 어듸 두고 白骨만 뭇쳤난다. 盞 잡아 勸할 이 업스니 글을 슬허 하노라." 당대의 佳人 黃眞伊의 무덤에 술을 권하고 위로해 조정을 들끓게 한 스캔들의 주인공이 되었던 白湖 林悌(1549~1587). 그는 울분에 찬 생애를 보내며, 벼슬을 버린 채 명산을 찾아 기개를 토로하였다. 마흔살도 채우지 못하고 세상을 떠나면서, 슬퍼우는 아들에게 임종의 자리에서 그는 이렇게 말했다. "모든 오랑캐가 중국의 天子가 되었는데 우리 조선 만은 결코 그렇지 못했다. 중국의 천자 한번 되어 보지 못한 나라에 태어나서 죽는데 무엇이 그다지 슬프냐." 당대의 스캔들 메이커 임제다운 발상이요 발언이다. 그렇다! 어떤 오랑캐도 되어 보았던 중국의 천자 한 번 되어 보지 못한 조선의 이 싱거운 비극. 허나 이런 임제의 농담도 태평성대의 철딱서니없는 투정에 불과하다. 그는 자기가 죽은 뒤 얼마 아니가서 당시 조선에서는 상상치 못했던 미증유의 끔찍한 비극 임진 왜란이 일어날 줄은 꿈에도 생각하지 못했을 것이다.

여기서 우리는 현재 동아시아문명의 질서를 보다 거시적으로 살펴볼 필요를 느낀다. 엄청난 덩치와 무수한 인구를 자랑하는 거대한 중국. 미해결의 과제인 따이한 2세의 문제가 남아있고 따라서 웬지 잊어버리고 싶은 남국의 땅 베트남. 우리의 조선반도. 그리고 멀리 변방에 떨어져 있는 일본. 현재의 이 동아시아문명권은 일조일석에 이루어진 것이 아니다. 오랜 역사적 시간과 다양한 시행착오 끝에 형성되었으며, 그리하여 적어도 오늘날에는 안정된 질서를 유지하고 있다. 물론 현재 홍콩이나 대만처럼 존속의 여부가 불확실한 체제가 없는 것은 아니지만. 동아시아에서 중국을 제외한 국가와 민족은, 그것이 베트남이건 조선이건 일본이건 적어도 중국의 천자가 되어 보지는 못했다. 반면 아이러니칼하게 일시적으로나마 중국의 천자가 되어 보았던 여타 동북아시아의 많은 유목민족이나 중앙아시아의 민족은, 결국 역사의 무대 위에서 사라지고마는 비극의 주인공이 되어 버렸다. 역사는 일시적 기분의 산물이 아니고, 민족의 존속도 흥분으로 결정할 수 있는 것이 아니다. 그건 냉철한 이성과 전략의 소산일 수밖에 없다. 찬란히 빛나던 초원의 빛도 결국 일시적 영광이 아니던가? 중요한 것은 찰나의 흥분이 아니라 지리한 일상의 연속이다. 연애시절의 열렬한 사랑이 반드시 행복한 결혼을 약속하지 않듯이, 한 때의 역사적 영광과 위엄이 장기적인 민족의 존속과 역사의 유지를 가져다 주지는 않는다.

고구려가 삼국을 통일하고 그 여세를 몰아서 중국을 정복했다고 하자. 이는 어깨가 들썩하고 온몸이 오싹할 정도로 신나고 흥분되는 일이다. 뿐만 아니라 영광스럽고 자랑스러울 것이다. 그러나 그 결과로 우리 민족이 없어지고 언어가 소멸되고 문화가 종식되었다면 과연 오늘날 함석헌씨나 민족 혹은 재야사학자들께서 자신의 그런 주장을 할 겨를이 있을 수 있고, 우리가 그런 응석을 들어줄 여유가 있겠는가? 틀림없이 조선문명은 고고학자의 연구대상이 되었을 것이고, 조선민족 또한 인류학자의 흥미나 끄는 소수민족으로 전락했을 터이다. 청나라를 세운 만주족을 보라! 오늘날 그 어디에 있는가? 유럽대륙까지 쳐들어가고 인류역사상 미증유의 대제국을 세운 몽골의 영광은 어느 곳에 있는가? 중국의 격언에 이런 말이 있다. "말 위에서 천하를 얻을 수는 있어도, 말 위에서 천하를 다스릴 수는 없다." 그렇다. 용렬한 사학자의 천박한 견식과는 달리 역사란 말 위에서 이루어지는 것이 아니다. 말 위에서 벌어진 전쟁과 정복이란 어디까지나 인간세에서 일시적인 과정일 뿐이다. 중요한 것은 대지 위에서 살아가는 우리들의 삶이며, 그를 위한 문명의 건설이며 문화의 창조이다. 설상 말 위에서 중국의 광활한 대지를 정복했다고 해도, 과연 고구려가 그 광활한 대지를 경영할 수 있었을까? 아마도 사람의 바다 속에서 익사하여 민족의 아이덴티티조차 소멸되었을 것이다. 그런 경우 하나의 민족의 역사로서의 한국사가 과연 성립될 수 있을까? 아니다. 결코 아니다. 중국사의 전개를 한번이라도 제대로 살펴 본 사람이라면 분명히 그렇게 대답할 것이다.

"주마간산"(走馬看山)이라는 말이 있다. "말 달리며 산을 살피다"라는 뜻의 이 표현은 사물을 피상적으로 살피는 것을 뜻한다. 고구려가 통일을 성공하지 못한 것이 한국사에서 최대 비극인 양 떠드는 이른바 민족적 사학자들이란 참으로 주마간산격임을 우리는 알게 되었다. 나는 그들이야말로 "走馬看史" 史觀의 소유자라고 생각한다. 말

위에 높이 올라 앉아 정복과 전쟁의 관점에서 역사를 살피고자 하는 사관. 문명의 장기 지속과 문화의 부단한 창조가 아니라 일시적이고 찰나적인 전쟁의 영광을 통해 사물을 바라보고자 하는 어리석음. 그것이 바로 "주마간사"식 사관이다. 그런 주마간사의 사관이란 결국 제국주의적 발상의 또다른 표현이다. 그것은 과거의 올바른 해석이 될 수 없을 뿐 아니라 미래를 위한 진정한 대안도 제공하지 못한다.

고구려는 기본적으로 대륙형 국가였으며, 군사대국이다. 따라서 끊임없는 확장과 팽창의 길을 걸었다. 스파르타와 유사한 강력한 통제형 국가였을지도 모르겠다. 물론 고구려의 부단한 대중국 항쟁은 어느 면에서 한반도에 중국세력이 浸流해 들어 오는 것을 방지하는 중요한 역할을 했다고 생각한다. 더우기 당시의 한반도는 자신의 문명과 고유성을 온전히 개발시키지 못했던 상태였다. 고대국가가 발전하던 단계였으며, 그런 발전단계의 최종태로서 삼국간에 끊임없는 항쟁과 대립을 겪고 있었던 것이다. 따라서 고구려의 대중국 항쟁은 현재 우리가 생각하는 것 이상으로 고대사의 전개에서 중요한 의의가 있다고 본다. 그 점만으로도 고구려의 역사는 우리 역사에서 적절한 위치가 부여되어야 한다.

하지만 그런 확장과 팽창의 노선은 중국과 관련해 항상 적절한 대응책은 아니다. 이미 말했듯이 거대한 위장인 중국은 자신이 내우외환에 휩쓸려 힘을 발휘하지 못할 때는 잠시 확장과 팽창의 길을 중지한다. 하지만 일단 안정을 되찾은 뒤에는 자신에게 도전하거나 도발해온 상대에게 결국 보복을 하고 복수를 하는 법이다. 따라서 고구려의 정책은 길게 보면 적절하지도 현명하지도 못한 것이다. 더우기 확장과 팽창을 위해 국가의 모든 자원과 능력이 전쟁과 정벌에 사용되고 권력이 하나의 중앙으로 집중될 경우, 그런 국가는 중심의 축이 변화를 겪을 때 의외로 쉽사리 무너진다는 취약한 측면을 지니게 된다. 秦始皇은 중국을 통일한 뒤 자신의 왕조가 萬世토록 무궁하기를 기원하였고 동시에 강력한 중앙집권을 시행하였다. 『史記』를 보면 그는 참으로 유능한 행정가였고 실무가이기도 하였음을 알 수 있다. 매일 일정한 무게의 서류를 저울에 달아 처리했던 그는, 하지만 거대한 국가가 한 사람의 능력에 의존할 때 지니는 위험성을 알지 못했다. 하긴 요새 우리나라 정치 역시 法治도 아니고 人治도 아닌 新(辛)金治라고 하더라. 연개소문의 어리석음도 바로 이런 류의 것이었다. 따라서 내가 국민학교 교정에서 들었던 여학생의 노랫소리는 적어도 일면에 있어 역사에 대한 예리한 통찰을 제공해 주는 셈이다. 어쩌면 "뭉치면 살고 흩어지면 죽는다"는 이승만 노인네의 정치슬로건을 국민에게 보급하려는 정치조작일지도 모르긴 하지만.

막강했던 군사대국 고구려는 비록 삼국통일에 실패했지만 그대로 소멸된 것은 아니었다. 고구려의 후광은 다시 후고구려라는 이름 아래 궁예가 세운 나라에도 반영되었으며, 고려라는 이름 아래 새로운 왕조를 건설했던 왕건의 나라에도 유입되어 있었다. 여기서 우리가 물어야 할 것은 과연 누가 고구려의 진정한 후계자인가 하는 문제이다. 역사에서 중요한 것은 구호나 슬로건이 아니라 실내용이나 구체적인 실천의 과정이다. 이런 점을 감안한다면 고구려를 계승한 것은 다름아닌 발해이다. 헌데 발해란 과연 어떠한 나라인가? 발해사에 대한 올바른 이해야말로 삼국통일과 그 이후의 역사전개를 이해하는데 매우 중요하다. 동시에 통일이후 국가의 이념과 목표를 설정하는데에도 매우 소중하다.

한때 "海東盛國"이라는 명예를 누렸던 이 발해에 대해 나는 그다지 자세한 것은 모른다. 다행스럽게 이 무지는 나 만의 것이 아니라 현재 세계의 학계가 모두 그러하다. 따라서 내 발언은 시험적인 것이오니 독자들도 시험적으로 들어주시기를. 나는 발해가 기본적인 성격에 있어서 정복왕조라고 생각한다. 우리 민족의 역사에서 소수가 다수의 이민족을 정복하여 건립한 거의 유일한 왕조라고 해도 좋을 것이다. 고구려는 적어도 오랜 세월에 걸쳐 성장하고 발전한 국가이다. 그리고 그 과정을 통해 여타의 민족들과 상호관계를 정립해 갔을 것이며, 그 관계는 단순한 일방적 착취 만은 아니었으리라 사료된다. 허나 발해의 건국과정은 고구려가 장기간에 걸쳐 축적한 그런 선진의 제도와 문화를 단시일에 이식하는 것이있으니, 바다시 고구려의 성깅기 달리 그 부작용은 더욱 치명적이고 오래갈 수밖에 없었다. 달리 표현하자면 다음과 같다. 즉 소수의 지배계층에 의한 고급문화는 그것이 고급일 수록 토착의 다수 원주민과 괴리를 지닐 수밖에 없다. 그리고 그 이식과정이 단기간인 만큼 더욱더 강요와 억압으로 다가왔을 것이다.

한국 정치학의 泰斗이자 당대의 博識家인 東洲 李用熙는 일찌기 민족주의에 관한 심포지엄에서 한국 근대사의 큰 조류내지 특징으로서 "민족사와 국가사의 괴리"를 언급한 적이 있었다. 그것은 거칠게 말하면 일제에 의해 하나의 제도나 정부로서의 국가는 위축당했을지 몰라도 민족의 실질적 삶의 공간은 확장되었다는 것이 주된 내용이다. 다시 말해 만주나 북간도가 우리 민족이 살아가는 삶의 터전으로서 본격적으로 개척된 것은 조선말과 일제시대를 통해서라는 말씀이다. 조선시대를 통해 한반도 내에서만 내실을 쌓아 오던 한민족은 일제시대를 통해 세계사적으로 유례없이 단기간에 세계화를 달성했다. 그리고 그 과정은 우리의 본의가 아닌 타율에 의해 진행된 듯 보였기 때문에, 그리고 가족의 해체와 이산이라는 비극적 과정을 통해 진행되었기에 그 의미를 알지 못하고 있을 뿐이다. 보다 냉정하고 현실적이면서 거시적인 역사의 눈으로 본다면 이 짧은 기간의 홍역은 앞으로 무궁한 잠재력을 드러낼 것이다. 그러한 잠재력과 경험을 적극적으로 또한 긍정적으로 활용하는 것이 향후 통일이후의 장기적 국가전략에서 중요한 과제라고 생각한다.

어쨌건 발해는 망했다. 망해도 단단히 망했다. 당시 세계최고의 초강대국 당제국과 자웅을 겨루던 해동성국 발해는 일부 왕족 만이 고려와 일본에 망명하고 다수가 중국으로 끌려가거나 혹은 죽게 되는 비참한 몰락을 겪었다. 영화가 성대하면 할수록 몰락은 더욱 비참한 법이다. 고려를 운영하던 지도자들은 이 교훈을 철저히 명심했다고 보인다. 아니 이후 우리 역사는 다음과 같은 교훈에 지나치게 충실했다. "슈퍼파워 중국이 제아무리 우습게 보여도 궁극적으로 그 땅을 집어삼킬 수는 없구나. 삶에서 중요한 것은 사람이 사는 것이지 땅을 차지하는 게 결코 아니다." 섬나라 일본은 이 교훈을 중국에 쳐들어간 뒤 중일전쟁을 겪고나서야 겨우 눈치차렸다. 섬나라에 사는 종족들은 지들끼리만 살기 때문에 눈치가 늦고 보편성이 결여된다는 특징이 있는 법이다. 러시아의 문호 톨스토이의 우화에 "사람은 얼마만큼의 땅이 필요한가"라는 게 있다. 상세한 기억은 없지만 대략의 내용은 다음과 같다. 땅이 없어 가난에 찌든 어느 농부에게 행운이 다가왔다. 그것은 하루에 그가 갔다올 수 있는 만큼의 땅을 무상으로 준다는 제의였다. 얼마나 기뻤겠는가! 누대에 걸친 가난을 벗어날 절호의 찬스. 그는 죽어라고 달렸다. 그리하여 다른 누구보다 더 빨리 더 멀리 더 많이 죽어라고 뛴 결과, 결국은 숨이 차서 죽고 말았다는 것이다. 결국 그의 노력은 수포로 돌아가고 최종적으로 그가 차지한 것은 몸 하나 묻힐 한 평 남짓한 땅 뿐이었다.

개발의 연대 70년대 이후 우리 한반도의 남쪽을 강타한 狂風怒濤의 하나가 이른바 "부동산열기"이다. 그 "부동산열기"의 논리란 단순하고 허망한 것이다. 어쨌거나 땅을 차지한 놈이 장땡이다! 무슨 편법과 사기를 사용해서라도 땅을 잡아라! 온갖 연줄과 빽줄, 눈치와 코치를 동원해서라도 땅을 잡으렸다! 그리하여 땅을 차지한 놈은 땅땅거리고 큰소리치면서 살게 되었다. 반면에 땅을 못잡은 분들은(아이고 이놈의) 따앙! (아이고 이놈의) 따앙! 한숨을 내쉬게 되었던 것이다. 실상 부동산이란 전형적인 제로섬게임으로 진정한 의미의 부를 창조하는 일과는 하등 관계가 없다. 인간을 저열하게 만들고 생활을 불편스럽게 할뿐이다. 헌데 여기서 중요한 것은 이 "부동산"의 투기적 심리가 땅의문제로 그친게 아니었다는 사실이다. 우리 사회의 모든 논리가 바로부동산투기의 논리로 변질되었다는 점에 더 큰 비극과 희극이 있다.때로 70년대 이후 우리 사회의 주된 조류를 살피노라면 다름아닌 "부동산투기"라는 생각이 든다. 예컨대 고상한 정신활동인 학문이나 예술의 영역에서도 영토확장주의, 밥그릇싸움 내지는 소재주의가 판을 친것이 근 20여년 간에 걸친 한국사회의 시대정신이다. 싸모님은 현실의부동산에 몰두하고, 싸부님은 이념이나 관념의 부동산에 투기했던 것이 아니었던가? 70년대에 발해사가 새삼 중시되고, 남북국시대라는용어가 등장하는데는 여러가지 요인이 있으나(여기에 상술할 여유는없어서 생략하지만 언젠가 이점에 대한 별도의 글을 쓰고자 한다), 이런 시대정신과 전혀 무관한 것은 아니었다.

이제 인류에게 중요한 것은 내가 남을 정복하거나 남과 투쟁하여 승리를 거두느냐에 있지 않다. 어떻게 하면 나와 남이 더불어 평화롭게살 수 있고 조화롭게 공존할 수 있느냐에 달려 있다. 우리의 남북통일은 인류에게 그러한 새로운 삶의 모델을 제시하는 계기가 되어야 한다. 예를 들어 과감한 군비축소라거나 심지어 국가의 비무장화까지도충분히 검토되어야 할 것이다. 이는 통일이 단순한 남북한의 결합이아니라 궁극적으로 냉전체제의 최종결말이며, 따라서 주변의 강대국들로부터 승인과 축복을 받는 행복한 결합이어야 하기 때문이다. 통일이된다고 해서 국제적인 역학관계가 하루아침에 호전되는 것은 아니다.어쩌면 분단체제로부터 받은 국제관계의 이익은 사라지고, 통일한국을두려워하는 주변 강대국의 의심과 질투를 받게 될지도 모른다. 분단의배후에 냉전이라는 세계사적 조류가 있었고, 나아가 그 이전에는 구한말 국제질서의 재편성 과정에 어두웠던 어리석음이 있었음을 생각한다면, 통일한국의 외교는 무엇보다도 선린과 우호를 기초로 해야 할 것이다. 그 선린과 우호에는 국방력, 경제력 등과 같은 자신의 내적인 실력이 필요할 뿐아니라 외부의 이해와 승인이 아울러 요구되는 것이다.

히로시마 이후 인류는 핵전쟁의 위협 위에서 인류공멸의 위험을 두려워하고 있다. 그리고 이런 위협은 이념에 의한 동서냉전체제가 붕괴된 오늘날에도 여전히 상존한다. 더우기 문제가 심각한 이유는 다음과 같은 사실이 있기 때문이다. 첫째로 오늘날 핵무기의 제조기술은 더이상 첨단기술이거나 고난도기술이 아니다. 몇년 전 미국에서 대학원의 박사과정에 있는 학생 하나가 핵무기제조법을 리포트로 제출하였다. 공개되어 있는 정보 만으로도 히로시마와 나카사키에 투하된 수준의 핵폭탄은 만들 수 있는 모양이다. 더욱 중요한 것은 그 학생이 천재타입이라거나 수재형이 아닌 평범한 능력의 학생이라는 점이다. 물론 이 리포트덕분에 졸지에 유명하게 되었지만. 이제 천재 학부생이나 수재형의 석사쯤되면 핵무기를 이론적으로 제조할 수 있는 것이다. 둘째로 냉전체제의 붕괴란 결국 구소련의 붕괴이다. 그 결과 독립된 각 공화국은 이전까지 러시아중앙정부의 통제하에 있던 핵무기와 그 제조원료, 제조기술을 각자 지니게 되었다. 동시에 애초 독립을 추구한 그들의 예상과는 달리 독립은 당장의 경제적 어려움을 초래하게 되었다. 여기에 등장하는 것이 핵무기라는 高부가가치 상품을 팔아 치우라는 악마의 달콤한 유혹이다. 셋째 여태까지 보편적 이념의 그늘에 가려져 있던 민족이기주의가 그 모습을 도처에서 드러내고 있다. 제국주의의 또다른 얼굴로서 민족주의는 맹목적이고 충동적일 수밖에 없다. 이념이란 추상적이지만 그만큼 보편성을 지니는 것도 사실이다. 보편적인 이념의 견제를 받아서 억제되었던 민족주의의 맹목성과 충동적 성격이 폭발할 때, 그 폭발이 핵폭발로 연계될 위험성은 매우 크다. 이런 사실을 고려할 때 북한의 핵무기에 대한 미국의 신경질적 반응은 그나름대로 일면의 타당성을 지닌다. 그 동기가 인류평화라는 순수한 의도에서만 나온 것은 아니라도.

"커져라, 미니막스!" 어쩌다 일찍 집에 들어와 딸아이하고 티브이를 함께 보노라면 흔히 접하게 되는 광고 한 토막이다. 이 광고 한 마디에도 시대상은 반영되어 있다. 마치 국민학교 교정에서 여학생들이 고무줄 놀이를 하면서 부르는 노래 한 귀절에도 역사와 사관이 들어 있듯이. 요는 붕어빵에 들어 있는 붕어를 어떻게 발견하느냐이다. 미국의 핵사찰 동기에 대해서 나름대로 짐작이 가는 바가 있지만, 여기서는 생략하고 다만 결과에 대한 예상 만을 말한다. 아마도 미국의 판정패로 끝날 것이다. 현재 지구상에서 가장 오래동안 통치를 하고 계시는 김일성형님. 그토록 장기간 집권을 한다는 것은 거저 되는 게 아니다. 더우기 미일중소, 사대강국의 틈바구니에서 주체의 깃발을 꿋꿋히 휘날린다는 건 생각만 해도 대단한 일이 아닐 수 없다. 장하도다 우리 형님! 용감하다 우리 형님! 대한해협이나 태평양을 사이에 둔 미국과 일본에 대해서도 눈치를 볼 수밖에 없는 남조선동포의 현실을 살펴볼 때, 강 하나로 국경을 마주하는 중국과 소련의 틈바구니에서 하나의 국가를 독립적으로 유지한다는 건 참으로 힘든 일이다. 항차 저들 중국과 소련조차 개혁과 개방의 노선을 취하는 오늘날에야 두말할 나위도 없다. 그런 기적을 일으키고 유지하는 실력이란 고스톱판에서 쌓았거나 하루아침에 생긴 게 아니다. 국제적 역학관계에 대한 냉철한 통찰력과 사대강국의 지도자를 수십년간 상대하면서 생긴 노하우가 있기 때문이다. 따라서 애송이 클린턴은 우리의 노회하신 김일성형님에게 당할 수밖에 없다. 그런데 여기서 내가 얘기하고자 하는 것은 북한의 핵사찰이 아니다. 그 과정을 전후하여 남조선에서 생겨난 일부 인사들의 논조에 대해서 말하고자 한다. 물태우아저씨께서는 갑자기 무슨 생각에서였는지, 아마도 아무 생각없이 했겠지만, 이른바 비핵화선언을 하였다. 그때 일부 우국지사와 보수논객들은 비핵화선언이 성급하다느니 자주성을 상실했다느니 힐난과 비난을 했는데, 사실 그들 대부분은 알게 모르게 이 사회의 주류를 이루는 인사들이었다. 이는 북한의 핵에 대해서도 묘하게 적용되는데, 그들의 발언에는 한편으로 이를 빌미로 이른바 안보논리를 강화하고자 하는 시대착오적 발상이 있었고, 다른 한편으로는 북한이 핵을 가졌다는 사실(?)에 대한 선망과 동경의 감상이 있었다. 이런 심리는 바로 이름하여 "큰 것에 대한 컴플렉스"이다.

논의를 자세히 할 여유는 없지만, 고구려식 통일에 대한 논의, 발해사에 대한 탐구, 핵무기에 대한 집착 등이란 어느 면에서 70년대 이후 우리 사회의 시대정신인 "부동산투기"의 열정, 거대함에 대한 컴플렉스와 밀접한 연계가 있다. 이는 또한 한국통일의 구상과 설계에도 일정한 영향력을 행사하고 있는 형편이다. 거대한 것은 힘이 쎌 지 모른다. 하지만 작은 것은 아름답다. 힘쎄게 보이는 거대한 놈은 실상을 알고 보면 많은 경우 부실하기가 쉽다. 쓸데없이 덩치만 크다면, 공룡이 결국 최후를 맞이했듯이 생각보다 빨리 종말을 맞이할 것이다. 덩치가 크면 클 수록, 영광이 빛나면 빛날 수록, 그 몰락과 종말이란 빠르게 오는 법이고 더욱 비참한 법이다. 중요한 것은 내면의 실질과 실력이다. 외형의 거대함이나 화려함이 아니다. 광대한 영토를 차지하고 엄청난 군사력과 경제력을 과시하는 게 아니라, 생활이며 복지이고 행복이다. 나는 통일한국이 부강하거나 거대한 강대국이 되기 보다는 건강하고 행복하며 여유있는 小國寡民이 되기를 바라는 사람이다. 고구려의 역사와 그에 대한 논의를 다시 검토하는 소이가 바로 여기에 있다. 신화란 것도 실상을 알고보면 항시 허구나 환상에 불과하다.

Ⅳ. 내 성공의 비밀: 삼국통일의 허허실실

신라는 어떻게 삼국을 통일했을까? 그 원동력은 과연 무엇일까? 이 야말로 우리들 초미의 관심사가 아닐 수 없다. 아울러 신라의 통일은 과연 어떤 의미를 지니며, 어떤 한계를 가지는 것일까? 이 또한 궁금 중의 대상이 될 수밖에 없다. 여기서 나는 신라의 구체적인 통일과정 을 논하고자 하는 것이 아니다. 다만 후진국 신라, 반도의 한 구석에 있으면서 고대적 유습을 상당부분 그대로 지니고 있던 낙후한 신라가 통일을 달성하게 된 그 원동력에 대해서 상상해 보고자 한다. 또한 그 통일의 의의와 한계에 대해 생각해 보려는 것이다. 혹자는 역사에서 상상력이란 금기시되어야 한다고 말한다. 사료가 엉성한 고대사에서는 흔히 상상력의 유혹을 받기 때문에 더욱 그러하다고 말한다. 원 세상 에 이토록 무식하고 천박한 역사의 이해라니! 역사는 결코 일어난 일 의 기록 만이 아니다. 그것은 일어났다고 생각하고 상상하거나 희망하 는 사태들의 집적일 경우가 더욱 많다. 때문에 사료의 올바른 독해가 요구되는 것이며, 이것이 역사가 여전히 과학보다는 예술의 영역에 가 까운 이유인 것이다. 역사는 설명되는 것이고 이해되는 것이다. 역사 의 과학성은 물론 중요하지만 그러나 역사는 궁극적으로 예술적 성격 을 벗어날 수 없다. 순수한 과학적 역사란 모든 주체가 사라진 진공 속에서만 가능하다.

신라가 삼국을 통일한 것은 어찌보면 기이한 생각이 든다. 고대국가의 발전이라는 측면에서 보면 신라는 상당히 뒤늦다. 마치 지진아와 같았던 신라가 어떻게 삼국을 통일할 수 있었던 것일까? 성공에는 항상 숨겨진 비밀이 있다. 성공의 비밀이란 실상을 알고 보면 콜롬부스의 달걀처럼 쉬운 것이다. 성공하는 사람이 단순한 진리를 그대로 실천했기 때문에 성공한다면, 실패자는 항상 상대의 성공을 보면서 나도 그쯤은 이미 예전에 알고 있었다고 주장하는 사람이다. 이른바 뻐스 지나간 뒤에 손을 흔드는 격이라는 말이다. 성공의 비결은 보통 간단하고 단순한 것이기에 사람은 흔히 "내 성공의 비밀"이 남에게 새어 나가지 않도록 노력한다. 그러면서 남에게는 자신이 무척 거창한 일을 했다거나 엄청 어려운 고생을 겪었다고 우기는 법이다. 인간에게 내재한 이런 비밀은폐의 성향 때문에 우리는 통상 가장 결정적 요인을 놓치고 만다.

한국경제에는 70년대 후반과 80년대 초반의 이른바 "중동경제" 혹은 "중동건설붐"이라는 신화가 있다. 간단히 말하면 오일쇼크에 의한 타격을 중동진출을 통해서 극복했다는 신화이다. 오늘날에도 "국제화, 개방화, 세계화"를 주장하기 위한 사례로서 이 신화는 살아남아 있다. 그런데 그 내막을 들쳐보면 이토록 황당무계한 조작과 날조도 드물다. 언론의 자유가 보장되었다는 개명천지임에도 불구하고 그처럼 장기간에 걸쳐 체계적이고 조직적으로 날조된 신화라는 점에서 신화의 발생과 전파를 연구할 수 있는 절호의 사례라고도 할 것이다. 사실상 중동에 진출했던 대부분의 건설회사는 망했다. 인간이 도시를 만들고 나서 신이 망했듯이. 구체적으로 거명한다면 유언비어날포죄와 명예훼손죄에 걸릴 우려가 있기 때문에 개별의 사례는 언급하지 않기로 한다. 또한 우리 사회에서 재벌이나 대회사의 눈 밖에 난다면 그처럼 치명적인 일도 없을 것이기에 필자는 어쩔 수 없이 자제하고자 한다. 중동에 진출했던 각 건설회사의 이후 행방을 유심히 살펴보기만 해도 누구나 수

궁할 것이다. 결론적으로 말하면 그들은 국내에서 날림 혹은 부실공사로 벌었던 돈을 중동이란 도박판에서 몽땅 날렸다고 해도 과언이 아니다. 그들이 단지 '자신의 돈 만을 날린 게 아니고, 국가의 자원을 낭비했으며 국민의 혈세를 허비했다는 것이 더욱 큰 문제다. 하지만 이는 여기서 논할 바가 아니다.

대부분 실패한 중동에서 예외적으로 재미를 보았던 회사가 다름아닌 정주영할아버지의 현대건설이다. 그렇다면 우리가 조사하고 연구해야 할 것은 남들이 거의 몽땅 실패한 도박판에서 그홀로 성공한 비결을 찾는 일이다. 비결이란 항상 간단한 것이므로 복잡하게 이야기하지는 않겠다. 그 비결은 다름아닌 "美軍示方書"라는 것이다. 주지하듯이 우리 나라의 건설회사란 기본적으로 노가다판에서 출발해서 성공한 것이다. 노가다판이란 장기적 계획과 합리적 실천보다는 단기돌파에 의한 공사기간의 단축으로 실리를 챙기는 것이 상례이다. 다시 말해 앞으로 밑지고 뒤로는 남는 장사를 한다는 말이다. 그런 노가다판의 속성은 우리같이 단시일에 근대화를 달성해야 하는 상황에서는 적어도 나름대로의 미덕이 있었다고 나는 생각한다. 헌데 현대라는 회사는 여타의 일반 건설회사와 달리 국내에서도 주로 미군공사를 수주받아 성장한 회사이다. 이 점은 정주영할아버지가 대선기간에 미친년 떡 돌리듯이 무턱대고 뿌렸던 저 유명한 "시련은 있어도 실패는 없다"를 본 독자라면 다들 알고 있는 사실이다(솔직히 고백하면 나는 아동용으로 나온 만화책을 자서전의 원본보다 더욱 열심히 보았다). 따라서 미군이 건축과 건설을 진행하고 감독하는 양식인 "미군시방서"에 대해서 충분히 훈련과 경험을 축적할 수 있었다. 여기에 60년대 이후 가세하여 노가다판에 최초로 경영이란 개념을 도입하는 혁혁한 공을 세운 사람이 다름아닌 고대출신의 짱짱하신 우리 선배님 이명박씨인 것이다. 당시 제대로 된 고대 상대출신이라면 노바디(별볼일 없는 사람)나 노가다(건설회사)에 갔을 터이다. 하지만 데모꾼 이선생님께서는 어쩔 수 없이 건설회사에 가서 결국에는 노바디가 아니라 썸바디(별볼일 있는 사람)가 되신 셈이다. 샐러리맨의 우상이신 이명박 의원님도 알고보면 그 누구도 하지 않았고 할 수 없었고 하려고 들지 않았던 건설회사 즉 노가다 판에 들어갔기에 용이 되었던 것이다. 하긴 용은 개천에서 난다고 하더라. 자! 그러니 이제라도 3D업종이라 기피하지 말고 고학력실업자들이 보다 과감히 투신하기를 사족으로 첨언한다.

마약이 일상화되고 국민은 누구나 총을 휴대할 수 있는 사회. 국민학생조차 등교길에 총을 가지고 다니는 사회. 수많은 문맹이 있으며, 심지어 국어를 전혀 모르면서도 살아갈 수 있는 나라. 전통적 가치가 사라지고 가족은 붕괴되고 있는 곳. 여기는 다름아닌 자유의 여신이 횃불을 높이 쳐들고 있는 미국이다. 그럼에도 불구하고 여전히 강대국과 선진국의 위치를 차지하고 있는 이 나라. 그 성공의 비밀은 과연 무엇일까? 나는 우선 미국의 대학을 들고 싶다. 다음으로 실제로야 어쨌건 정치지도자에 대한 엄격한 자격심사와 도덕성의 요구를 들 수 있다. 그리고 기본적으로 개인의 창의력과 독창성을 중시하는 교육풍토이다. 물론 미국은 넓은 땅과 많은 자원이라는 천혜의 혜택을 입고 있는 나라이다. 그러나 미국의 대학제도, 정치지도자에 대한 심사, 창의력을 중시하는 교육풍토라는 요인이 없다면 미국은 그야말로 후진국으로 전락할 것이다. 그런데 미국의 대학은 어째서 우수한 것일까? 유럽의 대학이나 일본의 대학이 어째서 미국의 대학을 따라 잡을 수 없는 것일까? 물론 여러 요인이 있을 것이다. 예를 들면 기본적으로 사립대학이 중시되고 그에 따라 독자적 학풍이 계속 보존될 수 있다는 점, 학생의 선발에서 학업능력 만이 아니라 여러 기준을 통해 다양한 가능성을 추구한다는 점, 교수에 대한 엄격한 심사제도, 무엇보다도 중요한 재정의 충실함 등등. 하지만 간과할 수 없는 중요한 요인의 하나는 다름아닌 히틀러의 등장이다. 히틀러는 집권하면서 반유태운동을 벌였고 그 결과 당시 독일을 비롯한 유럽의 대학에서 가르치고 연구하던 대다수의 유태인 학자들이 미국으로 이주할 수밖에 없었다. 미국의 대학에 본격적인 아카데미즘을 도입하고 이를 토착화시킨 것은 바로 히틀러에게서 추방된 이들 유태인 학자들이었다. 이 얼마나 역설적인 일인가? 히틀러는 자신이 미국의 대학을 세계 최고의 대학으로 만드는 업적을 올릴 것이라고는 꿈에도 생각치 못했을 것이다.

그런데 역사에는 시간과 공간을 초월해 유사한 사건이 일어나는 법이다. 때문에 우리는 역사가 마치 반복되는 듯한 느낌을 갖게 된다. 히틀러의 유태인 추방과 같은 사건은 동아시아의 역사에서도 일어났다. 그것은 다름아닌 신라의 삼국통일이다. 삼국시대사를 보면 일본에 문물을 전래하는 빈도나 강도는 백제가 가장 두드러지고 고구려가 다음이다. 그건 중국의 선진문물을 백제와 고구려가 먼저 받아들였고 또한 이를 일본이라는 유아가 수용하기 쉽도록 장기간 소화 과정을 거쳤기 때문이다. 일본은 한반도를 거친 선진문물을 섭취함으로써 고대국가가 발전하게 된다. 그에 비해 반도의 구석에 있던 신라는 지리상의 위치와 기질적 특성으로 중국의 문물에 대한 거부감이 강했고, 또한 그 수용도 양국에 비하면 상대적으로나 절대적으로나 늦은 편이었다. 그래서 남에게 전할 것이 별로 없었으며 따라서 일본에 신라가 중국의 문물을 전한 것은 양국에 비해 후대의 일이었던 것이다. 하지만 신라는 삼국을 통일하는 과정에서 일본의 고대문명이 성장하는데 결정적 기여를 하게 된다. 마치 히틀러가 미국의 대학이 오늘날의 수준으로 발전하는데 공헌했듯이. 삼국의 통일과정에서 많은 백제인과 고구려인은 자신의 망명지로 일본을 택하였다. 그들을 일본사에서 통칭하여 "渡來人" "歸化人"이라 부른다. 그중 "歸化人"이란 명칭은 말도 안되는 소리인데, 그것은 (先進文)化에 歸(依)한다는 의미를 지니기 때문이다. 이를 통해서도 우리는 일본의 한문실력이 형편없거나, 아니면 기본적으로 자국의 쪽팔리는 역사를 왜곡하려는 동기가 있음을 충분히 알 수 있다. 실상 일본이 삼국을 통해 줄곧 수용했던 문화와 문물이 이들 백제와 고구려 유민에 의해 본격적으로 토착화되었던 것이다. 그 과정은 가히 비약적이라고 부를 수 있을 정도였다. 이후 일본의 역사는 어느 면에서 한국계 교포가 맹활약하게 된 역사라고 해도 좋을 것이다. 최소한 지배계층이나 지도계층의 대다수가 한국계 유민들과 밀접한 연계를 지녔다고 보아도 좋다. "칼 루이스도 재일교포다." 재일교포 사이에서는 운동을 잘하고 뛰어난 일본인은 한국계임에 틀림없다는 일종의 신화가 있다. 사실 그 신화는 많은 경우 일본의 연예계나 체육계의 모모한 인사들의 실상을 반영한다. 이 신화의 산물이 앞서 말한 칼 루이스 한국계 교포설이다.

현재 한일간의 가장 큰 쟁점의 하나는 이른바 무역역조라는 것이다. 그리고 우리 사회에 크게 횡행하는 신화 중의 하나가 일본추월 가능론 혹은 불가능론이다. 어떤 때는 10년 정도 차이라고도 하고, 어떤 이는 100년이 지나도 불가능하다고 한다. 이와 관련해 논의되는 쟁점이 소위 "식민지공과론"이다. 어떤 사람은 분단도 결국 일본의 계략이었다고 하기도 하면서 우리 사회의 모든 죄악을 일본의 식민지 통치에 돌린다. 반면에 일부에서는 식민지 시대의 훌륭한 점을 향수에 젖은 목소리로 조용히 속삭이곤 한다. 그러면서 분단과 더불어 일본이라는 나라는 위정자가 국민을 다스리는데 성능 좋은 방망이 구실을 해온 것이다. 때로는 우리가 본받아야할 대상으로, 때로는 국내의 불만을 분출시키는 타켓으로 적절히 활용해 온 것이 이승만 이래 우리 통치자의 상투수법이었던 것이다. 어떤 면에서는 아직까지도 그러하다. 나도 이전에는 식민지시대를 말할 때, 그 죄악을 우선적으로 떠올렸다. 하지만 이제는 그 식민지시대의 의의를 적극적으로 긍정할 필요도 있다고 생각한다. 조선문명은 왜란과 호란을 겪고도 그 체제를 유지할 수 있을 만큼 훌륭한 것이었다. 그러나 인간세에서 장점과 단점은 결국 종이 한 장의 차이도 되지 않는 것이다. 잘되는 집안은 단점도 장점이 되고, 일이 안 풀릴 때는 장점 때문에 실패하는 법이다. 문제는 장단점

의 유무가 아니라 자신의 특성을 정확히 알고 이를 올바로 활용하는
것이다. 현재 나는 조선후기의 역사와 문화가 오늘날 우리민족 만이
아니라 미래의 인류에 대해서도 엄청난 의의를 지닌다고 생각한다. 그
럼에도 불구하고 적어도 세계사의 조류에 적절히 대응하고 변신하지
못하여 식민지로 전락한 것은 누구도 부인할 수 없는 역사적 사실이
다.

한일간의 역사를 한번 거시적으로 살펴 보자. 삼국시대부터 혹은 그
이전부터 한국이 일본에 선진문물을 제공해 준 것은 틀림없다. 그리고
이런 교사역할은 일본이 서양오랑캐의 선진물을 도입하여 동아시아에
서 가장 먼저 서구화에 성공할 때까지 지속되었던 것이다. 늦어도 19
세기 초부터는 일본의 과학과 기술은 조선을 능가한다. 그에 앞서 일
본은 德川幕府의 성립 이후 그들의 역사에서 유례없는 평화를 누리면
서 이전까지 주로 한국(중국도 포함하여)을 통해 받아들인 선진문물을
소화하는 과정을 완료하고 있다. 임란이후에도 조선통신사를 통해 끊
임없이 조선의 선진문물을 받아들이고 있음은 쉽사리 확인된다. 하지
만 다른 한 편에서는 일부지역에서 이른바 "蘭學"을 통해 서구문물을
섭취하고자 처절하게 노력하였던 것이다. 그것은 비유하자면 돌대가리
열등생이 밤을 안자고 노력하면서 우등생 짝을 이겨보고자 애쓰는 과
정과도 비슷한 것이었다. 학교의 우등생이 반드시 사회의 우등생이란
보장이 없는데 인생의 묘미가 있을 지 모른다. 천년 이상 열등생 노릇
을 하던 일본이 뼈저린 각고의 노력 끝에 근대의 우등생이 된 것은 하
등 이상한 일이 아니다. 또한 근대의 문물을 수용함에 농땡이를 치던
조선이 일본의 식민지로 전락된 것도 전혀 기이한 일은 아니다. 100년
이 걸리면 어떻고 200년이 걸리면 어떤가? 중요한 것은 국가의 장기
적 목표와 전략을 올바로 수립하고, 일본을 통해 배울 것은 효율적이
고 체계적으로 배우되 우리의 주체성을 결코 상실하지 않는 것이다.

일본은 동아시아문명의 질서에서 가장 말단에 자리하고 있었다. 때문에 항상 중국의 선진문물을 받아들이는데 가장 늦었던 것이다. 후진적이고 야만적인 국가였기에 역사 전체에 있어 기본적으로 선진문물에 대한 컴플렉스가 작용한다. 때문에 그들은 한국을 통해 받아들인 중국과 여타의 선진문물을 누구보다 열심히 보존해 왔다. 따라서 우리의 고대사를 이해하기 위해서는 중국과 일본의 역사, 문화, 전통을 이해하는 게 무엇보다 중요하다고 생각한다. 만일 한국사를 한반도 내의 사건이나 사태로만 파악하려고 할 경우, 그처럼 어리석은 생각은 없을 것이다. 예를 들어 보자. 육두품출신으로 당제국에 유학하여 文名을 천하에 떨친 뒤 고국에 귀국하여 일생을 마친 신라의 지식인 崔致遠. 그가 남긴 작품에 "鄕樂雜詠五首"라는 게 있다. 거기에는 당시 신라에 성행했던 다섯 가지 놀이에 대한 서술이 있다. 이에 대해 흔히 연극을 전공하는 사람은 서역계 놀이라고 하고, 국문학을 연구하는 이는 토착적인 것이라고 주장한다. 최근에 한글로 번역된 음악사 책을 우연히 읽어 보니, 그와 동일한 놀이가 일본에 현존하는 모양이다. 하긴 우리의 고대 문물이 많은 경우 중국을 통해 들어왔고, 다시 일본으로 전래된 것을 염두에 두고 보면 하등 신기한 일이 아니다. 단지 그런 거시적 안목으로 역사를 살피지 않기 때문에 엉뚱한 발언들이 나올 뿐이다.

德川幕府의 지속은 일본이 이전까지 한국을 통해 수입했던 중국문물을 자기나름으로 소화할 수 있는 시간적 여유를 주었으며, 이런 전통문화의 소화와 수용은 이후 서구문물을 일본이 빠르게 수용할 수 있는 문화적 토양을 형성하였던 것이다. 따라서 일본은 동아시아문명 전체에 대해 서구문물을 수용하는 기반을 만들 수 있었다. 그것은 바로 漢字語를 통한 서구문물의 번역이다. 메이지유신이래 일본이 번역한 서구문화는 오늘날 동아시아가 서양을 이해하고 수용하는 중요한 매체가 되고 있다. 그리고 그들의 번역은 자신이 막부기간동안 이해를 심화시킨 동아시아전통에 근거를 둔 것이었기에 동아시아는 단기간에 서양을 이해하고 수용할 수 있었던 것이다. 이 점은 중국의 경우를 보더라도 극명히 드러난다. 중국은 초기에 서구문물을 자신이 직접 번역하였으나 일본이 서구문물을 성공적으로 수용한 이후 자신들이 만든 번역어를 폐기하고 일본이 만든 용어를 사용하게 되었다. 동아시아가 서양을 이해할 수 있도록 만들었다는 점에서 일본문명의 역할을 경시하거나 간과해서는 아니 될 것이다. 일본문명이 동아시아와 한국의 근대사에서 저지른 죄악을 결코 망각하지도 않으면서 동아시아와 조선의 문명에 끼친 공헌을 인정하는 자세야말로, 한일간의 진정한 친선은 물론 진정한 의미의 동아시아체제를 수립하는 초석이 될 것이다.

주지하듯이 신라는 삼국에서 고대국가의 발전이 가장 늦다. 대륙형 국가인 고구려나 해양형 국가인 백제에 비하면, 반도형 국가라고도 할 수 있는 신라의 지정학적 위치가 주요한 이유가 될 것이다. 동시에 신라는 기질적 특징에서도 보수적인 경향이 강하다는 느낌을 갖게 한다. 그리하여 고대적 유습이 많은 부분 남아있었고 그것은 신라가 고대국가로 발전하는데 지장을 주기도 하였다. 이른바 이차돈의 "殉敎"는 단순한 불교공인의 문제 만이 아니라 아마도 신라의 토착귀족세력과 보편적 이념인 불교와의 갈등을 암시해 주고 있다고 생각된다. 하지만 이를 전후하여, 특히 法興王과 眞興王에 걸친 "二興"시대를 통해 신라는 국가가 비약적으로 발전함을 볼 수 있다. 그런 비약적 발전을 이루는 성공의 비밀은 무엇일까? 간단하게 말하면 체제의 정비를 통한 내실화, 외래문화와 토착문화의 조화, 국가의 장기적 전략수립과 단계적인 실행, 국가적 이념의 제시를 통한 효율적 동원체제의 확립 등을 들 수 있다. 이 점에 관한 대부분의 생각은 『나는 佛敎를 이렇게 본다』(김용옥, 통나무, 1989)에 의거한 것임을 먼저 밝혀 두고자 한다.

첫째로 체제의 정비를 통한 내실화를 살펴보자. 기본적으로 신라는 율령체제나 중국과 같은 제도가 고구려, 백제보다 늦게 시행되었다. 하지만 늦은 만큼 양국에 비해 충분한 모색과 검토가 이루어졌을 것이다. 이를 "骨品制"를 통해 살펴 보자. 우리는 "골품제"가 신라에 독특하게 존재함을 알고 있다. 인도의 카스트제도와 유사한 이 제도는 어느 면에서 상당히 원시적인 유습이라고도 할 것이다. 따라서 일반적으로 신라의 원시성을 말해주는 제도로만 이해되는 듯하다. 알다시피 신라는 이른바 6촌에 유래하는 6부 조직을 근간으로 발전된다. 따라서 왕권과 토착귀족 간의 갈등도 심하게 나타나고 있었다. 이런 갈등은 백제나 고구려에도 존재했음에 틀림없다. 하지만 고구려의 경우 군사국가적 성격이 강했고 끊임없는 외압에 의해 겉으로 표출되지 않은 채 국가가 지속된 게 아닌가하는 추측이 든다. 하지만 그런 내적인 분열이 이후 연개소문의 사후 본격화되고, 그것은 발해의 국가조직에까지 지속된 건 아닐까? 반면에 백제는 기본적으로 해상국가였기 때문에 외부의 진출을 통해 이를 해소한 듯한 느낌이 든다. "百濟"라는 국가의 명칭에 대해서 "百家濟海"라고 하는 해석도 있다. 우리가 이를 중국과의 해상교역을 통해 끊임없이 부를 축적하고 세력을 확장했던 백제의 기본적 국가노선과 관련시켜 본다면 충분히 수긍할 수 있다. 어쩌면 義慈王은 백제의 기본적 성격이 취약성을 지닌다고 생각하여 왕권을 강화하고 수군보다 육군을 강화시키는 전략을 취했던 것은 아닌가? 하지만 그것이 지나치게 조급하여 미처 내실을 기하기 전에 나당연합군에게 멸망당했다는 생각이 든다. 반면 법흥왕 7년(520년) 신라는 비로소 율령을 반포한다. 골품제 또한 이때 법제화되었으리라고 추측된다. 그 의도는 신분의 차별보다는 통합이 우선이었을 것이다. 신분의 기능이란 근대인이 생각하듯이 차별보다는 통합이 우선적인 것이다. 이른바 "민주"체제 하에 사는 우리들은 신분의 기능과 의의에 대해 편견을 가지기 쉽지만, 실상 자본주의나 사회주의나 현대의 체제는 어느 면에서 고대, 중세보다 더욱 큰 차별을 지니고 있다. 인간사회에서 차별이란 쉽사리 없어질 수 없으며, 근대가 평등이란 이름 아래 획일성을 강요하고 다양성을 제거하는 방식으로 성립(마녀사냥의 역사적 의의가 바로 여기에 있다)되었음을 고려한다면 골품제의 통합기능에 대해 충분히 수긍될 것이다. 인도는 언어와 민족의 다양성과 이질성을 지녔음에도 불구하고, 어느 면에서는 카스트제도 덕분에 여전히 인도로 남아있는 것이다.

둘째로 외래문화와 토착문화의 조화이다. 국사의 상식에 의하면 신라의 불교수용과 공인은 백제와 고구려에 비해 무척 늦다. 그러나『三國遺事』나『海東高僧傳』을 살펴 보면 신라의 불교유입은 양국에 비해 오히려 빠르게도 나타나고 있다.『유사』에 의하면 적어도 삼국에는 대강 4세기 후반에 불교가 동시에 흘러 왔다고 한다. 또한 우리는 여러 문헌이나 설화를 통해 신라가 토착신앙이 상당히 강했음을 볼 수 있다. 그리고 고대국가의 미발달로 인하여 그 토착신앙은 지방의 호족들과 밀접한 관계를 지니고 있었음도 아울러 짐작할 수 있다. 그렇기 때문에 불교는 설령 백제나 고구려와 유사한 시기에 들어와 있었더라도 민간차원에서만 수용되고 있었을 것이다. 불교가 (중세적) 보편이념을 제공해 줄 수 있음을 생각한다면, 그리고 그런 보편성이 고대국가나 중세국가의 발전에 중요한 역할을 한다는 점을 고려한다면, 토착귀족들이 이를 억압하거나 최소한 그 공인을 저지하고자 했으리라는 것은 충분히 짐작하고도 남음이 있다. 하지만 이런 억압과 저지는 어떤 면에서 불교가 토착화되고 내면화되는 충분한 시간적 여유를 제공했을 것이다. 이른바 "이차돈의 순교"(527년)는 우리가 알듯이 순교가 아니라 결국 왕권에 의한 불교의 공인을 위한 친위쿠데타이다. 민간에 내면화되고 토착화되는 충분한 시간과 여유를 가지고 스스로 성장했기에 "二興年間"의 짧은 기간동안 신라불교는 급속히 발전할 수 있었던 것이라 보인다. 또한 그 과정은 최치원이 말한 "玄妙之道"와 상호 조화를 이룰 수 있었던 것이다. 이런 과정이 있었기에 이후 한국사의 전개에서는 다른 문명과 달리 종교간의 갈등이나 전쟁이 그리 두드러지게 나타나지 않을 수 있었다고 보인다. 이점은 기독교의 급속한 성장과 그 배타성 때문에 종교갈등의 불씨가 상존하는 오늘의 한국현실에 매우 시사적이라 생각된다.

신라의 삼국통일을 비난하는 논의의 주된 근거는 한국의 영토가 한반도의 일부에 제한되었다는 것이다. 하지만 이점은 이미 우리가 살펴보았듯이 우선 부동산투기의 심리, 큰것 컴플렉스와 밀접히 연관된 것이다. 뿐만 아니라 근대적인 민족사 혹은 국가사의 개념을 과거에 오용하거나 남용하는 것에 불과하다. 만일 신라가 고구려의 영토까지 통일해야 한다고 국가적 목표를 수립했다면 과연 통일이 가능했을까? 또한 당과의 연합을 외세와 결탁한 일이라고 비난하는데, 통일이후 신라가 백제나 고구려의 유민을 동원하여 당과 항쟁한 점을 본다면 결코 결탁만이 아님을 알 수 있다. 또한 간과하기 쉬운 것은 다음과 같은 점이다. 삼국통일이후 조선문명의 기본적인 토대가 형성되었기 때문에 우리는 삼국의 역사를 한국의 고대사에 편입시키는 것이다. 발해의 역사는 이후 한국사의 전개에 그다지 의미를 지니지 못하기에 우리는 이를 반드시 한국사로 보아야 하는가라는데 의문을 갖게 된다. 만약 신라가 삼국을 통일하지 못했다고 하자. 그리고 이후 삼국의 분열이 지속되었다고 한다면, 과연 한민족이 오늘날의 분단상황에서나마 존속될 수 있겠는가? 또한 당시 서로 끊없는 전쟁 속에서 대치하고 있던 삼국이 서로 동일한 민족의식 혹은 국가의식이 있었는지 그것은 매우 불투명하다. 적어도 중국이나 동북아의 여타 민족과는 달리 많은 부분의 유사성은 느끼고 있을지 몰라도, 그것이 어느 정도의 동질성을 의미하는지는 알 수 없다. 삼국통일이후 오늘날에 이르는 장기간의 역사적 경험을 거치고서도 지역갈등이 여전히 상존하고 있는 이 엄연한 사실을 고려한다면 신라의 통일을 분단된 민족의 재결합이라고 보는 시각은 참으로 어리석다. 외국의 역사를 보더라도 우리는 이를 쉽사리 알 수 있다. 나라 국(國)이란 글자가 있다. 우리는 이를 "나라"라고만 훈을 다는데, 日本語에서는 고향이라는 의미도 있다. 일어를 처음 배울 때 우리를 매우 당혹하게 만드는 일의 하나인데, 이는 일본이라는 나라가 근대적 의미의 국가로 된 것은 메이지유신을 거친 뒤라는 점을 생각하면 쉽사리 이해가 된다. 독일이나 이탈리아의 역사를 보아도, 그들이 오늘과 같은 국가로 이루어진 것은 그다지 오래된 일이 아니다. 놀라지 마시라! 가리발디나 비스마르크 이후의 일인 것이다. 우리는 세세사석으로 볼 때 내외식으로 일찍부터 민일힌 통일국가를 이루고 살았던 것이며, 이 점에서 신라의 삼국통일은 획기적인 의의를 지닌다.

이처럼 신라는 자신의 능력과 한계를 고려하여 통일과업을 수행하였다. 이것이 장기적 전략의 수립이다. 그러면 단계적 실행이란 무엇인가? 신라가 삼국을 통일한 과정을 살펴 보면 다음과 같은 점을 발견할 수 있다. 553년 진흥왕은 백제의 동북부를 공략하여 漢山州를 신설한다. 이로써 신라는 한강 하류유역을 차지하고 중국과 직접 교통하기 시작한다. 신라는 대륙을 통해 직접 중국과 접한 고구려나 해양을 통해 중국과 밀접한 연계를 지닌 백제와 달리 지정학적인 위치로 인해 중국과의 교섭이 불편하였다. 그 점이 고유성과 토착성을 보존하는데 유리했겠지만, 일단 체제가 완비된 뒤 선진문물을 적극적으로 수용하는데 결정적으로 불리하다. 따라서 이를 타개하기 위해 대중국 교통로를 확보하고자 총력을 기울여 한강유역을 차지한 것이다. 그리고는 가야에서 최후까지 남아 있던 대가야를 흡수하였다(562년). 신라의 가야흡수는 우리가 예상하는 이상으로 통일의 중요한 변수라고 생각된다. 그것은 우선 국경선의 안정을 가져왔을 터이고, 가야지방의 발달된 기술을 흡수하는 계기가 되었을 것이다. 가야는 뛰어난 제철기술을 가지고 있었는데, 이런 기술의 섭취는 신라의 경제력과 군사력을 강화하는데 중요한 역할을 한 것으로 사료되는 바이다. 또한 삼국통일의 주역의 한 사람인 김유신을 생각하더라도 이런 가야계 유민의 역할이 매우 중요했음을 짐작할 수 있다. 가야는 어떤 점에서 각 호족의 세력이 강성하여 보다 큰 통합을 이루지 못한 채 신라에 멸망했지만, 호족 상호간의 갈등과 분쟁을 통해 상당히 강한 군사력을 보유했을 것이다. 가야는 그 역사가 아직도 불분명한 점이 많다. 현재로서는 뛰어난 기술과 군사력(해군과 기마병)은 가졌지만 그 사회를 보다 고차원의 보편적 질서로 통합하는 문화적 역량이 결여되었던 것이 아닌가 하는 막연한 추측이 든다. 그리하여 밀접한 연계를 지녔던 일본과의 관계에 있어서도 후기에는 중국의 선진문물을 내세운 백제보다 상대적으로 소원해졌을 것이다. 이런 가야계 유민의 군사력을 신라는 장기간에 흡수하였다. 그들을 적극적으로 활용하고자 한 것이 바로 김춘추였을 것이다. 일단 군사력과 경제력이 비약적으로 발달되자, 신라는 먼저 백제를 당과 연합하여 공략하였다(660년). 그 이전에 김춘추는 648년 아들 金仁問을 당에 보내 연합을 제의하고 唐服의 착용(649년), 唐의 연호 사용(650년)과 같은 개혁을 실시한다. 이는 어떤 면에서 나당의 군사적 연합을 실현하기 위한 체제정비일 것이고, 오늘날의 개념으로 번역한다면 무기체제의 정비도 포함되었을 것이다. 최종적으로 고구려의 정벌은 668년에 이루어졌다. 이 짧은 기간에 신라인들은 장기적 국가목표를 단계적으로 실행하였다고 생각된다. 그것은 그들의 실력과 국력으로 보아서 가장 적절한 방법이자 노선이었다. 이를 외세와의 결탁이라고 비난하는 것은 어리석다. 차라리 오늘날 우리가 전략상으로 본받을 거울로 간주하는 것이 보다 현명한 태도이다.

마지막 성공의 비밀로 국가적 이념의 제시를 통한 효율적 동원체제의 확립을 들 수 있다. 우리는 "花郎道"에 대해서 잘 알고 있다. 그리고 화랑 이전에는 그것이 "源花"라는 제도였음도 알고 있다. 어느 면에서 그것은 入社式이나 成年式 등과 관련된 원시적 풍습의 반영일지도 모른다. 그리고 "원화" 단계에서는 청소년을 보다 높은 이념과 이상으로 통합하고자 한 의도가 실패하고 말았던 것이다. 사실 여자 문제가 끼면 항상 어떤 단체든지 젊은 남자의 단체란 말썽이 일게 마련이다. 고등학교나 대학의 써클활동을 통해서도 충분히 짐작할 수 있는 경험법칙이다. 그런데 중요한 것은 그 화랑도가 단순히 군사훈련 단체거나 친목단체가 아니라는 사실이다. 그것은 미륵신앙을 통해 보다 고매한 이상을 추구하고, 佛國土라는 이념을 구현하기 위한 수련 단체였다. 동시에 신라인들이 지닌 토착적인 기질이나 의식을 외래의 선진적이념과 밀묘하게 조화시킨 깃이기도 하나. 비개부족이나 고대국가에서는 많은 경우 청소년의 수련과 관련된 조직이 있게 마련이다. 이는 문화인류학의 개론서나 인류학적인 보고서로 충분히 확인할 수 있다. 그리고 백제나 고구려 또한 이와 유사한 조직을 지니고 있었다. 사실 고대의 전쟁에서는 우리가 생각하는 이상으로 청소년의 역할이 크다. 화랑 관창의 일화에서도 이를 충분히 알 수 있을 것이다. 뿐만 아니라 우리보다 전쟁사가 잘 정리된 일본의 경우를 보더라도 10대의 성주가 전투를 직접 지휘하고 참여하는 일을 그들의 역사소설을 통해 알 수 있다. 다만 신라의 화랑도는 이를 단순한 청소년의 수련을 통한 군사력의 배양에 그치지 아니하고, 미륵이라는 이상적 인간상의 제시를 통해 보다 숭고한 차원으로 승화시켰다는데 그 의의가 있다.

545년, 진흥왕은 居柒夫로 하여금 『國史』를 편찬케 하였다. 그에 앞서 법흥왕이 이차돈의 "순교"이래 제일 먼저 착수하였다고 추측되는 흥륜사가 544년에 완성된다. 오늘날의 표현으로 말한다면, 국가적 이념의 통합을 위한 하드웨어의 완성이라고 할 수 있다. 당시의 사찰이란 단순한 종교적 사원이 아니다. 다시 말하면 아들이 대학입시에 합격하도록 빌거나 집안에 우환이 없기를 바라는, 개인의 종교적 혹은 기복적 기원의 장소가 아니라는 말이다. 그것은 오히려 국민을 계도하고 통합하는 이념의 전파시설이다. 이슬람 사회에서 기도시간을 알리는 망루가 지니는 의의를 생각하거나, 유럽의 중세시대에 교회의 종소리가 봉건 영지의 생활을 규율하는 기능을 지닌 점을 염두에 둔다면,

이는 쉽사리 이해할 수 있을 것이다. 뿐만아니라 후진국에서(선진국에서도 마찬가지이다) 쿠데타를 일으킬때 항상 가장 먼저 점령해야 할 것은 바로 방송국인데, 이는 오늘날의 방송국이 고대나 중세의 사찰과 같은 역할을 하기 때문이다. 동시에 그것은 지식과 정보를 축적하는 기능도 하였다. 그러기에 흥륜사가 완성되자 국가의 과거를 정리하고자 국사의 편찬을 시작하는 것이다. 뿐만 아니라 551년에는 百座講會 및 八關會의 법을 규정한다. 백좌강회란 모든 불교의 종파를 초월해 보다 더 높은 이념과 이상을 통합적으로 제시하기 위한 행사라고 할 수 있다. 팔관회란 토착 신앙과 외래 종교가 조화를 이루며 공존할 수 있도록 만드는 행사이다. 이런 일련의 조치들과 병행하여 진흥왕은 "화랑"제도를 정비하였던 것이다.

우리 집은 元曉路에 인접해 있다. 집 가까이 있는 효창공원에도 원효대사의 동상이 서 있기는 하지만, 나는 게을러서 아직까지 원효로와 원효대사 사이에 어떤 상관관계가 있는지 잘 모른다. 단지 원효대사의 이름을 따서 원효로라는 이름을 지었으리라고 짐작할 뿐이다. 그런데 이 원효대사는 신라의 통일을 전후하여 살아간 사람이다. 어느 면에서는 통일이후의 사상가라고 할 수 있다. 그의 생애를 살펴 보면 우리는 다음과 같은 점을 주목할 수 있다. 첫째, 그는 당시 일반적으로 유행하였던 중국유학을 스스로 거부한다. 해골바가지에 담긴 물을 마시고 大悟覺醒하였다는 이야기는 어쩌면 단순한 설화에 불과할 지도 모른다. 원효와 동시에 유학을 떠나고자 했던 義湘은 결국 중국에 유학하여 명성을 떨치고 귀국한 뒤 신라불교의 중요한 지도자가 되었다. 하지만 왜 원효는 유학을 포기했을까? 나는 원효의 사상과 학술에 대해선 잘 알지 못한다. 하지만, 그가 유학을 포기한 심정은 이해할 수 있다. 그것은 내가 학부와 대학원시절 유학을 절실히 고려한 적이 있기 때문이다. 하지만 군대를 갔다온 뒤로 나는 유학을 포기했다. 무엇보다도 귀찮은 심정이 되었던 점도 있지만, 더 중요한 것은 내가 이 땅에서 얼마나 진지하게 제대로 노력하느냐에 달려 있다고 생각했기 때문이다. 나는 학문이나 인생이나 열심히 하는 것 만이 능사라고는 여기지 않는다. 열심히 하기 보다는 오히려 제대로 하는 것이 중요하다. 60년대 이후 한국의 국가적 발전이 열심히 하는 것에 의존했다면 앞으로는 제대로 하는 것이 중요할 것이라고 생각한다. 원효가 유학을 포기한 것은 실수였을 지도 모른다. 하지만 그는 자신의 자리에 서서 자신의 관점으로 불교를 이해하고자 했다. 그리고 그런 노력은 통일을 이루었으나 온전한 의미의 통합은 달성하지 못한 이 땅의 현실에 대한 철저하고도 처절한 대결이었다. 이것이 바로 원효의 불교가 통불교적 성격을 지니는 이유이다. 그점은 고영섭연구원의 논문 "元曉의 통일학"에 상세히 드러나 있기에 생략하지만, 두가지 점 만 지적한다. 하나는 원효의 教相判釋이 지니는 의의이다. 중국의 불교사를 보면서 참으로 이해가 되지 않은 것이 이른바 "교상판석"이란 것이었다. 이제는 그 의의와 역할, 기원에 대해 내 나름대로 짐작가는 바가 있으나, 이점에 대해서는 논외로 한다. 다만 중국의 교상판석이 특정종파의 입장에서 여타의 종파를 배척하는 것임에 비하여, 원효의 교상판석은 모든 종파에 대해 개별종파를 초월한 입장에서 각자의 올바르고 적절한 위상과 의의를 부여하고자 한 것임을 말한다. 이점은 어떤 면에서 골품제의 발상과 관련이 있을지도 모른다. 둘째로는 그가 보여준 대중적 포교활동이다. 그는 다 알고 있듯이 노래와 춤을 통해 민간에 불교를 전파하고자 하였다. 생각해 보라. 통일의 과정에서 얼마나 많은 무고한 생명이 희생되었겠는지! 비록 통일이 보다 더 큰 대의를 위한 것이며 또한 전쟁을 없애고 평화로운 세상을 만들고자 하였던 노력이라고 할지라도 어찌했거나 많은 생명이 사라진 것은 사실이다. 부모와 형제가 죽었고, 이웃이 죽었을 터이다. 살아남은 자는 죽지 않은 것이 다행스럽다고 할지 몰라도 결국 역사의 비극을 뼈저리게 통감할 수밖에 없다. 그들에게는 고상한 불교의 교의나 교리가 필요한 게 아니다. 고매한 학설과 고상한 이론이 중요한 게 아니다. 그들의 마음을 감싸주고, 슬픔을 어루 만질 수 있는 불교가 필요했던 것이다. 바로 그런 시대적 욕구와 필요를 통찰하고 분열과 갈등 그리고 불안에 젖은 선남선녀들에게 알기 쉽고 접하기 쉬운 노래와 춤을 통해서 불교의 진리를 전파한 사람이 바로 원효이다.

이 원효의 會通佛敎는 결코 우발적인 것이 아니었다. 그것은 신라불교의 주된 특징이라고 해도 좋을 것이다. 우리는 이른바 "花郞五戒" 혹은 "世俗五戒"에 대해 잘 알고 있다. 국민학교 때에도 열심히 외웠지만, 현재는 까먹어 버리고 만 圓光의 "오계"란 다름아닌 세속의 윤리인 유교와 초세간의 종교인 불교의 조화를 통해 시대에 적합한 새로운 이념체계를 제시한 것이다. 중국불교사를 조금이라도 본 사람이라면 불교가 전래되었을 때 儒敎, 佛敎, 道敎 삼자 사이의 갈등을 알고 있다. 『弘明集』이나 『廣弘明集』을 통해서 충분히 살필 수 있는 이런 갈등에 대해 원광은 새로운 길을 제시한 것이다. 그것이 바로 "오계" 였으며, 불교와 유교의 갈등을 해소하는 "오계"의 새 이념은 또한 시대의 갈등을 해소하는 청량제였다. 한편 慈藏 역시 계율생활을 엄히 다스리며 교화에 진력했으나 종파분립을 초월한 統和佛敎의 길을 걸었던 것이다. 신라불교가 지닌 이런 和諍的(모든 개별적 談論의 차이와 갈등을 초월해 보다 높은 차원의 이념과 이상을 제시하는) 성격이 원효에 의해 집대성되었고, 이후 한국의 정신사에 큰 줄기를 이루게 되었다. 자신의 자리에 확고하게 서서 모든 개별상을 초월한 統和의 相을 추구하는 것. 이를 통해 보편적이고 일반적인 통합의 원리를 제시하고자 한 신라인의 노력이야말로 통일을 가능하게 한 문화적 원동력이었다.

신라의 삼국통일은 한국 고대사에서 획기적인 사건이다. 그것은 단지 정치사나 경제사적인 맥락에서만이 아니라 우리 민족의 문화사적 전개에서도 커다란 의미를 지닌다고 하겠다. 더우기 남북의 분단을 극복하고 통일이라는 과제를 완수하기 위해서 삼국통일의 역사적 의의와 의미를 오늘의 입장에서 재검토하는 것은 현실적으로도 중요한 일이 아닐 수 없다. 秦始皇이 비록 단기간이나마 중국을 통일하지 않았다면, 현재의 중국이 존재하지 않을지도 모른다. 중국학의 대가 에베하르트가 그의 중국사개설에서도 지적하고 있듯이 중국은 크게 8개의 문화권으로 나눌 수 있다. 중국은 장구한 시간에 걸쳐 형성되었음에도 불구하고 아직까지 완전한 통합은 이루지 못하고 있는 것이다. 비록 우리 시회가 지역갈등이 있다고 하나, 이는 어느 국가에도 상존하는 것이다. 요는 신라통일의 교훈을 오늘에 되살려 진정한 통합과 통일을 이루는 것이다. 지역갈등과 감정이란 어떤 면에서 충분히 긍정적인 요인이 되는 것이다. 선의의 라이벌 의식이 인간을 향상시키듯이, 보다 거시적인 목표와 이상이 제시된다면 그런 갈등의 요인은 오히려 사회에 활력을 제시할 수 있다. 문제는 과연 그러한 보다 높은 이념과 이상을 제시할 수 있는가에 있다. 남북의 통일을 단계론적으로 혹은 방법론적으로 논의하기에 앞서 이제는 우리 사회가 그러한 이념과 이상에 대한 토론과 합의의 과정을 거쳐야 할 것이다.

삼국통일은 또한 동시에 이른바 동아시아문명권의 형성을 구축한 사건이기도 하다. 먼저 삼국으로 정립되어 있던 한반도에 안정된 정치질서가 성립됨에 따라 동아시아의 질서에 평화가 가능하게 되었던 것이다. 뿐만아니라 신라의 의도와 달리 백제와 고구려의 유민들이 선진문물을 일본에 전래시킴으로써 일본이 비약적으로 발전하는 결과가 생겼다. 그리하여 동아시아의 평화와 공영이 시작되었던 것이다. 그 동아시아문명이란 중국의 선진문화를 한자라는 매체를 통해 받아들이고 중세의 보편종교인 불교를 수용하였으며, 또한 국가경영의 이념으로 유학을 받아들여 고대적 체제를 정비하여 대내외적으로 새로운 질서를 만들어 간 과정이었다. 그들은 상호간의 동질성 만이 아니라 각자의 고유성도 확립하게 되었다. 진정한 공존이란 동질성과 고유성이 병존할 때 가능한 법이다. 이를 원효의 아들 설총이 만들었다는 향찰을 통해 잠시 검토해 보자. 향찰의 원형에 대해 정확하게는 알지 못한다. 다만 漢字를 수정하여 자국의 언어생활을 보완하고자 하는 발상을 한 것은 신라의 문화가 상당히 뛰어났음을 암시하는 것이다. 설총의 향찰이 있었기에 일본의 가나가 생겨났고, 월남에도 자신의 고유한 문자체계가 발생한 것이다. 그리하여 삼국통일에 의해 형성된 동아시아문명권은 세계사적으로도 보기드문 공존과 번영을 누리게 되었다. 그것은 인구가 번다하고 집집마다 숯을 피워서 연기가 나지 않았다는 慶州의 번영이나, 당시 세계에서 가장 번영하였던 도시 中國 長安의 화려함을 생각한다면 충분히 짐작할 수 있을 것이다.

이처럼 신라가 삼국을 통일한 것은 단순한 한국사의 국내적 사건으로 끝나는 것이 아니다. 그것은 보다 거시적으로 보면 동아시아의 국제질서를 새로운 수준으로 고양시킨 것이었다. 신라의 통일에 의해 한반도에는 안정된 정치질서가 성립되었고, 또한 조선문명이 전개할 수 있는 터전이 성립되었다. 이런 거시적 의의가 파악되지 않기 때문에 신라의 통일을 단순한 하나의 정치적 사건으로만 보이는 것이다. 그래서 우리가 앞절에서 비판하는 신화적 사관이 생기는 것이고, 그런 신화적 사관은 달리 말하면 주마간산식 사관이기도 하다. 이점은 우리가 다가올 한국통일을 구상하고 설계할 때도 마찬가지이다. 한국통일은 분단의 비극을 겪은 하나의 민족이 재결합하는 과정 만이 아니다. 그것은 남북한의 체제가 상징하는 여러가지 문제점을 해소하고 나아가 인류에게 새로운 문명의 패러다임을 제시하는 계기가 되어야 한다. 그것은 결코 쉬운 과제도 아니며, 단기간에 해결될 문제도 아닐 것이다. 하지만 지금까지 우리의 조선문명이 겪어온 과거, 현재 나아가 미래에 대한 새로운 조망과 비젼 아래에서라면 그것은 결코 불가능한 일 만은 아닐 것이라 희망하게 된다.

V. 파도를 어쩌란 말이냐

"장백천이동지, 회광란어기도"(障百川而東之, 廻狂瀾於旣倒) 당송 팔대가의 한 사람이자 古文運動의 기수였던 韓愈는 학식이 있으면서 세상에 쓰이지 않았던 어느 博士의 자기변명을 해학적으로 서술한 그의 명문「進學解」에서 이렇게 말하였다. 이 문장은 한편으로 시대의 주류에 거스르면서 결국에는 다가올 시대의 흐름을 선취하였던 그 자신의 심정을 잘 나타내고 있다. 한 시대의 흐름을 거스른다는 것은 참으로 힘들고 어떤 점에서 불가능한 일이기도 하다. 통일은 반드시 해야 하는가? 이는 어쩌면 반시대적인 질문일지도 모른다. 그러나 인간의 역사에서 모든 통일이 반드시 善은 아닐 것이며, 우리가 갈망하는 한국통일 또한 반드시 좋은 결과 만을 가져오지는 않을 것이다. 물론 나는 분단체제에 기생하여 그 이익을 향유하고 아울러 지속시키려는 이른바 기득권층을 위해 이런 발언을 하는 것은 결코 아니다. 그들은 이제까지 남북분단의 권익을 누렸을 뿐만 아니라 앞으로 다가올 남북통일에서도 그러한 기회를 추구하고자 한다. 따라서 문제는 섣부른 감상 만으로 접근해서도 아니 되지만, 그렇다고 권력투쟁의 장으로서 이른바 현실정치의 안목으로만 접근해서도 안된다. 오히려 문제는 과연 통일이란 무엇을 위한 통일이며 어째서 통일을 해야 하는가에 대해서 새삼스럽게 다시 한번 질문을 던져야 한다는 점에 있다.

한 국가의 국력을 결정하는 것은 무엇일까? 우리는 흔히 군사력, 경제력, 또는 인구 등을 생각할 수 있다. 또는 근대이전을 생각하면 종교 등도 중요한 변수로 작용한다고 할 수 있다. 현재는 무엇보다 과학과 기술이 국력의 중요한 성분이 되고 있다. 그런데 여기서 중요한 것은 이런 국력의 요소가 결코 고정된 실체가 아니라는 점이다. 그것들은 역사적으로 상대적인 중요성이 변화하며 이전에는 중요한 것이 더이상 중요하지 않게 되기도 한다. 그렇다면 문제는 앞으로 다가올 21세기에 있어서 한 국가의 경쟁력을 구성하는 요인이 무엇일까에 대해 생각하는 것이다. 나는 여기서 국력의 세 요소로서 기술, 정보, 문화의 요인을 들고 싶다. 그리고 이 국력의 삼위일체에서 궁극적으로 문화가 가장 중요하다고 생각한다. 기술과 정보도 문화의 차원으로 연결되지 않는 한 그것은 어디까지나 부수적인 것이기 때문이다.

나는 이미 말했듯이 동양학의 우월성을 강조하거나 조선문명의 고유성을 주장하려는 것이 아니다. 다만 동아시아와 한국의 전통이나 과거를 이해하는 우리의 시각이 근본적으로 왜곡되고 굴절되어 있음을 말하고자 하는 것이다. 그것은 근대 서구문명의 침략에 대한 즉자적 반응이었다. 우리의 경우는 항상 자신보다 못하다고 여겨왔던 일본이라는 이웃에 의해 대행되었기 때문에 그 충격은 더욱 자괴적이었다. 이제는 그 충격에 대해 보다 객관적인 거리를 두고 관조할 수 있을만큼 충분한 시간이 흘렀다.

이미 누차 말했듯이 조선은 5백년의 역사를 지녔다. 이는 인류사에서 보면 상당히 예외적인 일이라고 할 수 있다. 그 5백년의 역사가 문명의 초창기에 생긴 일도 아니고 더우기 고대나 중세의 일도 아니기 때문이다. 비록 현재 우리의 사학계에서는 조선의 역사를 중세(혹은 봉건)시대로 파악한다고 하더라도 나는 조선의 개국이야말로 근대의 역사로 보고자 한다. 서구적 의미에서의 근대가 아니라 문명의 보편적 전개사에서 조선의 개국은 참으로 근대의 시작이다. 내가 말하는 근대란 하나의 문명이 확고한 자기의 이념과 목표를 가지고 출발하는 것이다. 어떤 국가나 문명이 이념과 목표를 구체적으로 지니고 시작하는 일은 드물다. 그것은 고대의 경우 종교적 신념 아래 더러 발생하기도 한다. 그러나 문명이 어느 정도 발달한 이후로는 국가가 성립하고 나서 거기에 부수적으로 수반되거나 도중에 도입이 되는 것이 역사의 일반적 전개이다. 조선이야말로 근대국가의 시작이나. 그것은 분명한 자기의 이념과 목표를 지니고 있었으며, 이는 고려 5백년의 역사에 대한 치열한 반성과 주자학이라는 동아시아의 보편적 이념에 대한 성찰에서 가능하게 되었다.

이렇게 볼 때 인류의 역사에서 근대국가의 시작은 조선문명이야말로 그 선구를 담당하는 것이다. 유럽에서는 프랑스혁명으로 출발하였고, 미국에서는 독립전쟁으로 가능하였다. 또한 일본의 메이지유신이 그것이고, 러시아에서는 레닌의 혁명으로, 터키의 혁명이, 그리고 마오 쩌둥의 공산혁명이야말로 근대국가를 이루는 것이다. 역사를 단순한 시간의 흐름으로 파악하지 않고, 그 내면에서 변화하는 문명의 총체적 구조와 의미로 파악한다면 이런 나의 발언이 결코 허튼 소리가 아님을 짐작할 수 있을 것이다. 역사에서 중요한 것은 개별적 사건이나 사태, 혹은 인명이나 지명 그리고 연대가 아니다. 보다 본질적인 것은 하나하나의 사건이나 사태가 지니는 의의나 의미를 해명하는 것이다. 우리의 (역사)교육은 고유명사와 기본개념을 정확하게 구분하지 못하는 병폐가 있다. 개별의 고유명사는 인간과 문명의 본질을 해명하는데 결코 중요하지 않다. 교육은 개별의 고유명사를 가르치는게 아니라 역사를 보고 해석하는 눈을 주어야 한다. 한국교육에서 가장 큰 병폐는 바로 이런 고유명사와 기본개념(혹은 용어)를 구별할 줄 아는 눈을 길러주지 못하는데 있다고 생각한다. 어떤 분야의 학문이라도 실상 가장 중요한 기본개념, 용어 또는 범주라는 것은 제한적일 수밖에 없다. 내 생각으로는 100개도 되지 않을 것이다. 그런 100개 이내의 개념, 용어, 범주 조차 대부분 여타의 전문분야와 연계를 지닐 수밖에 없고, 현대의 (서양)학문에서는 그 연계의 그물눈이 바로 과학이라는 괴물이다. 뉴톤의 의도를 곡해하여 발생하고 성장한 근대과학이 사실상 우리가 아는 학문과 이론의 기저를 이루는 것이다. 따라서 그에 대한 정확하고 올바른 이해를 제공한다면 스스로 생각하는 힘을 길러줄 것이다. 이 점은 이후 교육에 관한 별도의 글에서 논의하고자 한다. 다만 이런 점에서 단순히 국제경쟁력이나 동아시아의 경제교류라는 피상적 근거 이상으로 漢字敎育이 중요하다는 암시 만 하기로 한다.

누구나 알고 있듯이 조선은 역사의 도중에 왜란과 호란을 겪었다. 또한 이들 전란은 조선에 엄청난 피해를 주었던 것이다. 그럼에도 불구하고 조선은 이후에도 장기간 지속하였다. 여기서 우리는 임진왜란의 성격에 대해서 다시 한번 검토해 볼 필요를 느낀다. 임진왜란(정유재란을 포함한)은 결코 한일간의 전란에 불과한 그런 단순한 것이 아니다. 그것은 동아시아의 질서를 개편한 국제전이다. 침략자인 일본은 전국시대를 통일한 토요토미 히데요시의 세력이 몰락하고 막부체제가 성립한다. 그 막부체제는 쿠로후네(黑船)의 충격을 계기로 전개되었던 메이지유신에 의해 종결될 때까지 장기간 지속되었다. 아울러 우리를 원조한 중국은 明에서 淸으로 왕조가 교체되는 변화를 맞이하게 되었다. 또한 그것은 단순한 왕조의 교체가 아니라 권력의 중심이 漢族에서 滿洲族으로 이전되는 것이었다. 그리고 우리의 시야에는 전혀 들어와 있지 않은 越南 또한 1620년대 이후 몇 십년의 분열시기를 겪게 된다. 이 월남의 삼국분열에 대해서 지방세력의 성장으로 주로 설명하고 있지만 나는 보다 거시적으로 이전까지의 동아시아체제를 해체하고 새로운 체제를 형성하였던 임진왜란의 충격도 상당히 중요한 요인을 차지하리라고 본다.

그런데 왜 우리는 임진왜란을 단지 토요토미 히데요시라는 희대의
망상가가 일으킨 한일간의 전쟁으로만 보는 것일까? 그것은 한국사를
한국 자체내의 사건으로만 보는 지금까지의 국사연구가 그 주요한 원
인일 것이다. 그리고 국사연구의 이런 시각은 그 나름대로 의의가 없
는 것은 아니었다. 그것은 전통시대의 사관이 지니지 못했던 민족의식
을 배양하는데 일익을 담당하였으며, 근대란 바로 민족이기주의가 발
흥하는 시기이기 때문이다. 그런데 문제는 사물의 진상이 피상적으로
보이듯이 단순하지 않다는데 있다. 오늘날 우리는 서구의 역사가 밀접
히 연계되어 전개되었음을 잘 알고 있으며, 그런 역사적 전개의 공통
성이 바로 이른바 "이씨"를 가능하게 만드는 중요한 요인임을 잘 알
고 있다. 하지만 오늘날 동아시아는 유럽과 같은 공통성과 동질성을
지니지 못하고 있으며, 이점은 현재 만이 아니라 앞으로 다가올 21세
기를 위해서도 극복되어야 할 과제로 남아 있다. 이점은 동아시아의
미래를 구상하는 모든 논자들이 지적하는 바이다. 하지만 여기서 동아
시아의 공통성과 동질성이란 과연 어떻게 형성되는 것인가를 살펴 보
자. 어떤 문명권의 공통성과 동질성은 결국 과거의 역사로부터 물려받
는 유산이며, 그 유산은 우리가 어떻게 해석하는가와 밀접한 관계를
지닌다. 그점을 고려한다면 동아시아의 과거를 해석하고 우리의 역사
를 이해하는 방식이 무엇보다 중요하고 이를 위한 인식의 전환이 필요
함을 알 수 있다.

오늘날 우리나라에서는 역사를 서양사, 동양사, 한국사로 구분하고
있다. 또한 이 동양사는 아직까지 중국사를 중심으로 연구되고 있는
것이다. 하지만 "동양사"라는 용어도 결국은 근대어이며 이는 일본이
서구의 제국주의적 사관을 번역하고 이식하는 과정의 부산물이다. 제
국주의가 식민지를 경영하는 가장 기본적인 원칙은 다름아닌 "분할통
치"(divide and rule)라는 것이다. 그런데 분할이란 결국 인식의 문
제이다. 나라는 주체를 어디까지 파악하느냐의 경우에도 인식의 문제

이지만, 인식의 대상으로서 설정되는 그것조차 어디까지나 인식의 문제이다. 동시에 이런 대상의 인식은 현실적으로는 권력의 문제로 등장하게 되는데, 이는 아프리카의 식민지 역사를 살펴보면 극명히 드러난다. 오늘날과 같은 아프리카의 분할은 제국주의자의 오만과 무식 그리고 편의가 야합하여 설정된 것이며, 자연적인 특성이나 문화적 특질을 고려한 것이 아니다. 그것은 어디까지나 서구제국주의자들이 서로 식민지 경영의 이해충돌을 최대한 방지하기 위해 지멋대로 설정한 허구인 것이다. 그것은 대상에 대한 인식의 문제이기도 하며 동시에 대상에 대한 권력의 행사였다. 동일한 상황이 이른바 동양사의 근대적 연구에서도 일어났다. 상호밀접한 연계를 지니고 장기간에 걸쳐 평화공존과 상호공영의 토대를 형성해 온 동아시아체제는 궁극적으로 식민지 경영에 불편한 것이었다. 그러한 체제가 남아 있는 한, 제국주의를 반대하는 투쟁이 체제 전체에 걸쳐 보편적으로 발생하기 때문이다. 따라서 동양사의 연구는 그 이름과 달리 개별지역을 침략하고 약탈하려는 제국주의적 야심에서 출발해 각 지역의 특수성과 독자성 그리고 고유성을 강조하는 방향으로 흐른 것이다. 또한 동아시아체제의 평화공존과 상호공영보다는 상호의 견제와 긴장의 지속을 강조할 수밖에 없었다. 때문에 제국주의에 대항하는 또다른 제국주의로서의 민족주의 사관이거나 혹은 식민사관 양자는 모두 동아시아체제의 공통성과 동질성, 그리고 평화공존과 상호공영을 파악하고 이해하는데 적절치 못했던 것이다. 물론 나는 여기서 중국문명의 제국주의적 성격을 부정하려는 것은 아니다. 하지만 동아시아체제가 장기간 지속될 수 있었던 것은 상호의 투쟁과 갈등 만이 아니라 이해와 조화가 더욱 큰 역할을 했다고 지적하고 싶을 뿐이다.

여기서 국사와 밀접한 관계가 있는 국문학의 연구를 생각해 보자. 일제시대와 해방이후 국문학의 주된 연구분야는 이른바 한글문학이었으며 따라서 내가 대학을 다니던 70년대말의 경우에도 한문학을 과연 국문학의 유산으로 보아야 하는가의 어리석고 비생산적인 논쟁의 불씨가 여전히 남아 있었던 것이다. 하지만 이런 한글문학의 중시도 전혀 의의가 없는 것은 아니었다. 그것은 중국으로 상징되는 동아시아의 전통질서가 자신을 구속하였다는 식민지적 패배의식의 소산이었으며, 동시에 이른바 "민족"이라는 근대적 주체의 재발견을 위한 시도이기도 하였다. 우리에게도 민족적인 것이 있으며, 그것은 서구적 의미의 근대를 준비하고 있었다는 환상이 무엇보다도 좌절된 주체적 근대의 보상물로서 절실하였던 것이다. 하지만 그것은 어디까지나 환상적 보상이다. 결코 실재적인 것도 아니고 실체적인 것도 아니다. 단순히 한글문학의 경우 만을 살펴 보더라도 그것은 너무나 명백하다. 예컨대 한글시조나 가사의 경우라도 그 상상력의 기반을 이루는 많은 어휘가 대다수 한문고전에서 유래한다. 한글소설의 경우도 두말할 필요가 없다. 내가 고등학교에서 배웠던 古(典語)文(學)의 교과서나 참고서가 사실상 그런 한글문학에 사용되었던 한자용어의 주석에 많은 분량과 시간을 할애했던 것은 하등 이상한 일이 아닌 셈이다.

나는 가끔 내 전공과 관련된 일본서적을 구입하고자 서점에 가곤 한다. 그럴 때마다 의아하게 생각한 것이 하나 있었다. 그것은 우리와 달리 일본에는 古語辭典이 매우 발달했다는 사실이다. 단지 발달했다는 정도에 그치는 것이 아니라 활용도 역시 매우 높다는 느낌을 준다. 우리의 경우 고어사전은 몇가지도 되지 않고 그것은 어디까지나 소수의 전문가가 소수의 전문가를 위해 만든 사전에 불과하다. 거기에는 커다란 이유가 있다. 우리의 고어사전은 정확히 말하면 고어사전이 아니라 한글고어사전이다. 그런데 고어사전은 말그대로 옛말의 사전이다. 가령 16세기라는 한 특정한 세기를 잘라서 고어사전을 만든다고 하자. 그 경우 이상적인 고어사전을 제작하는데는 오늘날 우리가 현대국어의 사전을 만드는 것과 동일한 절차와 과정이 필요할 것이다. 당시의 언어생활을 현실적으로 반영하는 사전을 만들어야 한다는 말이다. 하지

만 우리의 고어사전을 보고 있노라면, 그것이 고어사전이던 이조어사
전이던 마치 우리 조상들은 순수 우리 말 만을 사용하고 있었던 것같
은 착각이 든다. 과연 그들은 최현배박사님 이상으로 순수한 우리 말
만을 사용했던 것일까? 천만에 말씀. 결코 그렇지 않다는 것쯤 고등학
교 고문교과서를 보아도 당장 알 수 있다. 따라서 우리의 고어사전은
현실적으로 그다지 활용도가 없게 되고, 이점은 결국 우리가 자신의
언어생활을 올바로 이해하지 못하게 되는 한 원인일지도 모른다.

"달아 달아, 李太白이 놀던 달아." 내가 어려서 자주 듣고 부르던
이 노래의 한 귀절을 이해하고자 해도 중국문학사에서 李太白이 차지
한 위치와 그가 우리 문학과 문명에 수용되었던 양상에 대한 올바른
이해가 없이는 엄밀한 의미에서 불가능하다. "泰山이 높다한들 어쩌구
저쩌구." 이 시조의 泰山은 한자어이고 중국에 있는 지명이니 그것은
과연 우리 말이 아닐까? 아니 옛날에도 우리 말이었고 오늘날에도 어
디까지나 우리 말이다. 나는 명색이 중국학을 연구한다면서도 아직까
지 중국대륙은 가보지 못했다. 뿐만 아니라 아직 대부분의 한국인들도
마찬가지일 것이다. 그러나 우리가 비록 알지 못하고 의식하지 못하더
라도 우리의 의식과 심상 깊은 곳에는 泰山이 자리잡고 있는 것이다.
그러한 무의식적인 상상력의 세계 내에는 얼마나 많은 전통의 유산이
자리하고 있을까? 어쩌면 우리의 예상보다 그것은 훨씬 많을 것이고
더욱 강력할 것이다. 그러기에 『山海經』의 번역은 시인과 작가의 상상
력을 자극하여 우리 문학의 새로운 유산을 만들어낸 것이다.

따라서 나는 통일을 대비하기 위한 국어사전의 편찬이라는 당면의
과제에 대한 현재의 처리방식은 매우 졸렬하다고 생각한다. 자세한 내
용은 모르지만 통일을 대비한 국어사전의 편찬을 위해 준비하는 예산
이나 처리하는 과정은 보다 근본적일 필요가 있다. 그것은 단지 남북
한의 사전을 비교하고 종합하거나 혹은 연변교포나 해외교포의 언어생

활을 조사하는 차원으로 가능한 것이 아니다. 그보다 중요한 것은 제대로 만들어진 고어사전과 방언사전, 한문사전이며 이를 위해서는 각 개별연구소나 연구단체가 제각기 진행하는 여러 과제를 보다 거시적이고 종합적인 안목에서 체계적으로 수행해야 할 것이다. 독일의 그림형제가 시작한 독어사전이나 *O.E.D.*와 같은 사전을 만드는 것이 진정한 의미의 통일을 위한 사전이 될 것이다. 왜냐하면 우리는 자신의 문화 유산을 제대로 깅리하는 기회를 잊지 못했으며, 그것은 단순한 과기의 정리를 위한 것이 아니라 이를 통해서 진정한 의미의 통일을 이루는 미래의 대비이기 때문이다. 그리고 이런 본격적인 사전의 완성에는 반드시 한자어로 기록된 전통문화의 체계적 정리가 필요한 것이며, 그런 정리의 과정은 또한 우리 문화를 더욱 풍부하게 만듦에 틀림없다.『漢語大詞典』이 간행되고 있는 오늘날에는 그 명성의 빛이 다소 바래게 되었으나, 모로하시가 만든 『大漢和辭典』은 전세계의 동양학 연구자에게 엄청난 혜택을 주었다. 이는 누구도 부인할 수 없는 사실이다. 하지만 모로하시의 사전은 단지 전세계의 동양학도를 위한 사전 만은 아니다. 그것은 현대 일본어의 어휘를 풍요롭게 만들었고, 일본인들에게 동양의 전통과 자국의 유산을 올바로 이해하는 열쇠를 주었던 것이다. 한 나라의 문화에서 언어가 차지하는 비중을 생각하고 아울러 언어에서 어휘의 풍요함이 지니는 의미를 따져 본다면 이는 두말할 필요도 없다. 제대로 된 국어사전은 단순한 국어사전 만이 아니다. 그리고 우리의 제대로 된 국어사전은 한자문헌의 올바른 해독이 선행되지 않는한 百年河淸일 수밖에 없다.

더우기 우리에게는 후발주자의 이익이라는 것이 있다. 바로 다름아닌 컴퓨터의 위력이다. 지금까지의 사전은 수공업적인 처리과정을 거쳐서 완성되는 것이었고 따라서 장기간의 시간이 걸렸으며 일단 완성된 사전은 쉽사리 수정하거나 개정하기가 무척 힘들었다. 그러나 컴퓨터의 발달은 자료의 수집과 정리과정에 다대한 편의를 줄 뿐 아니라 수정과 개정도 용이하게 만들어 주고 있다. 하지만 여기서 중요한 것은 컴퓨터 자체가 사전을 만드는 것은 아니라는 사실이다. 문제는 컴퓨터를 이용하여 사전을 만들 수 있는 인력과 조직의 문제이지 컴퓨터 자체의 기술 수준이 아니다. 그럼에도 불구하고 우리는 흔히 정보화사회라고 말하면 컴퓨터의 전자공학적 기술 수준이나 소프트웨어의 개발만을 생각한다. 어떤 면에서 정보화사회라는 것은 컴퓨터 자체와는 무관하다고 할 수도 있다. 컴퓨터에 입력되거나 컴퓨터로 처리되어야 할 자료와 정보가 축적되고 정리되지 않는 한 컴퓨터는 어디까지나 깡통이며 고철이기 때문이다. 그럼에도 불구하고 전자공학이나 전산학으로만으로도 정보화사회가 가능하다는, 우리 사회에 만연되어 있는 이 황당한 신화의 기원은 어디에 있는 것일까? 동시에 통일에 대해서도 그 과정이나 절차 혹은 정치적 경제적 함의만을 생각하고, 닥쳐오는 그리고 이미 우리에게 다가온 정보화사회와 이를 연관시켜 언급하지 않는 태도는 또한 어떻게 가능한 것일까? 정보화사회에 대한 논자나 통일에 관한 연구자가 부족한 것이 문제가 아니다. 요는 이 정보화사회와 통일을 보다 더 큰 맥락과 의미 속에서 연결하고 보다 본질적인 차원으로 인식하는 거시적 틀의 부재가 문제인 것이다.

정보화사회는 슈퍼컴퓨터의 도입으로 해결되는 것이 아니다. 자신의 문화유산을 올바로 정리하고 계승하며 새롭게 해석하는 가운데, 자신에게 필요한 지식과 정보가 축적될 때 비로소 가능한 것이다. 누구나 자랑하는 우리의 고려대장경은 과연 어떤 목적으로 어떤 과정을 거쳐 완성되었는지 나로서는 정확히 모른다. 하지만 적어도 나는 그 의의는 이해할 수 있다. 팔만대장경의 완성을 통해 고려는 중세적 보편이념인 불교를 종합적이고 체계적으로 정리할 수 있었고, 이러한 정리과정은 이후 새로운 이념인 주자학이 조선문명에 수용될 수 있던 기반이 되었다. 문명의 거시적 틀이 바뀔 때 중요한 과제의 하나는 선행문명의 정리이다. 그것은 문명사의 보편적 전개양상이다. 그리고 그 정리과정은 종합적이고 체계적으로 수행될 수록 이후 보다 큰 힘을 발휘하게 되는 것이다. 『신수대장경』을 정리하고 『남전대장경』을 정리한 일본의 불교학계는 단순히 자체의 학술사업 만을 수행했던 것은 아니다. 그것은 동아시아와 나아가 인도를 포함한 동양 전체의 문화유산을 정리했던 것이고, 그런 과정은 서구문물을 수용하여 현재의 일본문명을 만든 초석이 되었던 것이다. 따라서 정보화사회를 맞이하는 조선문명의 과제 또한 문화유산의 정리와 축적이며, 이 과제는 결국 컴퓨터가 아니라 동아시아를 포함한 조선문명의 전통을 올바로 이해하는 인력을 양성하고 그런 인력을 조직화하는 과정에 의해서만 가능하다.

이미 앞에서 보았듯이 통일이란 그렇게 단순한 과정이 아니다. 서로 사랑하는 남녀가 결합하는 결혼도 많은 시간과 시련이 필요한 것이고 궁극적으로는 양자의 백년해로에 의해서만 완성되는 것이다. 하물며 몇 십년간의 상이한 이념과 체제 하에서 살아온 집단이 서로 결합하는 데에는 몇 백년의 시간도 결코 짧은 것이 아니다. 따라서 보다 장기적인 관점에서 통일을 대비해야 한다. 문제는 DJ아저씨가 고민하듯이 통일의 절차나 과정에 있는 것이 아니라 통일이후의 조선문명을 어떻게 건설할 것인가의 구상이며 왜 통일이 필요한 가에 대한 비젼이다. 그런 구상과 비젼이 없는 통일은 결국 그 자체에 분열을 내포할 수밖에 없고 과정과 절차 또한 졸속을 면치 못한다.

현재 우리 사회를 지배하는 슬로건은 국제화, 개방화, 세계화라는 것이다. 사실 이 삼자는 상호 밀접히 연관되어 있으면서 그 사이의 차이를 분별하기란 쉽지 않다. 그런데 중요한 것은 이 삼자의 차이와 연관을 따지거나 밝히는 작업이 아니다. 오히려 그것들이 과연 얼마나 타당한 지를 살피고 그런 논의가 과연 어떤 맥락에서 나오고 있는 것인지를 밝히는 것이 중요한 작업이다. 인간세의 슬로건이란 많은 경우 본질을 드러내고 선결 과제를 제시하기 보다는 오히려 본질을 은폐하고 선후를 전도시키는 역할을 할 뿐이다. 그리하여 보다 중요한 과제에서 눈길을 빼앗기게 만든다.

나는 현재 우리사회에 필요한 것은 국제화, 개방화, 세계화가 아니라 국내화, 지방화, 내실화라고 생각한다. 국제화보다는 국내화가, 개방화보다는 지방화가, 세계화보다는 내실화가 보다 중요하고 시급한 과제라는 말이다. 이 점을 보다 상술하고자 한다. 먼저 국제화, 개방화, 세계화는 우리가 중요한 과제라고 강조하지 않더라도 어쩔 수 없이 진행될 것이고, 사실 해방이후 혹은 적어도 60년대나 70년대 이후 우리사회의 진행과정은 바로 그런 방향이었다. 다만 이것은 맹목적이고 단기적인 방식으로 추진되었다는 점에서 문제가 없었던 것은 아니다. 따라서 중요한 것은 이를 새삼스레 강조하는 게 아니라 보다 장기적이고 거시적인 안목에서 이를 재검토하고 구체적으로 실행하는 것이다.

먼저 국제화라는 것을 살펴보자. 국제화라는 것도 궁극적으로 사람의 문제이다. 다시 말하면 국제적으로 사물을 생각하고 현실을 파악하는 사람, 다시 말해 국제인을 기른다는 것이다. 그런데 국제적이라는 말은 결국 국가와 국가 사이의 관계, 최소한 두 나라 사이 이상의 관계에서 벌어지는 사태이다. 문제는 우리가 어떤 문제이건 항상 이를 상태편의 입장에서 생각할 수 있어야 한다. 그런데 이런 상대편, 혹은 상대국가 나아가 상대국가의 문화를 이해하고 수용하기 위해서는 결국 자신의 특징을 알아야 할 것이다. 나 자신이 소속하는 국가의 특징이나 문화를 알지 못하고 과연 국가와 국가의 관계가 성립할 수 있는 것일까? 내가 남에게 줄 수 있는 것이 무엇이고, 내가 남에게서 받을 수 있는 것이 무엇인지 분명히 알 경우에만 비로소 진정한 의미의 관계가 성립된다. 그렇기 때문에 국제인을 만들기 위한 전제는 다름아닌 국적 있는 사람을 만드는 교육이다. 자기가 지닌 것에 자신이 있고, 자기의 개성은 궁극적으로 남과 다르다는 것을 알 때만 비로소 올바른 관계가 성립하고 공동의 협력이 가능하기 때문이다.

스캔달에 휩쓸렸지만 여전히 막강한 영향력과 인기를 누리고 있는 팝의 황제 마이클 잭슨. 오늘날 팝송은 이미 인류의 보편어가 되고 있다. 나는 어쨌거나 마이클 잭슨은 20세기의 대중문화에 있어서 획기적인 인물이라고 생각한다. 적어도 팝송(넓은 의미의)의 전개에서 보자면 빌리나. 그는 엘비스 프레슬리, 비틀즈의 뒤를 이어 팝송의 衣鉢을 전수하였고 그런 의미에서 팝송의 황제이며 교황이고 달라이라마이다. 그는 단순한 팝송 가수가 아니다. 물론 당대 최고의 연예인이기도 하지만, 그는 동시에 미국흑인의 우상이기도 하다. 현재 토크쇼의 사회자로 활약하면서 흑인여성의 지적인 면모를 과시하는 오프라 윈프리같은 경우, 그녀가 본격적으로 인정받게 된 계기는 바로 마이클 잭슨과의 인터뷰에 성공했기 때문이다. 그녀는 마이클 잭슨과 인터뷰에 성공했을 뿐 아니라 비밀에 싸인 그의 저택까지도 공개할 수 있는 행운을 얻었기 때문에 비로소 대중에게 실력을 인정받았으며 그 이후 오늘날과 같은 위치를 차지할 수 있다. 그녀의 이러한 행운이 바로 미국흑인의 위상을 고려한 마이클 잭슨의 배려임은 두말할 필요도 없다. 따라서 그는 인종과 국적을 초월한 애정을 받고 있을 뿐 아니라 가슴깊은 곳에서 우러나오는 존경을 미국의 흑인사회로부터 받고 있다. 그러기에 그는 세계적으로 자신이 원하는 어느 곳에서건 공연을 할 수 있었고, 그렇게 해왔던 것이다. 다만 다음의 두 곳을 빼고는. 그건 북조선과 남조선의 한반도 그리고 미국에게 눈앞의 가시인 카스트로의 쿠바이다.

다알고 있듯이 마이클 잭슨의 한국공연은 계속 말이 많았다. 그렇지만 결국 문체부는 신한국을 건설한다는 애국적 명분 아래 "노"라고 결정했었다. 나는 아마도 당시 마이클 잭슨이 아니라 마돈나가 한국공연을 요청했다면 "예스"라고 결정되었으리라 생각한다. 첫째로 마돈

나는 백인이고 마이클 잭슨은 무시해도 좋은 흑인이기 때문이다. 아직도 우리 사회에 남아있는 막연한 백인컴플렉스를 생각해 볼 때 불문가지의 일이다. 둘째로 마이클 잭슨의 공연에는 표를 구해달라는 마누라나 자식새끼들의 요청이 들어올 것이고 그 요청은 막을 수 없을 터이다. 얼마나 귀찮은 일이며 한심스러운 일인가. 하지만 마돈나의 공연을 허가하면 당연히 공짜티켓을 가지고 마돈나가 쩍쩍 들어올리는 허벅지를 자기 혼자서 구경할 기회가 생길 것이다(그런 야한 여자의 공연을 구경해선 안된다는 도덕적 명분을 독점할 수 있기 때문이다). 물론 이상의 발언이 나의 억측에 불과하기를 바란다. 내가 말하고자 하는 것은 신한국도 좋고 구한국도 좋으며 국제화, 개방화, 세계화도 좋지만 말로만 떠들지 말고 사고의 전환과 정책의 개선을 실행하라는 것이다. 마이클 잭슨 방한의 불허로 한때 미국교포들은 불안에 떨었다고 한다. "너희들 한국놈들은 미국에 와서 우리를 착취하더니, 이제는 우리의 우상이자 희망이신 마이클 잭슨님조차 감히 능멸하느냐! 어디 두고보자." 엘에이폭동이 교포들과 미국흑인사이의 오해와 갈등에서 비롯했다면, 앞으로 우리 정부의 무지와 몰상식으로 인해 재미교포와 미국흑인 사이에는 더 큰 고랑이 생길 것이다.

"轉禍爲福"이라는 말이 있다. 인생에서 불행이란 변장을 하고 나타난 행복인 경우가 많은 법이다. 나는 지금이라도 마이클 잭슨의 방한은 허용되어야 한다고 생각한다. 또한 그 공연은 단순히 마이클 잭슨이라는 뛰어난 한 팝송가수의 공연이 아니라 조선문명이 흑인문화의 세계를 이해하는 보다 더 큰 계기로 승화되어야 한다고 믿는다. 따라서 좀더 거시적인 안목으로 일을 진행할 필요가 있다. 마이클 잭슨 만이 아니라 다방면에 걸친 미국흑인의 지도자들도 함께 초정하고 미국흑인의 생활과 문화를 이해할 수 있는 전시회나 공연을 아울러 추진한다면, 뒤늦게라도 서로의 오해를 풀 수 있을 것이다. 흑인문화의 주간 또는 黃黑친선의 달을 선포해도 좋을 것이다. 물론 조선문명을 미국흑인에게 이해시킬 수 있는 전시회나 공연도 동시에 진행되어야 할 것이다. 현재 마이클 잭슨은 코카콜라와 펩시콜라 사이의 해묵은 전쟁 때문에 스캔들의 피해자가 되어 있다. 따라서 이런 제의와 행사는 그 자신으로 보아서도 새로운 희망의 계기가 될 수 있고, 한국과 미국(흑인)의 관계에서도 보다 고차원의 계기를 만들 수 있다고 생각한다. 이렇게 추진하는 과정에서 문체부는 다음과 같이 말할 수 있을 것이다. "디ᄃ 니괴의 딜괴 ᄋ리는 미이틸 ᄀᆨᄉᆫ이 딘순힌 일게 뀨ᄉᆊ 이니디 미국흑인의 상징이며 그 문화를 대변한다고 생각하였다. 따라서 당시 공연을 거절한 것은 다른 나라에서처럼 단순한 공연이 아니라 엘에이 사태와 같은 불행을 미연에 방지하는 계기로 만들고자 했기 때문이다. 다만 당시 정권이 바뀌는 과정에서 그런 일을 추진하기에는 너무 시간이 촉박하여 임시로 거부한 것이다. 그 때문에 본의아닌 오해와 갈등이 생긴 것은 일단 우리의 잘못이다. 이세 새로운 정권도 안정되었으니 당신의 방한을 단순한 공연이 아니라 미국흑인의 문화를 이해하는 계기로 삼고자 한다. 비록 시간이 걸리더라도 당신들 또한 여타의 공연과 다르게 그에 합당한 준비를 하고 우리도 그에 상응하는 대비를 하도록 하자." 적어도 이런 사고와 규모로 일을 추진하는 공무원은 우리 나라에 없는 것일까? 나는 국제화란 슬로건을 들을 때마다 마이클 잭슨의 공연을 연상하고, 동시에 문체부의 단견으로 생명의 위협을 느껴야 하는 재미교포의 불운을 생각하게 된다.

그런데 개방화란 도대체 무엇인가? 그건 닫아두었던 대문을 열어놓고 남에게 자신에게 공개한다는 말이 아닐까? 그런데 참으로 이상스러운 것은 우리 사회가 언제는 개방화가 안되었다는 건지 감을 잡지 못하겠다는 점이다. 실제로 60년대이후 또는 70년대 이후건 적어도 해외여행의 자유화가 실현된 이상 개방화라는 것은 우리 사회의 거스를 수 없는 흐름이다. 정책이나 국가의 목표란 사회의 주된 흐름을 거스를 수는 없다고 생각한다. 그러나 내버려두어도 흘러갈 주류에 대해서 새삼스레 떠드는 것은 그다지 도움이 되는 일은 아니다. 개방화보다는 지방화. 이것이 나의 모토이다. 올해는 한국방문의 해라고 한다. 개방화의 한 측면이라고 해도 좋을 것이다. 한편으로는 곧 서울이 정도 **600**년을 맞이하게 된다. 그러면서 개방화를 더욱 추진해야 한다는 목소리들이 곳곳에서 들리고 있다. 이런 이야기를 듣노라면 나는 우리나라가 아프리카 정글이나 남북극에 있는 건지 새삼스레 세계지도를 펼쳐놓고 보게 된다.

드디어, 우르과이라운드가 타결되었다. 뿐만 아니라 이제는 그린라운드라는 괴물(?)도 들어온다고 한다. 도처에서 개방화, 국제화를 소리높여 외치고 있다. 이와 관련해 두드러진 주장의 하나가 영어의 조기교육에 관한 것이다. 이렇게 말하는 이들도 있다. "싱가폴이나 필리핀을 가보니까 거기서는 영어를 4살 때부터 가르치더라. 우리도 서둘러 영어를 조기에 교육시켜야 한다. 그래야 국제경쟁력도 생기고 개방화와 국제화의 파도를 넘을 수 있다." 참으로 그럴 듯하고 근사한 말씀이다. 그러나 내가 보기에 이런 주장들은 개똥보다도 못한 참으로 피상적인 것이다. 개똥은 약으로라도 쓸 수 있으니까 말이다. 도대체 어째서 영어의 조기교육이 필요하다는 말인가? 싱가폴이나 필리핀처럼 온국민이 모두 영어를 잘 해야 하기 때문인가. 싱가폴이나 필리핀은 우리와 달리 통일된 국어, 표준어가 없다. 거기서 영어는 여러 공용어 중의 하나이다. 그럴 경우, 영어가 링구아라티나가 되어 버린 이상 대다수 사람은 좋건싫건 영어를 자신의 공용어로 택하게 된다. 이것이 바로 싱가폴이나 필리핀에서 영어를 조기에 교육하는 이유이다. 따라서 영어의 조기교육을 주장하기보다 차라리 영어의 공용화를 내세우는 것이 더욱 현명하고 효율적이며 현실적인 발상일 것이다. 일본의 경우 패전이후 미국의 한 주로 편입하고 국어를 영어로 바꾸자는 주장을 펼친 국회의원이 있었다고 한다. 우리에게 필요한 정치가는 차라리 그런 황당한 발상의 소유자여야 할 지도 모른다.

어떤 정책이건 지역적 특수성을 띨 수밖에 없고, 그 시대적 요구에 부응해야 하는 한계를 지닌다. 나는 내 딸에게 영어를 조기교육시키느니 漢字를 가르치고자 한다. 우리 말의 많은 어휘가 한자에서 유래하며, 더우기 영어를 통해 습득하게 되는 서구문물도 궁극적으로는 한자의 번역어로 습득할 수밖에 없기 때문이다. 동양학 만이 아니라 서양학의 올바른 수용과 이해를 위해서 한자와 한문의 지식이 필요하다는 말이다. 때문에 영어에 앞서 한국어를 올바로 교육시키는 것이 우리에게는 더욱 중요하다. 그리고 한국어를 올바로 교육시키고 전수하기 위해서는 한자의 조기교육이 또한 필요하다. 설사 영어교육이 중요하다고 해도 나는 결코 현재 강조되듯이 발음과 회화 만이 능사라고는 생각치 않는다. 정확한 발음과 회화의 능력이란 의사전달의 측면에서 필요조건이기는 하겠으나 충분조건이 되지는 못한다. 만일 전달하려는 내용이 없다면 그러한 능력이 도대체 왜 필요하겠는가? 외국어를 학습하는 이유는 여러가지가 있겠지만, 나는 상대방 문화의 이해, 정보의 수집, 선진 기술의 습득 그리고 자신의 의사를 올바로 전달하는 능력의 배양 등이 중요한 것이라고 생각한다. 나는 아직도 우리나라의 영어학습에서 중요한 목표는 회화능력의 배양이 아니라 독서를 통해 문화, 정보, 기술을 제대로 수용하고 이해하며 습득하는 것이 되어야 한다고 본다. 일본이 패전한 후 급속도로 경제성장을 하게 된 배경에는 여러 원인이 있겠지만 그중에 간과할 수 없는 것이 영어를 통한 선진문물의 수용이었다. 또한 일본의 영어학습은 주지하다시피 독해를 중심으로 하는 것이었다. 장기간 미국의 정보는 일본으로 유입되었지만, 일본의 것은 미국으로 역류되지 않았다. 마찬가지 상황이 한국과 일본 사이에서도 일어났고 지금도 일어나고 있다. 이런 점은 우리가 간과하기 쉽지만, 60년대 이후 한국의 경제성장에서 일본을 통한 선진지식과 문물의 습득이란 매우 중요한 변수였다고 생각한다. 아직까지도 그런 상황은 크게 변하지 않았다. 다시 한 번 말하지만 자신의 문화를 올바로 정립하지 못한 상황에서 국제화와 개방화란 똥장군을 지고 장에 따라가는 행위나 다름없다.

또 하나 개방화와 국제화의 외침에는 기묘한 오해가 숨어 있다. 60
년대 이후 한국경제는 대외의존적 혹은 대외지향적이었다. 달리 말하
면 기본적으로 개방화와 국제화의 노선을 취했다는 말이다. 조선민주
주의 인민공화국의 북한과 달리 적어도 대한민국의 남조선에서는 그러
했다. 또한 개방화와 국제화는 오늘날 우리가 당면하는 문제 만이 아
니다. 이미 말했듯이 삼국시대 아니 단군조선이래 한반도가 늘상 직면
해 왔던 문제일 것이다. 그것은 어느 문명, 어느 문화도 마찬가지다.
요는 우리의 지난 날 역사에서 개방화와 국제화가 어떻게 작용하였고,
그것이 오늘날 우리에게 무슨 의의를 지니는가 하는 점이 중요하다.
흔히 조선을 "은자의 나라"라고 부르는 습관이 서양인에게 유래되어
우리도 무의식적으로 이를 사용하곤 한다. 그런데 이 말은 도대체 어
떤 맥락을 지니고 있는 것일까? 그 말은 서구열강이 동아시아에 그의
제국주의적 침략의 마수를 뻗치는 과정에서 생겨난 표현에 불과하다.
조선은 아마존의 밀림에 있었던 것도 아니며 남북극 대륙에 위치하지
도 않았다. 어디까지나 "서양 오랑캐"(洋夷)의 무식이 만들어 낸 "은
자의 나라"라는 표현을 자랑스럽게 여기면서 우리 문화의 특징이자 조
선문명의 성격이라고 논의하는 작자들의 정신적 고국은 과연 어디일
까?

서양문명은 과학혁명, 산업혁명 등을 통해 세계사의 패권을 장악하
고 이를 제국주의적 침략과 식민지의 경영을 통해 비서구지역으로 전
파시켰다. 그런 과정에서 동아시아문명은 이른바 서구의 충격을 겪었
으며 이를 계기로 근대화의 길을 모색하였다. 이는 달리 말하면 서양
문명이라는 외래문화를 어떻게 수용하고 극복할 것인가라는 과제의 모
색이기도 했다. 그리하여 동아시아문명은 자신의 전통문화에 대해 대
체적으로는 부정적 관점에서 이를 극복하고자 하였으며 심지어는 서양

화를 근대화로 착각하기도 하였다. 그리하여 유구한 평화와 공영의 전통을 지닌 동아시아문명은 전쟁과 파괴의 소용돌이에 휘말리게 되었던 것이다. 또한 그러한 갈등과 충돌의 과거를 극복하지 못한 결과로서 남북의 분단이라는 과제가 오늘날까지 남아있다.

근대의 서구문명은 비록 한계와 약점을 지녔지만 그러나 인류의 보편적 가치를 자기 나름으로 구현하고 있음은 우리가 일단 긍정해야 할 것이다. 문제는 서구문명이 이미 더 이상 인류의 공존과 세계의 공영을 위한 진정한 가치나 보편적 원리가 될 수 없다는 사실에 있다.

선진적이고 근대적인 서구문화의 수용은 불교를 매개로 한 인도문명의 수용이후 동아시아문명이 다시 조우한 세계사적인 도전이었다. 또한 그 도전에 대응하는 양식은 각기 전통문화의 성격과 특징에 따라 달랐던 것이다. 중국의 경우 오늘날까지도 유구하고 무거운 전통의 중압을 끊임없이 검토하고 반성하고 있다. 그에 비해 일본은 명치유신이후 이른바 "脫亞入歐"라는 구호를 내걸고 본격적인 근대화를 추구하였으니, 그것은 서양화였으며 더우기 제국주의적 침략의 길이었다. 따라서 그들은 비록 이른바 "大東亞共榮"을 내세웠으나 그것은 어디까지나 제국주의적 야망의 수식에 불과하였던 것이다. 이에 비해 동아시아세계의 주변국가에 불과했던 일본의 제국주의와 식민주의를 통해 전통의 단절을 겪었던 한국문명은, 외래문화의 수용에서 또다른 양상을 보여왔다고 할 것이다. 이 서구문명의 수용과정을 올바로 이해하는 일은 현재 자본주의와 공산주의라는 서구문명의 이념적 차이에 의해 분단이 지속된 한국의 현대사를 이해하는데 새로운 관점을 부여할 것이다.

이렇게 우리가 대비해야 할 한국통일은 단순히 남북한의 물리적 공간적 재결합으로 끝나서는 안된다. 그것은 근현대이후 서구문명의 충격에 의한 서양화, 근대화라는 역사적 과정을 통해 우리가 겪어야 했던 전통문화의 상실과 굴절을 극복하여 새로운 문명의 대안을 제시하는 것이어야 한다. 그러한 문명의 새로운 패러다임은 자신의 고유성과 독자성 만을 주장하는 것이 되어서도 결코 아니 될 것이며, 또한 주체성을 상실한 채 기존의 서양문명이 지니는 한계와 오류를 그대로 답습하는 것이 되어서도 아니될 것이다.

우리의 한국통일은 이처럼 전통문화와 외래문화의 갈등을 극복하고 새로운 문명의 패러다임을 제시하는 것이어야 한다. 그러기 위해서는 먼저 이념과 체제의 차이를 넘어서서 비록 굴절과 왜곡의 과정을 겪었지만 아직까지도 남북한 양쪽에 오늘날까지 남아있는 전통문화의 기반을 올바로 이해하고 평가하는 일이 무엇보다 중요하다. 그런 뒤에 다시 이를 근거로 문화적 동질성을 회복하는 동시에 전통문화의 한계와 약점을 극복하는 방안을 모색해야 할 것이다. 그리하여 근대이후 몰주체적으로 수용해온 외래문화(서양문화)를 주체적 입장에서 재검토하고 재반성하여 전통문화의 토양 위에서 새로운 수용의 방식을 모색해야 할 것이다.

위에서 말한 과제는 단지 우리 한민족 만의 과제는 아니다. 그것은 근현대이후 동아시아세계라는 하나의 문명권이 겪어 왔던 역사적 과제이기도 하다. 그러므로 우리가 한국통일을 위해 삼국통일의 역사적 교훈을 오늘에 되살리고 이를 통해 새로운 문명의 대안을 모색하는 길은 한편으로 동아시아의 번영과 새로운 미래를 위한 모색이기도 하다.

이처럼 동아시아가 공존하고 공영할 수 있는 새로운 문명의 패러다임을 형성한다면 그것은 근현대 이후 서구문명의 일방적 패권과 독주에 의해 굴절되고 왜곡되었던 세계사의 흐름을 참다운 의미에서의 인류공존과 세계공영이라는 올바로 방향으로 나아가는 첫걸음이 될 수 있을 것이다. 앞으로 세계사는 근현대를 통해 그것이 전개되었던 양상과는 달리 각 문화권의 각각 개별적인 통합에 의해 구성되고 전개될 가능성이 매후 농후하다고 하겠다. 그것은 이른바 "EC"의 통합이라던가 혹은 이슬람 원리주의의 확산 등을 통해서도 우리가 짐작할 수 있는 바이다. 여기서 우리가 만일 동아시아문명의 유구한 평화와 공존이라는 역사적 경험을 오늘에 되살릴 수 있다면 이는 여러 문명권의 평화공존과 공동번영이라는 인류의 새로운 질서에 커다란 이바지를 할 수 있을 것이다. 그러한 새로운 질서의 모색과 창출이야말로 한국통일이 지니는 세계사적인 의미이며 인류사적인 과제이기도 하다.

지금까지 所說한 나의 이 小(品論)說은 물론 많은 가설과 추측 위에서 전개된 것이기는 하다. 그럼에도 불구하고 이를 정리하면 다음과 같다. 신라가 이룩한 삼국통일은 백제나 고구려와 달리 자신의 규모와 특성에 적절한 (문화적) 국가전략을 올바로 세워서 진행했기에 가능했으며, 그것은 단순히 한국사의 일회적 사건이 아니라 동아시아체제를 성립시키는 보다 더 큰 의의를 지닌 것이었다. 물론 그것은 본질적 한계를 지녔기에 결코 완전한 통합이 되지는 못하고 후삼국의 분열을 가져 왔다. 결론은 단순명백하고 간단명료하다. 다가올 한국통일은 단지 남북한의 통합이 아니라 새로운 동아시아체제를 형성하고 나아가 인류문명의 새로운 패러다임을 제시할 수 있어야 한다. 이를 위해 무엇보다 중요한 것은 우리의 전통과 과거를 재해석하고 재음미하는 과제(즉 문화적 국가전략)를 얼마나 제대로 수행하는가의 여부이다. 판도라의 상자에는 희망이 남아 있다고 한다. 그렇다면 이제 우리에게 남은 가능성이란 무엇인가? 문화는 무엇보다 교육을 통해 이루어진다. 그렇다! 우리에게 필요하고 시급한 것은 새로운 교육을 통해 새로운 인간을 만드는 것이다.

韓國의

統一에너지는

東아시아의

희망

쿠로즈미 마코토 지음

도올 김용옥 옮김

쿠로즈미 마코토교수는 한국의 일반독자들에게는 아마도 김용옥교수의 저술이나 강연을 통하여 제한된 범위에서 알려져 있을 것이다. 그는 1950년 히로시마에서 의사의 아들로 태어나 거기서 고등학교까지 마치고 동경대학 윤리학과에 입학하여 박사과정을 마칠 때까지 내내 윤리학과에서 수학하였다. 대학원 시절에 동대학 중국철학과에 유학중이었던 도올 김용옥을 만나 깊은 사상적 교분을 맺고 서로에게 심원한 영향을 주었다. 쿠로즈미교수는 일본사상사학의 거봉인 마루야마 마사오 이래의 신진세력을 대변하는 정예로운 학자로서 일본사상사 및 동아시아 사상에 관하여 폭넓은 관심과 영향력있는 활동을 활발히 전개하고 있다. 김용옥교수의 『삼국유사』강론에 초빙되어 최근 日本古代文化에 관하여 강연을 한 끝에 느낀 감회를 여기에 피력하였다. 민족감정을 초월하여 우리가 지니고 있는 많은 문제들을 보다 거시적인 문화사적 시각에서 객관적으로 생각케하는 깊은 내용을 많이 담고있다.   〈『신동아』에 실렸던 편집자 注〉

일본의 경제적 성공 ?

처음 만나는 한국인이 던지는 질문가운데 가장 흔한 것 중의 하나가, "일본이 경제적으로 성공한 비결은 무엇입니까?" 이런 것이다. 이런 질문을 내가 처음 받은 것은 약 10년전의 일로 기억하고 있다. 그이후 내가 접하는 한국인들로부터 이러한 질문의 빈도수가 높아졌다. 그러나 뒤에서 다시 언급하겠지만 이런 질문은 나에게 있어선 너무도 당혹스러운 것이었다. 그러나 이러한 질문의 현실성은 시간이 흘러감에 따라 무시해버릴 수 없는 것이 되고 말았다. 첫째, 한국사회 자체에 이러한 질문이 절박한 의미를 지닐만큼 어떤 질적 변화가 일어났기 때문이다. 그리고 두째로는, "일본인의 경제적 성공"이라는 이 한마디가 虛름이 아닌 확실한 리알리티를 지니게 되어, 이러한 질문을 속물들의 화제라고 치지도외해버릴수만 없는 어떤 사상적 현실을 나에게 강요해왔기 때문이다. 이 질문은 사태의 분석·비판은 물론, 그 참다운 의미에 관하여 본격적인 검증을 해보지않으면 아니되는 보편적 숙제를 우리에게 안겨주고 있기 때문이다. 이러한 숙제에 대한 나의 상념의 환기를 계기로, 한국·일본, 그리고 그 장래에 관하여 한번 같이 생각해보고자 한다.

---

1. 韓國의 變貌

한국사회에 있어서 "권력"의 의미

일찌기 군사독재정권시대에 있어서 모든 한국사람들의 관심은 오로지 그들의 삶을 직접적으로 지배하는 정치상황, 즉 권력의 귀추라는 문제에 쏠려있는 듯이 보였다. 다양한 사태가 결국은 권력이라는 문제로 수렴되고야마는 것이다. 권력에 찬성하든 반대하든, 결국 권력이야말로 사람들의 관심을 사로잡는 강박관념이었던 것이다. 이것은 단지 인식의 문제에 한정되는 것이 아니라, 실제로 한국이라는 政體를 사로잡고있는 내외의 구조가 그러한 것이었다. 나는 이국인이기 때문에 이 방인적 느낌을 토로하는 것에 그칠지는 모르지만, 평화스러운 서울이나 지방의 거리에서 갑자기 만나는 굳은 표정의 "군인"들의 모습만큼, 필경 이 사회를 제압하고 있는 것은 권력이구나!라는 느낌을 여실히 정당화시켜주는 것은 없었다. 이것은 한국사회내부자체에 국한되는 것이 아니다. 한국을 둘러싼 국제관계에 관해서도, "통일"을 방해하는 것은 국가간에 짜여진 다양한 권력의지의 음모의 결과라는 생각이 한국인을 떠날 수는 없는 것이다. 공산주의, 자본주의, 일본, 미국, 소련, 중공…… 이 모든 권력의지가 우리를 침해하고 우리의 통일을 방해한다는 생각은 결코 무리가 아니다. 조선반도에는 모든 역사적·사회적 사태나 문제의식이 "힘"이라는 것에 쏠려 있다. 마치 거대한 힘이라는 암석이 머리위에 매달려 있는 것과 같은 모습을 그릴때면 나는 가슴이 아퍼온다. 그 반대에 서있는 나의 삶의 공간 내부에는 모든 것이 애매하게 용해해버릴 뿐, 마치 권력이라는 것은 나의 삶과 전혀 무관한 것처럼 느껴지는 틀 속에서 나는 살아왔던 것이다.

권력이란 단지 정치세계만의 것은 아니다. 사회관계로서 구체화되어 나타나는 사태들이야말로 훨씬 더 뿌리깊은 것인지도 모른다. 김포공항에 내려, 물론 이방인의 눈이라는 어색함을 피할수 없겠지만, 금방 눈에 들어오는 것은 사람들의 권위중심적 행위방식이다.(이런말에 오해가 없기를 바란다.) 아랫사람이 윗사람에게 절을 하는 자세를 보면 무언가 애교면 자연스러움보다는 복종적 자세로 인사하는 것이 눈에

띈다. 그리고 그것을 받는 윗사람의 태도는 그것을 당연한 것처럼 무시하는 듯이 태도를 취하면서 매우 위엄서린 폼을 잡는다. 잘 모르는 사람들끼리 첫인사를 나눌때는 뭔가 미묘한 긴장감이 도는 가운데 아래위로 재다가 자기위치를 정한다. 연령, 학력, 지위, 재산, 또는 족보의 찬란함, 하여튼 여러 의미에서 권세라고 하는 것이 있어서 그것이 권위주의적 소용돌이를 형성하면서 사회를 지배하고 있는 것이다. 이러한 인간관계의 역학은 한국사회속에 들어와 버리게 되면 곧 길이들어 별 느낌이 없어져 버린다. 토오쿄오의 무명교수인 나는 한국에 오면 마치 사람들로부터 존경받는 훌륭한 위치에 놓여진 것같은 착각속에 사로잡혀 나도 "뭔가 실제로 가진 자"처럼 자부심을 느끼게 되는 경우가 있다고 한다면, 이러한 자유의 쾌적감은, 아마도 애들이던 어른이던, 일종의 절대적 萬能感을 자아내는 것일게다. 정말 민감한 사람이 아니면, 정말 일상적 권력이라는 것에 대해 섬세한 감각을 가지고 있지 않다면 이러한 상황에 대해 아무런 회의감도 느끼지 않을 것이다. 오히려 그러한 특권적 감각을 증폭시켜 만끽하고 싶다는 생각이 들 것이 아닌가? 그러나 그 반대의 정황에 놓인 사람의 감정의 세계를 엿들여다 보자! 권세를 쥐고 있지못하다는 굴욕감은 그 반대의 자존감과는 반비례해서 내적 울분으로 축적되어 갈 것이다. 그럼 그것을 피하는 길은 무엇인가? 제일 좋은 것은 자기 자신이 "그것"을 획득하는 길이다. 그것이 불가능하다면, 자신의 프라이드를 정당화할 수 있는 별종의 현실을 관념의 절대공간 속에 창조하지 않으면 안된다. 또는 현실과 자기를 소외시켜, 어떠한 권세나 파멸의 현실에도 아랑곳없다는 일종의 허무감각을 자신에게 침투시키지 않으면 안될 것이다.

유교적 미풍은 한국에 살아 있는가?

만약 이상과 같은 권력지향의 모든 느낌을 상·하의 사람들이 제각기 증폭시켜 나간다면, 이것은 그야말로 "유교적으로" 말해서, 天地가

不交하여 上下가 隔絶하는 否卦(☷☰, 비괘)의 형국이 아닐 것인가?(비괘를 보면 양효가 세개[건괘] 하늘의 자리에 있고, 음효가 세개[곤괘] 땅의 자리가 있다. 양이 하늘에 있고 음이 땅에 있으면 서로 교섭치 않기에 불길한 것이다. 반대로 양이 땅에 있고 음이 하늘에 있어서 서로를 지향하는 형국이 되면 조화롭고 길한 것이다. 이때는 만사가 형통하는 泰卦[☰☷]가 된다. 역자주.) 그럼에도 불구하고 이러한 "尊大와 服從"의 도덕을 많은 한국인들이 당연한 것으로 무감각하게 받아들이고 있는가하면, 그것에 그치는 것이 아니라, 그러한 사태를 더욱더 조장하고 정당화하는 것이야말로 "유교적 미풍"이라고 생각하는 사람들이 적지않은 것 같았다. 그러나 이런 사태는 道德이라든가 모랄이라는 아름다운 말로 수식되어야 할 것이 아니라, 오히려 권력·권위의 횡포라고 부르는 것이 보다 바른 표현이 아닐까?

단지 자기에게 권세를 휘감어가는 삶의 자세는 기껏해야 에고이즘(自己愛)에 지나지 않는다. 만약 이러한 사태가 이러한 맥락에서 반성이 될 수 없는 사회분위기라고 한다면, 에고이즘은 당연 "힘의 발휘"로서 정당화될 것이며, 또 그래야 되는 것이다, 자타가 다 같이 이러한 에고이즘을 허용하는 것이 좋은 것이다, 라고 생각하는 코드(code)가 무의식적으로 그 사회를 지배하게 될 것이다. 이러한 인식상의 승인이 과연 어디로부터 주어지고 있는가의 문제는 퍽 깊은 철학적 문제가 되고 만다. 우선 그러한 승인을 떠바치고 있는 적극적 구조로서 생각나는 것은, 권세에 의하여 얻어진 가치내용이 가족 또는 일족이라는 주위의 사람들에게 분배되어 공유되고 있다는 것이다. 道德의 세계에 있어서는 일반적으로, 가치가 타자에게 환원되는 것을 "愛" 혹은 "仁"이라고 부르는 것이며, 이는 좁은 의미에서의 이기주의를 뛰어넘는 행위로서 정당화되고 장려되는 것이다. 실제로 그러한 共餐·共有·分有에 의하여 타자로부터 따뜻한 반응을 얻게되고, 또 나의 행위가 타자에 대한 의무수행으로서 평가되어지면 질수록, 권위는 더욱더 정당한 것이 되는 것이다. 때로는 완전히 쓸데없이 보이는 격렬한 포트래치(potlatch:미국인디안 풍습으로 잔치때 재산을 나눠주는 의식. 역자주)가 그 사람이 "키마이가 좋다"는 것을 과시하는가 하면, 또 인간적으로 훌륭하게 보일 수 있는 것도, 거꾸로 쳐박힌 권력의 요구일 뿐이며 또 그러한 권력의 정당화의 양식인 것이다.

그러나 이러한 것이 정말 도덕의 정당화일까 하는 것은 좀 중대한 문제가 있다. 이런 말을 내가 하는 것은, 완벽하게 회의가 없이 확신을 품고 있는 한국인의 유교도덕정서나 관념의 실제적 기능방식을 관찰해 보면, 오로지 자기의 근친이나 綠者에게만 도덕이 쏟아지고 있는 경우가 대부분이라는데 있다. 한국인의 제사, 즉 祖先崇拜도 그러한 것이다. 족보의 위세를 강화하는 친족끼리의 강력한 단합은 아름다운 것으로 여겨지고 있다. 그렇지만 친지라는 것은 자기의 연장일 뿐이며, 실은 타자로 간주될 수 없다. 孟子가 말하는 仁은 자기자신의 생득적 공감을 전혀 모르는 타자에게까지 擴而充之(확충시켜) 해나가는 것이다. "仁愛"가 오로지 자기와 자기의 연장으로서의 친지에게만 적용된다면, 그것은 네포티즘(nepotism, 족벌주의)일 뿐이며, 광의에서의 에고이즘의 토톨로지(악순환)를 벗어날 수가 없는 것이다. 우리의 시선을 보다 확대시켜 본다면, 이는 역시 권세주의를 넘지못하고 있는 것이다. 친족내부에서의 共同·共有가 강화될 뿐이라면, 그것은 권세의 증폭장치일 뿐이며, 사회전체로서는 공연히 "隔絶"과 "不交"를 조장하게 되는 결과만 낳을 것이다.

분명 친지끼리의 힘의 공유는 기분좋은 것이다. 그러나 이렇게 기분좋은 힘의 享受를 과시하고 있을때, 그것을 모두가 적나라하게 바라보고 있을때, 그것에 참여할 수 없는 한국인 타자들의 심정은 과연 어떤 것일까? 무관계한 "그 사람들"에게 힘을 쉐어(share)해야 한다고 생각하지는 않는다할지라도, 최소한 그러한 힘을 과시해서는 안될 것이며, 될 수 있는대로 견제해야만 할 것이다. 이러한 나의 인상은 지금은 꽤 옅어졌다. 그러나 내가 받은 한국사회의 인상은 이러한 측면에서 매우 강렬한 것이었다.

한국의 변모

1987년 6월의 노태우선언을 기점으로 한국사회를 짓누르고 있던 거대한 바위덩어리가 밀려났다. 권력을 중심으로 상·하의 격절이 확대 재생산되어가기는 법행힌 ㄱ도기 붕괴되고, ㅗ의 양보, 즉 힘과 가치의 보다 넓은 분배의 현상이 사회표면에 드러나기 시작했다. 前대통령의 네포티즘이 적발되면서, 노동쟁의 빈발, 그리고 대학교수와 아카데미즘에 대한 존경의 감소, 다양한 국면에 있어서의 권위＝가치집중의 붕괴, 그리고 분배의 요구가 현저하게 生起하였다. 이와 동시에, 교육열은 한층 더 과격화되고, 富에 대한 치열한 요구, 도시생활의 혼란, 범죄의 급증, 사회적 혼란이나 무질서가 증대하여갔다. 나는, 몇몇의 사회문제를 걱정하는 한국인으로부터, "지금은 정말 개판이다,"라든가 심지어 "前정권, 혹은 그 앞의 시절이 훨씬 더 좋았다"라는 소리를 듣게 되었다.

나는 한국사회를 몸으로 체험하거나 분석해본 적이 없기때문에 現象의 진위나 의미에 관하여 내적평가나 실감을 말할 자격은 없다. 그러나 밖에서 한국사회를 쳐다보고있는 사람의 입장에서는, 정치가의 疑獄(독직으로 감금되는 사건)이나 노동쟁의, 그리고 교수권위의 실추도 "한심스러운"것이 아니라, 오히려 "감복할만한" 것이었다. 이것은 인간의 불행을 즐거워하는 심리도 아니며, 강건너 불을 편안히 바라보고 있는 즐거움도 아니며, 악의가 있는 것도 아니다. 내가 느낀 솔직한 인상은, 한국은 권력이나 권위의 직접적인 발휘에 의존치 않고서도 유지할 수 있는 나라구나! 그러한 권력을 부정하는 세력을 말살하지 않고 포용해온 훌륭한 역사를 지녔구나! 라는 감복의 느낌이었다.

"민주화"의 내실이라는 것은 그렇게 정치무대에서만 이루어지는 것은 아니다. 민주화라는 것은, 사회의 가치나 권력이, 보다 넓게 말하면 "정보"가 얼마큼 구석구석에 分配·分與되어, 공개와 참가가 보장되는 시스템이 형성되고 있는가에 달려 있는 것이다. 외면적으로 "한심스러운" 혼란을 조장하는 듯이 보이는 사건들은, 크게 본다면, 오히려 그러한 분배가 사회에 점점 구체적으로 뿌리를 내려가는 과정으로 이해되어야 하는 것이다. 그것은 한국사회의 성숙과 충실에 수반되는 다이내미즘의 표현이 아닐까? 그렇기 때문에 나는 그러한 사회적 혼란이 서울올림픽의 질서정연한 훌륭한 모습과 전혀 모순되지 않는다고 생각한다. 오히려 양자는 그 내면에 있어서 상보관계에 있다고 나는 느낀다. 만약 서울올림픽이 일사불란한 군사정권의 전제주의에 의하여 강요된 것이기만 하다면, 그렇게 파탄이 없이 멋있게 끝날 수 있었다는 기적적 사실을 포함해서, 그것은 하나의 거대한 造花에 불과한 것일 것이다. 얼어붙은 아름다움은 아름다울 수 없는 것이다. 한국사회에 유니크한 에네르기의 생동하는 표현이 넘쳐흐르는 측면들이 뒷받침하고 있었기 때문에만 올림픽은 아름다울 수 있었던 것이다.

내가 방금 "에네르기"라는 말을 썼지만, 최근 한국을 방문하는 누구든지 쉽게 느낄 수 있는 것은 바로 이 에네르기의 발출이다. 6·29사건의 의미도 오직 이 에네르기와 관련되는 것일 것이다. 내가 한국이 분명 "민주화"과정에 들어갔다고 말한 것은 노태우씨가 민주적인 대통령이냐 아니냐의 문제와 무관하다. 그러한 찬반의 논의와 무관하게, 한국사회의 변화를 일으킨 주체는 한국사회자체며 그곳에서 살아 움직이는 "사람들"이었다. 그들은 이전부터 축적되어온 지적·물질적·생활적 財(정보)가 사회적으로 넓게 깔리면서 생겨난 중간층, 사회성장과 더불어 증가한 부나 지식의 분여를 어느정도 향수하면서 성장한 중간적 주체며, 이를 한국적 맥락에서 "市民"이라고 불러도 좋을 것이다. 그들은 정치가도 아니며, 정치의 전위로서의 학생도 아니며, 프로레타리아도 아니다. 그러한 그들이 정치적 혁명으로 간주될 수 없는 "사회혁명"을 일으킨 것이며, 지금도 일으키고 있는 중이다.

정치교체가 있었는가 없었는가? 정권의 정체는 과연 어디에 있는가? 등의 질문으로서는 이미 현대사회의 문제는 해결될 수가 없다. 그러한 광대놀음과는 무관한 차원으로 문제가 이행한 것이다. 현대사회를 단지 권력이라는 붉으로 수ㅁ하려한 때, 일단 첨예한 선단이 극(劇)은 그릴 수 있을지 모르지만, 그 實, 그 참의 상황은 잃어버리고 만다. 문제는 이미, 직접정권의 동향에 있다고 생각되기 보다는, 분산화된 체계인 사회구조의 측면에 있는 것이다. 이러한 것이 참실재인 사회의 모습을 종래의 정치론처럼, 권력교체의 드라마로서 묘사하거나, 오로지 "권력의 정당성"을 둘러싼 이념의 싸움으로서 파악하는 것은 크게 잘못된 것이다. 따라서 "전략"이라고 하는 참다운 의미도, 이미, 전쟁에 있는 것도 아니며, 권력투쟁에 있는 것도 아니다. 오히려, 지금은 진정한 實在가 되어버린 사회조직의 적절한 운영이 어떻게 이루어져야 하는가? 그 경영(management)과 참가(participation)의 구체적 모습이야말로 참다운 문제인 것이다. 정치라는 것은 그것에 관련되는 중요장치의 하나일 뿐인 것이다.

새로운 세계

이렇게 "눈에 보이지 않는" 사회변혁과정은, 전술한 바대로, 한국의 사람들에 의한 지적·물질적 財(정보)의 거대한 축적과 보편화의 노력에 의하여 이루어진 것이다. 글로우발하게 본다면, 그것은 세계의 정보화, 경제화의 확산, 다시 말해서 전자기술에 의한 새로운 언어정보수단의 개발에 기초한 지구규모의 새로운 가치정보의 생산·유통·사회화의 형성운동과 맞물려 돌아가고 있는 것이다. 그것은 또 군비확장·냉전구조라는 권력장치를 평가절하시켜, 쓸데없는 소비로서 간주하고 있다. 이와같이 인류역사의 문제의 핵심이 정치적 권력으로부터 경제적 생산유통으로 이행하였을때, 이 글의 앞에서 말한 "경제적 성공"이라는 물음이 현실성을 지니는 것으로 상승하지 않을 수 없다.

그러나 이와같이 권력장치의 중요성이 절하되고 그 아래있던 제부분들이 움직여 부상하기 시작했을때, 생겨나는 문제들은 반드시 축복스러운 일들만은 아니다. 상위의 권력에 의한 제약이 벗겨져 버리면, 그 시스템이 지니고 있었던 안정이 상실되고, 아나키적인 무질서상태가 생겨난다. 판도라상자를 열면, 작고 더 질나쁜 악마들이 수없이 튀쳐나온다. 냉전구조의 붕괴는, 동구의 벽을 무너뜨렸지만 동시에 지역과 민족을 둘러싼 정당하면서 또 비참한 문제들을 불러일으켰던 것이다. 폐만전쟁이 일어나 수만인의 죄없는 인간이 죽고 파괴가 자행되어야만 했던 것도 실은 미국과 소련의 위신의 저하에 의한 아나키상태와 무관한 것은 아닐 것이다. 저명한 사회인류학자 바하오펜(1815~1887)은 백년전이나 앞서, 민족주의(내셔날리즘)와 민주화에 반대하여, "그것은 우리를 야만으로 역전시킬 것이며, 인간을 비참하게 만들 것이다. 그것이 나는 걱정스럽다"라고 회술하고 있다(『자서전』에서). 현재 중국은, 남미의 게릴라를 빼놓고는 세계 어느나라 사람도 신봉하지 않을 맑스주의를 여전히 목소리 드높은 도덕적 간판으로 내걸고, 거대한 권력구조를 집중시켜놓고 있는 채, 개방정책을 취하려하고 있다. 확실히 경기는 소련만큼은 나쁘지 않지만, 그 실내용이란, 구래의 도덕이 이미 붕괴해버린 상태며, 사회는 이미 "我欲(이기적 환락)의 巷(거리)"일 뿐이라고 중국인친구들은 말한다. 새로운 시스템이 정착되지 않을 경우, 아마 중국인민들은 더 고통스럽게 될지도 모른다. 권력의 독점은 결국 폐지되겠지만, 새로운 협조체제란 발견되지 않는다. 혼란속에서 모두가 같이 쓰러지고 말 비참한 상황도 생각해봄직하다. 인간의 다양한 삶이 진정 서로 충실하게 운영되는 참다운 사회적 통합을 뿌리내리게 하는 일은 "새로운 세계"의 가장 곤란한 과제인 것이다.

한국이 직면하고 있는 것은 무엇인가? 국내적으로 "한심스러운" 혼란에 떨고 있다고 진단들하지만, 그 현황은 분명 중국이나 러시아·동구와는 전혀 틀리다. 나의 눈에는 있어야만 할 변화가 어김없이 힘차게 일어나가고 있다고 보여지는 것이다.

본고가 게재될 즈음, 남북은 유엔에 가입할 것이다. 아무리 비판적 눈을 가진 자라 할지라도, 서울의 거리한구석에서 지나간 역사를 회고해보면서, 열심히 살려고 발버둥치는 사람들의 삶의 모습과 자신에 넘친 표정을 만나게 될때, 반드시 강렬한 감회를 느끼지 않을 수 없을 것이다. 그 알찬 에네르기의 구석에 있는 것이야말로, 지금 한국에 드러나고있는 차이트가이스트(時代精神)이다. 그러한 시대정신이야말로 조선의 사람들을, 주변의 중국, 러시아, 일본의 사람들과 함께 묶어나갈 수 있는 힘이라고 나는 생각한다.

한국을 중심으로 한 현재와 장래를 말하기 전에, 일본의 문제를 말해보자. 일본문제를 좀 생각해보는 것은 한국문제를 생각할 때 좋은 대비가 될 것이며, 또한 일본과 한국의 장래가 따로따로 노는 것이 결코 아니기 때문이다.

---

2. 日本社會의 構造

일본인의 빈곤

현재의 일본이 기술과 자본의 형성, 경제와 사회의 운영에 있어서 어느정도 성공하고 있다는 것은 움직일 수 없는 사실이다. 그러나, 일본을 방문한 외국인은 일본인의 생활이 의외로 "빈곤하다"는 사실에 눈을 뜨게된다. 화려한 길거리를 걸으며 쇼윈도우를 보게되면 별로 그렇지도 않다고 생각할지 모르지만, 한번 그들이 사는 집을 방문해보면, 그 스페이스의 협애함과 구질구질한 세간집기랑, 물품들의 다랍고 째째한 형편에 놀래자빠질 것이다. 거대한 기업의 간부집이나 고급관리의 집을 가봐도 대강 그러할 뿐이다. 국립대학교수의 월급은 말도안되는 수준이며, 자동차조차 가지고 있지 못한 교수가 아마도 대부분일 것이다. 사실의 중소기업의 사장층이나 투기업종의 사업자들이야말로 일본에서는 알짜배기 돈을 가지고 있는 사람들이지만, 그들은 대강 "벼락부자"라는 딱지때문에 경멸시되고 있다. 존경받는 안정된 사회조직속에서 사는 중·상층의 사람들의 경우, 그들의 개인생활이란, 좀 생각키어려울 정도로 質素하며 어떤때는 좀 애처로운 상태에서 개선없이 지낸다.

이러한 생활의 빈곤때문에 일본인은 개인생활을 엔죠이하는 사람의 대열에 끼지도 못하고, 외국인들로부터 "사람을 대접할 줄 모르는 놈"들이라는 비난을 받으며, 때로는 일본의 희비극으로 조롱되기도 한다. 본고의 앞머리에서 나는 "일본인의 경제적 성공"이라는 말에 매우 당혹감을 느꼈다고 말했으나, 그것은 경제적 성공이라는 실감이 개인적 삶속에서는 거의 발견될 수가 없기 때문에, 사회전체의 모습이 개인의 자기인식과 연결될 수가 없었기 때문이다. 요 몇년 사이로, "돈이 있는 곳에는 정말 돈이 있구나"라는 사회적 사실이 확실히 인식되는 사건들이 터지면서, 그러한 인식과 비례하여 빈약한 개인의 입장에서 점차 불만이 높아지게 되었다. 그렇지만, "일본은 부자나라다"라고 하는 일반의식과 개인의 실감사이에는 여전히 거대한 갭이 있다.

그렇다면 "있는 것"은 어디에 있는가? 일반적으로 말한다면, 그것은 "기업＝회사"에 있다. 다시 말해서, 일본인은 부를 자기자신이 소유하거나 소비하거나 하지않고, 소속하는 "전체"에 축적하는 것이다. 일본인은 일반적으로 저축성향이 현저하지만, 이 경우, 축적되는 전체로서의 대상은 "家"(이에 : 일본적 의미의 "이에"는 우리의 "집"과 다르다. 반드시 혈연공동체가 아니다. 역주)다. 현대일본사회의 회사라는 것은 사실 알고보면 과거의 "이에"가 대형화된 것이다. 사원가족의 복리후생을 포함한 복지시설주질으로서 이에化된 것이며, 종 신고용되는 깅 사원이 된다는 것은, 장기의 신용과 보증을 포함한 운명공동체로 들어간다는 섭리를 의미한다. 그러기 때문에 현대에 있어선, 나의 운명에 있어서 중요한 것은 자기의 집보다는 회사라는 객체인 것이다. 회사를 먼저 충실하게 만드는 것이, 결과적으로 집과 개인을 풍요롭게 만드는 것이다.

전체와 개체(부분)의 상관관계(텐션)가 의식되지 않고있는 것은 아니다. 전체가 풍요로와짐에따라 개인의 소득이 늘 것이며, 그러한 것을 개인은 희망한다. 물론, 전체가 풍요로와짐에도 불구하고 그 부가 개인에게 돌아오지 않는다면 불만은 있을 것이다. 그러나 그럼에도 불구하고 종래의 많은 일본인은 "자신의 현상황에 대해 될 수 있는대로 불만을 품지말고 일할 것"이라는 금욕의 윤리를 수세기에 걸쳐 끈질기게 배워왔고, 또 그것을 그대로 실행하여 왔다.

儉約과 奉仕의 道德

일본인의 도덕이 국민적 규모로서 가르쳐지고 정착되게 된 것은 에도시대(江戶時代, 1603~1868)였다. 그때부터 일본인은 귀에 듣기 싫을 정도로 "호오코오"(奉公), "켄야쿠"(儉約), "츄우신"(忠信)과 같은 덕목의 말들을 들어왔다. 정치를 담당한 것은 무력적·정치적 통합력에 의하여 권력을 쥐게 된 武士(칼재비)들이었지만, 보기 드물게 태평기였던(전쟁이 없었고 대체로 풍요) 에도시대에는, 초기를 지나면서 전투행위와 같은 것은 다시 있을 수가 없었다. 그러므로 칼재비였던 그들은 그들의 남아돌아가는 힘을 사회조직의 긴밀한 통합성을 제고시키는 일에, 먼저 치안, 그리고 생산력의 향상에 돌리게 되었다. 흥미진진한 사실은 그들이 궁극적으로 강조한 삶의 방식이 타자에의 배려였으며, 더 상위의 전체자에게 순종하고 헌신하는 "호오코오"의 도덕이었다.(이 奉公의 도덕은 이념적으로 천황제와 관련이 있다. 역자주.) 그들이 결코 주체적이 아닌 것은 아니었지만 그들의 권력은 오로지 타자와 전체에의 恭順을 통하여만 실현된다고 믿었던 것이다.

원래 무사의 실력주의의 토양에서 형성되어온 에도사회에는 일종의 業績主義·生産力主義가 신성시되었다. 다이쿠(목수), 사칸(미쟁이), 이타마에(요리사)와 같이 솜씨좋은 職人이나 능력있는 게이닌(藝人: 엔게키[演劇,] 라쿠고[落語], 만자이[漫才]등을 하는 사람, 역자주)이 귀하게 여겨졌다. 상인에 대한 경멸감은 비교적 적었으며, 장사를 잘하고 있는 오래된 점포(老舗)는 존경을 받게 되었다. 이런 중에, 프라이드를 지니게된 마을의 쵸오닌(町人, 상인)들은 자기행위를 도덕적으로 정당화시켜 줄 수 있는 사상을 품게된다. 예를 들면 상인도덕을 대변하는 이시다 바이간(石田梅岩, 1685~1744)은 검약을 통한 상업행위나 축재가 天地人의 은혜에 보답하는 길이며, 세상을 위해 사람을 위해 천지를 위해 봉사하는 길이다 라고 말하고 있다. 이러한 사상은 에도유자들에게서 너무도 흔하게 발견되는 것이다. 萬物의 있고없음을 유통시켜 검약한다면, 그것은 간접적으로 인간과 천지의 財를 낭비하는 것이 아니라 증식시키는 것이다. 자기자신이 성실하게 일에 임하는 것은 하늘아래 자기에게 주어진 증식의 "分"을 다하는 것이라고 생각한다. "나도 서고 남도 선다"(己れも立ち, 人も立つ), 이것은 바이간의 유명한 말이다. 이러한 윤리는 자기개인행위 자체에만 적용되는 것이 아니라, 자기의 신분을 전제로한 더 큰 전체들간의 分業과 協調를 적극적으로 강조하고, 그러한 세계의 구조속에서 자기삶의 보람을 찾게되는데까지 나아가는 것이다. 이러한 윤리를 매개로 하여 권력으로

부터 분리된 에도의 상인들은 결국 경제적 실력을 증대시키고 드디어는 무사계급을 압도하는데로 나아가게 되었다.

이상과 같이, 부시(武士)든지 쵸오닌(町人)이든지를 막론하고, 에도시대에 정착한 일본적 도덕은 일반적으로, 자기를 전체나 타자에 대한 分肢로서 인식하고, 전체나 타자에 대한 "호오시"(奉仕 : "봉사"란 말은 원래 조선말이나 중국말에 없었던 일본특유의 말인데 일제시대때 우리나라때 건너온 것이다. 역자주)를 설교한 점에 그 특징이 있다. 商家는 언뜻 보기에 매우 소극적인 듯이 보이는 행위윤리에 의하여 결과적으로 사회에서 매우 큰 존재력을 획득하게 된 것이다. 여기서 우리가 놓칠수 없는 것은 메이지이후의 "코쿠민콧카"(國民國家, nation state: 일본역사에서는 특수한 의미를 지니는 용어임. 역자주)의 형성과 더불어, 이러한 "分"의 "호오시"(奉仕)체계가 통합되어, 일본사회전체가 일종의 타자중심적·전체중심적 "總隨順시스템"으로 되었다는 사실이다. 어느 레벨의 개인(부분)에 있어서도 자기의 실현을 오로지 타자·전체를 통하여 이룩하려고 하는 것이다. "동정할 줄 알아라"(思いやりをもて), "남에게 친절하게 해라"(人に親切にしなさい), "남에게 폐끼치지 말어라"(人に迷惑はかけるな), "윗사람에게 공손해라"(上の人に從いなさい)라는 에도의 일반도덕은, 지금까지 우리중년이상의 일본인이라면 귀가 아프도록 들어온 말들인 것이다.

隨順시스템의 기능방식

이러한 수순체계를 사회인류학자인 나카에 찌에(中根千枝, 동경대의 여자교수, 역자주)는 "타테사회"(종적사회)라고 이름지었다(『タテ社會の人間關係』). 이것은 틀린 말은 아니지만, 너무 상하관계가 엄격하다는 의미로 오해를 불러일으킬 소지가 있다. 예를 들어보자! 일본회사의 어느 부서에 전화를 걸었다.

"부장인 야마시타씨가 계십니까?"(部長の山下さんはいらっしゃいますか?) 이때 예의를 갖춘 제대로 된 회사라면 대답은 이렇게 나온다.

"야마시타는 지금 없읍니다. 이쪽에서 나중에 전화를 드리게 하겠읍니다."(山下は今留守でございます。こちらから後で電話させます。)

윗사람의 이름에서 반드시 존칭을 빼버리며, 그 부장이 상대방을 위하여 봉사하는 사람인냥 꼭 이야기를 한다. 평사원이나 茶를 따르는 아가씨도 지고한 회장의 일을 남에게 말할때는 그렇게 말한다(아마 외국인에게는 그 뉴앙스가 금방 전달안될지도 모르지만, 하여튼 기묘한 느낌이 날 것이다). 이것은 社外라는 타자·전체에 대하여, 그 회사가 한 개체로서 그 밖의 세계의 分肢化되어, 그것에 "호오시"한다는 자세를 취한다는 뜻이 되는 것이다. 사내의 상하관계는, 밖에 대해서는 절대성을 지니지 못하고 상대화되며, 결코 회사의 테리토리(영역)를 벗어나는 일은 없다는 것을 뜻한다. 단지, 관청에 가면 좀 느낌이 다르다. 그래서 "관리놈들은 항상 거드럭거린다"라고 반발하게 되는 원인이 될적도 있다. 또한, 그러한 써어비즈를 위하여 한동아리가 되지 못한 회사는, 대략 내부의 사기가 낮고 분열되어 있어, 권위주의와 사보타쥬가 만연하여 일에대한 책임감이 떨어지고 지리하게되는 경우가 많다. 이에 비하면 앞서 말한 그런 집단은 그러한 봉사정신때문에 호감을 얻게되고 사회적으로 열심히 봉사하는 훌륭한 회사라고 존경을 얻게되어 품위높은 社格을 보장받게 되어, 실제적으로도 일이라는 객관적 사태를 위해 일체가 되어 모든 사람의 기가 형통하게되어 레벨이 높아지게 되는 것이다.

개인의 경우에도 이와 비슷한 역학이 기능한다. 일본인의 인간관계는, 능력을 과시함으로써 곧 자신의 소득을 챙기는 인간은 "호오시"에 열심이 아니라고 해서 존경되지 않으며, 오히려, 조그만 자기의 영역에서 이해관계와 무관하게 순수한 실력만을 발휘하는 인간형을 존경하는 성향이 있다. 또한 상위나 레벨이 높은 사람의 경우, 자기자신의 개인의 일보다는 항상 넓은 전체를 생각하고, "일"을 위하여 자신을 헌신한다. 그러기 때문에 그는 댓가나 보수는 차라리 받지않는다는 일종의 "노블레스 오브리지"(noblesse oblige, 고귀한 신분에 상응하는 도덕상의 의무, 역자주)의 심리를 갖게 된다. 그리고 실제로도 그러한 심리를 가신 인물이 일에 열심일 뿐만 아니라 능력도 있는 경우가 대부분이다(일본인의 노블레스 오브리지는 상위의 사람이라고 키마이좋게 돈을 뿌리는 것이 아니라, 상위의 사람일수록 검약하고 일하는 것이다). 그렇게하여, 보다 큰 전체를 위하여 일하며 솔선해서 봉사하며, 청빈이나 곤욕을 과감히 감내하고 살아가는 상위자일수록 하위자로부터 존경을 받으며, 그에게 순종하는 마음이 일어나며, 따라서 전체의 사기와 통합성이 높아진다. 그러한 집단이야말로 내부가 잘 통합된다.

이와같이, 개인(부분)은 모두 노동과 축적을 향해서 삶의 방향이 결정지워지고 있다. 그리고 그 자신은 자신의 움직임을 자기자신을 위한 것이라고 생각치 않고, 먼저 전체를 위하여·타인을 위하여·일 그자체를 위한 것이라고 생각한다. 그 일의 결과도 자기자신에게 직접 수확되어지는 것이 아니라 축적된 전체로부터 받는 分與로서 소득을 향수하는 것이다. 이러한 隨順(따라서 순종함)의 태도가 어느 구석에든지 철저히 스며들어있다는 의미에서 일본은 "타테사회"인 것이다. 나카네 찌에도, 자신의 도식이 종적인 전제주의나 권력주의로서 잘못 오해될 소지가 있으나 그러한 것이 아니라고 변해하고 있다. 이러한 현대일본의 총수순사회는(실제적으로 이런 사회의 모습을 이방인들은 상상하기조차 어렵다) 그 내부에서는 행위가 타자나 일자체에의 봉사로서 자발적으로 이루어지기 때문에, 밖으로부터의 명령이라는 것이 확실히 인식될 수가 없기때문에, 권력·권위가 정말 어디에 있는지, 마치 정말 없는 것처럼, 모든 사회는 움직인다. 좀 모순된 말투이지만,

일본사회의 사람들은 **"자주적으로** 타인과 일에 대하여 **합동하여"** 움직이고 있는 것이다. 이렇게 말한다고해서, 이러한 충순종의 행위가 단지 무전제로 이루어진다고 말할 수는 없다. 일본인이 옛부터 입에 잘 담는 속담에 "정은 남주는 것이 아니다"(情は人のためならず)라는 말이 있다. 이것은 남을 위한 친절이 결국은 자기자신을 위한 것이다라는 의미의 속담인 것이다. 다시 말해서 일본인의 타자·전체중심주의는, 완전히 일방적인 헌신으로서 행하여지는 것이 아니라, 그렇게 하는 것이 결국 자기자신을 위해서 나쁘지않다, 언젠가 무엇인가 돌아온다, 라는 막연한 감각을 배후에 가지고 있는 것이다. 환언하면, 그 배후에는 자신의 주변세계에 대한 막연한 신뢰감·일체성의 감각이 있다. 무의식적인 신뢰감·기대감·안심감이 항상 있어, 없어질 수 없다는 생각이 있기때문에 더욱 그러한 행위는 반복될 수 있는 것이다. 그래서 그 행위가 역으로 또한 사회적 신뢰감·일체감을 증식시킨다. 이러한 상승작용에 의하여 사회가 통합의 도를 높여간 것이 바로 일본사회의 시스템이다. 일본인이 행한 전체에의 축재는 그러한 신뢰감·일체감의 담보며, 축적된 이데올로기의 자본인 것이다. 그러한 자본을 모두가 서로 증식시키는 과정을 통해, 일본사회는 분열과 혼돈을 회피하고, 사회전체의 통합성을 높이고, 일의 훈련·연대·효율화, 의지나 정보의 합의, 부의 분배등의 도수를 높여갈 수 있었던 것이다.

日本社會의 문제점

이러한 신뢰성 즉 행위의 상호적 기대치를 암암리에 높여 두텁게 일반화시키는 사회는, 전술한 바와같이, 그 내부에 들어가 일견해 보면 확실히 드러나는 권력자의 모습은 보이지 않는다. 볼프렌은 『日本—권력구조의 수수께끼』(Karel van Waolferen, *The Enigma of Japanese Power : people and politics in a stateless nation*, Papermac, 1990)라는 최근의 저서에서 이러한 사회를 "시스템"이라고 부르고,

그러한 아메바적 구조, 그 자체가 내부 및 외부에 대하여 눈에 보이지 않는 매우 강력한 권력구조로서 작동하고 있다고 논지를 세우고 있다. 그 立論은 꽤 설득력이 있다. 그러나 문제는 그러한 사정이 일본인 자신에게는 자각되지않고 있다는 것이다. 타자와 일에 恭順하는 윤리에 몸을 던져, 그 "시스템"에 있어서의 자기의 "分"(몫)속에 완전히 빠져들어가 있는 개개의 일본인은, 전체구조와의 사이에 언제나 거대한 손재본적·인식론적 갭을 느끼고 있기 때문이다. 자기에게 소여된 현재, 즉 주어진 자기의 일에 대하여 아무런 이유없이 무심 無私하게 몰두하는 일본인은 자기가 섬기는 전체성 그 자체를 인식할 수는 없다. 그는 오로지 자기가 소속해 있는 집단보다 더 큰 외부의 전체에 대하여 종속되고 있다는 것만을 알고 있을 뿐이다. 그것은 마치 균질적으로 분포되어 있는 클론(유전공학에서 말하는 개념. 하나의 개체에서 여러 동일개체를 無性적으로 만들어낸다, 역자주)과도 같은 일본인 일반이라는 전체상까지는 미친다. 그러나 상상력은 바로 여기서 스톱한다. 그에게는 일본이라고하는 전체 그 자체의 상을 보는 것은 너무도 어렵다. 그렇다면, 근대일본이라고하는 "시스템"은 내부의 분열과 대립을 극복하여 지극히 긴밀한 사회통합을 실현했지만, 그 일본인의 고밀도시스템 그자체는 실은, 서구근대라고 하는 先立한 세계가 부여해주는 설정에 완전히 의존하여, 자기와 자기의 행위를 정당화해왔기 때문이다. 그 시스템은 고도로 주체적인 것처럼 보여도 실은 완전히 타율적 존재인 것이다. 戰前, 일본이 제국주의 열강의 대오에 낄려고 했으며, 그후 전후에는 아메리카의 우산속에 안주하려고 했을 때까지만 해도 그러한 실태는 전혀 의식에 부상하지도 않았다. 그러나 요즈음 수십년래로, 미국이 "아버님"으로서의 모습을 보일 수 없게되자, 그러한 외적 콤플렉스가 없어진 곳에서 일본자신의 자화상을 그려볼려고 하니깐, 그러한 문제가 점점 확실하게 되었다.

일본인은 개인적으로는 힘을 가지고 있지 않으며, 전체라고하는 힘에 의존하는 分肢에 지나지 않는다고 하는 자기입장을 취하지만, 그러한 때묻지 않은 외관은 때로 매우 중대한 문제를 잉태하고 있는 것이다.

먼저 그들자신의 입장에서 이야기해도, 그들은 시스템의 노예이지 않은가? 모든 사람이 자기를 억제하고 사양하는 봉사의 태도를 취하여 일체성을 고양시키려고 하고 있는 사회는, 성장발전이라는 측면에서는 좋을 수 있지만, 인간학의 여러측면에서 그것은 기대와 다른 결과를 낳을 수 있다. "튀쳐 나는 못은 두드려박아라"(出る釘は打たれる)라는 속담이 있듯이 개개의 독립적 성장을 모두가 서로 견제하고, 일체화를 위하여 발을 묶어버려 인간의 성장이 퇴화되는 경우가 많다. 권력은 없는것 같이 보이지만, 실은 汎化되어있어, 눈에 보이지 않는 작은 쌩션(금기)으로 삶에 침투하여 있는 세계에 그들은 살고 있는 것이다. 노벨生化學상을 받은 토네가와 스스무(利根川進)는 "일본사회에 있으면 주변에 오목조목 신경쓰고있는 사이에 성장이 멈추고, 발상이 위축되고 만다. 일본이라는 공간은 공동연구나 팀웍에는 적합한 곳이지만 개인적 독창성은 거기서 생겨나지 않는다"라고 설파한다. 지금 일본에서도 흔히 논의는 되고 있지만 일본과 같은 사이비균질사회에서는 개개인이 얼마나 자립하여 자기의 개성을 발휘할 수 있는가 하는 것은 정말 중대한 문제에 속하는 것이다.

그러나 더 중대한 문제는 윤리적인데 있다. 전체 혹은 타자의 분지로서만 존립하는 타율적 인간은 윤리적으로 부족한 인간이 될 수밖에 없다. 극단적 얘기지만, 상위의 전체로부터 살인을 명령받았다고 하자! "완전히 사튼 마음없이 헌신적으로 행위하는"것으로 살아가는 사람은, 자기에게 주어지는 명령을 비판하거나 반성할 생각을 할 수가 없다. 그의 행위는 그자신으로부터 나온 것이아니라 요청된 것에 대한 순종일 뿐이기 때문이다. 주어진 행위의 목적이 도대체 무엇인가는 그의 관심이 될 수가 없음으로, 그는 자기자신의 행위가 무엇인가하는 행위像은 물론 자기가 그것을 한다고 하는 책임관념도, 상관과의 관계에서만 규정할 뿐이다. 그는 보다 보편적 관점에서 본다면, 도덕적으로 정당치못한 것을 순수하게 때묻지않은 청정한 마음으로 열심히 수행해내는 것이다. 그는 책임이나 자각을 자신이 아닌 타인이나 전체에 위임해버렸기 때문에, 그 자신은 완전히 무책임하며, 자기자신의 행위에 대해 무자각적일 수 있는 것이다. 집단에만 소속되어 있는 일본인은 진정한 의미에서 윤리적 상상력을 결핍하고 있는 것이다.

---

3. 朝鮮文明과 日本文明

普遍的 차원으로의 길

이제 한국문제로 눈길을 돌려보자. 앞서 말한대로, 일찌기 한국사회는 권위주의적 관계로 조립된 세계처럼 보였다. 그러나 그러한 양상은 지금 급속히 변모하고 있다. 그렇지만 어디를 향해 달려가고 있는지는 그 모습이 보이질 않는다. 한국사회의 권력의 싸움은 지금 사회분열과 대립을 조장하고 있다. 그럼에도 한국은 그것을 뛰어넘는 어떤 에네르기를 과시하고 있다. 그러나 역시 그러한 격렬한 대립과 투쟁의 장기화는 한국사회를 괴롭히고 있다. 그럼 이것을 해결하기 위해선 무엇이 필요한가? 내가 해결방안을 다 제시할 수는 없지만 나에게 절실하게 와닿는 하나의 처방은 네포티즘 즉 족벌도덕의 편파성을 극복하는 문제다!

특정의 緣者를 역성드는 것은, 정보나 부를 축적하는 하나의 수단이다. 그 자체가 나쁜것은 아니다. 최소한 그것은 세계에 대한 반감이나 자포자기가 아닌 신뢰의 형태며, 오히려 도덕의 출발점이라고도 말할 수 있다. 어떤 세계든지 학벌, 문벌, 지벌의 연고가 있으며 그것은 일종의 상호부조·호조써클로서 기능한다. 문제는 그것이 불합리한 단계에까지 이르고 있다는데 있다. 연을 뛰어넘은 사회적 보편공간에 대하여 단지 연을 가진자 사이의 관계가 배타적으로만 작용한다면 그것은 불합리한 것이 되고만다. 그리하여 권위주의나 특권주의의 부화기·양성기가 되어 사회적대립을 격화시킨다.

그러기 때문에 우리에게 보다 진실한 문제는, 특정한 결합이 절대화하는 것이 아니라, 순수한 인간이라고 하는 보편자가 의식되고 있는가, 일반성·공공성의 관념을 가지고 있는가 하는 문제인 것이다. 민주화란 정보나 이익을 넓게 일반에게 공개하여 분배나 참가를 보증하는 시스템을 형성하는 것이다. 그리하여 어떤 사회조직의 통일·통합도, 그렇게 문화적 또는 물질적으로 긴밀하게 일반화된 시스템이 성립해야만 가능한 것이다. 족벌주의적 도덕이나 지방색, 권위주의를 극복하지 못하면 진정한 민주도 통일도 이루어질 수 없는 것이다. 한국인은 자기의 좁은 세계의 연자나 이익그룹을 절대화하지를 말고, 보다넓은 공공성의 관념을 배양해야된다는 것을 더욱 더 절실한 문제로서 의식하지 않으면 안된다고 나는 생각한다.

어느 세계에서든지 있을 수는 있는 일이지만, 관리나 교사와 같은 사람, 정말 공복(civil servant)으로서 청렴해야할 사람이 뇌물을 당연한 것처럼 요구하고 그러한 불결한 풍조가 횡행한다는 한국의 예를 나는 몇번이고 들었다. 나의 정상적 감각에서 생각컨대 정말 이해키 어려운 것이다. 그리고 내가 생각하는 인간의 모습일 수가 없는 것이다. 한국은 훌륭한 선비전통을 지니고 있으며 서생인 나에게는 백자로 생활하고 있는 조선조 양반들의 삶의 모습이 너무도 매력적으로 다가

온다. 유학의 연구가 전공인 나에게 이것은 결코 감상적인 낭만은 아니다. 그들의 엄격한 도덕규범과 실천을 나는 잘알고 있기 때문이다. 오늘 한국에 가서 만나는 양반의 후손들(꼭 족보상의 의미를 떠나서), 나는 그들로부터 한국의 미래가 태어나리라고 믿고 있다.

일본인의 경우, 보편성·공공성의 의식은 일종의 소극적인 "호오시"(奉仕)의 도덕을 매개로하여 온다. 허나 한국인의 경우는 다르다. 자기자신의 실존적 판단에 기초한 "度量"을 확대하는 고귀한 도덕을 매개로하여 와야되는 것이다. 도달한 곳은 같을지 모르지만 그 길(道)이 다르다. 그러한 고귀하고 관대한 길을 한국인은 내걸고 가야된다고 나는 생각한다.

朝日思想의 對比

한국인이 일본인과 달라 고귀하고 관대한 길을 걸어야 한다고 한것은, 한국과 일본의 배후에 전통으로서 흐르고 있는 사상이 다르기 때문이다. 일본이나 한국이나 모두 근세기에 사상적 식량으로서 신유학(朱子學)을 수용했다는 공통된 역사를 가지고는 있지만, 그 내용을 분석해보면 양자는 꽤 다르다.

일본의 경우, 조선과는 달리, 과거제도(Examination System)와 유교적 관료제(Confucian Bureaucracy)를 지니지 않았으며 또 유교적 제사(Confucian Ritualism)도 거의 정착되질 못했다(일본인에게 한국식 조상제사는 없다. 그리고 과거제도가 일본에 없었다는 사실이 얼마나 큰 사회전통의 차이를 형성하는가를 상상해볼 것이다. 역자주). 다시 말해서 일본의 유교란 그 사상의 사회적·정신적 핵심을 결여한 겉틀만을 수용한 것이다. 일본유교라는 것은 朱子學의 원리주의(主理論적 경향)를 혐오하고, 아주 비근한 실용주의로 달려갔으며, 그 지식은 주로 귀납주의적 경험지·기술지로서 받아들여진 것이다. 그러기 때문에,

주자학과 다른, 연역적 이론체계인 서양의 학문을 접했을 때도 아무런 저항없이 받아들였다. 이에 비하면 조선의 경우는 전혀 다르다. 조선 유교는, 사회제도적으로, 또 종교제사적으로, 유교정신을 중국보다 더 철저하게 구현한 케이스에 속한다. 조선유교는 지극히 원리주의적이 며, 그것은 지적으로는 연역주의로, 실천적으로는 강렬한 도의를 부르 짖는 이상주의(moral rigorism)로 달려가는 성향이 있다. 이러한 본 질적 성격때문에, 서양의 사상체계와의 사이에는, 오히려 강한 반발심 리가 작용하여, 일본처럼 서양문화가 수월하게 침투되는 것이 불가능 했다.

일본적 사상형은, 이른바 비근한 현실에 섬세한 관심을 쏟는 생활실 용적·기술적 타입이다. 그것은 일반적으로 사상을 수용하는 방식에 갈등구조가 없으며, 유연하고 신속하지만, 타면으로는 원리적인 것에 대한 심각한 질문을 결여하게 된다. 윤리적으로도 그것은 비근한 생활 윤리·실용도덕은 말하면서도, 보다 거대한 도의성은 결여하고 있다. 이러한 사실은 "침략의 역사"를 자신의 역사로 가지고 있으면서도 그 러한 사실에 도의적으로 무감각한 일본인의 태도에 잘 드러나 있다. 그럼 세계대국이 되어버린 현재의 일본으로부터 누가 정말, 거대한 정 의나 사랑의 예언을 외칠 것인가? 그들은 설정된 마케팅이라는 목적을 위한 계산은 매우 정밀하고 신속하게 해내지만, 어떠한 원리와 목적을 위하여 일본이 살아야하는가 하는 문제는 아무도 말하지 않는다.

조선적 사상형은, 고매하고 원대한 사태에 대하여 다이나믹한 관심 을 쏟는 원리적 타입이다. 그것은 "理"에의 추구가 깊은만큼 오히려 갈등도 많다. 때로는 관념이나 이념에 사로잡혀 비근한 현실을 은폐해 버리고, 관념과 현실의 분열에 찢겨버릴 수도 있다. 그러나 그러한 분 열·갈등은, 보다 큰 종합의 가능성을 지니는 것이다. 조선인은, 그 도 의성이나 이상주의를 정말 거대한 보편성에의 지향으로 결합시킬 수 있으며, 또 그렇게 될때는, 조선인은 그들의 고뇌를 지양한 지고한 道를 가르칠 수 있으리라고 나는 생각한다.

이상과 같이 일본과 조선의 사상은, 동일한 루트를 경유한 것같이 보이지만 兩極이나 되는 것만큼 판이하다. 그렇지만 이러한 판이성 자체가 이 두 사상의 상보성을 역설해주는 것이다. 이 양자가 서로 음과 양처럼 補合할 때, 정말 새로운 차원의 문명이 탄생되는 것이다. 불과 몇십년전까지만 해도 조선과 일본은 서로를 전혀 모르고, 관념이나 서적으로만 존재하는 격절의 비원들이었다. 그러나 이제는 조선과 일본은 泰卦(䷊)처럼 서로가 서로를 향하지 않으면 안될 운명으로 신체적 교섭을 대량으로 증대시키고 있다. 서로가 서로를 배우지 않으면 안되게 되었다. 진정한 인간으로서 일본인친구를 둔 한국인, 한국인친구를 가진 일본인이 이제는 적지않을 것이다. 그리고 그들은 서로의 운명을 잘 알고 있을 것이다.

나자신 개인의 체험을 말해보자! 나는 한국으로부터 일본에 온 사람, 그리고 내가 한국에 가서 만난 사람들 중에서 민족적 감정을 떠나 참다운 인간으로서, 가장 깊은 의미에서의 "친구"를 발견하였다. 한국인친구도 나에게대해 같은 감정을 지니고 있다고 나는 확신하고 있다. 좀 과장된 얘기일지 모르지만, 나는 나의 혼의 필연적 여정을 통하여, 운명적 발길에 의하여 조선의 유학자들, 그리고 살아있는 한국의 친구들을 만나고 있다고 생각한다. 아마도 어느 힌두교도가 나의 혼의 과거를 들여다 본다면 이렇게 외칠 것이다: "너 일본인과 한국인은 전생에서 형제였노라! 자매였노라!" 이렇게 조선인이라는 심상은 나의 영혼의 내부에서 깊게 메아리치는 그러한 것이다. 우리는 인간! 그러기 때문에 위대한 것이 아닌가? 조선인과의 인간적 만남은 나에게 한 인간으로서 깊은 가치체험과 인식체험을 안겨주었다. 나는 한국문명! 그 존재 자체를 감사하게 생각한다. 이후로도 나는 그렇게 조선과 더

붙어 살아갈 것이다.

문명의 관대한 통일

깊숙한 분열을 어떻게 통일할 것인가 하는 것이야말로 조선인의 문명사적 사명이다. 그것은 소위 남북통일이라는 사태만을 말하는 것이 아니다. 한국내부의 사회에 있어서도 문제는 곧 "통일"이다. 대저 조선인의 사상과 문화 그자체가 분열을 통하여 통일을 지향하는 매우 거대하고 근원적인 드라마다!

문화나 문명의 통일체는, 무엇인가 정신적·물질적 가치정보를 어느 정도 일반화하는 긴밀한 조직이 성립하면서 드러난다. 조선인은 그러한 통일문명을 여태까지는 국민국가＝민족국가(nation state)를 희구하면서 추구하였다. 예를 들면, 한글전용의 사상, 일본문화의 배제책등은 그러한 민족문화의 통일을 잘 실현해보려는 노력에서 나오는 것이다. 그러나 통일을 지향하는 길(道)이 어떤 때는 클로우즈방식이 좋을 수 있는가하면 어떤 때는 오픈방식이 좋을 수 있는 것이다. 한국은 이미 후자의 시기에 들어가 있질 않은가? 여러가지 다양한 문화요소를 배제함으로써 하나로 하는 것이 아니라, 오히려 다양한 요소를 합하여 하나로 하는, 그러한 통일의 시기가 오질 않았는가? 바로 여기에 "고귀하고 관대한 길"이 열리는 것이 아닌가?

나는 동아시아사상을 연구하는 학인이지만 내 주변에서 최근 잘 눈에 띄는 것은 조선인의 사상문화적 가능성이 엄청나다는 것이다. 예를 들면, 東京大學의 中國哲學科에는 현재 다양한 국적의 연구자·유학생이 모여들고 있다. 그런데 그중에서 학문적 잠재능력이 특별히 높은 자들은 한국인과 중국의 조선족유학생이다. 그들의 연구태도가 진지하다는 것만을 얘기하려는 것이 아니다. 그들은 한국말은 물론 중국어·한자가 달통하고, 일본어, 영어를 확실히 알고 있다. 동아시아를 중심으로한 중요한 온갖 언어정보가 그들 속에 이미 "통일"되고 있는 것이다. 중국인도 일본인도 미국인도 도저히 체험할 수 없는 오픈한 "통일력"이 조선인에게는 체현되고 있는 것이 아닌가? 물론 사정은 여기에 머물지 않는다. 한국내부에 있다고 해도, 한국인은 조선어 · 漢語 · 日本語등의 諸語 · 제문화정보에 잠재적으로 열려있는 것이다. 이러한 사실을 포함한 가능성은 앞으로 결코 간과할 수 없는 거대한 것이라고 나는 믿고하고 있나. (그러기 때문에도 더욱, 나는 지금부터 한국이 한글전용책을 수정하여 한자정보처리력을 좀더 높일 필요가 있다고 생각한다. 이것은 단지 일본인의 편리때문에 말하는 것이 아니라, 넓은 의미에서, 현재 · 미래의 동아시아문명을 위해서, 그리고 한자로 쓰여진 조선인자신의 그리고 동아시아의 과거의 문화적 유산을 되살리기 위하여 간곡히 말하는 것이다.)

많은 문화에 열려진 조선인은 지금 지구상 매우 다양한 지역에 거주하고 있다. 조선계 중국인, 조선계 러시아인, 중앙아시아인, 재일조선인, 구미, 중동, 아프리카에 이주한 조선인……. 그런데 나는 이런 기상천외의 소문을 듣는다. 재일조선인동포의 자제들이 한국에 입국할 때, 한국말을 할 줄 모른다고 세관의 관리부터 시작해서, 한국사람들이 그들을 "쪽발이새끼"들이라고 구박하며 못살게 군다는 것이다. 어린애들끼리 그런다면 또 모르겠는데 어른이나 관리들이 그렇게 대한다니, 도대체 그렇게도 편협한 나라가 어디있을까? 정말 너무도 바보스러운 짓들이래서 나도 울고 싶어진다. 생각해봐라! 재일조선동포의 경험은 한국의 입장에선 차라리 거져얻는 보물이 아닌가? 역사적으로 그럴 뿐만아니라 현재도 미래도 그러할 것이다. 이러한 다양한 민족적 체험의 보물은 중국교포에 대해서도, 러시아의 교포에 대해서도 같은 말을 할 수 있을 것이다. 그러한 조선인들은 지구촌의 다양한 장소에서 거대한 분열을 그들 한사람 인간의 몸속에 구현해왔으며, 또 그 과정에서 살아있는 통일과 결합을 실현한 사람들이기 때문에, 문화적 재산이며 고귀한 보물인 것이다. 그 고귀한 운명은 진실로 조선반도에서 살고 있는 사람들의 역사와 미래와 상응하는 것이다.

조선반도에 있어서의 남과 북! 그 역사적 구조의 문제는 지금 건드리지 않는다 할지라도, 현재의 체제와 사상문화의 차이를 심각히 생각해 본다면, 그 분열의 내용은 기실 아찔해지는 위기성을 내포하고 있다. 그러나 그러한 분열조차 깊고 넓게 포용하여 걸어간다면 그것은 진실로 인류사적 사건이 될 것이다. 조선인은 진실로 위대한 인간들로서 거기에 우뚝 솟을 것이다.

"통일"을 성취하여 갈 때, 조선인은 반드시 이때까지의 좁은 의미에서의 민족국가(국민국가)라고 하는 조직형태를 뛰어넘어 갈 것이다. 그리고 그러한 경험은 동아시아의 운명과 함께, 그리고 순수한 인간으로서 고귀한 보물일 것이다. 이때 "조선"이라고 하는 향기로운 여운은 단지 민족의 이름으로서가 아니라, 누구라도 참가할 수 있는 문명의 이름이 될 것이다. 그러한 통일문명이 조선인에 의하여 열려가리라는 것을 나는 믿어 의심치 않는다.

朝鮮文明と日本文明

黒 住 眞

何人か初対面の韓国人に会うと，必ずといっていいほど出て来る質問のひとつに「日本人の経済的成功の秘密は何か」というものがある。私が一番最初に質問されたのは、十年ほど前のことである。それ以後、この質問は次第に増えてきた。実は、これは、（後述するように）私にとって最も当惑する問いだった。しかしその問いの現実味は、時間とともに無視できないものになった。というのも、まず第一に、韓国社会にまさにこの問いが当然出て来るようなある種の変化が起こっているからである。また第二に、「日本人の経済的成功」が確かにリアリティーをもつようになり、この問いを、たんに限られた俗っぽい話題だといって避けることは決してできなくなったからである。その問いは、事態への分析・批判をもふくめて、その意味についてのまともな検証を避け得ないような普遍的な問題につながるものになってきた。

　以下このあたりをきっかけに、韓国・日本、さらにそれらの将来などについて考えて見よう。

1. 韓国の変貌

韓国社会における「権力」

　かつて軍事政権時代には、韓国の人々の関心は、もっぱら直接的な政治状況 ── 権力の帰趨という問題に注がれていたようだった。いろいろな事柄が、結局権力問題に収斂する ── 権力に賛成するにせよ反対するにせよ、結局は権力が人々の関心を捉えており、権力

は人々の強迫観念のようだった。　これはたんに認識の問題ではなく、実際に韓国というものを内外からとらえている構造が、そうなのだった。私は外国人だから、傍観者のような例しか語れないが、平和な町かどで突然出会う堅い表情の「軍」ほど、畢竟この社会を制圧しているものが権力なのだ、ということを如実に示すものはなかった。　韓国社会内部だけではない。韓国をとりまく国際関係についても、「統一」を阻むものは国家間に織りなされたまさに権力的な意志の結果に外ならないと見られた。　共産主義者・北・日本・アメリカ……さまざまな意志がわれわれを害しわれわれを阻む、と韓国人は思ったにちがいないし、そう考えるのも当然である。朝鮮半島には、あらゆる歴史的社会的な事態や問題関心が、「力」というものにむけて、まるで石のように堅く集中する。そのありさまは、今から思っても、私とて胸が痛くなる。その反対に私の方は、その内部ではあらゆるものが水のように曖昧に溶解し、あたかも権力というものが存在しないかのように仕組まれた世界の住人なのだった。

　権力という問題は、実はそんな政治がらみのことばかりではない。社会関係として受肉した事態こそ、もっと根深いものかも知れない。今でも、金浦空港を降り立って、まだ「外の目」をもって、社会にふれてゆくと、目につくことがある（みながそうだというのではない。そういう例によく出会うというのである）。ひとつは、目下の人の腰が低くて、丁寧で愛想がいいというよりも、いわば服従するような姿勢で挨拶することである。これに対して、目上の人は、そうされることは当然だといった、知らず知らずのうちにとても横柄な威張った態度でいる。知らない人同士が出会ったときには、お互いに何か微妙な「張り合い」が始まり、そのうちそれぞれのポジションが決まる。年齢なのか学歴なのか地位なのか財産なのか性なのか、ともかく、いろいろな意味での権勢というものがあって、それらが権

威主義の渦となり争いとなって社会を支配しているのだ。

　このような人間関係の力学は、韓国社会に中に入って目が馴れてしまったら、あんまり感じなくなる。まして人から敬され遇されるような場にずっと置かれ続け、自身も実際"何か"をもっていると自負しているような場合であれば、子どもであれ大人であれ、その自由な快適さには、一種の絶対的な万能感がある。よほど敏感な人でなければそのことに懐疑はもたないだろう。むしろその特権的な感覚をもっと増幅し満喫したいと思うのではないだろうか。しかし、その反対の立場であれば、どうだろう。何と癪にさわることではないか。権勢をもたないことの屈辱感は、その反対の場合の自尊感と反比例して、どうしても内的に蓄積するだろう。これを回避する道は何か。一番よいのは、自分も"それ"をもつことである。それができなければ、自分の誇りを正当化するような別種の現実を「観念」の絶対空間のうちにつくらねばならない。あるいは、現実と自分をいわば距離化し、どんな権勢や破滅の現実にも平気であるような一種の虚無感覚を自分に浸透させねばならないかも知れない。

儒教的美風が韓国にあるか

　もしも以上のような権力をめぐっての諸感覚を人々が上下ともそれぞれ増幅し続けるのであれば、これは儒教的に言えば、「天地不交」し上下隔絶する「否」の卦ではないか。　私はそのように感じた。ところが、このような「尊大－服従」の道徳を、多くの韓国人は当然と思っているようだし、そればかりか、ますます正当化されるべき儒教的美風であると感じている人もいるらしかった。しかしこの事態は、道徳とかモラルというより、むしろ権威の横行というものではないだろうか。

たんに自己に権勢を募(ツノ)ることであれば、　egoism/自己愛にすぎない。それがあまりそう感じられていないとすれば、エゴイズムが、力の発揮として当然あってよい、あるべきだと、自他ともに許容され当然視されるようなコードが社会に支配的だからであろう。そうした認識上の承認がどこからくるかは、なかなか複雑な問題である。ひとつ、そうした承認を支える積極的な構造として指摘できるのは、権勢によって得られた価値内容が家族・一族などの周囲の人々に振舞われ共有されることである。道徳は一般に、価値が他者に還元されることを「愛」「仁」などと呼んで、狭い利己主義を越える行為として奨励し正当化する。実際、　そうした共餐・共有・分有によって他者からの暖かい増幅があり、また行為がそうした他者に対する義務の遂行として感じられていればこそ、権威はますます正当なものとなる。ときには全くの無駄のように思われるはげしい散財(potlatch)が、　その人の気前のよい大きさを示すものとして、あるいは人間として当然のこととして見られるのも、逆さまになった権力の要求でありその正当化の様式なのである。

　しかし、　以上がほんとうに道徳的正当化であるかは、実は大きな問題があると私は思った。というのは、まったく懐疑のない強い確信が宿っているようにみえる韓国人の儒教道徳観念の実際のその働き方を見てみると、　もっぱら自己の近親・縁者にのみ注がれる場合が多かった。祖先崇拝にしてもそうである。　族譜などが裏打ちする親族関係の強力な拡張は、よいこととされるようだ。だが、近親縁者とはいわば自己の延長であり、実は他者ではないのだ。　たとえば、孟子が仁として述べているのは、　自分の根源的生得的な共感をまったく見知らぬ他者にまで拡充してゆけということである。　しかし、「仁愛」がもっぱら自己および自己の近親縁者に注がれているのであれば、　結局はnepotismであって、広義の自己愛/egoismのtautology

を出ることがない。より広い全体を見るならば、やはり権勢主義は越えられていない。 身内(ミウチ)内部での共同・共有が強化されるならば、むしろ権勢の増幅装置になり、社会全体としては余計に「隔絶」「不交」を助長してしまう可能性すらある。

確かに縁者とのよき力の共同は快適この上ない。しかし、そのような "よき"力を享受し誇示しているとき、それをまさに現に見ている、それに参加できない同じ韓国人の他者のことに心が働かないのだろうか。 無関係な「彼らに」にもshareすべきだとまで思わなくとも、少なくとも、そのような力は誇示すべきではなく、できるだけ控え目であるべきだと思わないのだろうか――。 このような私の印象は、今ではずいぶん薄れた。だが、かつては強く感じたものだった。

韓国の変貌

一九八七年六月の盧泰愚政権の宣言をメルク・マールとして、韓国社会をとらえていた大きな重石(オモシ)は外れた。権力をめぐって、上下が「隔絶」の再生産をし続けるという構図がくずれ、上の譲歩、すなわち力や価値のより広い分配の現象が社会の表面に現われ始めた。前大統領のnepotismの摘発を始めとして、労働争議の瀕発、さらには大学のアカデミズム(教授)への尊敬の減少など、さまざまな局面での権威＝価値集中の崩壊と、 分配の要求が顕著に生起し始めた。と同時に、教育熱のさらなる過激化、富に対する熾烈な要求、都市生活の混乱、ときには犯罪など、社会的な混乱や無秩序も増大したと聞く。私は、何人もの良心的な韓国人から、「現在はもう本当にひどい」とか、「前政権やその前の方がもっとよかった」という声も聞いた。

私は社会を身をもって体験も分析もしていないから、現象の真偽・意味等に対して内的な評価や実感を語ることよは全然できない。　しかし、　外から見た日本人にとっては、　政治家の疑獄も、労働争議も、教授の権威の失墜も、「嘆かわしいこと」ではなく、むしろ「感心すべきこと」だったのである。　これは、　人の不幸を喜ぶ心理によるものでは全くない。仮に傍観ゆえの樂観や「対岸の火事」の感はあったとしても、悪意はない。私がもった率直な印象は、韓国は、権力や権威の直接的な発揮によらずとも維持されている、それらへの否定の運動すら抹殺されないで包容している、大したものだ、という感心なのであった。

　「民主化」の内実は、　それほど政治の舞台上にあるものではない。民主化とは、社会の上で、価値や権力が —— 最も広くいえば情報が、どれほど個々の部分に分配・分与され、公開と参加のシステムが形成されているかということだ。　一見「嘆かわしい」混乱を示すような事件は、大きく見れば、むしろ、そのような分配が社会に次第に具体的に根付いていく過程ではないだろうか。それらは、韓国社会の大なる成熟・充実に伴った動的な局面なのだ。だから、社会的混乱は、ソウル・オリンピックの立派な印象と全然矛盾しなかったばかりか、むしろ両者は補い合うものだった。ソウル・オリンピックが、もしも一糸乱れぬ固い専制主義によって施行されたのだったとしたら、どれほど破綻なく見事だとしても、それはただの巨大な造花にすぎない。凍りついた表情は本当の美しいものにはならない。韓国社会のエネルギーの多様で大きな生き生きとした表現であったことにこそ、その大輪の美はあったのだ。

　いま私は、エネルギーという言葉を使ったが、最近の韓国を訪れる者を印象づけるものは、　まさにこの勃興するエネルギーである。

一九八七年六月の画期的メルク・マールの実体も、そこに発してい
る。　この事件を目印として韓国は明らかに「民主化」過程に入った。
私が言いたいのは、盧泰愚氏が真に民主的な大統領かどうかという
ことではない。彼はきっと民主的大統領であろうが、たとえそうで
なかろうと、その変化を起こした主体は韓国社会でありそこに生き
る人々である。彼らは、以前から蓄積されつつあった知的・物質的
・生活的な財（情報）が社会的に敷衍した結果生れた中間層―社会の
成長からくるパイの増加による富や知識の分与をある程度享受して
いる、成長しつつある中間的主体であり、いわば韓国における「市
民」だといってもよい。　彼らは、政治家でも政治的前衛としの学生
でもなく、むろんプロレタリアートでもない。その彼らが、政治的
革命とは見えないような社会革命をおこなったし、いまもおこなっ
ているのだ。

　問題は、政権交代があったかなかったか、政権の正体が何か、ど
うなるかというようなことではもはやない。そのようなお芝居とは関
係のない次元に問題は移ったのだ。現代社会をいたずらに権力とい
うキーによって解こうとすると、一見先鋭的な劇は描けても、その
実、真の状況を見失ってしまう。問題はもはや、直接政権の動向に
あるより、分散化した体系である社会構造の側にある。このような
真の実在である社会の姿を、従来の政治論のように、権力交代のド
ラマとしてばかり描いたり、もっぱら権力の正当性をめぐる理念的
な争いとしてのみとらえたりするのは間違っている。また戦略とい
うものの真の意味も、もはや戦争にあるのでも権力闘争にあるので
もない。むしろ、いまや本当の実在となった社会組織の適切な運営
の如何――その経営（management）と参加（participation）の具体的
在り方こそが真の問題である。政治はそれに関わりのある重要装置
の一つにすぎないのだ。

新しい世界

　このような「目に見えない」社会変革過程は、　先にふれたように、韓国の人々による知的・物質的な財(情報)の大きな蓄積と敷衍の努力によってこそ生れた。ダローバルに見れば、それは、世界の情報化、経済化の流れ、つまり電子技術による新しい言語情報手段の開発にもとづいた地球規模でのあらたな価値情報の生産・流通・社会化の形成運動に連動している。それはまた、軍拡・冷戦構造という権力装置の値をさげ、無駄な消費としてこれを不要化しつつあるものでもある。問題の核心がこうして政治的な権力から経済的な生産流通へと移行するにしたがって、　始めに述べた　「経済的成功」という問いの現実味もまた上昇したのである。

　しかし、それまでの権力装置が重みを貶価し、その下にあった諸部分が動き始める際、生じるのは、必ずしも祝福された事態ばかりではない。上位の権力による制約が取払われると、そのシステムがもっていた安定が失われて、アナーキーな無秩序状態が生れることもある。パンドラの箱を開けると、小さなもっと質(タチ)のわるい悪魔がたくさん飛出すこともあるのだ。冷戦構造の崩壊は、東欧の壁を崩したが、そこに同時に地域や民族をめぐるさまざまな正当なあるいは悲惨な問題を引き起こしてもいる。　湾岸戦争が起こって何万人もの死と破壊が生じたことも、そもそも実は米ソの威信の低下によるアナーキーと切り離してはありえなかったものだ。　Bachhofen (1815〜1887)は、　百年以上も前に、　nationalismと民主化に反対して、「それはわれわれを野蛮へと逆戻りさせ、人々を悲惨に陥れる。それが私には気がかりだ」と述べている(『自叙伝』)。そこで中国は、南米のゲリラ以外もう世界中の誰も見向きもしないようなマルクス主義をいまも声高な道徳的建前として掲げ、　大きな権力構造を保った

ままで、開放政策をとろうとする。たしかに景気はソ連ほど悪くないけれども、その実、旧来の道徳はもう崩壊しているし、社会状態はもう「我欲(ガヨク)の巷(チマク)だ」と私の中国人の友人は語った。新しいシステムが見出されない場合、時にはそこで人々はもっと苦しむ。権力的な独占は廃止されても、あたらしい協調は見出されていない。混乱のなかでみんな共倒れになってしまうことさえありうる。人々の多様な生が互いに真に充実して営まれるような本当の社会的な統合を根づかせることは、新しい世界のまさにこれから困難な課題なのだ。

　韓国が直面しているものは何か。国内に「嘆かわしい」混乱があるという人もいるが、もちろん状態は、中国やロシア・東欧とはまったく違う。私の目にはあるべき社会変化がつよく進みつつあるように見える。

　本稿が掲載される頃、もう南北はともに国連に加盟しているだろう。どんなに深刻な目をもった人でも、いくばくかの歴史を思い返しながら、ソウルの街角に立って、人々の懸命な生と自信に満ちた街の表情を目の当たりにした時、必ずやつよい感慨の念を持たずにはいられないはずだ。　その充実したエネルギーの奥にあるものこそ、いま韓国にあらわれている「時代精神」である。それは、やがてすべての朝鮮人たちを、さらにまた中国・ロシア・日本など周辺の人間たちをも結びつけてゆくべきものであると私は思う。

　韓国をめぐる現在と将来について、もう少し述べる前に、日本の問題を述べよう。日本の問題を考えることは、韓国を考える場合にも、よい対比になるし、また日本と韓国の将来は別々なものでは到底ありえないからだ。

2. 日本社会の構造

日本人の「貧しさ」

　現在の日本が技術や資本の形成、経済や社会の運営においてある程度成功していることは確かだ。しかし、日本を訪れた外国人は、日本人の生活が意外に「貧しい」ことに気づく。街を歩いてショーウインドーを見ていれば、あまりそうとも感じないかも知れないが、ひとたび彼らの家に入れば、そのスペースのあまりの狭さ家具調度や物品のみみっちさに驚くはずだ。大きな企業の幹部や高級官僚すらしばしばそうである。国立大学教授など給料は低く、車すらもってない人も多い。中小企業の社長層や投機的事業者の場合は意外に「金持ち」だが、彼らはむしろ「成金(ナリキン)」といって軽蔑されることもある。尊敬されるような安定した社会組織の中層上層部の人の場合、個人生活は、思いのほか質素で、時には哀れな状態のままである。

　この生活の貧弱さゆえに日本人は、個人生活の喜びを人に分かち合うことが出来ず、外国人からhospitalityがないといって非難されたり、あるいは日本人の悲喜劇として軽侮される。本稿の最初で私は、日本人の経済的成功といわれて当惑したと書いたが、これは、経済的成功なるものの実感がそもそも個人的にはきわめて少ないため、全体のあり方が個人の自己認識にならなかったからなのだ。この数年、「(お金が)ある所にはあるのだ」ということがはっきり認識されると共に、それに較べて貧弱な個人の側から次第に不満が高まって来た。とはいえ、「日本は金持だ」という一般認識と個人の実感との間にはやはり大きなギャップがある。

では、「ある」ものは**どこ**にあるのか。最も一般的に言えば、それは企業＝「会社」にある。つまり、日本人は富を自分自身で所有したり消費したりしないで、所属する**全体**に蓄積するのである。日本人は一般に貯蓄性向が顕著であるが、この場合、そのために蓄積する全体とは「家」である。現代日本の会社は、家族の福利厚生をもふくむ福祉施設のようなものに化しており、終身雇用される正社員になることは、長期の信用・保証をふくんだ運命共同体に入るようなものである。だから現代では、まず大事なのは自分の家よりは会社である。会社を充実させることが、結果的に、家をも、個人をも富ませるのだ。

　全体と個（部分）との間の相関関係はもちろんある程度認識されてはいる。全体が富むのに応じて個人の所得がふえるだろうし、それを彼も望んでいるだろう。全体が富んでも、あまりに彼個人に回ってこなければ、不満ももつだろう。しかしそれでも従来の多くの日本人は、「自分の現状にはできるだけ不満をいわずに働く」という禁欲の倫理を教えられ、またそれをかなり実行しつづけてきた。

倹約と奉仕の道徳

　日本人の道徳が国民的規模で説かれで定着するようになったのは、江戸時代（1603〜1868）である。当時から、一般にいやになるほど叩き込まれて来た徳目に「奉公」「倹約」「忠信（誠実）」などがある。

　政治を担当したのは、武力的・政治的統合力によって成り上がってきた武士たちであるが、まれにみる泰平期であった江戸時代には、初期をすぎると戦闘行為などはありえない。やがて彼らはその力を社会組職の緊密な統合性を高めることに、つまりまずは治安の、

やがては生産性の向上にふりむけることになる。興味深いのは、彼らが結局のところ強調した生き方が、他者への配慮であり、より上位の全体者に随順する献身(「奉公」)の道徳であったことである。つまり彼らは主体的でなかったわけでは決してないが、それがもっぱら他者や全体への恭順を通じて実現されると考えていったのである。

もともと武士の実力主義の土壌から形成されて来た江戸社会には、一種の業績主義・生産力主義がある。大工(ダイク)・左官(サカン)・板前(イタマエ)など腕のいい職人や能力ある芸人は貴ばれる。商人に対する軽蔑感は比較的少なく、よい商売をしている老舗はむしろ尊敬を受ける。そのなかでこうした町人たちも自己を正当なものとして道徳的に位置付けるような思想をいだくようになる。たとえば当時の商人道徳では、商業行為や蓄財が、天地人の恩への返報であり、世のため人のため天地のための奉仕となる、と述べている。万物の有無を流通し且つ倹約するならば、それが間接的には人々や天地の財を浪費せず増加することになる。自分たちが誠実に仕事に励むことは、ひいては天下のためにそうした(流通増殖という)自分なりの「分」を果たしているのだ、というのである。もちろん、こうした倫理は、自分の行為をそれ自体として積極化するものではない。当時の社会思想は、各々の身分を前提にして、互いの思いやり、助け合いを行なうべきだという分業・協調を強調し、その世界の中において自己の生きがいを見出そうとする。とはいう、このような論理を媒介にしながら、権力から分離されている江戸の商人は、結局、経済的な実力を増大し、やがては武士階級を圧倒するようになっていくのである。

ともあれ以上のように、武士のもの町人のもの、どんなものでも、江戸時代に定着した日本的道徳は一般に、自己を全体や他者な

どに対する分肢として位置づけ、これらへの奉仕を説いているという点に特徴がある。商家などは、その一見受身的な行為倫理によって、結果的には社会にきわめて大きな存在力を得るまでになった。そして見逃せないのは、明治以降の国民国家(nation state)の形成とともに、このような分の奉仕体系が統合され、日本社会全体が一種の他者中心主義的・全体中心主義的な総随順システムとなるに至ったという点である。どのレベルの個人(部分)でも、自己の実現をもっぱら他者・全体を通じて行なおうとする。「思いやりをもて」「人に親切にしなさい」「人に迷惑はかけるな」「上の人に従いなさい」といった一般的道徳を、いまでも中年以上の日本人は耳が痛くなるほど聞いた記憶をもっている。

随順システムの働き

このような随順体系を、社会人類学者の中根千枝は「タテ社会」と名付けた(『タテ社会の人間関係』)。これは間違ってはいないが、上下関係が厳格だというような意味に誤解されやすい点で少々問題もある。例えば、日本の会社の部局に電話をかけて、「部長の山下さんはいらっしゃいますか?」と聞くと、ちゃんと躾の行き届いた立派な会社なら、電話に出た社員は「山下は今留守でございます。こちらから後で電話させます」などと、上役の名前を呼び捨てにし、彼を相手のために使役するような口をきく。平社員でもお茶くみの女性でもそうである(たぶん外国人ならニュアンスがすぐに判らないか、奇妙な感じがするだろう)。これは、社外という他者・全体に対しては、その会社は一団となってそっくりその外の世界の分肢と化し、これに奉仕する姿勢をとる、ということである。社内の上下関係は、外に対しては絶対性をもたずに相対化され、決して会社のテリトリーを越えて強められることはないようにするのである。ただし、官庁はこの程度

がやや少ない。だから「お高くとまっている」と、反撥される原因にもなる。また、そのようにサービスのために一まとまりになれないような会社は、概して内部の士気も低く分裂していて権威主義とサボタージュが蔓延して仕事に対する責任感が落ちている場合が多い。これに対して、先のような態度の集団は、随順してサービスするがゆえに却って好感をもたれ、人々のために懸命に仕事をするしっかりした会社だと尊敬されてむしろ社格として上位に位置づけられてゆくし、実際、仕事という目的のために内部がよく一体となってまとまり、仕事内容に気が通ってそのレベルが高くなっている。

　個人の場合にも、似たような力学が働く。日本人の人間関係では、能力を誇示してすぐに自分の所得を要求したりする人間は奉仕に熱心ではないと見られて尊敬されず、むしろ、少ない取り分でも無関係かのようにただ実力を発揮していく人間の方がかえって尊敬されることがよくある。また上位者やレベルの高い人の場合、自分個人のことよりももっと広い全体のことを考え、仕事をそれ自身のために行なう。それがゆえに彼には、対価や報酬をむしろ余り貰わないことを望むという一種のノーブレス・オブレッジ(noblesse oblige)的心理すら生れる。また実際、そのような心理をもつ人物の方が、仕事に熱心でよくできる人である(つまり、日本人的ノーブレス・オブレッジでは、上位の者ほど気前よく散財するのではなく、上位の者ほどよく倹約し仕事するのである)。そして、より大きな全体のため仕事のためにどこまでも率先して仕え、清貧や苦労にも果敢に甘んじてゆく上位者は、下位者から尊敬され、彼への随順を引き起こして、全体の士気と統合性が高まる、その集団がよくまとまる、ということになる。

　このように、個人(部分)はみな労働と蓄積にむけて方向づけられ

る。そして彼はその働きを、自分自身のためのものとは感じず、ま
ずは全体のために・他者のために・仕事そのもののために行う。そ
してその働きの結果も、自分自身の直接の稼ぎとは感じず、ストッ
クされた全体からいただく分与として所得を感じる……。そうした随
順の態度がどこにも・どこまでも刷り込まれているという意味で日
本は「タテ社会」なのである。中根千枝も、自分の図式は専制主義・権
力主義ととらえられがちだが、それとは違うものだといっている。
こうした現代日本の総随順社会では、(その外からは想像しにくいだろ
うが)その内部では、行為がいわば他者や事柄への奉仕として自ら
行なわれ、外からの命令というものがはっきりしないため、権力・権
威が、どこにあるのか、あたかも無いかのような状態で動く。ちょ
っと矛盾した言い方だが、この社会の人々は「**自主的に**人や事に対
して**合わせて**」動くのである。

とはいえ、以上のような総随順の行為は、ただ無前提には行なわ
れ得ない。日本人が昔からよく口にする諺に「情は人のためなら
ず」というものがある。これは、人のためにする親切が結局は自分
のためになるものだ、という意味の諺である。つまり日本人の他者
・全体中心主義は、まったく一方的な献身として行なわれているわ
けではなく、そうすることが自分にとって悪くはならない、いずれ
は何かになる、という漠然とした感覚を背後にもっているのだ。言
い換えれば、そこには、自分の周囲世界に対する漠たる信頼感・一体
性の感覚がある。そうした無意識的な信頼感・期待感・安心感があ
って失われないからこそ、その行為は繰り返される。そしてその行為
が逆にまた社会的信頼感・一体感を増殖する。そのような相乗作用
によって社会が統合の度を高めていったのが日本社会システムであ
る。日本人が行なう全体への蓄財とは、そうした信頼感・一体感の担
保であり蓄積されたイデオロギー的資本でもある。その資本を皆で増

殖し合うことによって、日本社会は分裂と混沌を回避して、社会全体
の統合性を高め、仕事への習熟・連帯・効率化、意志や情報の合意、
富の分配などの度を高めていったのである。

日本社会の問題点

このような信頼性すなわち行為の相互的期待値を暗々履のうちに
高め合って厚く一般化する社会は、先に述べたように、その内部に
入ってみると一見したところはっきりした権力者がいない。ウォル
フレンは『日本─権力構造の謎』という近著で(Karel van Waolferen.
*The Enigma of Japanese Power: people and politics in a stateless na-
tion.* Papermac. 1990)、そのような社会を〈システム〉と呼び、そ
のアメーバ的構造がしかしそれ自体、内部および外部に対して、目
に見えないがきわめてつよい権力構造として働いているのだ、とい
う立論をしている。それはまことに説得力がある。が、問題は、そ
の事情も日本人には自覚されないということである。 というのも、
他者と仕事への恭順の倫理に身をささげ、その〈システム〉におけ
る自己の「分」の中にすっぽり入っている個々の日本人は、全体構造
との間にいつも大きな存在論的・認識論的ギャップをもっているか
らである。

自己の所与の現在＝与えられた自分の事に対して理屈無く無私に
なって没頭しつづける日本人は、その仕える全体性それ自体を認識
できない。とはいえ、彼は自分の所属する集団をより大きな外部の
全体に対して従属させることを知っている。自分より家族、家族よ
り会社、会社より社会というように……。そしてそれは、大体ばら
つきが均質化されているクローンのような日本人一般という全体に
までは及ぶ。だが、想像力はそこでストップする。彼は日本という

全体自体の像をみることがなかなかできない。というのも、近代日本という〈システム〉は、内部の分裂・対立を克服してきわめて緊密な社会統合を実現したものなのだが、その日本人の高密度システムそのものは、実は、西欧近代という先立つ世界の与える設定に実はまったく依存して、自己とその行為を正当化してきたからだ。そのシステムは、高度に主体的なようでも、実はまったく他律的な存在である。そのことは、戦前、日本が帝国主義列強に伍そうとし、次いで戦後、アメリカの傘のもとにあろうとしている頃までは、意識にも上らなかった。が、この十数年来、そのアメリカが「父親」としての姿を消し始め、そうした外的コンプレクスのないところで日本自身の像を問うようになると、ますますはっきりした。

　日本人は、自分は個人的には力をもたず、全体という力に依存した分肢にすぎないというスタンスをとるのだが、このような無垢の装いはときにはきわめて重大な問題をはらんでいる。

　まず彼自身にとっていえば、彼はいわばシステムの奴隷ではないだろうか。すべての人間が自己を抑制し気がねしつつ奉仕の態度をとって一体性を高めようとする社会は、成長発展する局面ではよいが、消極的な場面では、裏目に出る。「出る釘は打たれる」という諺があるように、個々の独立成長を皆が牽制しあい、一体化のために足を引っ張り合って人間の成長が小さくなることが多い。権力は、無いようであっても、実はむしろ汎化してあり、サンクションがこまかに浸透した世界に、彼はいる。ノーベル生化学賞をとった利根川進(トネガワススム)は、「日本社会にいるとまわりにペコペコして気を使っているうちに成長がとまり、発想が畏縮してしまう。あの空間は共同研究やチームワークには適しているが、個々的な独創性はそこでは生れない」と述べている。いま日本でもよく言われるよう

に、日本のような疑似均質社会では、いかに個々人が自立して自己の個性化をはかるかがきわめて大きな問題である。

　が、もっと重大なのは、問題が倫理的次元にかかわる場合である。全体や他者の分肢でしかない他律的人間は、ある意味ではじつは倫理的たりえないのだ。例えば、極端な話だが、上位の全体から人殺しを命じられたとする。「まったく無私に献身的な行為を行なう」ことで生きる者は、しかしそれを批判・反省する観点をもたない。彼の行為は、みずから出たものではなく要請されたことへの随順なのだから。与えられる行為の目的そのものが一体何であるかは彼が関知するところではないから、彼には自分自身の行爲が何かという行為像はもちろん自分がそれをやったという責任の観念も、その上位者との関係において以上にはもてない。彼は、より広い観点から見れば道徳的に正当でないことをまったく純粋無垢に熱心に行ない得る。彼は責任や自覚を外なる他者や全体に委ねているのだから、彼自身は、まったく無責任であり、自分の行為にまったく無自覚でありうる。集団にのみこまれた日本人は、本当の意味での倫理的構想力をもてないのだ。

3. 朝鮮文明と日本文明

普遍的次元への道

　さて韓国の問題にもどろう。先に述べたように、かつて韓国社会はかなり権威主義的な関係によって組み立てられているようであった。現在はその様相が急速に変貌しつつある。が、その先がどうなるかは、まだ確実なものとしては見えて来ない。韓国社会の権勢の

争いは、社会に分裂や対立をもたらしているようである。　もっとも、韓国はそれを上回るエネルギーをもって伸び、勃興している。しかしあまりに激しい対立やブレは、社会に苦しみを生むだろう。そのためには何が必要か。ひとつどうしても私が気づくのは、ネポティズム(縁者道徳)の克服という問題である。

　特定の縁者と(互いに)贔屓(ヒイキ)にしようとすることは、情報や富を蓄積しようとする一つの手段である。それ自体は、わるいことではない。少なくともそれは世界に対する反感や自暴自棄ではなく、信頼の形態であり、むしろ道徳の始まりだともいえよう。どの世界でも学閥や門閥、縁故というのはあり、それが一種の相互扶助・互助サークルとして機能する。しかしそれが不合理なまでになるかどうかが問題である。ある社会の一般的なひろがりがあらわれ、そうした縁を越えた普遍空間が問題となる、そうした次元にあっても、一定の縁者なるものが、そのまま排他的に働きつづけるならば、それは不合理なものと化す。そして権威主義や特権主義の孵卵器・醸成器となって社会的対立を激化する。

　だから問題は、特定の結合が絶対化されるのでなく、一般的な存在者というものが意識されるかどうか、一般性・公共性の観念をもちうるかどうか、である。民主化とは情報や利益をひろく一般に公開して分配・参加を保証するシステムの形成のことである。そしてあらゆる社会組織の統一・統合も、そのような文化的物質的にある程度緊密に一般化されたシステムがなりたつときに始めて可能だ。縁者道徳や権勢主義が克服できなければ本当の民主も統一もありえない。韓国人は、自己の縁者・利益グループを絶対化せずに、より広い公共性の観念を培うということを、もっともっと問題として意識しなければならないと私は思う。

どこの世界にもあることだとはいえ、役人や教師など、真に公僕（civilservent）であるべき人が賄賂を当然のように要求してそれが横行する韓国の例を私は何度か見聞した。私は韓国人よそんなことで恥かしくないのか、と問いたい悲しい気持でいっぱいだ。もちろん、私は本当に大きな見地に立った高貴で立派な韓国人を何人も知っている。彼らはたとえ一介の市民であっても真に両班だ。韓国の未来は彼らからこそ生れるだろう。

日本人の場合、普遍性・公共性の意識は、一種の受身的な「奉仕」の道徳を介して至る。しかし韓国人はそうではなく、自己の「度量」を拡大するという高貴の道徳を介してそれに至るのだと私は思う。至る所は同じでもおそらく道が違う。そのような高貴で寛大な道を韓国人は掲げて行くべきであると私は思う。

朝日思想の対比

朝鮮人は、日本人と違って、高貴で寛大な道を歩むと述べたのは、韓国と日本の背後に伝統として流れる思想の違いを思うからだ。どちらも近世期に新儒教（朱子学）を受容して思想的糧とした歴史をもっているが、その内容に立ち入るとそれはかなり異なっている。

日本の場合は、朝鮮とは違って、科挙・儒教的官僚制をもつことなく、儒教的祭祀もほとんど全く定着しなかった。つまり儒教思想の社会的・精神的な芯を欠いたかたちでそれを受容している。日本儒教は朱子学の原理主義を嫌って、もっと卑近な実用主義に赴き、その知識は主として帰納主義的な経験知・技術知として受け止められた。そのため、別の演繹的の理論体系である西洋の学問と接触したときにも、ほとんど抵抗なかったのである。これに対して朝鮮の場

合は、まったく違う。朝鮮儒教は、社会的制度的にも、また宗教祭祀的にも、儒教的精神をまさに中国以上に実現したといわれている。朝鮮儒教は、きわめて原理主義的で、それは知的には演繹主義に、実践的にはつよい道義を説く理想主義に赴く傾向があった。が、そうした本質的な性格のため、西洋の思想体系との間には、むしろ反撥作用を起こし、日本のような容易な西洋文化の浸透をゆるさなかったのである。

日本的な思想型は、いわば身近な現実に繊細な関心を注ぐ生活実用的・技術的タイプである。それは一般に思想のとらえ方に葛藤が少なく柔軟で速いが、他方で、本当に原理的なことがらへの問いをもっていない。倫理的にも、それは卑近な生活倫理・実用道徳は説いても、より大きな道義性は欠如している。このことは、侵略の歴史に対して無感覚な日本人の態度によくあらわれている。そして大国になったといわれる現在の日本のうちの誰から、大きな正義や愛のための言葉をきけるだろうか。彼らは設定されたmarketingという目的のための計算はこまかで速いが、そもそも何のための目的かということを知らないのだ。

朝鮮的な思想型は、いわば高遠な事柄に大きくダイナミックな関心を注ぐ原理的タイプである。それは理への追求が深いだけに却って葛藤が多い。ときには観念にとらわれて身近な現実を隠蔽してしまい、観念と現実の分裂に引き裂かれたままになることもある。しかしその分裂葛藤は、より大きな総合の可能性にもつながるだろう。朝鮮人は、その道義性や理想主義を、本当に大きな普遍性への志向にむすびつけることができるし、またそうなったとき、朝鮮人はその苦悩を止揚した高い道を説き始めるのだと私は思う。

以上のように、日本と朝鮮の思想は、同じようなルーツをもちな
がらも、両極ほども異なっている。が、このことは、ふたつの思想
の相補性をも物語っている。両者が補い合うとき、真にあたらしい次
元がひらけるのだ。本当の人間性において通じる日本人をもった韓国
人、韓国人をもった日本人は、このことが、まさに体験をもってわ
かっているはずだ。

　私個人のことを言おう。私は、韓国から日本に来て出会った人、
私が韓国に行って出会った人の中に、本当の、最もふかい意味での
私の友人を見出した。友の側の方でもそうであればいいし、そうで
あるにちがいないと私は思う。大げさなようだが、私は、私の個人
のたましいの必然の歩みによって、運命的な歩みによって、朝鮮人
と出会ったのだと感じる。もしもHinduistであれば、「その日本人
と朝鮮人よ、お前たちはいつか前の時代にきょうだいだったのだ、
いもせだったのだ」というかも知れない。それほどに、朝鮮人は、
私個人のたましいの内部に深くひびく人々なのだ。朝鮮人は、真の
人間的出会いのみが特つようなほんとうの価値体験認識体験を私に
もたらしてくれた。きっと、今後とも私の朝鮮人はそのようであり
つづけるだろう。

文明の寛大な統一

　ふかい分裂をいかに統一するかということこそ、朝鮮人の文明史
的な使命である。これは、いわゆる南北統一のことだけをいってい
るのではない。韓国内部の社会においても問題はまさに「統一」にあ
る。そもそも朝鮮人の思想文化自体が、分裂を通じて統一を志向す
る、きわめて大きく根本的な劇なのだ。

文化や文明の統一体は、何らかの精神的物質的な価値情報をある程度一般化するような緊密なまとまりが成り立つときに始めてあらわれる。朝鮮人は、そうした統一文明を、これまで国民国家/民族国家(nation state)の希求として志向して来た。たとえばハソグル専用の思想、日本文化の排除策などは、そうした民族文化の統一をより実現しようとする方向で出て来た考えである。しかし、統一のための道も、クローズした方がよい時期と、オープンするのがよい時期とがある。韓国はそろそろ、後者の時期に入っているのではないだろうか。さまざまな文化要素を、排することで一つにするのではなく、むしろ合せることで一つにする、そうした統一の時期に来ているのではないか。そしてここにも「高貴で寛大な道」があるのではないか。

　私は、東アジア思想を研究しているが、その周辺で最近つよく気づくのは、朝鮮人の思想文化的可能性がきわめて大きいということである。例えば、東京大学の中国哲学科にはいま様々な国籍の研究者・留学生が集っている。その中でも特に学問的潜在能力が高いのが、韓国人および中国の朝鮮族の留学生である。彼らの研究態度が真摯だというこ とだけではない。彼らは朝鮮語はもちろんだが、中国語・漢字がわかり、日本語・英語がわかる。東アジアをめぐる重要なさまざまな言語情報が彼らの中にまさに「統一」されているのだ。ここでは、中国人も日本人もアメリカ人も持てないオープンな統一力が、朝鮮人には体現されているのだ。もちろん事柄はこの例に留まらない。韓国内部にあったとしても、韓国人は、朝鮮語・漢語・日本語などの諸語・諸文化情報にむけて潜在的に開かれている。そのことのふくむ可能性は今後見過ごすことができないほど大きいのである。(そのためにも、私は今後韓国がハングル専用策をもっとゆるめ、漢字情報の処理力をもっと高く保つ方がよいと考えている。

これは、ただ日本人の都合から言っているのではなく、ひろく、現在・将来の東アジアのために、また漢字で書かれた朝鮮人・東アジア人の過去の文化的ストックを生かすために、言っているのだ。)

多文化に開かれた朝鮮人は、すでに地球上のいろいろな地域に住んでいる。朝鮮系中国人、朝鮮系ロシア人・中央アジア人、在日朝鮮人、欧米その他に移住した朝鮮人……。しかし私はこんな話も何度か聞いた。在日朝鮮人の子弟が韓国に入国したとき、韓国語をよく喋れないといって税関を初めとしていろいろいじめられたというのである。子どもがそうするならともかく、大のおとなや役人がそうだなんて、そんな偏狭な国がどこにあるか、まったく愚かしくて私は泣きたくなった。在日朝鮮人の経験は、韓国にとってむしろ宝なのだ。歴史的にそうであるのみならず、現在・将来にとってそうだ。もちろん、そのことは同様に、中国においてもロシアにおいても言える。そのような朝鮮人たちは、さまざまな場所で、大きな分裂を彼という一つの人間存在の中に生きており、まさに生きた統一と結合をもち、もたらすものであるがゆえに、財産であり貴い宝なのだ。が、その高貴な運命は、まさに朝鮮半島で生きる人の歴史と未来においてもまた本当は同じではないか。

半島の南と北、その歴史的構造の問題は今はさておき、現在の体制や思想文化の差異だけでも真剣に考えたら、その分裂の内容には、ほんとうは気が遠くなるようなものがある。しかし、その分裂をもふかく寛やかに包容して歩むことができたなら、それは真に人類史的な事件である。朝鮮人は真に偉大な人間としてそこにあらわれる。

「統一」を成し遂げていくとき、朝鮮人は、必ず、国民国家/民族国

家という組織形態をも越えて歩むことになるだろう。 その経験は、東アジアにとって、 また人間にとっての宝になる。 そしてこのとき、朝鮮という素晴らしい響きは、ただ民族の名前ではなく、誰しもが参加できる文明の名前になる。そのような統一文明が、朝鮮人によって開かれていくことを私は信じて疑わない。

삼 국 통 일 과 한 국 통 일 (上卷)

1994년 3월 17일 초판발행
2000년 8월 15일 1판 5쇄

엮은이　　김　용　옥
펴낸이　　남　호　섭
펴낸곳　　통　나　무

서울 종로구 연건동 273 국도빌딩 2층
전화 : (02) 744 - 7992
팩스 : (02) 762 - 8520
출판등록 1989. 11. 3. 제1-970호

전산조판 : 뿌리문화사 인쇄 : 대신문화사

값 8,500원

ISBN 89-8264-051-7　　04340
ISBN 89-8264-050-9　　(전2권)